願天常生好人

願人常做好事

孟子旁通（下）

离娄篇　滕文公篇　告子篇

南怀瑾 讲述

人民东方出版传媒
东方出版社

图书在版编目（CIP）数据

孟子旁通.下,离娄篇 滕文公篇 告子篇/南怀瑾讲述.—北京:东方出版社,2022.1

ISBN 978-7-5207-0806-7

Ⅰ.①孟… Ⅱ.①南… Ⅲ.①儒家②《孟子》-注释 Ⅳ.①B222.52

中国版本图书馆 CIP 数据核字(2019)第 029836 号

孟子旁通（下）:离娄篇 滕文公篇 告子篇

南怀瑾 讲述

责任编辑: 王夕月

出　　版: 东方出版社

发　　行: 人民东方出版传媒有限公司

地　　址: 北京市东城区朝阳门内大街 166 号

邮　　编: 100010

印　　刷: 北京明恒达印务有限公司

版　　次: 2022 年 1 月第 1 版

印　　次: 2023 年 6 月第 2 次印刷

开　　本: 650 毫米×960 毫米　1/16

印　　张: 32.75

字　　数: 396 千字

书　　号: ISBN 978-7-5207-0806-7

定　　价: 68.00 元

发行电话: (010)85924663　85924644　85924641

编者的话

南怀瑾先生是享誉国内外，特别是华人读者中的文化大师、国学大家。先生出身于书香世家，自幼饱读诗书，遍览经史子集，为其终身学业打下了扎实基础；而其一生从军、执教、经商、游历、考察、讲学的人生经历又是不可复制的特殊经验，使得先生对国学钻研精深，体认深刻，于中华传统文化之儒、道、佛皆有造诣，更兼通诸子百家、诗词曲赋、天文历法、医学养生等等，对西方文化亦有深刻体认，在中西文化界均为人敬重，堪称"一代宗师"。书剑飘零大半生后，先生终于寻根问源回到故土，建立学堂，亲自讲解传授，为弘扬、传承和复兴民族文化精华和人文精神不遗余力，其情可感，其心可佩。

一九七六年，南怀瑾先生应台湾《青年战士报》之邀公开讲解《孟子》，广受欢迎，其中关于《梁惠王》的讲授整理成《孟子旁通》（一）于一九八四年出版。因缘境遇波折，三十多年后，南先生关于《孟子》其余六篇的讲授在整理后才陆续与读者见面。当时鉴于先生对各篇的讲授皆可单独成书，故出版时未再沿用《孟子旁通》之名，而是各篇自成一书，各书重定名目。经南先生及其法定继承人独家授权，我社陆续以《孟子与公孙丑》《孟子与离娄》《孟子与万章》《孟子与尽心篇》《孟子与滕文公、告子》的名义，出版简体字本，献给广大热爱中国传统文化的读者。

被后世尊为"亚圣"的孟子，终生以效法孔子为志，是孔子儒家学术思想和理念的重要传承者，是研究中国传统文化不可回避的历史人物，对后世产生了深远的影响。他的思想存于《孟子》七篇，是儒家的重要典籍，记载了孟子及其弟子的政治、教育、哲学、伦理等思想和政治活动。宋代学者将其与《论语》《大学》《中庸》合称为"四书"。

南怀瑾先生对《孟子》极为重视，在讲授时阐发颇多，感触颇深。于《梁惠王》篇，他指出，孟子用"仁政"理念说服梁惠王和齐宣王，在义利之辨上更具超越性；于《公孙丑》篇，他认为，孟子借着与公孙丑的问答，表达出中国文化的精髓——"内圣外王"的中心思想；于《离娄》篇，南先生以为，孟子继承了孔子编纂《春秋》的精神，具体而微、深入又广阔地阐释了中华悠久的文化传统；于《万章》篇，南先生谈道，孟子在此篇提出了许多重要的概念，如知人论世、以意逆世等，涉及为人处世的诸多原则；于《尽心》篇，南先生以"修身立命"总领，以"尽心"点题，并借孟子"五百年必有王者兴"之叹，冀望于二十一世纪之青年学子；于《滕文公》篇，南先生分析了孟子如何教导"未尝学问，好驰马试剑"却又不甘堕落的滕国世子修心养性，及至领导滕国在战国列强的夹缝中自立。而在对《告子》的讲解里，南先生判断中国历史上有关性善、性恶辩论的得失，阐发孟子传授的养心、养气方法，孟子与墨家巨子、淳于髡、慎子等名流在思想交锋中体现的儒家社会理想、对政治以及仕宦者事君之道的看法，等等。

尽管由于各种原因，《滕文公》的记录稿大部分已遗失，南先生亦未能补讲，《告子》的整理稿，先生也没有完成全部审订工作，这是不能弥补的遗憾。但先生通过孟子传达的大丈夫当养"浩然之气"、行己有耻、立身有义的主张，做人的进退之道，已是神完无缺。因此，在目前《孟子》七篇讲授已全部出版的条件下，我们遵照南怀瑾先生生前的愿望，重新将其合为一集，回到《孟子旁通》名下，以期完整展现南师对《孟子》的全部理解和阐发。

我社与南怀瑾先生结缘于太湖大学堂。出于对中华优秀传统文化的共同认识和传扬中华文明的强烈社会责任感、紧迫感，承蒙南怀瑾先生及其后人的信任和厚爱，独家授权，我社遵南师遗愿，陆续推出南怀瑾先生作品的简体字版，其中既包括世有公论的著述，更有令人期待的新说。作为一代国学宗师，南怀瑾先生"通古今之变，成一家之言"，毕生致力于民族振兴和改善社会人心。我社深感于南先生的大爱之心，谨遵学术文化"百花齐放，百家争鸣"之原则，牢记出版人的立场和使命，尽力将大师思想和著述如实呈现读者。其妙法得失，还望读者自己领会。

东方出版社

二〇二一年十二月

目　录

离　娄　篇

滕文公篇

告 子 篇

离娄篇

出版说明

离娄这个人，并非孟子的学生，他是早于孟子时代的人，是一个特别聪明的人。

从《离娄》这章开始，属于《孟子》的下半部，由文章的性质看来，这下半部发挥孔子思想的精神，具体而微，并且深入又广阔地阐释了中华悠久的文化传统。

孟子从离娄的聪明说起，再讲到做人做事的规范，君臣之道，父子家人相处之道，以及礼的问题等，最重要的，是有关个人的修养，以及如何成为一个有品有格的人。

古人所谓"得民心者得天下"这句话，就是脱胎于《孟子》这篇中的"得其民，斯得天下矣"，这也算是孟子的民主思想吧。

最妙的是，孟子在篇尾说了一个笑话。孟老夫子说笑话，虽非幽默大师，却也呈现出他为人师表的轻松人情味的面貌，可敬又可爱。

本书在印行前，已经南师怀瑾先生审定了。

刘雨虹 记
二○一二年五月于庙港

离娄章句上

　　我们今天的课是《孟子》的《离娄篇》。《孟子》一共有七篇文章，以前我们讲了一半，第一篇是梁惠王，第二篇是公孙丑，第三篇是滕文公，这三篇文章都分上下两章。如果我们把它们做一个研究，前面这三篇，是孟子周游诸侯国，与帝王之间谈话的记述。孟子之周游各国，是想推广他的思想，宣扬中国传统文化，维持中国文化的王道精神，所以说《孟子》这本书，相当于孟子的传记。

　　从《离娄》这一篇开始，是他上半部思想的延续发挥，等于《孟子》的下半部。可是，想要真正了解《孟子》，了解他继承孔子的思想，延续中国传统的文化、政治哲学，其精神就在下半部的几篇里。

　　《孟子》这本书，我想在座的诸位小时候都念过，文字上大家都看得懂；我们现在讲这个课，是从它的哲学精神，以及维持传统文化的精神方面下手。我们特别要注意的是，因为文字太容易懂，反而会被文字所骗，看不出其真正的含义和精神，所以现在特别把它指出来，帮忙诸位同学。

　　《孟子》的文章，我们过去已经讲过，它在中国文学史上是很有名的。一般过去的旧文学著作，所谓学术、文学思想的文章，都以孔孟的文章为正统。孔子的文章长篇大论的不多，而《孟子》的文章却都是长篇大论的。但是有一点可以看出来，

《孟子》的文章代表了战国时候的文学风气；另如《庄子》，都属于同类性质，都是文字优美而且篇章较长。以后就演变成为南方的文学，像《离骚》等就出来了。

孔孟的文章，在我的观念，它们代表了周鲁文化的系统，也代表了当时的北方文化，以及中原文化的正统写法。由《庄子》下来到《离骚》等，都是南方文学的系统。仔细研究文章的精神和写作方法，《孟子》与《庄子》是两个关键，值得我们注意。至于中国文化的传统，《周易》的思想是周朝的文化，代表了黄河上游的文化系统。《书经》的思想代表黄河中下游的文化系统，因为当时中国没有完全统一，不过文化是统一的。

现在我们看《离娄》这一篇的本文，然后再研究，就可以发现一些道理。《离娄》这一篇的文字，也应该像读佛学著作中的《宗镜录》一样，要朗诵的，这些文章不朗诵的话，不容易看出它们的精神来。不过我们现在不主张朗诵，只介绍文字的意思。这些文章也许不是孟子本人写的，可能是他的门人学生所写，文字非常明白。

聪明技巧之外

> 孟子曰："离娄之明，公输子之巧，不以规矩，不能成方圆；师旷之聪，不以六律，不能正五音；尧舜之道，不以仁政，不能平治天下。今有仁心仁闻而民不被其泽，不可法于后世者，不行先王之道也。故曰：徒善不足以为政，徒法不能以自行。《诗》云：'不愆不忘，率由旧章。'遵先王之法而过者，未之有也。"

我们年轻的时候念这些文章，很不在乎，尤其当时碰到西方文化进来，也碰到五四这个阶段，老实讲，对这些文章太反感了，觉得没有什么意思，不过念念好玩而已。经过几十年再加反省，才发现它们的深意。当时读这些书，老师也只有解释文字，其中真正的含意，问他也不讲，也许他也讲不出来。

这一段提出了五个人，包括两个皇帝。离娄是孟子以前的人，不过比孟子早几十年，或者早一百年，没有办法确定。虽有许多的考据出来，到现在也没有办法完全断定，只晓得是前一辈的人。

"离娄之明"，此人非常聪明，聪明绝顶。古代相传，有人是眼睛厉害的聪明，有人是头脑特别聪明，离娄是怎么聪明，这里没有详细地讲。历史上有好多聪明的人，不过聪明的结果是骗了自己一生，也骗了人家一生。孟子说离娄，这是一个聪明的人。

第二个人是中国古代的工程师，可以说是一个科学家，名叫公输班，鲁国人，也比孟子的年代早，比孔子晚。我们中国的泥水匠、木匠，所拜的祖师爷就是公输班。大家都晓得墨子跟公输班斗过法，两人在战术工程上比过本事。"公输子之巧"，这个巧就是现在讲第一流的科技人士，什么机械都能够做，什么战斗的工具都能够发明，这是第二个人。

第三个人是音乐家师旷，孔子佩服他，孟子也同孔子一样佩服他。在上古，相传这个音乐家是非常了不起的，为了学音乐自己把眼睛刺瞎了。为什么刺瞎呢？《阴符经》上所讲的道理，"绝利一源，用师十倍"，这一句话包括很广泛。譬如一个人假使眼睛瞎了，耳朵的听觉会比平常人增加到十倍。而有些书上讲"绝利一源，用师百倍"，这两句话后来用于兵法、军事思想，也是很重要的。当然这个原则可以举很多的例子来发挥，我们现在不是讲《阴符经》，只是说明师旷这个人，他为了音乐成就，自己把眼睛刺瞎，所以耳朵的听觉特别灵敏。这是第三个人了，另两个是皇帝唐尧和虞舜。

现在看书上的文字，"离娄之明，公输子之巧"，假使一个人有离娄那样聪明，公输班一样的灵巧，如果"不以规矩"，就不成方圆。规矩是两个东西，规是画圆的，矩是画方的。中国古式的规矩，在《天工开物》这本书上有样子留下来，《古今图书集成》也有。现在所用的，都是新的科学仪器，旧的规矩是什么样子，就要自己去找了。

他说以这两个人的聪明智慧，"不以规矩，不能成方圆"，如果不使用规矩想要造一个东西，他画的方不一定是正方，圆也不一定是正圆，不标准；要绝对标准的话，必须依靠仪器，就是规矩这两个东西。换句话说，一个人特别聪明，只靠聪明而没有学问，没有了解传统的东西，没有了解世界上已经成就的知识，而想求新的发明，几乎是不可能的。虽不是绝对，但是非常非常冒险的。

"师旷之聪，不以六律，不能正五音"，这个音乐家师旷，虽然有这样的聪明，但音乐也有它的法则，这个法则是六律。如果不根据六律，就不能辨正五音。所以音乐还是有音乐的道理，必须要照六律五音的道理来，才能够作出好的音乐。

上面这两句话都是陪衬的话，下面另外有一句话才是重点。"尧舜之道，不以仁政，不能平治天下"，他说像古代所标榜的唐尧、虞舜两位圣人，如果他们的修养、作为不能达到仁政的标准，也是不能够平治天下的。这是讲些什么啊？我们看到这些文字都懂，似乎孟子说也好，不说也好。

孟子回家讲课

实际上我们研究《孟子》，透彻把它想一想，就发现孟子了不起了。他了不起在什么地方？从《离娄》这一篇开始，孟子已经回家教学生，不想动了。他同孔子一样，对时代觉得没有希望，为了挽救战国末期那个时代，所以到处游说教导诸侯，却发觉救不了，他只好把自己的理想转向去培养下一代的学生，希望后辈挽救这个社会、国家、天下。所以他回去讲学了，同孔子的精神是一样的。《离娄》这一篇开始，就是在讲学阶段，由学生记录下来。

我们看前面三篇，孟子到处跟这些诸侯们谈话，劝告他们，乃至给他们写计划，随时引导，但是很少引用到尧舜，而是拿文王来做标准。譬如对齐宣王讲话，对梁惠王讲话，对小国的领袖滕文公讲话，都是告诉他们只要效法文王就可以起来，就可以平定天下，很少拿尧舜来做标榜的。从这一点去研究《孟子》，就很有意思了，意思在哪里？为什么他对齐宣王，用那么大的气力，说平定天下很容易，却只拿周文王做榜样？他为什么不标榜尧舜？直到这时回家了，坐在家里对着学生才讲真话，拿尧舜来标榜，这是第一个话头。而且他讲，即使你同尧舜一样，你的行为、政治上的作为是救人之心，可是你实际的行为，做不到仁政最高的标准，也不能平治天下，孟子说得很干脆。

其次，他为什么提到聪明呢？这篇一开始就说"离娄之明，公输子之巧"，说这些人头脑好，这是一个话题哦！我们小的时候读这些书绝对不懂，人老了，成精了，慢慢懂了。由于春秋战国的诸侯个个都很聪明，不聪明怎么能领导那么多人，成那么大的事业？但是历史上扰乱世界、扰乱人类的，也都是第一流聪明的头脑。不过，聪明没有道德的培养，那个聪明就成为危害人们的技巧。所以当时孟子直接指出这个重点，对春秋战国这些诸侯，他一概否定了，抹杀了。因为他所见的很多诸侯，如齐宣王、梁惠王，乃至那两个小国的诸侯滕文公、邹穆公，都很聪明，几乎没有一个笨人，所以这一篇特别提出来聪明的道理。

历史上有一个大原则，我们再查二十五史，由秦、汉、唐、宋、元、明、清一路下来，乱世的每一个帝王都是绝顶聪明。譬如李后主，大家都很喜欢他的词，如"无言独上西楼，月如钩"，你说这个人好不好？绝顶聪明。跟李后主一样聪明的多得很，宋徽宗也是一个，又是大文学家，又是大画家。历史上许多奸臣，也都是绝顶聪明的。但聪明没有经过道德的熏陶、学问的培养，没有用，这是重点所在。现在我把这个话头参通了告诉诸位，然后你们一路读下去，其中的道理和味道就出来了，才晓得孟子这个话了不起，可见孟子会讲话，会说辞。

当然也看到他的弟子们会写文章。在文章开始，许多内容都是陪衬，后面就讲出一个道理来，如同宗教家善用比喻，释迦牟尼佛说法，或者基督教的《圣经》等，都善用比喻，讲出来易于明了，听的人就懂了。孟子这句话也是比喻性的，"离娄之明，公输子之巧，不以规矩，不能成方圆。师旷之聪，不以六律，不能正五音"，就是说明不照规矩做的话，虽聪明也没有用。

我们修道也一样，大家学佛修道打坐，都在用聪明，绝对不肯守规矩，都拿自己的意思来注解。譬如问打坐的人，什么叫定？好像没有思想就是定，每个人都这样注解，从来没有查过佛学有没有这样的话。佛经上讲一句空啊，就乱下注解，都是聪明，所以学理都没有搞通，没有用。

回过来讲，我们年轻同学们注意，《孟子》这个话不但讲大的方面，也讲小的方面，每个人都要注意，对于聪明要小心。我们在座的青年同学们，大家个个都自认聪明，谁肯承认自己是笨蛋啊？但是这个聪明就是大问题。我们常常提到，苏东坡一生受的打击很大，所以他有一首诗："人皆养子望聪明，我被聪明误一生。"他后悔自己聪明；下面两句更妙了，"但愿生儿愚且鲁，无灾无难到公卿"，希望笨儿子一辈子平平安安有福气，功名富贵都有。苏东坡上面两句蛮好的，下面两句话他又用聪明了，希望自己的儿子又笨又有福气，不必辛苦就做到大官，一辈子又有钱又有富贵。天下有那么便宜的事吗？他不是又用聪明了吗？这个聪明就不对了。

实际上苏东坡这个思想啊，就是他的人生哲学。再仔细一想，苏东坡这个愿望，也都是我们自己的希望，我们个个都想这样，最好钞票源源滚进来，车子送来给我坐，你们盖高楼，分几层给我就好了。每个人都要这样，都误于聪明，所以孟老夫子的话，就有道理了。

慈悲而无方法的人

"今有仁心仁闻，而民不被其泽"，上面这几句，先把它们参破点出来，这个道理懂了，再看《孟子》就很亲切了。这几句话，他是指着战国时的那些君王们讲的。他说现在有些人，不是没有一点仁爱之心，他也有爱人之心。爱人之心就是慈悲之心，大家要搞清楚啊，爱是西方文化翻译过来的，这个爱也等于中国所讲的仁。为什么要提这个话呢？因为常常有些学佛的朋友，一听到爱字就吓死了，因为佛经上有反对爱的说法。但是，佛经反对的是爱欲之爱，那个爱欲之爱是指男女两性的爱欲，是讲性的问题。其实西方文化讲"神爱世人"那个爱，并不是爱欲那个爱哦，是等于我们所讲的慈悲，仁慈。结果这两个名词混淆起来了，一提到爱就把人家广义的爱用到狭义方面去了，这是很大的错误。

现在转回到本文，孟子说现在有许多人，就是指当时在政治舞台上的各国诸侯们，也有仁心，不但有仁心还有仁闻。什么叫仁闻？《孟子》前面都说过的，齐宣王看到厨房杀一头牛都不忍心，问杀这个牛干什么？古代的典礼，拿牛血来衅钟。他说那个牛抖得那么可怜，算了，不要杀了。那怎么行呢？他说弄一头羊去好了。你说他仁慈不仁慈？因为他是当太子出身的，看到杀牛不忍心，杀羊没有看到，所以没关系，这个是很明显"仁心仁闻"的例子。

当然孟子没有讲齐宣王，我是根据孟子这一句话，举出这个例子加以说明。又譬如美国有个总统卡特，一上来就提倡人道，这也是有仁闻啊，全世界都晓得他提倡人道，结果做出来不是那么一回事，仁心跟仁闻就是这样一个比喻。孟子说，现在有人有仁心有仁闻，结果老百姓没有沾到他的光，一点也没有得好处。如果没有人得到好处，他说这个仁心有什么用呢？这个仁闻又有什么用呢？

下面一句话，"不可法于后世者，不行先王之道也"，在政治上领导了那么久的人，因为没有好的成绩，致使后世认为他的作为不值得效法，因为他没有效法先王之道。这个先王是儒家最大一个问题，孔子孟子经常提到，究竟是哪一王呢？在孔孟思想及中国传统文化里，先王是代表中华民族老祖宗的传统文化，所有的圣君贤相都包括在内。他说这些诸侯们虽有仁心仁闻，因为不懂上古的先王之道，所以他们的施政对人民无益。这个道并不是打坐修道哦，这个道就是先王的一个治世大原则，一个法则。

因此孟子自己做一个小结论："故曰：徒善不足以为政，徒法不能以自行。"这是一个大原则；孟子在这里点题，这是中国政治哲学最重要的中心。一个人，一件事，尤其是政治，光有善心没有办法从事政治；光是仁慈，没有办法管理人，没有办法替众人服务。就等于佛家的一句话，"慈悲为本，方便为门"。但是还有两句相反的话，所谓"慈悲生祸害，方便出下流"，慈悲有时生出祸害来了；有时候将就一下，给他一个方便，结果就出下流。所以专门一味只讲仁慈，没有方法，这个仁慈是没有用的，"徒善不足以为政"，这是不行的，尤其是从事政治。

我们这里同学好人特别多，善人特别多，学佛念《金刚经》，都学成善男子、善女人了。不过，善归善，不能做事，要做事的时候，是非善恶不能混淆，不能马虎，徒善就不足以为政，所以要有规矩，要有方法。

"徒法不能以自行"，你光讲规矩，光讲方法，也不行啊！像我们有些同学办事，"老师叫我这么办"，回来我就骂他，你不晓得变通吗？做事情那么呆板。所以"徒善不足以为政，徒法不能以自行"，这是中国历史上一大原则。

好了，这里我们看出一个东西，什么东西呢？从战国以后中国几千年的帝王政治，都是根据这两句话的原则。现在的年轻人喜欢跟在人家的屁股后面乱跑，自由啊，民主啊，什么叫自由？什么叫民主？都没有弄清楚。尤其美国式的自由怎么来的？要注意哦，先要研究一下美国的文化怎么来的。美国有个人自由主义的思想，有资本主义的自由思想，民主也分好几个形态，这是美国式的民主自由。民主自由的基本是建立在法治上，所以不要跟在人家屁股后面乱跑，自己应该仔细研究，然后回来再看自己历史上的政治哲学，才能了解我们几千年来的政治体制。尽管是帝王政治制度，内容却是真民主，当然要找出许多证据来。西方的民主到现在，看起来是民主的体制，但它的内容是真独裁，乃至集体的独裁更厉害，更难办。

中国过去历史上，当然例子非常非常多。历史上有名的汉唐政治，真正的内容并不是儒家的路线，尤其是汉朝的政治，是走道家的路线，"内用黄老，外示儒术"，表面上是儒家的路线，实际上这两句话还是欺人之谈；真正汉唐的政治啊，用的是杂家霸术，外表掺合了儒家的仁义、道家的道德，是个综合性的。所以假使我们研究自己的历史，不懂这个关键，不懂这个窍门，那就被历史骗住了，是书没有读通。

帝王和臣子的著作

我们再举一个例子，《孟子》这两句话，后来被中国帝王用政治手段把它歪曲了。从《孟子》这些话以后，第一个写一部帝王学的就是唐太宗，他自己写的这本书叫作《帝范》，做皇帝的典范，他想留给儿子，留给后代的子孙。这本书中，何尝不谈到仁义？也谈到孔孟这些仁义。但是你把《帝范》拿来仔细一读啊，这个仁义问题就很大了，绝不是孔孟所讲的仁义，已经变质了。唐太宗的手段被一位女士看出来了，什么人啊？武则天。太宗写个《帝范》，她武则天就写一本书拍一下马屁，书名叫《臣轨》，所以后来唐朝就被她拿走了。你作《帝范》，说当皇帝要怎么怎么当；我写的书《臣轨》，说当臣子要怎么服侍好这个皇帝。这两部书妙得很，对称的，中间谈的也都是孔孟之道，仁义道德。

接下来，唐代一个臣子写了《贞观政要》，是唐太宗死后，把唐太宗的《帝范》和武则天的《臣轨》两个精神合起来的一部书。这本书出来以后，无形中好像给后来的帝王们一个典范，说应该如何做一个领导人。最近几年很多人都喜欢读《贞观政要》，乃至出家人都在读，这很奇怪了。我说你们想当朱元璋吗？这些书是想当领袖的人读的，我们读了没有多大用处，看看好玩而已。这两个合拢来的内容，是真正中国文化精神的仁义之道吗？不是的，你把它们一分析、一整理啊，通通是杂家、霸术、权术。

我们再看历史上相关主题就很多了，《千秋金鉴》，张九龄作，也是作给皇帝看的。后来宋朝的司马光作一部《资治通鉴》，是教皇帝从历史上学习怎么样处理政治，所以是资治，是教育皇帝的书。我们读《资治通鉴》，可以当历史资料读。《资治通鉴》的精神，在司马光的论述里，都离不开《孟子》的"徒善不足以为政，徒法不能以自行"这两句话的原则。

那么最高明的是什么人呢？到了清朝，康熙、雍正、乾隆，这几个皇帝，都有著作。老实讲他们那些著作，比汉、唐、宋代的著作还要好，对于杂家、霸术、权术等，他们全套都懂。

凡事皆有原则

刚才讲到"徒善不足以为政，徒法不能以自行"，就使我们联想到帝王政治的原则。不但过去帝王政治，都是以这两句话为中心，今后社会的民主政治也是一样，实际上对于个人也是一样，所以我们要特别注意。

譬如说，我们在座许多学佛修道的人，我经常说笑话，看到年轻人学佛修道我就害怕，一个一个修得都是善男子善女人，善得都过了分。但是，徒善不足以修道，徒善也不足以成佛，因为学佛是要讲行履的，也要讲方法的，念咒子啊，打坐啊。但是徒法也不能以自行。所以《孟子》这两句照样可以套用，一点都不错，讲个人修养也是一样。换句话说，我们看了《孟子》这两句话，谈到个人做人，甚至于国家天下为政，就是要灵活地运用。所以前面就告诉你"尧舜之道，不以仁政，不能平治天下"，这是很明显的，你呆板地学尧舜，那是走不通的，更不能利用自己的聪明，那样就更不成了。

《孟子》文章看起来那么美，那么平实，好像话都告诉你了，可是，他有很多东西都在文字的后面。譬如他说"离娄之明，公输子之巧，不以规矩，不能成方圆"，这就是告诉我们，聪明没有用。这句话让我们想到老子说的"大智若愚"，这个大家都知道，真有大智慧的人，不会暴露自己的聪明；不是故意不暴露，而是最诚恳，最诚实，才是最有大智慧的人。"大智若愚"这个观念，不是同《孟子》这一段的观念一样吗？但是《孟子》同《老子》也有它们反面的意义，读《老子》这本书要注意哦，大智若愚反过来，就是大愚若智哦。大笨蛋有时候看起来很聪明，他还处处表示自己聪明；越表现自己聪明的人，一定是笨蛋，暴露了自己。所以大智若愚，老子只说了正面，反面那是老子的密宗，不传之密，你要磕了头，拿了供养，他才传给你。《孟子》的道理也是一样，所以为政也好，自己修养也好，都是这个原则。

那么刚才我们讨论的"徒善不足以为政，徒法不能以自行"，这两句话青年同学们特别注意，这是为人处世的准则，推而广之，对于一个工商界的领袖，一个团体的领导人，乃至政治上的领导人，这两句话是天经地义的原则，不能违反，也不可以违反。甚至我们在座的大和尚们，将来领众也是这个道理。你看《百丈清规》的内容，再把释迦牟尼佛的戒律翻开来看一看，都不出《孟子》这个原则——"徒善不足以为政，徒法不能以自行"。所以古今中外的圣人，他们的智慧，他们的原则都是相同的，不会有差别的。什么叫作世间法？哪个是出世法？大智慧的人，世间出世间一定是合一的，是一样的。有关这方面的资料，历史上很多很多。

《孟子》讲到这里，引用《诗经》的话，"《诗》云：'不愆不忘，率由旧章。'遵先王之法而过者，未之有也"。孔孟讲话，为什么常常都引用《诗经》呢？等于我们现在写论文，引用苏格拉底说的、柏拉图说的，下面就来个注解哪一本书上第几页。这是千古文章的悲哀，好像不拿人家的话来凑一凑，不足以表示有学问。孟子当时也有这个习惯，意思是你不相信吗？古人是这么说的。假使你是有道之士，不过，你说法谁都不相信，如果你说佛说的、孔子说的，他就不会怀疑，不会还价钱了。所以圣人之后的人，没有办法，只好拿出圣人的招牌来，连孔子孟子也逃不出这个天地自然的法则。如同我们小的时候，有什么事情都是爸爸说的，爸爸说的不会有错，那就挡开了。

所以孟子引用《诗经》的话"不愆不忘"，不要超过这个原则；换句话说，这四个字要很灵活地运用，不要笨得过度了，好人做得太过分了，就不是好人，那就是个笨人。好人跟笨人两个是隔壁，聪明跟坏蛋两个也是隔壁，这个中间恰到好处是最难的，所以说大智若愚，大愚就若智。"不愆不忘"这一句话，既不要超过，也不要失去原则，然后取其中庸而行之。一个人不管做什么事，无论如何要有一个原则，原则不能违反；"遵先王之法而过者，未之有也"，违反了这个原则什么都搞不成。因此他提出来告诉学生们，在历史人生经验上看到，严守法则绝不会出毛病；不过严守法则有一个条件，不能过分，过分就不对了。

在这里我只好拿学佛的人做比喻，像这里年轻同学学佛的，学得个个面有菜色，脸无笑容，令人看到就难受。看你们这些人的面孔啊，就知道那个细胞一点都不活泼，天机本是活泼泼的，结果你们修得呆板了，活泼泼跟呆板差得很远啊，这个就是太过了，太过了就是毛病，学问修养也是这个道理。所以他下面引申理由。

不忍人之政是什么

"圣人既竭目力焉，继之以规矩准绳，以为方圆平直，不可胜用也；既竭耳力焉，继之以六律，正五音，不可胜用也；既竭心思焉，继之以不忍人之政，而仁覆天下矣。"

这就是《孟子》的文章，很合逻辑的，古文最讲逻辑了，第一是头尾要关照好，他说"圣人既竭目力焉"，上古的圣人虽然用眼睛看准确了，像离娄有绝顶聪明的眼光，看对了；然后要做东西还要有公输班的技术，用规矩去量，不能马虎，这就是规矩。他说你以为有把握，绝顶聪明，不要狂妄啦！还是要规矩准绳来量过，才能构成方圆平直。譬如我们这里大书法家王老师，书法比我高明太多了，但是你看他规规矩矩，每一点都守规矩，就是这个道理，肯守规矩则不可胜用也。

接下来，"既竭耳力焉"，必须要以六律正五音，也是不可胜用也。这两句都过去了，重点是在下面。

"既竭心思焉，继之以不忍人之政，而仁覆天下矣"，大圣人用尽心思、智慧去研究，研究好了还要请教别人，一点不能马虎，然后配合一个最重要的中心，"不忍人之政"，就是不忍心害人，不忍心害社会，那样你才真正做到了仁政。这个文字容易懂，但是内义很深，内义深在哪里啊？我们都晓得《孟子·公孙丑上》讲过，"恻隐之心，仁之端也"，恻隐之心，就是不忍人之心的开端。仁慈的心理从哪里开始？就是从这个不忍心开始。什么叫不忍心呢？我们举一个例子，走路踩死一只蚂蚁，有时候我们会偶然发起大慈悲心来，蚂蚁也是个生命，不小心踩死了，这就是不忍心。可是，有时候我们也会做害人的事情啊，很忍心就做了，这个道理就是说，我们自己对不忍人之心没有认识清楚。

所以我常常跟年轻同学讨论，有时候叫他帮助一下别人，教一些东西啊，做一些事情啊，他就马马虎虎，这个就是害人嘛！我们只要马虎一点，就像医生看病一样，你虽然没有害了他，却已经耽误了他，也是害了他，这就是你太忍心了，所以不忍人之心是非常难的。

尤其是为政，《孟子》在这里重点还是讲为政，政治上的措施，我们有时候想尽办法，这个办法拿出来绝对好，但是没有考虑到下面实行时，这个办法会变成大害处。过去在大陆或现在台湾也都碰到过，到乡下跟区公所的朋友谈话，他痛苦万分，上面有的政策下来，一样都办不了；你到乡下找一个派出所的警员来谈谈看，很多法令，与现实矛盾，不晓得怎么办好。上面的人坐在办公室构想，然后开会，决定这么办；但各地方不同，一到下面问题就来了。所以这个地方就要"竭心思焉"，然后继之以不忍人之心为政，才能"仁覆天下"。

譬如当老师的人，我们在座当小学中学老师的很多，老师讲了一句，孩子回家就跟家里争吵。像我的孩子读小学的时候，回来吵得要命，为什么呢？因为老师那么讲的。好，好，好，你老师行，我碰到这个就赶快投降，照你的办。老师在台上讲的时候一点都没有错，但他没有多方面去想，所以"竭心思"有这样的重要。要尽你的心智你的智慧，尽到底了，确定这个政策绝不害人，才可以去实行。因为你的思想、智力都用完了，再出了毛病，非我之罪也，只能恨自己的脑袋没有那么高明，不是我有心害人。所以尽你心智以后，"继之以不忍人之政"，那么才可以"仁覆天下"。

这几句当中，下面"既竭心思"是重点，你的脑子都用干了，再也想不出好办法了，只有这样最好了，你才算没有罪过。接下来还要配合一个不忍人的方法作为，这两样要配合起来，才能说你的仁政可以普遍盖覆天下。不是现在吹牛的盖哦，不是黑云来了的盖哦，而是清凉的。现在我们吹牛的盖是热天的热盖，夏天开热气的那个盖哦，那个盖是不行的，所以这个覆字是指那个清凉的盖。

孟子接着又说出一个道理。

> "故曰：为高必因丘陵，为下必因川泽，为政不因先王之道，可谓智乎？是以唯仁者宜在高位。不仁而在高位，是播其恶于众也。"

他说要想盖一个高楼必须从平地起，孔孟都是山东人，泰山再高，也都是小丘陵慢慢堆积起来才成其高。"为下必因川泽"，大海之所以大，因河川江湖的水汇集流下才构成了大海。当年我们写古文都学他这个，当然不套用他的成语，那不算高，而是动脑筋偷。千古文章一大偷，把《孟子》这一句的意义偷来另外造两句，老师看到打双红圈，然后在卷子上面批，叫妈妈煎蛋给你吃。

我们看后世的文学有两句话偷得好，"水唯能下方成海"，世间的水都是往低处流，所以人要学水，人要变成大海一样，就要谦下。"山不矜高自及天"，最高的山它也不觉得自己高，因此它就可以顶到天。换句话说，人生的修养、学问、地位到了最高处，自己也不要认为高。所以山不认为自己高，因此成其为高。水向下流，谦虚，谦虚到极点就成其为大海，大海就能够包容一切。《孟子》这两句话，"为高必因丘陵，为下必因川泽"，就是"水唯能下方成海，山不矜高自及天"的道理。你说完全一样吗？不一样，这个是讲文字逻辑，《孟子》这两句话有两三层转折，所以并不完全相同。

他最后的结论"为政不因先王之道，可谓智乎"，这都是批评当时那些诸侯，他说为政不根据先王之道，不根据传统文化的法则，不根据传统的政治原则，"可谓智乎"？他告诉学生们，你们说齐宣王他们聪明吗？换句话说，他们是笨蛋，"可谓智乎"是问号，当着学生问，你说他们算是聪明吗？

由这里再回到前面，孟子为什么说"离娄之明，公输子之巧"？像那样聪明的人，都需要透过技巧才成功一件事，何况齐宣王、梁惠王这一班笨人？所以孟子意思是说，我老头子只好回家，就是这个意思。讲了半天还是他孟子最聪明，对不对？

"是以唯仁者宜在高位，不仁而在高位，是播其恶于众也"，所以他说照中国上古的传统文化原则，唯有真正仁慈的人，才能够在最高领导的高位上。他说过去传统文化的原则，不仁者在高位，那就很严重了，那是玩权力，不是行仁政，是在种恶因，所得的恶果就大了。他这个话是因为看到春秋战国这些诸侯君主们个个如此，所以他认为无足道也，没有一个人可以跟他谈论的，没有一个人可以懂的，只好回家了。

因此他接着说到当时社会的一个现象。

时代的怪现象

"上无道揆也，下无法守也，朝不信道，工不信度，君子犯义，小人犯刑，国之所存者，幸也，故曰：城郭不完，兵甲不多，非国之灾也。田野不辟，货财不聚，非国之害也。上无礼，下无学，贼民兴，丧无日矣。"

这是战国时候的现象，不但政治如此，整个的社会也如此。譬如梁惠王、齐宣王这一班人，孟子说"上无道揆也"，不讲法治，凭他们的聪明在乱玩，有聪明，有权力，他们爱怎么干就怎么干。我们今天的国际上也是如此啊，前几天跟年轻的同学谈到卖花生的卡特当选美国总统，他是美国南方人，我说由南到北就不行了，美国也一样。上面不照法度来，下面一般的干部就乱来，不守法搞特权。"朝不信道"，他说那些诸侯、那些大臣，不相信文化政治的大原则，什么道德的政治，在他们都变成了口号。"工不信度"，工商界也在乱干，只要有钱赚什么都干，做的东西不合标准，只要钞票一拿到手，退货都不管，没有商业道德。

知识分子呢？"君子犯义"，知识分子书读得好，道理讲得非常通，但头脑里乱七八糟，这是犯义，违反自己的道德，背过来随便干。换句话说，拿自己的学问知识来做坏事，叫作学足以济其奸，学问越好坏事做得越大；法律越学得好，犯法的本事越多，这就是"君子犯义"。小人呢？"小人犯刑"，那些老百姓们乱干，杀了人反正坐牢就是了，没有关系，法律都不怕了。孟子讲，你看在这样的时代国家，他们到现在还能够存在，那是命好啊、幸运啊，那是不合理的。所以孟老夫子胡子一翘，气得只好回家去，在这里干什么呢？没有办法啊。

"故曰：城郭不完，兵甲不多，非国之灾也"，这就是中国文化的精神了，所以我常说，一个国家亡了不怕，是可以复国的；最怕自己国家民族的文化整个亡掉，那就翻不了身了。诸位青年同学千万要注意，将来的时代，我们的文化要你们年轻一辈的挑啊，不能使自己国家民族的文化种子断绝。所以《孟子》在这里就说，"城郭不完，兵甲不多"，这个不是国家的灾难，这个没有关系。"田野不辟，货财不聚，非国之害也"，甚至于农业荒废了，乃至于国家的财经出问题了，孟子说这也不严重。最严重的是文化精神没有了，一个国家民族文化的根一旦丧失，那就真完了。

所以他说"上无礼，下无学，贼民兴，丧无日矣"，这三句话包括意义很大，每一句话只有三个字。"上无礼"，我经常说这八十年来文化教育出了大问题，教育出问题就变成"上无礼"。这个上你不要看成爸爸或长官，那太狭义了，这个上包括时间空间。"下无学"，这个学不是指知识，而是指真正的学问，也就是做人做事真正的道德，那才是学问，不是呆板的道德。古人解释这个学字是"学者效也"，有效验的、实际的人生经验，这个是学，一方面也包括道德的经验。

他说的每三个字都是大问题，我只提原则，最要紧的是"贼民兴"。几十年前，当然你们在座的青年不知道，革命分子是怎么起来的？就是"贼民兴"，当年的知识分子都喜欢走这个路，今天世界上也是这样。

有些人自己认为聪明智慧，专门玩这个捣乱的事，这些是贼民，这个贼民的意义包括了很多。换句话说，社会上正人君子越来越少，走正路的越来越少；走偷巧的路，走作奸犯科的路的，越来越多。这个是教育的失败、文化精神的丧失，任何一个社会，任何一个国家，到了这个情形，违反了原则，"丧无日矣"，马上要完了。"无日"，无法说时间，很快就要完了。

> "《诗》曰：'天之方蹶，无然泄泄。'泄泄犹沓沓也。事君无义，进退无礼，言则非先王之道者，犹沓沓也。故曰：责难于君谓之恭，陈善闭邪谓之敬，吾君不能谓之贼。"

　　因此孟子再引用《诗经·大雅》篇的话，"天之方蹶，无然泄泄"，这两句诗的意思就是，上天要毁灭一个人，蹶就是跌倒，就是说天命要变更的时候，这代表了时代要变化，变乱的时代要来了。一个时代的命运到了关键时刻，我们人要怎么样做？"无然泄泄"，不可以马马虎虎，不可以跟着时代随便走。我们也经常听到有人说"你这样做不合时代"，我说老兄啊，我已经不合时代几十年了，我还经常叫时代合我呢，现在头发都白了，不合时代就算了。我说你不要问我问题，也不要跟我学，因为我不合时代，怕传染到你。如果你要跟我学，对不起，你要时代跟我走，"无然泄泄"，我不将就你。此所谓独立而不移，要有这个精神。

　　所以孟子解释，他说古书上讲"泄泄犹沓沓也"，泄泄就是沓沓，也就是马马虎虎，也就是孔子所讲的"乡愿德之贼也"。看起来做人很好，处处和蔼，很有道德，挑毛病挑不出来；但是也找不到好处，这叫德之贼也，将就、马虎，不可以这样。这就是孟子所说战国时代的糟糕现象。下面是鼓励学生，吩咐他的弟子们：我们晓得时代有这样的毛病，为了自己国家民族的文化，要站起来，要留下种子，不能将就时代。

　　因此他又说"事君无义，进退无礼，言则非先王之道者，犹沓沓也"。我发现，年轻同学们在一个公司做事，学个三个月半年，回来自己也开个公司。我说那些老板们真倒霉，让你在那里偷学东西，又给你薪水，这个是"事君无义"，这个要不得。中国文化不是那样的，你说整个的社会都是这样，我不这么做怎么办呢？那有的是办法，就是自己站起来。当然现在上下都搞成这个现象了，不合理的地方很多。"进退无礼"，不择手段地进去这个公司，要走的时候，不管了，就跑掉了，做人的标准都没有。整个社会变成这样一个没有人格、没有标准的社会，当然个人更不要谈了。既然做人的标准没有了，文化的法则也亡掉了，"言则非先王之道者"，所以言语思想都不同，只是跟着时代浮沉，自己没有独立的中心。

什么是恭 什么是敬

好了，中间经过了许多的转折，现在这一段的结论来了，就是由"离娄之明，公输子之巧"起，到这里，"故曰：责难于君谓之恭，陈善闭邪谓之敬，吾君不能谓之贼"，严重的结论来了。所以《孟子》全篇连起来就可以看出来了，如果只在中间抓到几句，往往把《孟子》了解错了。刚才已经先给大家点出题目来，他开始就指出，战国时候所有这些领导人都是玩弄小聪明，不是真正的大智慧，更没有人品。这一段是讲战国当时领导人的罪过，因为君道的错误，孟子提出来中国文化君道的精神，以尧舜为标榜。

其次，他指出一般臣道的错误，换句话说，整个教育文化失败了，没有把人教育好，君道的人格没有教育好，臣道的根本也没有教育好，然后师道也不对，他痛恨这三个方面，重点在这里。所以他说领导人固然错了，可是那些为臣的错误更甚，这都是师道的问题。

我们举最有名的孟尝君来说。当时孟尝君可以左右齐国的国君，如果他走上正路，齐国国君乃至社会，都会跟着他走的。但他不走正路，孟尝君的做法等于是帮会，就是流氓，他反而向坏的路上去带领大家。战国四大公子这个阶段，跟孟子差不多是同时的，还有很多名人，都是坏的臣道。他痛恨臣道的错误。他说这些人啊，不尽心力，没有仁慈之心，对社会国家人民不仁爱、不负责，只玩弄自己的聪明，玩弄自己的权力。

因此他提这三个原则，所谓"责难于君谓之恭"，就是刚才我说，中国文化几千年，讲起来是帝王政治，但是常常碰到臣道的宰相、或高级干部当面批评皇帝。那些人的精神就是"责难于君"，对于皇帝责难，你不对就是不对，充其量是死，但我不能对历史没有交代，不能对不起国家和老百姓。这是中国读书人的精神，所以大臣名臣立朝非常正直，皇帝不对的就是不对，就要批评，也就是责难于君，这样才是恭。

"陈善闭邪谓之敬"，古代的大臣对皇帝，是尽忠服从，但文化的精神是要暗中对皇帝教化。"陈善"，是把好的报告上去；"闭邪"，是使上面不走上错路。譬如当年范仲淹当了宰相，那时皇帝年纪比较轻，有一个人犯罪，皇帝批示要杀掉；范仲淹就把公文退回去，说，这个事情还不至于杀头。有人就问，这个皇帝的决定也没有错啊，他说年轻当皇帝，不要给他杀成习惯，杀顺手了，天下人就遭殃了。这就是对皇帝"闭邪"，先防止他，如果他那个权力使用惯了，后来可能把杀人当切萝卜一样，那就不好了。所以"陈善闭邪谓之敬"，这个叫作敬。"吾君不能谓之贼"，一个臣道的人，对于时代的责任、政治的责任，都要做到，如果君王不听你的建言，那是他有问题，那就没得办法，所以吾君不能就谓之贼了。这是孟子对于君道、臣道、师道的一个原则的结论。

孟子说的君道、臣道、师道的要点，也就是延续孔子著《春秋》的精神，这在孔孟思想里，可以说是一个奥秘。

至于说一个人臣怎么样做到"责难于君"，怎么做到真正的恭敬，待我们把这一段的精神讲完再加讨论。这个所谓恭敬，并不只是听命，像唱京戏里的"末将听令"那一套，那不是真恭敬；真的恭敬是"责难于君，陈善闭邪"。在历史上有许多事实都说明这个道理，但是有一点首先要与诸位同学研究的，是古代的教育精神与现代的不同之处，究竟哪一个对，我不下结论，只是做一个比较。

前两天跟同学们讨论时，想到一个问题。我责怪青年同学们有许多地方搞不清楚，譬如写一个条子啊，写一封信啊，做人处世啊，都有问题。我说也难怪，这五六十年的教育害了你们，不是你们的错误，我们上一代本身就受错误教育之害。记得小的时候十一二岁，像我们家庭的教育，把《朱子治家格言》摆在桌上，而且要会背。早晚要向父亲背，背完了照着做，"黎明即起，洒扫庭除，要内外整洁。既昏便息，关锁门户，必亲自检点"。

我在家里是独子，没有兄弟姊妹，虽不算大富大贵人家，也是很不错的家庭，家里很多用人，可是大雪天，一大早父亲把我叫起来扫院子。我母亲当然心疼，何必呢？家里有用人啊！不行，非要他自己出来扫不可，不然长大了没得出息，不知道人事的艰苦；用人固然有，为什么他该享受啊？！我那个手冻得啊都肿起来，像螃蟹一样，还不准我带手套，拿个扫把在扫雪。夜里关了门以后，点个灯到处看看门闩好没有。我说我们当年是受的这种教育。所以我经常训这里年轻办事的同学，电啊，水啊，门啊，都不知道检查，每一次都要我老头子叫，我不叫你们就不去看，生活没有养成习惯，都是教育的问题。

像《朱子治家格言》，是我们当年必读之书，到现在几十年以后，想起来最后两句话，虽然是很落伍，但很有道理。"读书志在圣贤"，换句话说，读书求学问的目的是什么？志在为圣贤，并不是只为了学技术，找待遇好的工作；"为官心存君国"。这是《朱子治家格言》的最后两句话，这个朱子是明末的朱柏庐先生。"读书志在圣贤"，中国文化教育的目的，主要是先完成一个人的人格，技能是附带的。这个话也可以说明，中国的知识分子"读书志在圣贤"。我们现在是读书志在联考，为官志在金钱吧！是不是这样我不知道。这个《朱子治家格言》在我们脑子里印象非常深，现在几十年回想起来，仍记忆犹新。所以我们这个文化教育的目的太伟大了，求知识读书是志在圣贤，立志做圣贤，做超人。为官呢？为官心存国家天下，现在来讲为官是为人民谋福利。

领导人的三大毛病

关于"责难于君"，我们再举一个例子。清代康雍乾三朝的时候，有一位大臣叫作孙嘉淦，字锡公，他有一篇有名的奏折，我曾在讲孟子见梁惠王时详细介绍过，可能大家不清楚，现在这一篇印给大家的讲义是把它集拢来的，不完全，这一篇东西很长很有名，叫《三习一弊疏》。这个孙先生告诉乾隆，做皇帝有三个大毛病很容易养成，这三个毛病一旦养成，如果出一个大纰漏，就不可救药。诸位青年同学难得上这个课，外面恐怕也少看到，好好注意，将来你们诸位出去，做了公司的老板，工商界的领袖，或做一个校长，甚至做一个家长，都容易犯这三个毛病，不可不慎戒也。

第一个毛病是什么呢？"主德清则臣心服而颂，仁政多则民身受而感"，他说做一个好皇帝，当一个好领袖，一个公司的好董事长或总经理，因为你好，部下心里服你，到处讲你好。如果当皇帝的行仁政，老百姓受了你的好处，"出一言而盈廷称圣，发一令而四海讴歌"，你上面随便讲一句话，或下一个命令，下面都叫好，真诚地叫好。"在臣民原非献谀"，老百姓部下的恭维，不是拍马屁，是真诚的。"然而人君之耳，则熟于此矣"，上面的人听恭维话听久了，耳朵听惯了，有一天如果来一句不是恭维的话，就会受不了了，因为这个习气已经养成了。当校长啊，当法师啊，都会有这个毛病；出家人当法师，这个一句了不起，那个一句了不起，法师慢慢就起不了了。每个人都是如此，皇帝也是如此。

"耳与誉化，匪誉则逆，故始而匡拂者拒，继而木讷者厌，久而颂扬之不工者亦绌矣，是谓耳习于所闻，则喜谀而恶直。"这一段就是说，上面的是第一流的好人，下面多恭维。譬如大家见到我，老师啊你讲得好啊，那恭维话多得很，听久了以后，真觉得每一个毛孔都钻出一个悚然来；久而久之，会觉得自己伟大得很。千万不能受骗！将来你们做事业，当了领导的人，这样一受骗，你就完了。

"上愈智则下愈愚"，注意哦，当领袖的人，不要太聪明，上面越聪明，下面的笨蛋越多。那是真的，这叫作"良冶之门多钝铁"，好的铁工厂里头废铁特别多，"良医之门多病人"，好的医生那里病人特别多，那是没有办法的。所以上面越智，下面笨的越多，因为本来不笨，上面的人太能干，下面的人就抱一个观念，多做多错，不做不错，干脆不做最好，因为领导太能干了嘛，什么都会。

"趋跄谄胁，顾盼而皆然"，他说因为上面是能干聪明的领袖，下面跟着的，"顾盼而皆然"，上面皇帝走在前面，头一回过来，就看到敬礼，到处都在拍马屁。"免冠叩首"，清朝时候都是这样，"喳"，帽子脱了跪在那里。"应声而即是"，到处听到都是好的，都是应声虫。"在臣工以为尽礼"，做干部的人这也没有错啊，这是对长上敬礼嘛。"然而人君之目，则熟于此矣"，当皇帝看久了之后，看惯了，有一个腰弯得不够弯，就讨厌这个家伙了，所以这个毛病不能养成习惯。"目与媚化，匪媚则触"，眼睛看到的都是拍马屁的人，如果看到有一个面孔翘头翘脑，不大拍马屁，就刺到你了。

"故始而倨野者斥，继而严惮者疏"，想做圣人的皇帝，看到傲慢一点的，开始是训他几句。有些人不是傲慢哦，他做官读书志在圣贤，很恭敬的，但该说就说，他是好心，可是你就觉得讨厌，虽晓得他讲得对，就是不过瘾嘛，慢慢好人也离开了。"久而便辟之不巧者亦忤矣"，久而久之，马屁不到家的忠臣也离开了。"是谓目习于所见，则喜柔而恶刚"，要注意哦，当爸爸妈妈的也一样。我也做过爸爸，我也做过人家的儿子，这些经验都同诸位一样，都经验过的，我才发现，做爸爸的有时候对儿女也拍马屁的，回头一想，都是一样，所以齐家就可以治国。

你说父母对儿女绝对平等，大家当过父母的仔细想想看，有没有平等？没有的，有偏心，对儿女都有偏心。你想带领部下会没有偏心吗？所以孟子说做皇帝之难啊，学问就在这里开始了。你们当法师的将来收徒弟，说一律平等没有偏心，那是圣人。不过我们不是圣人哦，是圣人同音剩下来的剩，我们是剩人。所以人听马屁话久了，你就喜欢柔和的人，很乖、态度很好的人。开始觉得是要做圣人，对不好的态度还能够忍受，慢慢的不能忍受了，这是第二个毛病。

"敬求天下之士，见之多而以为无奇也，则高己而卑人。慎办天下之务，阅之久而以为无难也，则雄才而易事。"当领袖的人要特别注意，因为社会上很多一流的人到他面前来，他看多了一流的人才，认为没有什么了不起，就把人才当狗屎了。再看到科学家都是怪里怪气的，没有什么意思，然后看看都不如自己，搞久了觉得天下自己第一聪明，没有人超过自己。

领袖要办的事，是天下的事，都是大事情，处理惯了，久而久之认为天下没有困难的事，到我手里就解决了。他不晓得能够解决并不是他比一般人能干，而是因为他有一个无形的权力，是这个权力使他把事情解决的；如果他失了权力，也就解决不了困难了。因为他不懂这个理，在上面当久了，"则雄才而易事"，自己认为是天下第一英雄，把天下的事情看简单了。

"质之人而不闻其所短，返之己而不见其所过，于是乎意之所欲，信以为不逾，令之所发，概期于必行矣，是谓心习于所是，则喜从而恶违。"中间的文字都不解释了，大概都看懂了，他说这样搞久了以后啊，认为自己反正都是对的，慢慢认为天下聪明都不如自己，心里越想自己越对，越想自己越伟大，慢慢养成一个毛病"喜从而恶违"，喜欢顺从自己的话，讨厌相反的意见。

"三习既成，乃生一弊"，眼睛、耳朵、心理，有这三种毛病，一个大漏洞就出来了。何谓一弊？"喜小人而厌君子是也"，自然喜欢拍马屁的，千穿万穿马屁不穿，喜欢人家戴高帽，老师好，老师早，老师是个宝，明知道是给你戴高帽，也是挺舒服的，戴久了就习惯了。

这是孙锡公对皇帝的教训，是教训乾隆哦！下面还长得很，一样一样说，所以这一篇东西，清朝后来的皇帝都要读。这一篇疏文集中了孔孟思想，就是刚才说的"责难于君谓之恭"，读书志在圣贤的一个榜样。曾国藩曾说，他年轻时常听到老辈子讲，孙锡公这篇《三习一弊疏》是一个读书人不能不读的。曾国藩年轻时也很自负的，文章也很好。一般年轻人读这一篇文章，看看没有《滕王阁序》好嘛，更没有《西厢记》那个"花落水流红，闲愁万种，无语怨东风"好嘛，所以认为没有意思。曾国藩说，到了自己做事的时候一看，我啊，服服帖帖的，甚至把它印出来，给几个兄弟和一般弟子、高级干部们看，不但做皇帝的要读，任何一个领导人都要读。

全篇的奏议很长，这个叫作"责难于君谓之恭"，也是"陈善闭邪"，这才是真正的恭敬，但是你把全篇奏议看完了，孙锡公没有一点火气，他是平平实实，老老实实，所以皇帝看了非接受不可。当然碰到乾隆是个好皇帝，有这样的雅量，很了不起，他就接受了，并且吩咐子孙都要读。现在是为了说明"责难于君谓之恭，陈善闭邪谓之敬"这两个问题，我们提出来这个资料。

效法尧舜　怀疑尧舜

孟子曰："规矩，方圆之至也。圣人，人伦之至也。欲为君，尽君道；欲为臣，尽臣道，二者皆法尧舜而已矣。不以舜之所以事尧事君，不敬其君者也；不以尧之所以治民治民，贼其民者也。孔子曰：'道二，仁与不仁而已矣。'暴其民甚，则身弒国亡，不甚，则身危国削，名之曰'幽'、'厉'，虽孝子慈孙，百世不能改也。《诗》云：'殷鉴不远，在夏后之世。'此之谓也。"

"孟子曰：规矩，方圆之至也"，这个话我们不需要解释了，规跟矩是两个仪器，可以画方画圆。"圣人，人伦之至也"，什么叫作圣人？当然值得讨论，儒家的道理，做人的目标是成圣人，等于我们学佛的人目标是成佛。至于有人说，学佛的目标是往生西方极乐世界，那并不是学佛的真正目标，那是没有办法了，因为晓得自己成不了佛，只好到极乐世界去留学，学好了再成佛，那个是留学的地方。所以学佛的人志在成佛，学道的人志在成仙，学儒家的人志在成圣人。拿中国文化来讲，佛也好，仙也好，儒也好，统称叫作圣人。孟子说"圣人，人伦之至也"，人伦是人的人格、人的标准、人的规范，人的规范做到了极点就谓之圣人。怎么样叫极点呢？很难讲，下面接下去讨论，圣人的标准是什么？

"欲为君，尽君道；欲为臣，尽臣道"，这个君字，现在名词就是领袖、家长、领导人，所以我们不要看到君字就想到皇帝。在上古的文化里，这个君字是个代号，像长者、长辈、领导的人；小学里的班长，在这一班里他就是君，领头的。他说一个做领导的人，与他属下的人，就是君道与臣道。这两个以什么为标准呢？"二者皆法尧舜而已矣"，都该效法尧舜。我们上次提到要注意的，在《孟子》的前面很多篇，《梁惠王》啊，《公孙丑》啊，孟子给诸侯们讲话，要他们效法文王的地方多，很少提尧舜。到这里提出尧舜来，说只要效法尧舜而已。

下面他有个解释，"不以舜之所以事尧事君，不敬其君者也"，做一个臣道的人，就是做人家干部的人，必须要像舜当年跟唐尧做事一样。事尧这个事是动词，就是替他做事的时候，做他干部的时候，要以这一精神来事君。也像跟自己的长辈或者是国家领袖做事一样才对；假使不是这样，这个人是不敬其君。换句话说，做领导的人，"不以尧之所以治民治民，贼其民者也"，如果不以唐尧治理天下国家百姓的那种精神来治理一般人，那等于"贼其民"，害天下的人。这个贼字用得很重，等于谋杀天下人，各种坏的名词都可以加在这个贼字上面。

好，这里有一个问题出现了，他说以君道来讲，做领导的人第一个效法的人是尧；以臣道来讲，第一个效法的是舜。像我们老一辈子读书，尧舜这一些故事都很熟，现在年轻人就要回转来去研究《尚书》了，就是《书经》。其中第一篇是《尧典》，这个古文研究起来就很麻烦，孔子也经常提尧舜，孟子在这里也提出来。孔子的孙子子思著《中庸》时，讲他的祖父孔子，"祖述尧舜，宪章文武"。换句话说，孔子的教育精神，教人效法人格养成的最高的标准是尧舜这个精神；而文化的、政治的、社会的、经济的等，则"宪章文武"，偏重在周朝文化的文王和武王。

关于尧舜的研究，当然古代素来都讲好的方面。到宋朝以后，人类的知识文化到底不同了，对尧舜的怀疑慢慢开始，到明朝更多。到了民国时期，那个厚黑教主李宗吾，写了一篇《我对于圣人的怀疑》，当年也很轰动。他提倡的厚黑，是故意骂人的，骂人面厚心黑，他说成功的人都要如此，文中列举了历史对尧舜的怀疑。

当时大家读到李宗吾的文章，认为他是一个怪物。我跟他年龄差一大截，不过是好朋友，我说你又何必这样搞呢？他说你不知道，我跟爱因斯坦是同年的，他已经是世界上第一流的科学家，成名了，我现在没有成名啊，所以我只好走歪路，乱骂人。我说你这样骂不对的，要被抓去关起来；他说我就是希望人家把我抓去关起来，一关起来名气就大了，到现在也不关我，所以我这个教主还没有当成。你看这个人怪不怪！但是他本人非常好，道德也很好，他当时写尧舜只是怀疑。

我说我这个人脑子是很死的，你写的有很多问题，你这个思想哪里钻出来的？他说我叫李宗吾嘛，明朝有个学者叫李卓吾，做了很多怪事，又是学佛，又是学儒，也是大宗师。晚明的时候出了几个怪人，对于学问的研究和怀疑，非常尖刻严厉，李卓吾是对历史文化的问题挑剔得很厉害的一个人，他姓李，我也姓李……所以李宗吾写尧舜写了一大堆。

其实古人讲过，尧为什么把两个女儿嫁给舜啊？因为他的儿子不成器，将来尧老了，这个不成器的儿子一接手，把国家搞亡了，那怎么得了呢？干脆不传给儿子。幸好还有两个女儿，以两个女儿做本钱吧，一起嫁给舜。舜当了皇帝，虽然不是我的儿子，却是我的女婿，半子嘛，天下始终还是自己的。李宗吾说，这是尧的手段啊。我说你们讲起来都是歪理。这种煽动性的文章，都是五四运动前后的作风。你说不成理由吗？很成其理由；真成理由吗？金圣叹批小说一样，当笑话看看可以，当真话看全搞错了。其实宋朝、明朝我也可以列举很多的资料，都是对于尧舜的怀疑。

反过来正面如何去了解尧舜呢？这个问题太难了。我们都晓得除了《书经》上这一篇《尧典》外，《孟子》提到的也不少，大家注意《史记》上的《伯夷列传》，司马迁提到一句话，"传天下若斯之难也"，这是点题，给我们画龙点睛。大家都晓得尧舜是公天下，礼让天下不是那么容易啊，不是说我老了，你来吧，拖上来就是。不是这样，要晓得尧选定舜，是由四方的诸侯推荐的，以后"典职数十年"，尧叫舜跟着自己做行政的工作几十年，每一个部门都给他去磨炼过了，成绩都不错。这时尧已经八九十岁了，然后才说，你来接手吧。这就是司马迁所说"传天下若斯之难也"，他说公天下那个让，那个选贤与能是这样的难。不是像现在的人说，拜托！投我一票！他当选就算是能了。如果他没有行政经验，也没有人品的证明，能与不能，有谁知道啊?！

《书经》记载的尧

《书经》描写的尧是："允恭克让，光被四表，格于上下，克明俊德，以亲九族，九族既睦，平章百姓，百姓昭明，协和万邦，黎民于变时雍。"我们再回过来，看《书经》上对尧这一段的记载，这是提起你们诸位同学注意，研究中国文化应该注意的地方。我们看《书经》第一篇，"曰：若稽古"，这一篇文章开始就这样。

我先告诉你们一个笑话，我小的时候读《书经》，大概十三岁，就念："曰：若稽古帝尧……"，那么乱叫一顿，心里很讨厌，因为父亲逼我读，老师圈了点了，叫我那样背，我怎么样都开不了窍，问老师这是什么意思啊？我那个老师也是前清的秀才，有时候他替人家作文也是"曰若…"，我说这是《书经》的体裁，老师说是啊，这是很深的，你将来会懂，不过后来我也没有问他，我早懂了。

你们看这一篇文章，上古的历史很难考证，中国写史不是乱写的，"曰"，只能够说是据说，或听人家说。"若"，这个若是不定之词，实在不敢肯定，只好用这个若。至于这个"稽"，是考证它。"稽古"就是考据了古代"帝尧"那个皇帝，我们的老祖宗，他的资料，就是这样说的。"曰放勋"，帝尧的名字叫放勋。他的人呢？"钦，明，文，思，安安"，读古书真难，这讲些什么东西啊？这就是《书经》第一段，是我们当年的历史，叫作帝尧的研究。这个问题就大了。

所以读古书必须先从学问来，我们简单地讲，每一个字研究起来问题很多，古代是在竹片上刻字，很辛苦啊，一个字包括很多意义，越简单越好。我们现在为了赚稿费，多一个字多一毛钱，那跟古代不同。

他说这个人"钦，明"，什么叫钦？代表了慎重，非常谨慎，非常小心，非常规矩，好的意义很多。所以后来皇帝下命令，最后一句"钦此"，就是慎重，小心，谨慎，规规矩矩去做。于是这个"钦此"就变成公文老套了。

"明"，绝顶的聪明，智慧第一，不但文化哲学，连思想都是透顶的。思想透顶聪明的人多得很啊，但聪明人不老实、不安分，越聪明越不安分，对不对？我看在座的年轻人很多是聪明人，你们诸位每人相貌堂堂，都聪明绝顶，千万注意，聪明要安分啊！这个安字就要研究《大学》了，"知止而后有定，定而后能静，静而后能安"，都是从这个地方来的哦；非常安祥，也等于我们看电视上演戏，"皇上吉祥"，大吉大利的那个安。这就是讲他的人品，我们由这几个字了解他的人品，不然读起来，"曰若稽古，帝尧，放勋，钦，明，文，思，安安……"不晓得讲些什么，读起来是很讨厌的。

总而言之，每一个字几乎都是相对的，"钦，明"，谨慎小心，这样的人，对人往往很老实，老实有时候不太聪明，很聪明的人不一定小心谨慎，尧是两样综合兼备。"文，思"，也是相对的，这个"文"不是说会写文章，会作诗；古代这个文代表一切的知识具备，所以天地都是大文章。"思"是真正的正思想，在古代解释这个思，包括的意义很大，等于后世讲高度的智慧，上古的时候只用一个思字代表。"安安"，刚才已经说过了。

"允恭克让"，这个允字在这里只能大概作解释，我们若要真实研究国文，研究自己文化，允的本字解释起来很复杂的。这里我们大概地说，"允恭"是绝对的恭敬，这个人的态度绝对的恭敬；"克让"，绝对的谦虚，真谦虚，一个高明的人，对任何事情，对任何人，都是绝对的恭敬，绝对的谦虚。这几句话塑造出来那么完整的一个人格，做领导的人，乃至当父母的、当家长的，有这样的人品，才够得上做一个大家长。

顺治与洪承畴的问答

至于他这个人的表现，"光被四表，格于上下"。关于这两句话，有人说满族入关以后，顺治皇帝十二三岁时，他读《书经》；当皇帝的不能不读《书经》，因为要学尧舜啊。这八个字顺治问一个人，他说《书经》这八个字用得很怪，为什么不写"光被四海，格于天下"，多好呢？这也讲得对，说他的声光照耀四海，很伟大；照我们现在讲，他的伟大像太阳一样照遍了整个地球，多好啊！这位大臣答复他说，不好，尧之德是他的道德伟大，"光被四表"，这个表是无边际的；"格于上下"，上下是无穷尽的。现在拿佛学来讲，"光被四海"就是太着相了。

这个的确答复得好，我还是最近才看到这一本书，谁答复的呢？就是洪承畴答复的，那个投降的贰臣。洪承畴的学问很好哦，在这一本书上又看到一个秘密，就是满族入关之后，洪承畴给清朝定的国策："南不封王，北不断姻"。北方对蒙古永远要和亲，南边不要封王，不然你的政权靠不住。这八个字我认为就是套《三国演义》诸葛亮告诉关公的策略："东和孙权，北拒曹操。"都是同样的一个国策，大的国策。老实讲，洪承畴回答顺治这两句话，答得真好，看了以后拍案叫绝，真是聪明。从中国传统的历史观念来讲，洪承畴是不忠之人，但是他的头脑绝不是我们一般豆腐渣子的头脑，太聪明了。

"克明俊德"，这四个字可以分开来讲。"克明"，人高明到极点，聪明到极点，回复到平实，他能够把自己的高明拉到像平常一样。"俊德"，他的厚德，厚道，做人没有哪一点不对，处处对人好，非常伟大，非常崇高，这些就是"克明俊德"。

然后下面，"以亲九族，九族既睦"，在上古宗法世族的社会，他与各族和平相处，九族都和睦了。"平章百姓"，就是我们中国人说的老百姓，百姓代表很多宗族，宗法社会都被他统一起来了，不是统治，是道德的感化。也就是平等地都把百姓安下来了。"章"就是文化社会都进步了，大家都很平安，得到了福利。"百姓昭明，协和万邦"，天下太平了。下面一句，"黎民于变时雍"，因此全世界、全国的人民"于变"，于是个虚字，都跟着变了，变好了，风气被他转变了。"时雍"，整个的时代太平了。这是讲尧，《书经》中这一段，就是描写他的德性。

尧如何磨炼舜

再看《尧典》下面这一篇文章，如果把它演成话剧啊，尧这个老兄大概每天只是在那里打打坐，弄个香板坐在那里。下面办事谁办呢？通通是舜去办，当然尧懂得下命令。但是你要知道，在尧的时候，天下洪水为灾，所以古人那些怀疑尧舜的说：既然圣人那么好，中国怎么都是大水啊？那么大的灾难，全国都是大水，长江黄河都没有开出河道来。这是一个天灾，虽是圣人也没办法了；同时还有人祸，有四凶，四大凶族，尧也解决不了；虽然平章百姓，协和万邦，也没有办法。结果下手整治的是谁啊？是舜，把四凶抓起来放逐到边疆去了。如果把尧舜两个研究起来，那是很有味道的。

所以大家看《孟子》这一段，真要做研究，必须把《尧典》《舜典》研究清楚。尧舜下来就是夏商周三代，尧舜这两代奠定了中国文化的基础，中国社会经过这两代变好了；当然最后一个最大的功臣是大禹。大禹治水以后，这个民族正式建立以农业立国，到现在已三千多年，他们功劳太大了。

究竟好到什么程度呢？问题很多，不过《孟子》指出来，要想当领袖的人，必须要效法尧，要以爱护部下、爱护老百姓那个精神来做。换句话说，我们当一个家长，当任何一个小团体的领袖，也应该是这个精神。

至于臣道，做人家的部下，要效法舜的精神。舜当年跟着尧做事的时候，如果拿现代人尖刻的眼光来看，尧对舜是十分严厉的，那是教育的严厉。尧一下把舜从很高的位子降到低位，一下又把最艰难的任务交给他，一下又把他提升到最高的职位，最后提拔他当了宰相，还把两个女儿嫁给他。然后自己年纪大了，考察他可以接任，你来吧，我要退了，这样才交给舜的。所以中国文化君道是有一个标准的，臣道也有标准，所以必须要读，并且研究《书经》中的《尧典》和《舜典》这两篇。

对人民社会不好的果报

这个提出来以后，孟子引用孔子的话，"道二，仁与不仁而已矣"，他说，人世间的道路、法则只有两个。换句话说，世界上的事情都是相对的，或者仁，或者不仁，不可能站在中间，既仁又不仁。等于我们左右、前后清清楚楚，不要含糊，含糊是不对的。所以是就是是，非就是非，善就是善，恶就是恶，你说我不善又不恶对不对呢？那只是一个理念，理论上有，事实上没有，不可能。

所以他说"暴其民甚，则身弑国亡；不甚，则身危国削"，什么叫暴呢？意思就是把老百姓整得活不下去，在历史的法则上，最后必然到达"身弑国亡"。"不甚"，假使没有那么过分，稍稍好一点呢？也会"身危国削"。他说在历史上的榜样，是周朝两个坏皇帝，周幽王、周厉王，"名之曰幽厉"。他说当一个领袖帝王，做不好的话，"虽孝子慈孙，百世不能改也"，在历史上永远留下来恶名，后世的子孙想帮他洗刷都没有办法，因为历史的是非是无法改变的。譬如说秦始皇也有好的一面，但他怎么改都改不了恶名，没有办法，错误就是错误，所以孟子引用《诗经》的话，"殷鉴不远，在夏后之世，此之谓也"。《诗经》上说，殷商那个纣王亡国了，为什么会亡国呢？是他胡作非为的原故，历史的事并不太远，就摆在这里。

研究《孟子》这一段话，究竟是何时何地所讲？应该说，可能是在魏国讲的，也可能是在齐宣王那边讲的，很难确定。但是，与《梁惠王》及《公孙丑》里所讲的，在他与齐宣王相处时的经过，非常相近。梁惠王跟齐宣王在战国时，都是第一流聪明的帝王；但只有聪明没有道德，尤其缺乏政治的道德。由于他们也不重视政治的哲学，当然不会行仁政，所以孟子为他们感叹而讲。

说到聪明的帝王，譬如隋炀帝，历史上说他四个字，"敏捷善悟"。大家注意哦，看历史不能只看他坏的一面，他本人非常可爱啊；如果拿学禅宗来讲，他会大彻大悟，因为他善悟嘛，说了马上懂。他文学又好，但是妒忌心非常重，有人作了一首好诗，"空梁落燕泥"，他当然作不出来，就吃醋了，你比我作得好，杀掉你。因为太聪明了，所以后来运河修成功到南方玩的时候，自己看看镜子，说："好头颅，谁当砍之。"这么好的头脑，不晓得会被谁砍掉。知道自己没有好结果，他是一个绝顶聪明的人。

富贵出身的天才

我们读历史，看到晋朝的晋惠帝，当时天下饥荒，老百姓没有饭吃，他说为什么不吃肉末稀饭，大家都笑他笨。不是笨啊！他讲的是绝顶聪明的话。为什么是绝顶聪明的话？由于他在宫廷里长大，看到宫女们吃稀饭，就问是什么稀饭啊，回答说肉末稀饭。在宫廷里，肉末稀饭是很差的，他从小长大，也没有看过外面，人家报告老百姓没有饭吃，他认为怎么不吃那种差劲的稀饭呢，这是他的智识范围。所以他在华林园听到青蛙叫，就问：青蛙是为公家叫还是为私人叫？旁边大臣就讲，皇帝啊，在官家叫就为公，在私家叫就为私。

这个马屁拍得恰到好处，拍马屁的人是真坏蛋，但是你说聪明不聪明？那我们学过逻辑的，学过禅宗的，你们研究研究，青蛙叫是为公的还是为私的？参参看，是空还是有？这不是一样道理吗？你再仔细一想，他的确是绝顶聪明，可怜的是他做了太子，出生在宫廷里头，不知民间疾苦。

所以富贵人家出生的子弟，许多是天才，但被富贵环境所误，误了一个天才。人从艰苦中出来，是苦难环境才造就他成为一个人才。你再看古今中外历史，圣人也好，英雄也好，每从艰苦中站起来，他才能够了解一切。再看晋惠帝，历史上都笑他笨，错了，我们才笨呢，因为没有过过富贵生活，所以不懂。

他问青蛙叫为公为私，绝不是笨，他的脑子非常逻辑。我的学生之中，有许多学科学的，那个脑子就是这个样子。譬如我说你把苍蝇给我赶出去，他说苍蝇为什么在这里飞啊？他一边赶一边还在看，研究了半天。我说你赶快把它赶出去，这个时候不是研究苍蝇的问题。是，是，是。他那个脑子就是这样，你说他不聪明吗？绝顶聪明。这都是我们要留意的地方。

所以《孟子》这一篇开始就说，"离娄之明，公输子之巧"，聪明灵巧不足以作为领导的修养，高明必须要中庸，道德要浑厚。至于政治的权术，《孟子》点了题，他说"徒善不足以为政，徒法不能以自行"。一般人都认为孔孟之道是呆板的，只讲仁；其实有个秘密，现在把它揭穿。至少在我读书的经验，虽然读书不多，还没有看到过有人具体把它揭穿的。孔子同孟子有个密宗，孔子写了一部《春秋》，他自己感叹，"知我者其惟《春秋》乎，罪我者其惟《春秋》乎"，这两句话有什么秘密呢？

先说为什么知我者《春秋》。《春秋》记录了乱臣贼子、帝王一切的错误不良行为，一切的怪事，造成了社会乱象、历史演变。对此应该负责的是政治领导人、知识分子读书人，以及担负教育责任的人。是这些人的罪过，所以他们要负历史的责任，这是《春秋》的目的。所以说，对于《春秋》，"乱臣贼子惧"，这是正面的了解，知我者《春秋》，懂得它的精神所在。

什么是罪我者《春秋》呢？有些人懂了《春秋》，才会用权谋，才会用手段，所以《春秋》也是一本谋略之书，也是一本兵书。懂了《春秋》相反的一面，谋略就很厉害了，所以天下事有正面一定有反面。有人读了历史而学好的，变成好人；读了历史学不好的，所有的坏本事都学会了。一个坏人学问越好，做坏事的本事越大，所以学足以济其奸。

同样的道理，孟子继承孔子的思想，提倡仁道。仁道的密宗在什么地方呢？那些专门爱人、仁慈，连蚂蚁都不敢踩的，不叫仁，因为"徒善不足以为政"，这是孟子所反对的。"徒法不能以自行"，谁懂啊？其实后世汉、唐、宋、元、明、清，每一个开创的帝王，都懂孔孟的仁政，都了解仁政并不是呆板的仁义思想。上次提到过，我们历史上最光彩的一段，在汉代是文景之治。汉文帝是"内用黄老"，里面真正用的是道家黄老的方法；"外示儒术"，外面表示是儒家，这是汉文帝政治的原则。

其实中国历史上的帝王，走的都是这个路子。前面也曾讲到过，汉高祖死后，吕后专权，刘邦的儿子们差不多被吕后这一帮人杀光了，只有一个小儿子在北方苦寒的边地。突然中央决定请他来当皇帝，就是后来的汉文帝。那个时候内政也乱，外面南方那个南越王赵佗已经准备要造反了。汉文帝上台只写了两封信，就把整个的天下安定了下来。一次是写信给赵佗，一次是给北方的匈奴。

他写给南越王赵佗的信，"朕高皇帝侧室之子……"这一句话就把赵佗打垮了。他的意思是说，我不过是爸爸小老婆生的小儿子，你老人家是跟我爸爸一起打天下的，你要多照应照应我啊，我是后辈嘛。然后讲现在自己的政策，军事的部署，都告诉你了；讲完了以后又说，你山西家里祖宗的坟墓我都给你修好了，而且派兵保护起来。在古代，如果有叛乱，只要你一动，先把你的祖坟挖掉，但是汉文帝没有这样说，这叫作瞎子吃汤圆，肚里有数。他又派了一个老外交家，很厉害的陆贾前去，一下就成功了。

赵佗这个老头子看到这一封信，哎呀！汉高祖这个儿子一定成功，赶快收兵，不打了。于是南越王回了一封信，也很妙，说自己是南方蛮子的头子，向你报告，一切都听你的。一封信就解决了南方的叛乱问题，还有北方匈奴，也是一封信解决，天下就太平了，这个就是汉文帝。

汉文帝的道德效法尧舜，几十年穿一件袍子还是补过的，朴素节省，并且尽量地减刑罚，保养百姓。因为春秋战国几百年的战乱下来，又经过他父亲刘邦跟项羽多年打仗，那真是民穷财尽，完全是靠他长养生息，这就是《书经》形容尧的话，"文，思，安安"，安的基础打稳了，社会也得到了休养。

这时出了一个很有名的晁错，前面也说过，晁错这个人当然是谋臣之流，就是孔子所讲的，罪我者《春秋》也。他写了一篇奏议给汉文帝，说教育太子除了道德以外，要他懂术数。古代这个术数是手段，术就是方法，数就是精于计算。术数也代表中国文化的天文地理、阴阳八卦、风水等的一门学问，专门名词就是术数。在政治思想上，术数就是表示要懂得方法，要懂得政治的手段。

汉文帝一看这篇报告，有道理，立刻命他为太子府里的秘书长，辅助太子。所以后来景帝上台，才引起了七国之乱等。到了景帝曾孙汉宣帝更妙了，出生在监狱里，是丙吉保住他的。所以汉宣帝是在艰苦中出来，老百姓的艰苦，社会的艰难，人心的好坏，他都清楚得很。他英明，有道德，因为他是艰苦中起来的。所以历史上皇帝死后得了一个"宣"字谥号的，都是好的。

他的儿子汉元帝太子出身，宫廷中长大，那就比较仁慈了，他向汉宣帝建议，应该完全用儒家的思想，讲仁义道德，其他的都废掉。汉宣帝就大发脾气骂他儿子，说汉家自有章法，杂家霸术都用的，你光晓得讲仁义，仁义能够治天下吗？刘家的天下到你手里恐怕就完了。实际上汉宣帝这一句话，说明了千古以来中国帝王君道的道理，这才真懂了《孟子》所说的"徒善不足以为政，徒法不能以自行"。这两句话就是孟子的密宗。

所以认为孔孟是呆板的仁义思想，那是绝对的错误，用起来非失败不可。孔子的密宗是在"知我者其惟《春秋》乎，罪我者其惟《春秋》乎"，你把这四句学会以后，中国政治哲学的应用就懂了；再加上一个最重要的道德修养，孟子的这个密宗都传了，告诉我们后一代的子孙，这个民族自然会有人才出来的。

因仁而得　不仁而失

> 孟子曰："三代之得天下也，以仁；其失天下也，以不仁。国之所以废兴存亡者亦然。天子不仁，不保四海；诸侯不仁，不保社稷；卿大夫不仁，不保宗庙；士庶人不仁，不保四体。今恶死亡而乐不仁，是犹恶醉而强酒。"

这个原文的重点我们先加以说明。我们晓得，在蒋介石先生的文告里，经常引用这一段，尤其是"国之所以废兴存亡者"这一句话。因为他喜欢读《孟子》，而且对《孟子》很下功夫的，这是现代史上我们记录的一个重点。

在中国政治思想史、哲学思想史方面，这里有三个要点。第一，"国之所以废兴存亡者亦然"，在春秋战国的时候，所谓的国就是地区。譬如姜太公分封在齐国，就是齐那个地区，周公分封在鲁国，就是鲁那个地区。譬如《老子》里提到"治大国如烹小鲜"，我们往往把老子所讲这个国字，解释成现代国家的观念，这是有问题的。其实就是《孟子》这里所讲的国，代表了诸侯的分封区域，这个观念要搞清楚。

第二，"天子不仁，不保四海"，所谓四海，是中国古代的观念，指广大的地区。《说文解字》："凡地大物博者皆得谓之海。"《尔雅》："九夷，八狄，七戎，六蛮谓之四海。"《礼记》："东夷，西戎，南蛮，北狄谓之四海。"所以这个四海，并不是指海洋的海。又像《左传》中《齐桓公伐楚盟屈完》上讲："楚子使与师言曰：君处北海，寡人处南海，唯是风马牛不相及也"，这个海不作海洋解释，而是地区的意思。

做这个研究也是很有意思的一件事，在战国的时候，拿现代人来吹的话，科学早就发达了。譬如那时的邹衍，历史上称为辩士，非常会讲话，思想很奇怪，那当然比孟子高明多了。我开始讲《孟子》的时候已经介绍过他。孟子同孔子一样，到别的国家去，很受冷落；邹衍就不同了，诸侯都亲自出来迎接，那个威风很大，因为邹衍是阴阳学家。像现在的阴阳学家，大概只能挂牌看相算命罢了。邹衍曾说天下有九大州，有四海，所以四海就是现在所讲国家的观念。

第三，诸侯保社稷，这个社稷是宗庙。到了秦汉以后，历史演变，政治的体制也变了，全国统一之后，宗庙也称为社稷。譬如在北京有社稷坛，有天坛，社稷坛就代表一个国家的精神。像日本有神社，也是社稷的精神。中国上古文化所谓的社稷，实际上是农耕社会集体生活为基础的一个统称。这是本文里的三个观念，大家先要清楚。

现在我们回过来分段讨论它的内容。他说夏商周三代之所以得天下，因为创业的帝王是行仁道；三代在末代之所以失天下，因为不仁而亡。什么叫作仁？到今天没有下过定论，这个是我们要注意的，只晓得一个原则，以仁得天下，以不仁而亡。什么叫作仁政？这是最后我们要讨论的。

我们看《孟子》这一段，再以这个原则看自己几千年的历史，几乎每一代都是如此；不是几乎如此，是绝对如此。岂止是一个国家，任何一个家庭，乃至个人的成功都是如此，离不开这个原则。

几十年前曾经有些同学问，用什么方法、什么手段，毕业后可以在社会上站住？我说只有一个方法，笨，也就是做人诚恳、老实，除了这个以外没有其他方法。你听起来很古老，但我告诉你一个道理。人类历史到了现在，今天的青年，每一个都是聪明绝顶，不但知识方面高明，玩手段、用办法，那个刁钻古怪的主意，比我们当年高明得太多了。但是，玩聪明玩手段，没有一个不失败的，最后都是失败。真正唯一的手段只有老实、规矩、诚恳；假使你把这个当作手段，那最后成功是归于你这个老实的人了。这是我们几十年人生的经历所得到的结论。历史上看到玩聪明的人，像花开一样，一时非常的荣耀，光明灿烂，很快的那个花凋萎了，变成灰尘。

所以我们晓得孟子这个话，不但是国家天下整个政治的原则，家庭以及做人，原则也是这样，都是成功者以仁，失败者以不仁。至于仁怎么样下注解，我们再三交代过，这一篇还没有做结论。下面是重复的话，这是他的文章。会写文章的人小题可以大作，拿到一点东西可以写一大篇。

曾有一个外国学生来，说研究我们明朝末年。问他哪一段？

他说研究张献忠的少年时代。那很简单了，我说，告诉你，我少年的时候看到有一首诗，都说是张献忠作的，结果几十年后读书我才发现是唐朝人作的。唐朝有一个爱作打油诗的叫张打油，下雪天作诗，他说"江山一笼统"，下雪嘛，江山全是一样；"井上黑窟窿"，水井上都是雪，井口像个黑洞；"黄狗身上白，白狗身上肿"，这是下雪的情形。我对那个外国同学说，你研究张献忠少年时代，谁看到过啊？历史上随便找个证据来，你把这一首诗也插进去，你们美国那些教授一定查不到。这个是说笑话。

废兴存亡四现象

现在回过来看，孟子讲仁与不仁，这些都是文章，下面都是加上去的，当然不是乱加，而是一层一层地来，由大到小。他说所以一个国家，是指战国时期那些诸侯的国家，开创的人能够行仁道、仁政，就兴旺了；最后亡掉的都是因为不仁。这个里头有四个字要特别注意，"废兴存亡"，我们研究历史哲学，要特别注意这四个字，中国文化经常用四个字连贯，譬如"循环往复"，譬如佛家的"生老病死"，都是四个字。这些观念，都是从《易经》阴阳生四象的观念来的，是四个现象。宇宙间本有两个现象，动静、是非、善恶、好坏、明暗，都是相对的。这是形而下的宇宙一切相对的动态；再分化就有四个现象，所以叫四象。它的代号叫作阴阳，就是太阴、太阳、少阴、少阳这四个现象，所以先讲这四个字的来源。

历史有"废兴存亡"，但是超过了这四个字呢？那就是文化的力量了。整个的宇宙，历史的生命是永恒的存在，"废兴存亡"只是四个现象而已。譬如现代大家非常担心中国文化的问题，你们放心，文化目前不是"存亡"的问题，现在只不过是

"废兴"的问题，是一半倒霉的时候，不是断绝的时候。所以"废兴存亡"四个现象，仔细研究起来，意义绝对不同。

当一个历史的时代，或者是一个国家政权倒霉的时候，衰败一点是"废"；但是它会复"兴"，历史的记载也是这样。至于谈到"存亡"就非常严重了，我们举例来说，《论语》中孔子提到过，他说一般落后地区，没有文化的，但是也有文明，文明跟文化这两个观念不同。孔子说文化落后地区的文明，还不如亡了之后的夏朝；夏朝虽然亡了，它的文化永远千秋存在。像我们中国人，到现在沿用的，很多都是夏朝的文化，譬如过阴历年，这是夏朝的文化；过清明等，是夏朝跟周朝联合起来的文化。因为夏朝以阴历的正月为正月，周朝是以我们阴历的十一月当正月，商朝是以我们阴历的十二月当正月。我们现在还喜欢过阴历年，这是几千年文化的根，变不了的。

所以我经常说，看文化的"废兴存亡"，就可以看到文化的力量，研究起来，科学哲学的问题很大了。譬如我讲到《易经》的文化，中国人过年门口贴一个"三阳开泰"，很多年前在台湾，《易经》没有太提倡的时候，有人写成"三羊开太"，好像吃火锅，要太太来开似的。

"三阳开泰"怎么来的呢？那是八卦，是一画一画来做代表的，也与二十四节气有关。阴历的十一月就是子月，子月有一个节气叫作"冬至"，冬至一阳生，画卦是一个阳爻，就是地球吸收了太阳的热能，到了地心，地面上很冷，地心里开始有一个热的阳了，所以冬至后井水是温热的。到了十二月是二阳生，到了正月就三阳生，所以叫作三阳开泰。为什么叫泰卦呢？上面是三个阴爻☷，代表是坤卦，坤是地；下面这三笔阳爻☰，代表天，是地天卦，这个卦名叫"地天泰"，所以正月是三阳开泰。到了二月阳能从地气又上升，这个卦又变了，叫作"雷天大壮"。我们介绍这个是说明夏朝文化的存在，所以说，文化是超越了"废兴存亡"的范围。

讲到"废兴存亡"四个字，我们看中华民族几千年的历史，它所有的阶段，拿佛学的名词来讲，只不过是分段生死，也就是"废兴存亡"而已；而这个民族的文化是永恒不断、绵绵不绝的。所以我们要由这个精神去了解自己的文化，自己的历史。尤其是青年同学们注意，这个时代正是"废兴存亡"的关键，只是年轻人挑不起这个"废兴存亡"的担子，但是也不可被历史的演变压倒而失去信心。

刚才我来上课前，正好看到菲律宾的侨领在电视台讲，过去华侨在外面以中文为主，现在因为英文流行了，年轻的学生对中文都不重视了。这是个大问题，当时我就有一个感想，重视不重视是看我们自己民族站不站得起来，中华民族真站得起来，照样会受重视。这也是"废兴存亡"的问题，不要因偶然一段的悲哀，自己就垮下去了，这不是我们的精神。所以关于"废兴存亡"的问题，一定要认识清楚。

什么是仁

下面是《孟子》分段地讲，由小讲到大，讲到整个国家，"天子不仁，不保四海；诸侯不仁，不保社稷"，因为中国过去是宗法社会，所以任何一个政权，都有他的宗庙，我们老百姓的家庙叫祠堂，有了政权的君主的宗庙叫社稷。"卿大夫不仁，不保宗庙"，卿大夫是古代做官的，卿的地位比较高，大夫是一般官名的称呼，不是现在的医生。"士庶人不仁，不保四体"，中国的古礼，士是知识分子，庶人是一般老百姓，庶人两个字是古代的称呼，现代称平民。一般人不仁，他就不能保四体。四体就是四肢，两手两脚，就是说这一条命都不能保。这是孟子的申论，由上到下，一个人必须要做到宗旨里的仁，不是西方人所讲的那个人道。

实际上这个仁从哪里来？大家解释的很多，我们的文化几千年来解释这个仁字，起码有几百万字，但也讲不清楚究竟什么叫仁。唐朝的韩愈写一篇《原道》，他下的定义是"博爱之谓仁"，所以后世儒家的读书人，都用韩愈这个话来解释仁。实际上韩愈的观念是不是孔子孟子的观念呢？不是，韩愈这个观念在中国文化里，是墨子的观念。墨子讲兼爱，兼爱就是博爱，我爱我的兄弟，我也爱天下人的兄弟；我爱我的父母，我也必须要爱天下人的父母；我爱我的子女，我也要爱天下人的子女，这就是墨子的思想。

韩愈是研究墨子的专家，他的学问最深刻的是在墨子，他悄悄地把墨子的观念套在儒家的思想中；后世儒家不懂，也许是懂，故意那么做，偷用了墨家的观念来解释儒家的观念。当然这不是说两个观念不能沟通，不是这个意思。严格来讲，全部是中国文化思想的根，这个道理我们要把它分清楚。所以仁道这个仁字，从唐朝以后，都拿博爱这个观念来注解，也就是用韩愈的观念。这个要给青年同学们讲清楚，现在说出来很简单，一分钟就告诉你了，可是我能知道的经过，那是很痛苦的。几十年摸了多少书，东一兜西一看，原来如此，才把它找出来，所以对于博爱这个观念，大家需要有个了解。

这个原始的仁的解释，我认为还是要从文字观念本身来看，当然我这样认为也不一定对，所以要先声明。这个仁字，从人，从二，换句话说就是人与人之间如何相处就叫作仁，这个观念至少比一般的观念好多了。人与人之间有生理的作用，有心理的作用，有礼的作用，有社会的作用，有政治的作用，所有的作用，在人类的社会，都是人与人之间相处的关系。

宋朝的理学家们解释这个仁，"仁者仁也"，你们年轻人读国学一定说狗屁，"仁者仁也"还要你来注解！大家都晓得。这是古文的写法，这是什么道理呢？因为中国的医书，桃子的核叫桃仁，杏子的核叫杏仁，所以他说仁者仁也，后一个仁是讲果实中这个仁。你们诸位年轻人搞不通，因为不通古文，实际上理学家很通。宋儒这个解释啊，参合了佛学禅宗的精神，因为万物中心就有仁，像植物的果子，中心都有仁，所以仁是一切的中心。

再进一步说，你们把果子里面的仁敲开来看看，两半，阴阳，中间空心的。心者空也，理学家不敢讲，一讲空，那不得了，走入佛学去了，他偷了佛学的东西不敢讲。明朝的考试，有一个时期政府下命令，文章里不准出来空、定、慧这三个字，不准写出来；如果写了这三个字，文章再好也考不取。有一个青年不考功名了，作一篇文章批评，他说连孔子都考不取，因为《论语》里头说"空空如也"；曾子的《大学》就应该废，"知止而后有定，定而后能静"……很多啊，都讲过的啊。他说为什么孔孟的书上可以有，我们的文章就不该写？写了就说我们跑到佛学禅宗里了，我不要这个功名，我不考了。这些都是宋儒理学家的毛病，也是他们可怜的地方，更是他们对于仁解释的问题，所以这个仁变得这么复杂。这个问题在这一篇的最后还要再讨论的。

《孟子》由大而讲到小，仁道是有这样的重要，我们讲了半天，讲良心话，什么叫仁？下不了一个定义吧？博爱之谓仁，这是韩愈的答案，我如果做考试官，一定把韩愈的卷子批掉，因为你偷墨子的思想，又不讲老实话，罪加一等，本来八十分，扣掉剩下五十七分，不及格。韩愈的文章不一定好呀，杜甫的诗也不一定好呀，李白的诗也不一定好呀，没有一个人的文章是绝对好的，都可以改，都可以医得好的。

再给你们讲一个笑话，从前有一个人挂一个招牌"诗医"，他说古人的诗很多都有毛病，都要医的，譬如有名的"清明时节雨纷纷"，这一首诗太肥了，要减肥，改成"清明雨纷纷"。"路上行人欲断魂"，行人当然在路上嘛，把路上二字取消。"借问酒家何处有"，又太胖了，借问二字不要。"牧童遥指杏花村"，何必一定要问牧童啊，问司机也可以啊，取消牧童二字。他说这是减肥，有些太瘦的诗就要加肥，所以韩愈的文章不一定就是权威，有问题的就是有问题。

又怕醉　又要喝

下面的结论特别重要，诸位年轻同学要时时记得，一辈子做人做事有用处。"今恶死亡而乐不仁，是犹恶醉而强酒"，现在一般人，当然是指当时政治舞台上各国的诸侯，"恶死亡而乐不仁"，大家都怕死，怕失败，但是行为上乱七八糟，不仁不义地乱做，又怕死，又乱做。他说这就等于怕醉酒，而却拼命喝酒，这就没有办法救了。这两句话要注意，孟子大概会喝酒，孔子会不会喝是个疑案；孟子说"恶醉而强酒"，根据这句话可见他会喝酒。我们看到喝酒的人，醉了还要喝，这句话是形容社会上的人，都晓得做好事是对的，等于晓得不喝酒比较健康，喝醉了并不好，可是到时候忍不住，非喝酒不可。甚至喝醉了更要喝，虽然不想喝醉，但还是喝醉了。这两句话意义深长，而且有多方面的应用，对自己修养、事业、做人都有用处的，千万要记得。

我们再仔细研究这两句话，"今恶死亡而乐不仁，是犹恶醉而强酒"，照普通一般念经书的办法，念起来是枯燥无味的，如果大家配合经史来念，就是把孟子时代的《战国策》拿出来看，那味道就好得很，那就闹热了，才晓得孟子这个话，在当时那个分量，真有雷霆万钧之势。因为当时的资料都保留在《战国策》里，那个时代很乱很乱，好玩的事太多了，莫名其妙的事也太多了。

我们再看下一段，然后再来讨论历史上战国时候的情况。但是这里有一个很重要的问题，我希望青年同学们将来有能力研究，就是这里包括了一个人性问题。人性之坏啊，无法形容，几百年的战争变乱下来，到孟子这个时候，那样大声疾呼也挽救不了那个时代。谁也没有能力挽救那个时代，到最后出了一个秦始皇，再经过很长一段时间，汉高祖才统一天下。

为什么历史的演变会这样？由于人性太坏，个个都太坏了，又都想变好。为什么五六百年当中变不了？是什么力量？什么原因？这是一个大问题。所以我希望大家读经书要配合历史看，读历史要配合经书看，不然找不出原因。我们中国文化的许多著作，不论是哲学史啦，文化史啦，对这个关键都没有发觉，而且根本不知道有这个关键，也不把问题注意在这个点上，所以没有钥匙打开。我希望你们这些青年要把握这个关键所在，不晓得诸位了解了没有？我要跟青年同学们严正地讲，这里头有个大学问值得研究，对于人类社会国家民族极关重要。

好心没好报

> 孟子曰："爱人不亲，反其仁；治人不治，反其智；礼人不答，反其敬。行有不得者，皆反求诸己；其身正，而天下归之。《诗》云：'永言配命，自求多福。'"

这一段也是他的小结论，他对于政治的哲学理论，做了指导性的讲话。孟子提到仁的重要，他说一般人心中想做好人做好事，但是行为上都非常不仁不义；等于怕喝醉而戒不了酒一样。他接着说，"爱人不亲"，我们爱人家，结果人家反而骂你怨你。这并不是讲恋爱，我写信追她，她不爱我，就是"爱人不亲"。所谓爱人就是爱护人家，对人家好，"反其仁"，如果人家反感，你就要反省自己，可能是仁的行为你没有做对，总有一个原因。这是讲普通做人，长官带部下，领袖带下属，父母对儿女，结果有不好的反应时，仔细研究下来，可能是自己出了问题，也许是爱的方法不对。

这个仁啊，并不是一个呆板的事，所以仁是要有方法的。我们看到医生的招牌"仁心仁术"，术就是方法。佛家讲慈悲，慈悲要配合方便，我们经常听到佛家两句话，"慈悲为本，方便为门"，慈悲要有方法，你不懂得方法，那个仁是没有用的。换句话说，这个是好人，好人下面有一个注解，不可以用；坏人下面一个注解，也许还有用。这是一个哲学的问题，不是一个事实。道理在哪里？你看用钞票就知道了，街面上都是脏的烂的在流通，好钞票、新钞票看不见，对不对？这是一个哲学问题啊，这个社会上流通的都是坏的；好的都很珍重，把它包起来，所以好的都出不来。这个道理很深刻，我自己越想越糊涂，历史、人生都是如此。所以仁要有方法，他说"爱人不亲，反其仁"，效果不好，自己先要反省。

"治人不治，反其智"，政治上你有很好的政策，结果执行起来达不到好的效果，毛病出在哪里？回去问问你自己的头脑吧，自己关键没有弄清楚。所以我常对许多年轻的同学说你的计划很好；年轻人不懂我的话，还说：老师，真的吗？其实我这个话是鞭子啊，你是纸上谈兵，计划好有什么用呢？做起来不一定好；如果计划和理想都好，做起来成果也好，那是要智慧的运用才行，不简单的。所以"治人不治，反其智"，不要再怪人家，问问自己吧。

我们讲现成的例子，昨天我们法师回来，带一块很长的布，要收起来，他们几个同学整理了半天，越弄越乱。我说我来，我开过布店的，指头东一转西一转就叠好了。因此可以说，办事、政治，都是这个道理。法师就恭维我说：老师样样都会。我说那也不一定，这个高帽戴不得的。我说以前有一个当师长的朋友，他看到一个马夫，拼命拉那个马，一身都是汗，就是拉不动。他就过去甩马夫两个耳光，你走开！他自己把马绳拿到手里一转，转到马鼻子旁边，两个指头带着就走了。所以孟子讲的仁道值得研究了，譬如我这个朋友，样样都能干，连马夫的工作他做得都比马夫高明，就是孟子说的，虽然有智慧要善于运用。这个要特别注意啊，不要听到智慧，以为就是聪明，那就没有真智慧，所以不要把聪明当智慧用。

"礼人不答，反其敬"，我们对待人家很有礼貌，结果他不理你。不理你，当然要"反其敬"，你要反过来问自己，是我对他不够恭敬吗？是其他的原因吗？有时候我们觉得对人家很有礼貌，那个礼貌有时候真要命啊，我也经常冷眼旁观你们同学之间相处，一个同学很爱护另一个，拿茶给他也不喝，不受你可怜，为什么这个态度啊？其实有可能是不晓得自己脸上那个表情太难看了，还怪人家反应不好，所以要注意。

孟子为什么提这三样事呢？注意哦，一个是爱人，一个是治人，一个是礼。上面本来讨论的是政治大原则，现在怎么提这三样事呢？这就是关键，为政之道这三个是重点。尤其是当领导的人，第一是爱人，第二是治人，就是管理人的方法。第三呢？爱人需要礼，管理人的方法也需要礼，礼是中心，非常简单，这是领导人的一个大原则。孟子没有给你点出题目来，这个穴道在哪里，没有告诉你。现在我告诉你，这个穴道在这三点，这是重点。所以他在这里吩咐这三样，为政之道，乃至当父母也是一样，"爱、治、礼"，这三样最重要。他的方法呢？"仁、智、敬"，这是三个结论的方法。这六个字合起来又是一篇大文章，要写论文的话，找资料就很多了。

所以孟子的结论说，"行有不得者，皆反求诸己"，他说你要晓得一个人，虽然做了很多的好事，结果不得好报，什么理由呢？你不要责怪人家，只问自己。当然最难的是自己的面孔，虽然做了好事，可是那个脸色，那个态度，太难看，令人受不了，这个地方要反求诸貌，所以外貌也很重要。

古语说自求多福

结论是"其身正，而天下归之"，要自己本身正派，不是讲这个身体，是说本身要站得正，天下当然就归之。

他引用《诗经》的一句话，"永言配命，自求多福"，这八个字特别注意，这是《诗经》描述周朝文王武王之所以成功的重点。这八个字，也是我们中国文化道德修养的中心思想。什么叫"永言"？古诗很难读懂，诗歌有一个重点，"诗言志，歌永言"，诗是自己思想情感的表达；歌的句子不像诗，可长可短，永言就是永远讲，永远地唱。歌是代表人性，人的情绪，人受了委屈自然就唱歌。所谓"永言"，就是歌中有很好的话，可以流传，我们现在叫格言，一句可以做标准的话。

至于"配命"，就是说这一句话，带有文化的精神生命，一句什么话呢？"自求多福"，求人、拜佛、求上帝、求朋友都没有用，人要自己站起来，福气是自求的，以人为中心。你自己不自求，只想求菩萨保佑，菩萨太忙了，你到民权东路行天宫看看，一天到晚多少人；关公那里都要用电脑登记了，那么多人求他，他比我们还忙。所以我就发了一个大愿，将来死后不成佛，也不成神；神佛太忙了，而且被人家烧的香都熏昏了。实际上求神拜佛，求的是哪一个呢？是你自己，要自求多福，一切在自己。

　　孟子在这里讲仁道，再三提到，这就是呼应上面的文章，也就是他讲话的层次，先讲到当时社会上的领导人，都希望自己了不起，但是又不肯行仁政，就像怕醉又不肯戒酒一样。现在他正面地说什么叫作福，只有"自求多福"，自己做，不要希望人家帮。这不但是当时领导人和社会的诸多现象，也是千古人情的现象。我们都晓得爱人，对人好，结果反过来人家对我们不好，关键在哪里？问问自己。治人，结果得相反的效果，关键在哪里？问问自己。对人家有礼，结果得到没有礼貌的反应，关键在哪里？当然问自己。所以他说，周朝有一个永远不变的格言，不分地区，不分时间，只有一个"自求多福"。而且正身为第一，自己站起来为第一。

　　孟子曰：人有恒言，皆曰"天下国家"，天下之本在国，国之本在家，家之本在身。

　　"人有恒言"就是说，我们中国老祖宗们，社会上一般人有一句老古话，怎么说呢？"皆曰天下国家"，我们中国人几千年讲话，天下国家连在一起。换句话说，国家就是天下，天下就是国家，他说"天下之本在国，国之本在家，家之本在身"，孟子这个道理、这个思想，是根据曾子著的《大学》而来的，就是"修身，齐家，治国，平天下"这个道理。

　　我们讲到这里本来应该把仁这个问题做一个结论。实际上还不能做结论，它中间又波澜起伏，这是《孟子》文章的章法。这个波澜到这里又重新起来，变了一个章法，插过来一个问题，研究起来很有趣了。

> 孟子曰："为政不难，不得罪于巨室。巨室之所慕，一国慕之；一国之所慕，天下慕之。故沛然德教，溢乎四海。"

这是《孟子》重要的一篇，讲到从政的要点，突然来一个高潮，波澜起伏。这个高潮害死了后来几千年的执法者，尤其出来做地方官的，认为是圣人教的，孟子说的嘛，搞政治不难，不要得罪地方有势力的大家族，重点就在这里"不得罪于巨室"。所以几千年来做官的人，好像受到孟子传的密法似的，到任何地方都不敢得罪当地的大家族。

有些人就不同，我们举一个近代史的例子。大家都晓得清朝中兴名臣彭玉麟，小说中有《施公案》《包公案》《彭公案》，这个《彭公案》就是写彭玉麟当巡案御史时的事迹。他曾经做过长江的水师提督，相当于现在的海军总司令。后来年老走不动了，辞掉官职，可是清廷还要他出来视察。他出来视察要两个人扶着走，但是幸亏靠他出来，才解决了许多问题。

他有一次视察到安徽，穿着普通衣服，像一个乡巴佬，坐在茶馆里或饭店里吃饭。那是李鸿章的家乡，李鸿章有一个侄子横行霸道，抢夺妇女啊，霸占财产啊，谁都不敢惹，因为李鸿章是当朝一品宰相。于是就有人向他告状，李鸿章侄子认不得彭公，彭公马上把他抓来，一顿痛打就通通招认了。彭玉麟晓得他李家一定赶到京城向李鸿章报告；因为清廷有权给彭玉麟的，可以先斩后奏。于是他先把李鸿章犯罪的侄子杀掉，然后写一封信给李鸿章，把他侄子所有的案情资料送上，说，我跟你是老朋友，你的侄子就是我的侄子，我替你教训，杀了他。李鸿章看了这封信，还要写信向他道歉。你看他彭玉麟不就是得罪大家族了么？历史上像彭公这样的大臣也不少。不过，把《孟子》这一句话搞错的也多得很，像一般的读书人，后来出来做官的，多数都把《孟子》这一句话弄错了。

如果我要卖卖关子，考问你们青年同学，这个巨室到底应该怎么解释？我告诉你们吧，孟子说的这个巨室，就是一个社会，也就是现在所说一个大社团，乃至大政党。古代是宗法社会，先要了解当时的社会制度，一个大家庭里，家人之多，就是一个社团、巨室。尤其孟子时的四大公子，孟尝君、平原君、信陵君、春申君，这几大公子不得了，他们是大政治社团，也等于后世的帮派。下层社团是帮会，上层社团就是一个政党。

孟子说为政并不难，就怕这一些社会上有组织的，像后世所讲的党派等。汉朝、宋朝、明朝，所谓党祸就是党派，就是巨室，在孟子时就是孟尝君、平原君之流。你读《战国策》就知道了，有一篇文章讲信陵君救赵的事，《史记》《古文观止》里都有，就是讲巨室。信陵君把皇帝的兵符偷出来就发兵；救赵固然没有错，但是，却不把国君放在眼里。由信陵君救赵这件事情，你就看到那个巨室的力量和作风了。

又如孟子在提到杨朱之学时，也常提到墨子（墨翟）。墨子当时讲学是有组织的，他在弟子中选出一个领袖，就叫作巨子。孟子在这里讲的巨室，相当于墨家巨子。因此，在政治上来说，对于像反对党一样的巨室，必须相互协调，不可以乱来的。

这是中国文化帝王政治几千年来的一个现象，大家读书都轻易放过去了。孔子那时被赶走，也就是因为得罪了巨室，得罪了季家三兄弟。所以后来有一首骂人的诗，"自从鲁国潸然后，不是奸人即妇人"。这是唐代诗人罗隐所作，描述孔子自从流着眼泪离开自己的家国鲁国以后，留下来的只有奸人和妇人了。历史上许多衰乱的朝代，都因为被坏蛋或后宫操纵的原故。很不好意思，在座的有女性，现在都是女性的天下了，当然以前是坏女性多，现在都是好女性（众笑）。如果从这两句诗的观点来看我们几千年的历史，也的确是这个样子，只是角度有所不同。

所以关于巨室的说法，先给大家点出来要点。但汉唐以后就演变成政党意见之争，非常严重，不但中国历史如此，欧美也是一样。美国的总统敢得罪一个有势力的党派吗？如果意见不能沟通就办不了事。

所以孟子当时的这一句话，是说明民主政治的运作，沟通意见是很重要的，并不是向土豪劣绅恶霸低头，不是这个意思。但是后世许多读书人，对《孟子》所说的巨室，都搞错了重点，这些读书人做官的成果不佳，也的确受到这一句话的遗害，嘴里虽然不讲出来，但事实上都受到这句话的影响。所以我们小时候听到的，当县知事回来，跟当过警察局所长回来，两人碰面，自己幽默讲"知事不知事""所长无所长"，这倒是一个很好的对子。地方的当权者，都不敢得罪当地的大势力，也是因为曲解了孟子"不得罪于巨室"这句话。

后来我们受现代的教育，尤其受革命教育的洗礼，读《孟子》都觉得讨厌，似乎讲仁政还要拍马屁，拍地方恶势力的马屁。我们现在再仔细一读啊，就发现孟子根本不是这个意思。拿现代话讲，"不得罪于巨室"应该解释为，不得罪政党和大众民意。没想到孟子一句重要的文言，误了几千年当政者的思想，想来也是非常可叹的！

这个高潮一起之后，他接着又讲下去了。由于上面一路仁啊、仁啊下来，突然到了这里，出来一个不得罪于巨室，这个跟仁政有什么关系呢？宋儒以为没关系，就把它圈掉、圈断了。可是这绝对是有关系的，"巨室之所慕，一国慕之；一国之所慕，天下慕之。故沛然德教，溢乎四海"。孟子说这个仁政啊，是仁心即天心，用现在时髦的西方文化的话来讲，民意就代表了上帝的意志。这就是点出仁政对于天下的重要，因此孟子插了这段"不得罪于巨室"的话，并不是文章从这里切断了。

贤者与能者　在位与在职

孟子曰："天下有道，小德役大德，小贤役大贤。天下无道，小役大，弱役强，斯二者，天也。顺天者存，逆天者亡。齐景公曰：'既不能令，又不受命，是绝物也。'涕出而女于吴。

今也，小国师大国，而耻受命焉，是犹弟子而耻受命于先师也。如耻之，莫若师文王。师文王，大国五年，小国七年，必为政于天下矣。《诗》云：'商之孙子，其丽不亿。上帝既命，侯于周服。侯服于周，天命靡常，殷士肤敏，裸将于京。'

孔子曰：'仁不可为众也。'夫国君好仁，天下无敌。今也欲无敌于天下，而不以仁，是犹执热而不以濯也。《诗》云：'谁能执热，逝不以濯？'"

关于"小德役大德，小贤役大贤"的问题，我们现在先把"贤德"的这些观念提出来讨论一下。

我们晓得孔孟思想所讲的中国文化，在学术思想上，有个基本的观念，就是《公孙丑》中说过，"贤者在位，能者在职"。过去我们大家读书，很容易认为，所谓贤能的人就可以担当这个职位，这是一个笼总的看法。严格地讲起来，应该是依照《礼记·礼运》的观念。而且必须要把《礼运》篇全篇读完，才会了解。因为孔子有一个整套的观念，如果只抓住一段，事实上还是搞不清楚的。

所谓"贤者在位，能者在职"，我们后世往往把职和位连起来，实际上这是两个观念。

一个有道德、有节操、有学问的人，可以把他定位在"贤者"。贤者不一定当政，不一定在职，而是在位。古代的"位"，等于说"三公坐而论道"，是讲思想，或者是最高的决策，并不管执行。假设勉强拿现代的政治体制、社会制度来讲，那些民意代表们，就是在位，但并不是执行法令的在职人员。

"能者"是有才能的人，就是在职执行决策的人。能者与贤者，这两个观念的内涵实际上是有差别的。在历代的帝王政权或者是政治经验中，这个道理实际上的应用，集中在清朝的初期，尤其在康熙时代。康熙把做官的人才分成九类，地方官吏，或者巡抚之类，后世所谓省主席之流，他用的是"能"人，绝对用能人，不用贤者。贤者学问好道德高，把他送到翰林院去，写书编书，坐在那里吹吹牛啊，一辈子给他编几部大书。就算是年轻一点四十多岁考到翰林的，二十年给他在那里写一部书，就把他"闲"起来了，贤者闲也，清闲起来。

做地方官吏的必须要用能员，能替国家社会、老百姓办事的，并不一定要他学问好。甚至康熙还采用了法家的思想，贪污一点点，品性差一点点，皇帝睁只眼闭只眼。因为他赚一点点钱，跟他办事的能力比起来，很值得，这一点钱就让他贪去好了。他替社会国家做好了事，那个代价太大了。所以古代讲皇上圣明啊，皇上心里非常清楚；虽然清楚这个官员贪一点财，因为他是能员，非用不可。

由此我们了解，"贤能"的政治，贤与能两者是不可混为一谈的。当然，一个有道德的人，同时又是能人，在历史上也有，譬如宋朝有名的范仲淹，不但学问道德好，而且出将入相；他不但是个"贤者"，而且是个"能者"，才能又高，道德又高。这一类的人才，在历史上是极为难得的，足以为人榜样的。

杜牧与贾谊

大家经常说"文人无行"，文人多半无行，这是中国人的一个传统观念；同时，文人千古相轻，这些都变成千古的名言。其实文人不一定无行，所谓文人无行是专有所指，像文学好的人呀，十之八九都风流，这一类的人，在一般生活的品德上多半是无行的。所以在中国的政治思想史上，大多的文人往往不得志，后人也常替他们抱不平。但是以政治的原则讲，不一定是不平，也可能很公平，因为这些文人不一定是能者，而且有时候，他们的风流习惯也不免太过分了。

譬如讲唐代有名的诗人杜牧，叫作"小杜"的；"大杜"就是杜甫。杜牧的诗文样样好，也做过刺史。从前的刺史，等于一个地方省主席，也等于代表皇帝的，后世叫作钦差大臣，不过没有现在省主席或钦差大臣的权威大，只有这么个味道而已。杜牧的诗很好，"十年一觉扬州梦，赢得青楼薄幸名"。可是你看他的一生，如果是太平盛世，文人标榜风流可能无所谓，但是讲到政治道德，那早应该开除他了。

而且他还不止如此，当他在扬州做御史的时候，当时有禁令，公务员家里不许请客，结果一位很有名的退休大员在家里请客。当然唐代呀、汉代呀，家里有些歌姬，也像家人一样了，会唱歌跳舞。有一天这家晚上请客，杜牧他老兄也来了，不得了，监察御史来了，今天证据抓在御史手里，没有办法，只得巴结他。结果问他要什么，他就说你家歌舞团里有一个明星，很漂亮，就要你家里那个歌姬。

像这一类历史上的故事，我们在正史上看不到，在文学史上就看到，这就是证明文人无行。拿政治道德来讲，学问好而无行的文人，并不一定能够从政。如果我们多研究历史，真正懂得社会道德、政治道德的话，就不会为他们轻易叫屈了。

譬如我们历史上看到，汉朝有个贾谊，汉文帝是不用的，后来历代一提到年轻人学问好不得志，都是拿贾谊来做比方。尤其是唐人的诗中，对贾谊这位青年人，有学问，文章那么好，结果不被汉文帝所重用，皆认为是憾事。因此唐人的诗说"可怜夜半虚前席，不问苍生问鬼神"，就是说汉文帝那么一个贤明的帝王，召见贾谊那么一个有学问的人，以为谈话一定问国家大事，结果汉文帝找他来一起吃晚饭，饭后没有谈别的，只谈哲学问题，究竟有没有鬼神？讨论的是这个问题。所以后世的文人，非常为贾谊叫冤屈。所谓"虚前席"，就是皇帝对面那个座位，没有人坐，空着等他来，请他坐，请他吃饭，但是不问天下大事，专门和他讨论宗教问题、哲学问题，究竟人死了有没有灵魂这些问题。

在我们自己研究看来，假定今天我们是汉文帝，请贾谊来一定也是谈论这些不相干的问题。因为贾谊这个二十几岁的少年，所上的那几篇奏议，有关国家天下大事的问题，贾谊以为皇帝不知道，汉文帝肚子里都知道，不但都知道，更知道在当时的环境之下没有办法实行，而且不可以轻易触碰这些问题。由于贾谊名气很大，汉文帝也只好请他吃一餐饭，对他表示安慰。如果正式来谈这些问题，皇帝只有骂他一顿，你太不懂事，太年轻；当然那样做，那就不叫汉文帝了，也没有意思了。汉文帝用的是老庄之道，找他来吃饭，安慰备至，然后谈谈鬼话，蛮好的，也算是赞誉有加，所以这个道理要搞清楚。

我们读《孟子》这一节，所谓孔孟学说的经典，如果与我们历史的经验配合起来，就能深入，并且容易了解，同时也懂得做人处世的道理了。

有道　无道

现在我们看这一段的原文，"孟子曰：天下有道，小德役大德，小贤役大贤"，这个"役"，是服务的意思，就是小德的人替大德的人服务。我们讲话随便讲小德的人、大德的人，孟子并没有讲是人、是国家，或者是社会，这只是一个观念。

到了"天下无道"，时代衰落的后世，道的原则标准没有了，"小役大"，只有小与大的问题了。只有强有力的，才是有道理的。

换句话说，天下太平、人类社会上了轨道的时候，才会以道德为标准，所以"小德役大德，小贤役大贤"。到一个纷乱的时代，道德不值钱了，小就役于大，谁强大谁就有公理，那个公理是基于强大而来，所以是"弱役强"。后世达尔文发现了一个社会发展的定律，就是弱肉强食。事实上这种公理，孟子早说过了，在纷乱的时代，一定是弱役强的，强权胜公理。他说这两种情况是"天也"，这句话值得研究，因为照文字解释，孟子很有问题了，好像是说乱世的时候，弱小的人应该被强大的吃掉似的。假使照文字一解释"天也"，就会变成这样。

所以由此可见，不管写古文、白话文，下笔一定要特别小心。有时候文字里头多用了一个虚字，很讨厌，因为不必要，所以讨厌；但是有时候宁可多用一个字，才说得清楚。

像这个文字里，如果我们观念搞不清楚，很容易会认为"斯二者，天也"，就是强大的应该吃了弱小的，那也是天意。你看社会上一般的现象，生物界本来是这样，强大的吃弱小的。如果孟子真是这个意思，所谓道德观念、人为根本就不能谈了，孔孟思想也不必效法了。

所以这里我们特别注意，我经常说，研究中国上古文化，有很多字特别要注意。写中国思想史啊，政治思想史啊，中国历史啊，有几个字的观念不注意的话，写出来的毛病就大得很。

所以著书立说，那是很严重的事。我们在座很多人学佛，学佛的怕因果，我经常说一篇文章的因果比什么都大。一句话讲错了没有关系，只有一两个人听到，还只害一两个人；一篇文章如果可以流传的话，一旦有错，受害的人不知道多少。等于下一点毒药，害死千千万万人，那个因果实在太可怕了。

古人形容文人这支笔，就是刀，如果形容一个人用笔像刀，就叫他"刀笔之徒"。因此，在中国的政治思想上有一句话，"文人写一寸，武人走百里"，办公室的一个计划下来，不过几行字，但是这个部队要东调西调走百里，如果目标弄错了，受害的就不得了。所以文字，不论是办公、写文章，都要特别注意。这是由《孟子》的文字所引出来的感想，提醒大家。

研究上古中国文化，"道""天"等，特别要注意，前面也提到过。因为一个中国字，常常代表好几个观念。

譬如"天"字，代表天文天体这个天，有时候代表天理，天理良心，就是人的思想感情，公认是对的，或公认是不对的，那个就是天理。有时候代表哲学上的本体，《中庸》说的"天命之谓性，率性之谓道"，这个"天"代表了本体，也就是佛家讲的"如来"，天主教所谓的"主"或"神"。有时候"天"又代表了一个法则，一个原则。所以"天"字有差不多五六个观念。

有时候在一本古书中，同样用这个字，反复用了几次，所用的位置不同，观念就不一样。所以后世写的哲学思想史、中国文化史之类的书籍，在这些地方发生错误的也不少。在我个人看来，错误是非常严重的。如果拿因果的道理说，他这支笔所写的文章，等于用一根针刺瞎后世千千万万人的眼睛一样，都跟着他的观念搞错了。所以文字有时候是非常可怕的，不要动辄随便写游戏的文章。

顺逆与存亡的关系

孟子说："斯二者，天也。"这个天是指一个法则、一个呆板的原则，但是他没有说是对或错。换句话说，他的意思是说，太平盛世、社会国家天下安定的时候，自然尊重伦常伦理道德。这个时候，贤德的人、有才能的人，自然受人的尊重，这是当然的道理。而当末世、乱世的时候，道德与公理没有了，只有强权。为什么那样演变呢？他说这个是自然的法则，这个自然法则就是天意。

下面他讲"顺天者存，逆天者亡"，这里有不同的天了，这个天可以讲是天理的天。为什么我们那么讲呢？好像给孟子特别抹上一层漂亮的粉一样。同学们常常笑我说，老师经常替孔子、孟子作辩护。我说我并没有替他们作辩解，至少我读他们的书，所了解的是这样。孔孟两个讲天理，因为他们的思想是根据传统文化《易经》来的，《易经》里顺天理是至善，谓之顺，所以坤者顺也，坤卦谓之顺。"顺天者存"，是顺其天理，天理是上天有好生之德，是至善，生生不已，这个是好的。相反的，"逆天者亡"，到了乱世的时候，强大欺凌弱小，力量大的欺负力量小的，这个是逆天的道理，凡是逆天而行的，没有不失败的。

所以这一节讲起来，好像是我们故意加上注解，把他特别说得好一点似的；事实上，是他写文章的时候，文气写得非常顺，但在道理、关键的地方，交代不太清楚，致使后世的人在观念上难以正确的了解。

为什么这么说呢？他在本文下面，引用了一则故事，也可以说明这个道理。

"齐景公曰：'既不能令，又不受命，是绝物也。'涕出而女于吴"，这一段是讲孟子时代以前齐国所发生的故事。从孟子说的这一段话，我们就可以明了一段历史，虽然他书中没有注明。《孟子》书中记载下来的这桩事，是孟子在齐国说的一段话，那是齐宣王的时候，所以他引用齐国本国的历史。

历史上齐国有两个名王，一个是齐桓公，一个是齐景公；也有两个名宰相，齐桓公的名相是管仲，齐景公的名相是晏子（晏婴）。一个名王必定要配上一个好的宰相。在这个时候，他们都可以称为一代的霸主，一代的名王，而齐、鲁两国本来是世交。

这时南方的吴国，正值吴王夫差上一代的皇帝，就是吴王阖闾的时候。吴王要求齐国把一个公主嫁到吴国来，当时吴国是个强国，所以敢于要求。说要求是很客气的说法，实际上你爱送来也好，不送来也好，不送来就出兵打你，就是这么一个态势，摆了出来。

面对这个情况，齐景公就觉得没有必要引动这个战争，不过他看到吴国这个国家很糟糕，将来是没有好结果的。所以他又感慨讲了一句话，"既不能令，又不受命"，他说这个吴王虽然在国际的情势上，因缘际会成了一个强国、一个霸主；但是这个国君既不会领导，也不能受人指挥，所以很糟糕。

我说这个人应该姓"无"，名叫无能才对。一个人既不受命受令，觉得不服气，他又没得办法指挥人家，社会上这一类人也很多。换言之，在国际间这一类的领导人也不少。

所以当时吴国就变成这样，"既不能令，又不受命"，实在难办。讲国际的地位，与齐国又差不多，一有冲突就打仗，所以齐景公也搞得没办法，好吧！你要我家里这个宗族的女儿，就送一个过去吧。但不免流下眼泪，"而女于吴"，只好送这个女儿去吴国，给你当媳妇去吧。嫁得真冤枉，齐景公是这个意思。

"顺天者存，逆天者亡"，刚才我们已经说明，上面这个解释，关键就在这个地方。由吴王要齐国公主为媳这件事，你就看出来，孟子并不赞成强大吃弱小、命令弱小，所以有这一段历史的证明，我们才能读懂《孟子》这一句话。

因此，告诉青年同学们，研究自己的文化，读古书，特别留意，有时候你不要多费脑筋的。我常常发现年轻人读书啊，"老师！这里看不懂"，你看下去就会懂了。道理在哪里？你往往读到后面就把上面问题解决了，因为在后面有注解嘛！

还有时候啊，读一本书有很多读不懂的地方，就摆着，改看小说；看了半天小说，刚才那本书上不懂的，一下都懂了。其实小说同那本书不相干，可见脑子的智慧，本来都有的，你拿别的东西刺激它一下，它那一面就灵光起来了。所以读书要活，不是硬记，记出来的不是学问，千万注意。

我们继续下面的文字，孟子当时在齐国的理论，还没有说完。

努力振作　转弱为强

"今也，小国师大国"，"师"就是效法，小国要想强，只有效法大国。这一段我们特别注意，我们了解自己的历史，是为了将来承先启后，继往开来，所以必须要熟读《春秋》与《战国策》；我们现在就是春秋与战国的一个缩影，一个扩大。我们看过去人类的历史，隔一条河或一座山，就是一个国家，外国史也一样。所谓江东、江西、江左、江右，隔一条江就不得了了。《三国演义》里曹操要打南方，长江是天险。历史再进步，后来争的是海洋。十九、二十世纪，像英国有强大的海军，有掌握海洋的权力，号称日不落国，全世界都有他的殖民地。可是社会更进步了，海洋也隔不住了，现在争的是太空。所以历史根据这个发展，一步一步扩大，至于太空以后，反正我们看不见了，要看见只有投胎再来看了。是不是隔一个银河系统啊？或者隔一个大千三千世界，那就不管了。

由过去历史看来，环境在扩大，空间的面积在扩大，地球上都是人，不管白种人黄种人，人的心理、头脑，古今中外一样。历史的纷争，利害的冲突，也是一样，人始终没有进步过，还是那个样子。所以我们要了解今后历史的趋势、世局，只有熟读《春秋》《战国策》。当然不要停留在那个时候，如果动辄希望再出来一个孔子，再出来一个齐桓公，那一定要送你到精神病院去了。如果能把一切原则懂了，再看现在的世界，看未来的世界发展，大概可以说了然于胸，就很清楚了。

所以孟子在当时批评国际的情势，他说这些小国都很弱，虽然效法大国，"而耻受命"，并不一定肯听话，"是犹弟子而耻受命于先师也"，他说就好像当了学生，却不肯听老师的话一样。孟子讲这个话，我觉得非常幽默，但他没有半点幽默的字句，也没有说这个态度是对或不对，至少说明当时国际间是这么个情形。所以这句话讲得啊，用之于国际间的评论，那是高度的幽默。

他下面又讲了，"如耻之，莫若师文王。师文王，大国五年，小国七年，必为政于天下矣"。他说既然想强，自己又是夹在强国中间的小国，只有效法周文王。《孟子》前面提过的滕文公，也是小国的领导人，两大之间难为小，怎么办？他几次问孟子，孟子最后一次说，只有两条路，一个是自强，一个就是另外创业。

看《孟子》这本书，会发现孟子这个人很有意思，可见圣人的面孔并不古板，反而是轻松幽默的。他讲这个话，有些像禅宗的机锋，聪明的人自然懂，不聪明的人听了，也不落任何话柄，没有一点尾巴让你抓住的。

"如耻之"，如果被强国欺侮，认为是可耻的话，只有自强起来。要想自强，就是效法周文王的历史精神，以百里而行惠取得天下。这是个自强的原则，运用之妙，存乎一心，这是孟子不传之密啊，他不多传了，只讲到这里为止。

不过呢，他透露了一个消息。他认为，当时国际间的大国，如果走文王的路线，内政修明，加重文化的建设、心理社会的建设，效法文王的精神，不过五年就可以自强了；换句话说，可以影响整个国际。如果是像滕文公这种小国啊，充其量再多两年时间，加长时间为七年，也可以成功了，因为小国力量弱。

但是有一点特别要注意，天下有许多事情，虽然力量很弱，但是加上时间就会变强。前两天一个同学来讨论装冷气机的问题，我们那个办公室，我说装一台小小的冷气机，夏天舒服一点。我说买一个三吨的，他们说：不够不够！要八吨！五吨！我被他们吓得好几年也不敢装。结果我现在装个两吨的也够用，什么道理？冷气是小啊，开一天，时间长一点就冷了。所以大家都没有把时间加上，忘了。

所以说，小国需多加两年的时间。现在我们把握一个原则，无论什么事情，你加上时间就有办法。所以你们年轻人不要着急，好像现在没有办法，只要加上时间，加个一二十年，你胡子长出来的时候，就有办法了。

谁能天下无敌

因此他引用《诗经》的话，说明一段史实，商纣王被周朝文武推翻的事实。"《诗》云：商之孙子，其丽不亿"，商朝的子孙，"其丽"，意思是美丽、漂亮，子孙很多，后代很好。不过，当时推选出来的纣王当了家，不好了。其他好的后代很多，"不亿"，很多很多。"上帝既命，侯于周服"，结果啊，商朝五六百年的政权完了，"侯服于周"，天命所归，那个天命的轮子啊，把运气转到了周朝。

下面讲两句话注意，"天命靡常，殷士肤敏"，宇宙间有个自然的法则，就是因果报应的道理。因果报应并不是宗教观念，而是一个自然的法则，种瓜一定生出来瓜，种豆一定生出来豆，这是自然的法则，这个就是"天命"。"靡常"就是无常，天命无常，没有永恒，宇宙的万事万物没有不变的东西，就是"天命靡常"，都会变去的。

所以一个家庭也一样，我们经常说"好景不常"，好景当然不常，难道坏景就常了吗？坏景也不常。不过一般人不满足啊，想好景常；坏景最好不来，永远没有。要知道天命是无常的啊，有天亮一定有黑夜，有黑夜一定有天亮。再说人生总是过好景，一点味道也没有了；有时候痛一下，然后不痛，才感到好舒服；这个舒服是因为痛过以后才来的，你没有受过痛，哪里晓得那个不痛的舒服呢？所以啊，有时候吃一点苦头是好事情。

"天命靡常，殷士肤敏"，殷朝的子孙，到了商朝后代，"肤敏"，光了，光光了，都完蛋了。"裸将于京"，结果一个一个赤裸裸被俘虏，都投降了周朝。他说以商朝六百年之盛，人民不是不多，人才不是没有，结果周文王一来，一切转移，变成周朝的天下了。

孟子这一段文章都是幽默、机锋，看起来很平淡，但其中有好几个波澜转折，道理在其中，要你智慧去读，因为当时他不好都讲出来。

他引用孔子的话作最后的结论："孔子曰：'仁不可为众也。'"他说真正的行仁道，并不是比力量、比群众，也不是比数目。我们常听到有些学宗教的朋友说，吃了几年素了，做了几年好事了，为什么现在还碰到这样的坏事？这就是"以仁为众"，做了好事拿数目来计算，学宗教的人经常犯这样的错误。所以，仁道是不求回报的，应该做的善事，去做就是了，这就是孔子说的话。

他又解释说，"国君好仁，天下无敌"。《孟子》中提出来的重点，始终就是领导历史，领导时代，领导国家。一个负有社会责任的领导人，他的任务是极为重大的。这里讲的还是领导哲学。所以说，一个领导人真正向仁道这条路上走，那绝对是"天下无敌"的。不过，怎么样才是仁道呢？他没有下定义，这要我们自己去研究。

再说杜牧

前面提到杜牧的故事，有同学顺便问到他那个诗的问题。诗当然是一个重要的问题，我经常说，研究中国思想史的，必须要懂诗词。我们中国文化同外国不同，我们是文哲不分，也就是诗词文章同哲学思想几乎分不开；文史不分，文学同史学也几乎分不开；再加一个观念就是文政不分，所以文学、哲学、历史、政治，都有关联，浑然一体，分不开的。

我们研究中国哲学思想史，如果不懂诗词的话，简直没有办法深入。一般那些读了诸子百家来写中国哲学思想史的，可以说只知道中国哲学思想三分之一的史的部分，而三分之二都还在诗词史学里头。因为中国读书人，作诗不像外国人；外国一个哲学家，一个诗人，都是专门的，是专业化。中国过去读书，第一次考的是童子试，就是考功名第一步，先作对联和诗，如果作不来的话，第一考已经考不取了，所以作诗是一个普通的事。当中国人说到某人是诗人时，就代表那个家伙很穷，穷而后工，人穷才有好诗作出来。外国的诗人可不一样了，观念是不同的。

所以讲到诗，我平常不大肯讲，因为讲到文学方面，有时候一般同学听得眉飞色舞的，我就发现这个东西不能讲。诗词风流蕴藉，道德基础不够就麻烦了。孔子孟子诗都很好，他们讲话经常引用诗，但是文学修养如果没有道德的内涵是不行的。

可是既然讲到这里，又有人问到这首诗，只好告诉同学们注意，这就要看《唐诗纪事》了，就是唐诗的本末。《唐诗纪事》还是比较小的，其他要看唐代名人的笔记，这些等于历史的另一面，政治也好，哲学也好，很多资料，每一代历史都是这样。光读正史就认为懂了历史，那也是个笑话，那也是只懂三分之一，所以诗这一方面也要懂。

像刚才提到的杜牧，他当御史的时候，到那个退位的官员家中赴筵，喝了几大杯酒之后，他突然问某个歌姬是哪位？所有人都大吃一惊。在文学上看来很有趣味，但在政治道德上，应该把杜牧抓起来才对，所以他比那个主人家更坏。可是他当时权力很大，官高权重，大家都不敢得罪他。他也有文才，当场就作了一首诗：

华堂今日绮筵开　谁唤分司御史来

忽发狂言惊满座　两行红粉一时回

这首诗，成为唐代的名诗。"华堂今日绮筵开"，家里摆很多桌酒席，"谁唤分司御史来"，谁把管风化纪律的首长请来的，还是不请自来的？这可不得了，结果啊，竟然轻松了事。"忽发狂言惊满座，两行红粉一时回"，就是这两句，最后是在诗词上出了名。酒筵上的歌姬很多啊，两排，虽然不是国际上选美出来的佳丽，至少是那一代的佳丽。一听到他专门来找某个歌姬，这些女的都诧异了，有这种事？都回头来看他。所以他当时描写这个情景啊，"两行红粉一时回"，两行就是两排，两队漂亮的歌姬一起回头看他，表示又奇怪，又羡慕，讲不出来的一种情绪，就是这么一首诗。

你们有些同学蛮喜欢文学的，文学这个东西，如果玩不好是很糟糕的，要把经学搞好才可以玩文学；经学搞不好不能玩文学。所以刚才讲到这里，我本来想咽下去不讲了，偏偏有人还要问，现在告诉你们，就是这样一个情形，这样一个故事。

我们现在回到《孟子》，继续讲我们的经学，不讲文学了。《孟子》也是经书，所谓四书五经都是经典。孟子对这段话的结论是："今也欲无敌于天下，而不以仁，是犹执热而不以濯也。《诗》云：'谁能执热，逝不以濯？'"他说现在的人，不管大国小国，都想"无敌于天下"，但是都没有行仁政。

社会福利要方法

当然，究竟什么叫仁政？仁政只是讲个原则，有一句话要特别注意的，并不是说光慈悲就叫作仁，也不是说光爱就叫作仁，所以仁政的真正定义非常难下。如果用现在的观念来说，应该就是为全国人民谋福利。

其实，我们现在提到社会福利，那是二十世纪初期西方文化所产生的。记得小的时候，我在念书，人家问：你想学什么？我说想学社会福利。在几十年前，这是最新的一门学问。现在书读多了，再回转来看，我们中国人早就有了。清朝初年有一部书，是地方官必须要读的，叫《福惠全书》，就是社会福利方面的。

严格地讲起来，西方的福利观念，仍然是工商业时代的思想；而中国的福惠观念，比福利就好多了。先拿观念来讲，福惠当然也包括了福利，但是其中有一种爱，像佛家的布施，尽量施出去的味道。这个问题讨论起来又很多了，西方的社会福利观念，跟我们中国这个福惠观念来比较，相差两千年之久，具体的名词提出来，中国至少比西方还早一百多年。所以文化的比较，必须要多读书，才能够了解。

现在回转来讲到仁的方法，就是用之于行政做人做事的方法，原则上要把握住福惠才行。至于具体的方法，就要灵活运用了，因为方法是因时间、空间而变动，不是呆板的，不是规定条文就能概括全部的。所以如果把孔孟思想的仁啊、义啊，看成呆板的，忘记了时空、人事随时在变化这个原则，那根本就是书呆子，没有把书读通。所以要有学问，必须多读书，更要思考。

《汉书》的《霍光传》中，有一句评语说，虽然霍光"功高盖世"，但是"不学无术"。怎么叫不学无术？学问不够，所以应付变局的自处处事的方法就不够高明了。学问好，方法就有，智慧灵光，能够应变；换句话说，有了学问，就有方法。学问就是使你的思想增加，办法自然也就多了。

所以想"无敌于天下"，光坐在那里念慈悲博爱，然后打坐，就想成功，那是不可能的。所以这个"仁"，是方法的应用，使能达到福惠的目的，利己利人，利天下利国家利人类，这样就是"仁"的方法。

他说现在的一般人，既想"无敌于天下"，但又不走仁道的路线，这是对战国时候的情况而讲。每一个国家都要富国、强兵，在富国强兵之下，人民的生活必然困难。至于二者如何得兼呢？不是不可能，必须要有方法。他只是针对当时的情状而言，每一段历史，每一个时代，都有不同的变乱。

所以孟子说，这样的思想，"是犹执热而不以濯也"，等于手拿一个又热、又烫的山芋，不晓得赶快想办法，老是抓住不放。也就是说，不肯改变方法，实在太笨了，所以他引用《诗经·大雅》中的一个观念来说明这个现象，也就是这两句诗的意思。

老实讲，我们过去读《孟子》，觉得很没有味道，这些话好像都没有道理；尤其说到这里拦腰一刀，就砍断了，下文怎么样呢？下一句没有了，究竟说些什么啊？不知道。如果我们懂了战国时候的历史，再读他的文章，就非常有味道了。他下面正像佛说的，不可说不可说，只有当场听到的人会懂。因为孟子的学生们的记载没有把当时的社会背景配合进去，使得我们读经书读得很痛苦。如果这个经书配合历史一读，才晓得孟子的见解非常伟大，也告诉我们后人仁政道德的原则。所以经和史千万要配起来读，就是这个道理。

孟子的这一段话，我们断定他是在齐国的时候讲的，不过是在齐宣王时代还是在他儿子齐愍王的时候讲的，就不知道了。因为孟子也是见过齐愍王的，齐愍王后来侵略燕国，燕国后来又反攻，几乎把齐国灭亡。所谓田单反攻复国这一段故事，是在孟子以后几十年的事情。

那个时候齐国表面上很强，内部并不行仁政，是很有问题的。你懂了这一段的历史，然后看《孟子》这本书，才晓得他讲的话，真是一字千金，非常有分量。

平乱或利用乱

孟子曰："不仁者，可与言哉？安其危而利其菑，乐其所以亡者。不仁而可与言，则何亡国败家之有？

有孺子歌曰：'沧浪之水清兮，可以濯我缨；沧浪之水浊兮，可以濯我足。'孔子曰：'小子听之！清斯濯缨，浊斯濯足矣，自取之也。'

夫人必自侮，然后人侮之；家必自毁，而后人毁之；国必自伐，而后人伐之。《太甲》曰：'天作孽，犹可违；自作孽，不可活'，此之谓也。"

这个就是孟子的文章。孟子的文章，同庄子的文章一样，都蛮难读的，蛮奇特的，因为文字看上去古里古怪。但是为什么写古文都要学他呢？他的余韵好，平仄非常好，一个字一个字朗诵起来，意思有转折。本来一句话，"你吃饱了没有？"很简单，但他不是那么说，他会说"如果你肚子饿了，也可以吃饭，也可以吃面"，就是那么一个味道。同样一句话，他的文章就是这样。

他说"不仁者，可与言哉"，这个时代，很多人的思想里已经没有仁义了，没有办法跟他们对话，他们不会接受的。我们现在讲就是说不会接受，他不是说不会接受，他说"可与言哉"，哪里可以跟他们对话呢？就是这么一个意思。

下面他申述理由，"安其危而利其菑"，这些人唯恐天下不乱。这个很重要，这就是谋略。乱世中的一般人，所谓政客，不是政治家，都是走这个路线。我们看到当年美国的基辛格，乃至今天白宫总统以下的幕僚、智囊团，对世界的做法，都是以这句话为原则。当然他们没有读过《孟子》，但是（处于）乱世的人，对付天下之乱、（以及）制造天下乱的人，走的都是这条路线。苏秦张仪都是唯恐天下不乱，天下一乱，他们才有办法。至于天下乱了，人们痛苦，那是你们的事，同他没有关系；把你们搞乱了，他才好表现自己的才能，就是"安其危"，在最危难的时候，他自己非常平安。当然也可以讲，他不懂事，在这样危难的局面下，他自己还认为平安得很。"安其危而利其菑"，唯恐天下不乱；别的地方发生灾难，正是他的好运，正可以利用这个灾难，施展他的所长。这种思想这种做法，"乐其所以亡者"，看到别人危亡时，很高兴，因为可以有机会自我表现。

"不仁而可与言，则何亡国败家之有。"孟子说这些没有仁义思想的人，没有远大的胸襟，没有爱天下人的观念，如果可以跟他们谈国家天下的大事，那世界上、历史上就找不出亡国的事情了，也没有败家的事情了。

这本来是很直接的话，被他文学化的文章表现得非常美，可是越说越不懂了。其实他的意思是讲，要想国家不亡，家庭不衰败，只有行仁义之道，才能救亡图存，这样说就很明白了。可是中国古代的古文，同现在所有文学家一样，都是要写得文学化，一篇文章如果像讲话那么写下来，就不叫文章了，不好看。文章一定是七拐八翘、歪歪曲曲的，柳暗花明又一村，结果说了半天，原来还是这个东西。可是在文学上，那样写出来，就是好文章。实际上每一篇好文章，如果把它归纳起来，只有几句话而已。像打少林拳一样，本来一拳就打倒你，很简单；偏要扭两下，跳到边上逗两下，然后才把你打倒，表示武功好，就是这么一回事。

不会写文章的人，看许多文人只是在那个地方玩花样。不过有个好处，对聪明人，教给他这个办法写文章，他一旦钻进去，一辈子的精神都消磨在这个里头了。

在山泉水清　出山泉水浊

下面就有味道出来了，孟子所处的那个战国时代，他所遇到的那几位领袖，齐宣王啊，梁惠王啊，大小国家的每个领袖，他都看过之后，已经到达目中无人的状况了。他知道这个世界没有办法了，他也没有办法了，只好卷铺盖回家，收拾书箱好过年，于是他就回去了。

他引用了一个童谣，"有孺子歌曰"，他听到有小孩在唱童谣，在春秋战国时候，童谣就是民歌。注意，要想研究中国文学史的，在这个地方就要注意了。"沧浪之水清兮，可以濯我缨；沧浪之水浊兮，可以濯我足"，这是春秋战国的文学，民间唱的歌。这个"沧浪"，并不是固定指哪一条江，可能是中原地带的一条江河。他说，如果是干净的水，我就拿来洗洗帽子，古代的帽子有些是竹子编的。孟子这个时候为什么拿这个歌来讲呢？到了中原，靠近北方啊，黄沙特别大，有人帽子是要洗的，草帽就可以洗。如果这个沧浪之水是脏的话，他说那就洗洗脚吧。干净水洗帽子，脏水就洗脚，就这么一个民歌。

孟子引用这个民歌来讲，说孔子当年听了民谣啊，也有感慨，孔子说，"小子"啊！年轻的同学们啊，"听之"，你们注意听啊。这个歌代表的意义，是遇到清水嘛，就洗洗头上的东西，头是比较宝贵的；遇到脏水嘛，只能够洗洗脚，就不能洗脸洗头。为什么？"自取之也"，水本身本来没有区别，洗头和洗脚是一样的，可是因为水质干净与不干净的关系，人的应用、看法、作用就不同了，这是照文字上解释。

换句话说，这就代表在时代清明时，一个人就应该出来服务；时代太混浊了，无法救了，他也只好回家。为什么孟子引用孔子的话呢？孔子当年周游列国，看到这个时代没有办法救，因此回家去了。所以孟子这段话又是个机锋，含藏的非常好，他学的也是孔子的精神。我姓孟的嘛，今天也要卷铺盖回家了，也不干了，年纪也大了。这几句话，也就是后世文学所谓"在山泉水清，出山泉水浊"，同样的意思。

下面孟子再引申这个意思，他说："夫人必自侮，然后人侮之；家必自毁，而后人毁之；国必自伐，而后人伐之。"他又引用《诗经·太甲》里所讲，"天作孽，犹可违；自作孽，不可活"的道理。这里文字很明白，凡是中国人，读过中国书的，这几句话都晓得讲。一个人为什么被别人侮辱？是你自己找来的，你的作为一定有什么不对的地方。有人说，老师，我在这里，好像人家看到我都很讨厌。如果他能够反省一下，可能就会发觉，自己总有使人讨厌的地方，才会召来这个后果。所以孟子说，一个人必自侮才会被别人侮。

这就是因果律，这个因是在自己的内心，每个人自己内心思想是行为的开始，所以都是由于自己，并没有一个另外做主的，命运是操在自己的手里，就是这个观念。所以他引用《诗经·太甲》篇里的话，"天作孽"，这个"孽"代表罪恶；佛经那个"业"，包括善、恶、非善非恶的"业"。所以这篇诗里讲，上天造孽，还可以逃得掉，天灾还可以躲得过；人祸，人要自己造孽，就不可活，没有办法逃脱。

上次我们引用道家的思想，《阴符经》说天发杀机、地发杀机，还可以躲得过；人一发杀机啊，天地反复。人心最厉害，连天地对人都无可奈何。

孟子曰："桀纣之失天下也，失其民也。失其民者，失其心也。

得天下有道，得其民，斯得天下矣。得其民有道，得其心，斯得民矣。得其心有道，所欲，与之，聚之；所恶，勿施尔也。

民之归仁也，犹水之就下，兽之走圹也。故为渊驱鱼者，獭也；为丛驱爵者，鹯也；为汤、武驱民者，桀与纣也。今天下之君有好仁者，则诸侯皆为之驱矣；虽欲无王，不可得已。

今之欲王者，犹七年之病求三年之艾也。苟为不畜，终身不得。苟不志于仁，终身忧辱，以陷于死亡。《诗》云：'其何能淑？载胥及溺'，此之谓也。"

得民心　得天下

《孟子》这一篇，后代宋儒把它画一个句点圈断了，应该说是把文章切断了，这是不应该的。本来是一篇连续的文章，读书人在读的时候，常常打一个圈圈，或分一个段落，这叫章句之学，相当于现在分成一节一节的。宋儒这样一来，原来的文意反而断裂，《孟子》全篇前后连续的理论观念反而散裂不全了。

这一段我们可以看到，孟子对当时的政治非常灰心，他要救世的理想没有办法实现，只好卷铺盖回家。他认为这个时代的人不怕因果，自己在造恶业，谁都救不了。

接着，他说了一个理论："桀纣之失天下也，失其民也。失其民者，失其心也。"这就是文章了。本来一句话完毕，他一层一层用文字表达。"得天下有道，得其民，斯得天下矣"，你说我们读《孟子》才发现，为什么苏东坡啊，唐宋八大家啊，曾国藩，以及清朝以后桐城派，都学《孟子》《庄子》的文章呢？这就叫作写文章。我是不大会写文章的人，不过年轻时我喜欢读也喜欢学。什么是写文章呢？本事是两个字：啰唆。你尽量把它啰唆一下，就是好文章。不啰唆叫作讲话，不过有些人讲话比写文章还要啰唆。

所以我们看《孟子》这段文章，你们注意看它的文学味啊。"桀纣之失天下也，失其民也。失其民者，失其心也"，这话很合逻辑，一段一段地来，"得天下有道，得其民，斯得天下矣"，你看，这个就是文章。假如说，"得失天下，在得失民心"，几个字就完了嘛。得天下，失天下，在于民心得失；最多十几个字，就完了。

所以我经常提到写文章的趣事，宋代那个名儒欧阳修，要主修唐朝四百年的历史。当时很多有名的文学家是他的助手。有一天他们大家出去玩，路上看到一匹马发疯奔跑，把狗踏死了。欧阳修说，咦！好题目，要大家写一篇报道，并且要用最少的字来描写。这些都是大学者，有人写几十个字，有人写十几个字。

古人的文章简练，否则五千年的文化资料要多少地方来放啊？台北故宫博物院不够堆耶！所以古人要"简"，把很多的观念用文字简化拢来。

欧阳修说，如果你们这样写历史，四百年唐朝的历史要多少房间放？要多少纸来写？大家就问他，你怎么写？他说只要几个字："马逸毙犬于途。"马疯了乱跑，就是"逸"一个字代表，也就是思想乱跑、放逸。然后，马一脚把路上的狗踏死了。只要六个字就完了嘛！这才是记历史的文章。

如果孟子的文章用欧阳修这个方法一改，就变成记史了，因为这四句啊，太啰唆了。可是在文学立场讲，为什么说他好？因为古人是读书不是看书，古人读书，三更灯火五更鸡，要念的，坐在那里一个字一个字念。所以非要这样写，音韵声音才漂亮，这里来个"也"，那里来个"也"，像唱歌一样，还有"之、乎、也、者"。有一半是口头音，就是白话的"的""呢""吗""呀"，所以我们就懂得文章为什么那样写了。

你懂了这个窍门以后啊，古文你就会写了，包你会写。你不要以为我说这个是笑话，真的喔，我是下了苦功来的。所以诗啊、词啊、文章啊，我都把它们悟出来了，原来如此，会了我就丢掉，不写了。

所以我二十几岁时，四川有一位老师是清朝最后一榜的探花商衍鎏老先生，我向他请教古文，然后懂了这个窍门。我有一天问：商老师啊，假设我现在这个样子写，如果退回去百年，跟大家一起考个进士，行不行啊？他说：嗯，行喔，假设在前清，你考进士大概没有问题。我说这样啊！下面我就不说了，所谓翰林学士的文章不过如此，就这么一个窍门。像欧阳修那是真功夫了，"马逸毙犬于途"，简化、明了，所以大学者有大学者的道理。现在是顺便讲到写文章的事情。

长寿 富有 平安 享受

"所欲，与之，聚之；所恶，勿施尔也。民之归仁也，犹水之就下，兽之走圹也。"上面有一点衍文，是故意的，孟子文章的手法变化得好。下面他讲"所欲，与之，聚之"，讲政治原则。诸位年轻同学注意，现在是工商业时代，你们将来当老板，或者做官，做一个领导人，就是这个原则。下面人所需要的，你能够给他，"与之，聚之"，大家要吃饭，你能够弄来米，给大家吃饭，这就对了。"所恶"，下面人不要的，你不要给他。换句话说，当一个家长也好，一个领导人也好，一个老板也好，如果一个真正的大丈夫，要建立事业的人，天下的苦头自己来吃；好的东西都归你们，这是仁政的道理，仁恕的道理，也就是中国文化做人的道理。

我们这个旧本子上，有朱子一段小注解，我也非常同意。朱子引用《汉书·晁错传》："人情莫不欲寿，三王生之而不伤；人情莫不欲富，三王厚之而不困；人情莫不欲安，三王扶之而不危；人情莫不欲逸，三王节其力而不尽。"这是汉朝晁错对汉景帝讲的话，也就是政治的大原则，是古今中外人的心理。人的心理要什么呢？第一要寿命，要活得好好的，还要活得长命。第二是要钱，个个都富有，要幸福，要福利。第三要平安，天下太平。第四呢，还要享受，一共是四点。汉朝的晁错提出来，朱熹的注解上有的，不需要我再引用。

人类所需要的，其实就是每一个人的想法，我们自己想想，也是当然如此。所以我们找人算命，问能活多少岁啊？算命的说，放心，起码八十几到九十啊。这样一定多给两个钱，本来五十块也要给六十块，因为讲得好听嘛！问将来有没有钱？哎，大富。富到什么程度？这个大富，没个标准的，穷人今天得一百块钱就算大富了，反正你不给他说明就不要紧。再问老运好不好？哎，享福，平安啊，好啊，真好。反正给他说好听的，这就是人情。人，要寿命，要财富，要平安，要享受。所以呀，要读书通理才能明白。现在大家讲群众心理学啊、政治心理学啊，这种学、那种学，原则都在这里，古书上都有。不是说外国人的思想比我们特别高明一点，没有这回事；我们自己宝库里头，前辈的经验太多了，都有书写下来，只是我们自己不去研读而已。

孟子现在做结论，"民之归仁也，犹水之就下，兽之走圹也"，所以民怎么会归仁呢？刚才我们解释"仁"，是福利、福惠，天下哪个人不要求福利，不要求享受？所以说，孟子孔子讲仁政。仁政的道理，现在孟子自己做注解，"所欲，与之"，就是别人要的，我给他；"聚之"，我帮忙他拿到，都给他，这就是"仁"。"所恶"的，别人讨厌的，不给，我自己来承受，痛苦我来负担，这就是仁政。那样一来，当然天下都归仁啊，那还不好吗？痛苦的归你，好的归我，我当然来啊，于是天下就归仁了。

所以严格地说，照哲学的立场来讲，人性的反面就有那么可恶，那么自私。孔孟之道，是站在一个领导人的立场，站在一个君位的立场，讲付出的道理，讲仁义的道理。如果我们站在哲学的另一个立场看人类的心理，人为什么需要别人给我们仁？可见我们自己是非常自私的，对不对？是不是这样？你懂得了这个道理，就可以研究哲学了，也可以读懂孔孟之道了，人性的反面也就了解了。

孟子讲的是正面，"民之归仁也，犹水之就下"，所以人喜欢归仁，就像水都喜欢向下汇聚一样。换句话说，人类众生的心理，也像"兽之走圹也"，就像那些野兽喜欢走到旷野一样。

獭祭诗书

孟子说了一个原则，这个就是谋略学，后来应用于心理作战、文化作战，以及各种作战谋略学中，都是一个最重要的原则。他说，"故为渊驱鱼者，獭也；为丛驱爵者，鹯也；为汤、武驱民者，桀与纣也"，这个"渊"就是水潭，"驱"就是赶，用竹竿去赶鱼。譬如我们修一个养鱼池，通溪流，想从溪里赶些小鱼到我们的鱼塘。这时只要买两个水獭放到溪流中，小鱼为了躲水獭，自然游到水塘中了。因为水獭这个动物是专门吃鱼的。

中国古人相传，水獭成了精，专门在人夜睡的时候来压睡梦中的人。如果你床头放一条鱼的话，水獭精据说就不来压你，它去吃鱼去了。

关于水獭精吃鱼，有一个典故。水獭把抓到的鱼摆成一圈，它在中间到处看，好像对鱼磕头。这在文学上叫作"獭祭"，因为古人看到水獭在拜鱼，所以叫"獭祭"。实际上它要吃鱼，等它玩弄够了才吃。

为什么讲到这个呢？因为现在人写各种文章、各类书，那个形式就像是獭祭，就是这个玩意儿。譬如写文章，引据拿破仑怎么说的，叔本华怎么说的，然后列举一大堆参考书。这样的方式，在中国古人认为是丢人的，称之为"獭祭诗书"。獭祭诗书在《礼记》上叫作"记问之学"，你懂得的都是资料而已。《礼记》上讲，当老师的有个规定，"记问之学不足为人师"，因为记问之学只是知识，不是学问。可是我们现在拿学位的，要注解，就是学獭祭的本事，一篇文章一定要有个来历出处，没有出处是不行的。

我现在也变成这个习惯，因为跟现代人学会了；像我们当年写文章时，如果后面注一个出处的话，会被老辈子笑话的。为什么？因为老师会说：你认为我这个老师看不懂吗？难道你读的书我没有读过吗？

孟子讲，所以啊，要把这个鱼赶到深渊里头，不要人去赶，你只要养两个水獭，鱼怕水獭，就通通躲到这里来了。在丛林中要想养鸟，要人去赶鸟来多麻烦，你养一个专门吃鸟的鹯子，那些鸟都躲到你这个地方来了。他说历史上记载商汤与周武王时代的老百姓，为什么都向汤武这边逃呢？"为汤、武驱民者，桀与纣也"，把老百姓赶到汤、武仁政的地方，就是夏桀与商纣。所以鹯子也好，水獭也好，都是坏蛋，他说你要行仁政怕没有群众吗？假定你的对手和敌人是一个坏蛋，老百姓自然都逃到你这边来了嘛！换句话说，替自己增加势力的，正是敌人这方面。

古代的人口

下面继续孟子所说的理由，"今天下之君有好仁者，则诸侯皆为之驱矣；虽欲无王，不可得已"，就是说当时那些诸侯之国的领袖们，假设有一个真能够"好仁"，推行仁政，就算自己不想称王，也自然会有人拥护你坐上王位，领导世界，领导国际。再说什么叫作"仁"政？"仁"是个原则，至于"仁"的方法，每一代每个时期都不同，也就是因时因地而不同，这是大家特别要注意的。

《孟子》在文字上都是歪七扭八的，倒着去说，这就是文学，读起来非常轻巧；尤其是朗诵，通顺而舒畅。譬如我们念古诗，念到汉武帝所作《秋风辞》："秋风起兮白云飞，草木黄落兮雁南归"，那个"兮"字现在念"西"的音，古文所谓楚音，湖南湖北那一带，几千年前究竟怎么念，是什么音，不知道。有人考据，"兮"等于后来唱京戏所谓"啊"，"秋风起啊……"就是拉长声，后来"兮呀兮呀"，管你西也好东也好，反正这个字就是个虚字。为什么古文里头虚字多呢？为了音韵念得铿锵，所以写文章同作诗一样，文章一念出来，有些字在中间吵起来了，因为不协调，马上就要想办法换字。

再回来讲刚才孟子说的，哪一个国家的领袖能爱好推行仁政的话，其他国家的老百姓自然都跑过来了。不过这里头有一个问题，我想青年人应该有思想，有思想就有问题，什么问题？粮食不够，节育还来不及，跑来那么多人干吗？对不对？是不是会有这样想法？但是大家要知道，春秋战国的时候，人口就是财产。那个时候全中国当然无法统计，大致也不过两三千万人而已，好多地方都还没有开发。我们过去讲四万万人口，那是满族入关康熙以前的统计。四万万人口一半男一半女，成家以后两个人又生四个，或者生六个，几百年生下来不得了啊！尤其中国人，生产力特别旺盛。

现在觉得世界上粮食不够，人口过多成了问题，生怕人口跟土地不成比例。在我很笨的看法，这个问题闹了几十年，尤其外国人在闹，外国人闹闹可以，我觉得人口不会成问题。以中国来讲，大概再加一倍还能够活得下去，粮食也够分配。不过其他许多国家，像欧洲有些地方就不同，不像中国。

再说西方人拼命提倡节育，在他们某种理论上可能有道理，但是，其中还有个很秘密的大问题，就是与黄种人、与各有色人种有关的国际上一个大问题。其中涉及了种族，也就是政治理论的立国精神，是否与种族有关，这是非常大的问题。所以我先提起青年同学们注意。

这个问题很大啊！因为是与土地政策、粮食分配有关，有关人类的生存，更是一个国家人民永续存在的问题。换言之，这与农业经济、国家经济、世界人类的经济等问题，都牵连在一起。所以，我觉得盲目跟人家叫节育是不妥当的。当然站在女性生孩子痛苦的立场来讲，节育是个好事情；而站在一个立国、一个民族国家永久的大计来讲，就是四个字：值得深思，要好好考虑，因为这真是个大问题。

现在再回来讲《孟子》，当时的诸侯各国需要的是人口，所以哪里推行仁政，人们就向哪里集中。那个时候人口就是财产，是最大的财富，不是现在的人口观念。

现代有许多人写文章、著书立说，常常忽略了时代背景，以及当时的地理背景。许多学者对古人批驳得一塌糊涂，但他忘记了我们跟古人相隔了几千年，历史、地理、环境统统不同。那个时候的社会，没有电灯，可能还有野兽出没，道路都不畅通。所以读书作学问，这个地方千万要留意，不然书读错了，觉得古人不对，古人睡在棺材里把牙齿都笑掉了，觉得我们这些后辈真是莫名其妙，乱讲一通，不了解那个时候的情况。

孟子的预言

孟子又评论说："今之欲王者，犹七年之病求三年之艾也。苟为不畜，终身不得。"孟子最后的结论说，现在领导人的欲望，都是想领导世界、统一天下，像齐宣王、梁惠王都是这个思想；楚国及秦国秦始皇的上代，也都是这样的思想。可是他们的政治方法、用的政策，都不对。

等于说一个人生了七年的病，"求三年之艾"治自己的病。"艾"是针灸用的。针和灸是两件事。譬如出家人头上烧的戒疤，就是灸的一种遗留。灸是很麻烦的，把艾草打烂，叫艾绒，放在姜片上一小点，再放在穴道上，然后点火烧这个艾绒，叫作灸。

讲到《孟子》所谓"七年之病"，是说一个人已经病了七年，就是久病了，假定有风湿病，医生决定要用灸来治，病久了要用老艾、存放了三年的陈艾，亲戚朋友到处找，找得很辛苦。

"苟为不畜，终身不得"，他说其实啊，没有生病的时候就要做准备。所以中国人无病吃中药，在没有病的时候吃药，是预防的作用。真到病来的时候再吃药啊，有时候就来不及了。

其实每个人随时都在病中，尤其你们大家修道打坐的，自己不通医药，我可以严重地讲一句话：你们不要学修道了，没用。打坐是能够去病的，可是起码半个月以上，才去一点病。如果配合服药，两个钟头就好了。为什么你们平常把命看得那么值钱，生病却不肯吃药，又把自己看得那么贱呢？平常不上课，我不愿意讲这个道理，现在讲到孟子说"七年之病求三年之艾"，才顺便说到病和医的问题。

所以他说药是平常要准备的。如果平常不准备不储藏，永远不会有三年的陈艾。这个道理就是说，万事要先做准备，如果天天想发财，用钱不节省，又不肯去赚钱，那个钱会掉到你身上吗？所以，"苟为不畜，终身不得"，要预先准备。

他批评当时这些诸侯们，"苟不志于仁，终身忧辱，以陷于死亡"，他说六国的诸侯个个都想统一天下，领导国际，所用的不是仁道，而是用急功近利的政策去达到目的，用技术手段去统治、领导，而不是走基本的、政治最高道德的原则去领导。他们根本就没有立志向这一面走，反而是背道而驰。所以孟子的结论，是对当时的诸侯一竿子统统打完了，说他们"终身忧辱"，一辈子都在忧烦之中，都是自己找来的痛苦烦恼。

这句话，我们现在看了，好像孟老夫子在说大话，讲理论。如果翻开战国时候的历史，看孟子那个时代，他的话没有错。每个国家的君主几乎没有过一天舒服的日子，都在"忧辱"的状况中；而那些"忧辱"，都是自己找来的。

最后他总括的结论是"陷于死亡"。这句话，在他死后过了一段时期就应验了，六国灭亡，被秦国统一了。孟子这句话，我们现在看来是文字，拿历史哲学来看，孟子讲的话是预言，他死后没多久就兑现了。

因此，他引用《诗经·大雅》中《桑柔》这一篇来说，"'其何能淑？载胥及溺'，此之谓也"。这一篇诗是描写农村社会的田园诗，描写春天那个桑树的枝条很柔软，等于《易经》上有一句话，"其亡其亡，系于苞桑"。就是说明一个非常危险的现象，在桑树很细的枝条上挂了一个大草包，像鸟笼一样挂在上面，很快就要掉下来了。也等于后世所谓命若悬丝的意思，太危险了。

这两句诗是形容一个境界，也就是说，这个时代啊，有一种现象，"其何能淑"，永远搞不好。"载胥及溺"，一般人和社会，及整个的时代趋势，都是向水里头掉，自己要跳下海去自寻死路，那有什么办法！所以孟子说，战国的这些君王们天天想平天下，但这个天下他们永远不能平，因为他们所做的事都与平天下背道而驰的。

良医的趣事

所以孟子这句话，"七年之病求三年之艾也"，后来成了名言。就像我们在座许多年轻的或者老年的朋友们，自己在烦恼中，在莫名其妙的生活中滚了几十年，学佛修道还不到一个月就想祛病延年、快速成道一样。也像一个人病了三年，想十分钟治好一样。这个道理非常简单，中国上古医药的哲学与政治哲学原则是相同的。所以大政治家经常拿医药的道理，去做政治思想的说明。

宋朝有出将入相的范仲淹，他有两句名言："不为良相，即为良医。"一个人如果不能成为一个好宰相，治国平天下，起码要做一个好医生。这两种人都是对社会有贡献、救世救人的，不是读书出来只为了金钱和职业。

医学上有两句话："人之怕，怕病多。"一般人最怕的是病多，怕病的痛苦；"医之所怕，怕道少"，医生的怕，是怕学问少，方法少，这个"怕"就是苦恼。所以病家跟医生，所怕的事、所担心的事是不一样的。

当一个时代到了衰败的时候，各种病象、稀奇古怪的毛病都出来了，整个社会是病态的。大政治家就是个良医，要有办法医好这个病态的社会。医书上记载，古代一个名医扁鹊，他的一双眼睛就像 X 光，一看就把你的五脏六腑都看清楚了，扁鹊就是这样的良医。其实这两句话，用之于政治哲学上也是一样。一个大政治家，治疗社会的病态，要有学问，要用心思，不能不学无术；学问不够，方法就不够。所以医之怕，就怕道少，就怕学问不够。

古代医学有很多有趣的故事，许多名医根本就不用药治病；拿现在讲，他们已经懂得心理治疗，两句话就把人的病治好了。

我常讲清朝那几个名医的笑话，相传叶天士的医案，是不是他不能肯定，因为清朝好几个医生是名医。有一次一个年轻的太太难产，家人去找叶天士，当时他正在后花园下棋。那家人站在旁边，急死了，忽然秋风吹落梧桐树的叶子，他把那个叶子拿起来说，你回去，把这片叶子熬汤给你太太喝就行了。这个人赶快跑回家，熬了汤，太太喝了还真的生下孩子了，这就叫作名医。

又有一次，他在下棋，古代都是赌铜钱，又一个难产妇人的家人来，硬拖他走，他就抓一把铜钱放在口袋，一进那个产房啊，就把铜钱抓出来，往地上哗啦这么一撒，孩子就生下来了。人家问他，他就说，人嘛，生到世界上就要钱，没有钱他怎么肯出来？（众笑）在现在医学上也说，因为产妇太紧张了，突然给她"哗啦"一惊，注意力松开了，孩子当然生下来了。

像他们这一类的名医有很多，笑话也很多，所以良医并不一定要靠药。说那个梧桐叶子可以治难产，查遍了医书也没有，因为梧桐叶子是某某大夫给的，产妇有信心，一喝下去就安心了，就生了嘛！像这一类，就是利用心理治疗。虽然这是医学上的公案，道理是告诉青年同学们，读书不能那么呆板地了解。

　　孟子曰："自暴者，不可与有言也；自弃者，不可与有为也。言非礼义，谓之自暴也；吾身不能居仁由义，谓之自弃也。"

　　"仁，人之安宅也；义，人之正路也。旷安宅而弗居，舍正路而不由，哀哉！"

什么是自暴自弃

　　《离娄篇》开头到现在，整个的思想系统就是孟子当时对于世局、政情的一个论评。这一番话，孟子在什么地方讲的呢？从他的经历记录中看，可能是在见齐宣王、梁惠王之间所讲的。

　　孟子跟齐宣王和梁惠王当面所谈的话，我在《孟子旁通》里头有专门的一章，记述他在谈话完毕回到住所后，与学生朋友之间对世局的一番谈话。我们已经拖了那么久，对他的话还没有做结论。

　　孟子说："自暴者，不可与有言也；自弃者，不可与有为也。"这里又开始了一个高潮。在我们后世大家都知道一句成语"自暴自弃"，这四个字就是从《孟子》这里来的。现在我们看孟子对"自暴自弃"是怎么个讲法。

　　这个文字，我想同学们一看都懂了，严格解释很麻烦的，因为这是韵文，有韵律。我们可以这么解释，自暴的人，就是我慢，有偏见，刚愎自用；我见很强的人"不可与有言"，不可以同他讲话提意见，其实也就是同他无话可说的意思。不过，这样解释不一定对，也不能说不对。到底应该怎么解释？值得讨论。再说"自弃"，就是有很强烈自卑感的一种人。常常听到年轻人讲，老师啊，我是没有希望的了，我不行了，我是白痴啊；或讲我是笨蛋啊，我永远没办法。这些都是"自弃"的话，不过这些还算是客气话，真正"自弃"的人，有些是灰心到极点，想走自杀的路，结束自己的生命。像这种人，"不可与有为也"，照文字解释，是没有办法与他共事，是不是真的应该这样解释？也是问题。关于这些，我们必须先看下文。

"言非礼义，谓之自暴"，说话不合礼义，就是"自暴"。孟子有个注解，一个人的言论，就代表了他的思想。从哲学的立场来讲，言语是表达到外面的思想；换言之，一个人的思想，就是没有发表的语言。所以思想是在里头的言语，譬如我们说，有个人一天到晚不讲话；如果拿禅宗祖师一句话形容，就是四个字——"其声如雷"。他一天到晚自己跟自己对话，打雷一样，大声得不得了。因为他在里头自问自答，自己发脾气，自己开玩笑，自己后悔；如果他自己跟自己真不讲话了，这个人连思想也没有了。世上只有两个人不讲话，一个躺在殡仪馆，一个还躺在妈妈肚子里。其他凡是生命，没有不讲话的，凡是生命就有思想。所以中国人有一句老话，"要知心腹事，但听口中言"，要晓得这个人的思想啊，你只要听他嘴里的话就知道了。

不过人的嘴巴有时候跟头脑两样，常常头脑转得快，嘴巴来得慢，手写更慢。我想大家都有这个经验。如果一个人把每一分钟的思想字字都记出来，起码得好几张稿纸。有人常常因为思想来得太快，来不及写，自己也讨厌，恨不得能慢一点想；结果稿子不写了，反正跟不上，算了。

当然，最好一个字都不漏，那是真正的工夫了，这要真正的定力。我们测验自己一下，打坐做工夫的人更要注意，自己一天之中都在想，我假设问你，你早上醒来第一个念头想什么？一定记不得，恐怕刚刚进门的时候你的念头想什么也记不得了。所以真正的修养定力都要弄清楚。尤其是学佛的朋友们要注意，修道学佛，你以为打坐很舒服，半天没有想，以为这个叫定，哼！你这个定力也属于"自暴"与"自弃"的范围，就有这样严重。所以自暴自弃的范围是很广的。

因此孟子说，"言非礼义，谓之自暴"，一个人的言语思想如果不纯正，不合于"礼义"，没有逻辑，就叫作"自暴"。这里头有个问题了，什么叫"礼"？什么叫"义"？你们诸位年轻同学，对不住，我要向你们吹牛了。我看过老一辈子读线装书出身的，那个装模作样之讨厌，他言必"礼义"，已经中了"书毒"，是中了四书五经毒的模样了。所以我们同学们都骂：假道学！其实四书五经不是这样的啊！那是书发了霉，霉被他吸进去了，他中的是这个毒。这不是真正的"礼"和"义"。

所以"礼""义"两个字要特别慎重。现在我们简单地讲，一个人的思想言论都合于真理，处处合乎规矩的限度，有逻辑条理，就是合于"礼义"。

譬如我有个朋友，四十多岁，在外国当教授，五六年前在我们这里教书。我经常看到他都怕，虽然他也叫我老师，不过我也称他为老师。有一天我请他来专门谈话，我说你啊能不能放轻松一点？因为他进来叫一声老师，然后坐得四平八稳，半天不动。他不是假装的，没有人看见时他也坐得四平八稳。我说你可以把腿翘一翘，再笑一笑，轻松一点嘛！他说老师啊，我从中学开始起，读四书以后，就觉得要这样做人，养成这个习惯了。我说你这个习惯倒蛮好，但是我觉得未免太枯燥了。我说《诗经》讲"鸢飞戾天，鱼跃于渊"，天机是活泼泼的啊，不是你这样死板板的。他说是啊老师，我在你这里听课这么久也知道，我想改，但改不了啊！不过我们当年读古书，言必中矩，循规蹈矩就是这样。我说这个是不对的啊，你这样下去叫病态心理。

当时在场的还有好几个同学，现在都还在这里，可以证明我的话。几年以后他到美国了，最近听说在美国进了精神病院。他所认为的言必"礼义"，是不懂得"自暴自弃"的含义，其实"自暴自弃"以外应该还有个病名，叫作"自梏"，或者是"自卑"，这是另一个道理。

对于"自暴"和"自弃"的第二个解释，"吾身不能居仁由义"，我的身体不能"由义"而居住在"仁"的境界里；也就是说，他的行为不是走"义"的路线，这种人叫作"自弃"。这是孟子对"自弃"的结论，下了定义。这个定义的范围，还值得我们讨论。

我们人，当情绪高涨的时候，觉得自己很了不起，自我崇高，自我英雄；当情绪低落的时候，觉得自己一无所能，活不下去。所谓"壮不如人老可知"，这是古人的一句诗，年轻都不如人，现在老了，那就可想而知了。

所以人啊，经常在这两种心理之间摇摆不定。借用学佛的比喻，说一个人不能得定，原因不是散乱、思想乱跑，就是昏沉、想睡眠。实际上那是讲修养工夫，是指打坐修定的一个景象，不散乱就昏沉。这是讲普通人一般的心理状况，包括身心两方面。其实我们检查自己，真做学问修养工夫时，我们每天随时随地的情绪思想也是这样，不是狂妄自我崇高，就是自卑感来了，都是在这两种状况中翻来覆去。

项羽刘邦的自暴自弃

孟子所谓的"言非礼义，谓之自暴"，以历史的故事来看，汉高祖打下了天下，当时一切制度尚未建立，刘邦坐在上面当皇帝，有功劳的部将们在下面乱吵，一个读书人陆贾就告诉他，必须要建立制度。汉高祖说了一句话，那一句话就是"自暴"。他说"乃公居马上而得之"，就是骂那个读书人，意思是说老子的天下是打来的，你懂什么?! 就是这个态度。

碰到陆贾这个书生，那是真书生，真是儒者，他说对啊，"居马上得之，宁可以马上治之乎"，天下可以从马上打来，但是天下不能在马上治之。如果你这样了解《史记》上的记述，那就一点味道都没有了，因为他们当时对话不是文字。他们的对话就是：老子的天下是打来的，你吵个屁啊！那个陆贾就说：好！天下是打来的，你不能永远打下去吧？汉高祖聪明，态度马上变了，他说对啊，那怎么办？陆贾说我有办法。高祖说好！你弄个计划来，我看看。这是描写汉高祖"自暴"的一段。

再说汉高祖在"自弃"的时候，是没有起来打天下之前，整天喝酒，当个里长一样的小吏，什么都不管。朱元璋也是一样，没有饭吃当和尚，到处流浪。他们这些人，也不晓得自己后来能当皇帝，那个时候非常"自弃"。

再说"言非礼义"，我们看到历史上项羽和刘邦对立的时候，项羽当时很得意，"言非礼义"，说话狂妄。历史上记载，他年轻的时候，读书不成，去学剑。可见他功课不好，书读不好，老子不读书了，去学剑术武功。学剑又不成，可见他很没有耐性，然后就读兵书，因为学剑是一个打一个的，没有意思，他要学万人敌。看见叔叔在那里读兵书，研究军事嘛，他就想学万人敌。项羽万人敌也没有学好，历史上描写他这几句话，就是"自暴"，最后失败了，八千子弟都打光了。一个撑渡船的老头劝他过江回家去，家乡还有年轻人会跟你出来；但他说无颜见江东父老，没有脸回去。还有人说项羽晓得不能上当，只有一只船，这个老船家，你晓得是不是敌人的？万一渡江一半，把他丢下水，那就完蛋了，他宁可干脆自刎。这是后人的猜想，实际上，他到失败的时候无颜见江东父老是真话，那个心理已经低沉到"自弃"的境界了。

再看南北朝时那个苻坚，淝水之战，苻坚要来打南方，那个威风之大，有人说江不能过啊，你准备不够。他说那一条小水，隔得了什么？我的部队那么多，"投鞭断流"，每人手里的马鞭丢到江里去，水都可以截断，都可以当桥过去，怕什么？结果他被打得片甲不留。那一种话，就是"自暴"的话。

换一句话说，"自暴"就是狂妄，每人都容易犯这种心理的毛病，有时候道理上知道，但当情绪高涨修养又不够的时候，不应该讲的话就冲出来了。譬如我们看到有些人，有时候脾气一来，天不怕地不怕，老子什么都不怕；真到那个时候啊，什么都怕了，这个是修养的问题。

所以讲"吾身不能居仁由义"，这个"身"字要注意，心理的修养到达了，生理上气质变化了，自己每一个动作每一个行为自然都是合于"义"的修养。人的高贵气质并不是故意装的，而是学识学问和道德修养来的。所以要"居仁"，要住在那个"仁"的境界，也就是说一般讲学问修养的人要随时在这个境界，定在这个境界，"由义"起的作用那个行为自然合于义理。如果不能这样，孟子说就叫作"自弃"。

所以我们特别强调一点，希望青年同学们注意，我们一般人的心理，随时随地不是走入"自暴"就是走入"自弃"的境界。要能够既不"自暴"、又不"自弃"，非常平稳，也很平凡，那就是最大的成就，就是最高的学问。

所以孟子强调："仁，人之安宅也；义，人之正路也。"他提出来传统文化中"仁"与"义"两个修养的目标，包括的意义很多，方法也很多，不过他讲的是原则。

"仁"是一般人的"安宅"，等于我们的家，我们这个身体疲劳了，回家去，到房间上床去休息，这个床是我们的"安宅"，对不对？那么，除了房子是物质的以外，我们有个精神的房子、精神的床铺，就是"仁"，随时随地心都住在"仁"的境界。

"义"，人在外面马路上走，路是物质世界的路，我们自己精神世界的修养也有一个"正路"走，就是"义"，是处处合理的意思。他说一个人读书求学问，不是求知识，中国过去读书受教育的目的是完成一个人的修养，随时随地身心性命在这个"仁"与"义"的境界之中。

所以"旷安宅而弗居，舍正路而不由，哀哉"，他说一般人荒废了自己的房子，就是心理上那个"仁"的修养，抛弃了"仁"的境界，偏要向外面乱找。他说人生都想走一条路，但是不晓得哪一条是"正路"，走的都是歪路，抛弃了"正路"而不走，这是人生的悲哀。

由孟子这一番理论，从上面读下来，记载了他对于战国整个时代的悲哀。他所看到的，所接触的，都是自以为是的第一流的帝王人物，这个时代，这一班做领导的诸侯已无可救药，天下国家要大乱了，所以他感到非常悲哀。

孟子说的道

孟子曰："道在尔，而求诸远；事在易，而求诸难。人人亲其亲，长其长，而天下平。"

他接着讨论下去。可惜文字都被后人圈断了。后世学者为了自己断章取义的方便，划分开变成了"章句之学"，实际上孟子的文字是连贯的，他的话还没有说完。

《离娄》这一篇首先提到尧舜，讲领导之学、帝王之道。现在这个问题连到真正的"道"，不是打坐修道的道，也不一定说治国平天下之道，这个"道"就是一个法则。政治有政治道德的法则，做人有做人道德的法则。总而言之，有个代名词叫作"道"，包括了我们现在大家要学佛修道的"道"也在内。孟子这句话到底是圣人之言，千古不易，没有办法撼动，没有办法修改。他说"道在尔"，就在这里，每一个人都有道，都在你自己那里，我们的心就是道，但是因为自己不知道"而求诸远"，拼命向外面去找，去求一个道，个个都是如此。

尤其是一般人，除了"自暴"与"自弃"以外，不大相信自己的价值，喜欢求些稀奇古怪。如果有人说要传你道，叫你先在门口磕三个头，然后搞些花样，越搞得神秘，你越觉得有道。这就是因为人心里有一种空虚，所以社会上才出来这许多的花样。实际上真正的"道"并没有这些外形，"道"就在"尔"，很近；"尔"就是你，就在你那里。

这个地方我们引用禅宗六祖一句话，六祖给一个人传道以后，这个人就问，除了这个以外还有秘密没有？六祖说，秘密有啊！他问秘密是什么？六祖说在你那里，不在我这里。一般人自己都找不到，看不清自己，这就是最大的秘密。所以孟子说"道在尔"，也是这个意思。我们可以有趣地说孟子这一下也是在传密宗，这个秘密在你自己身上。

"事在易，而求诸难"，这第二句话更重要，天下没有什么难事，每件事情都很简单、很容易，都是人自己玩弄聪明把它玩成复杂困难了。但是你告诉他容易也不行，所以人的一般心理，古书上叫作人情，就是人的心理都是"重难而轻易"。越困难，他越看得贵重；越容易，他越看得没有用。我常跟年轻同学讲，我都告诉你了，你不相信；一定要等到我死后有人叫好，你才觉得我说得对、说得好吗？因为人情也"重死而轻生"，死去的都是好的，活着的并不好；人情也"重远而轻近"，远来的和尚会念经，本地的和尚不一定行；人情也"重古而轻今"，古代的就是好的，现代人都不行。现在的人是"重外而轻本"，外国来的学问都是好的，自己国家的都是狗屁，认为外国的月亮比自己本土的大又圆。

这真是一个笑话，如果我们这一堂研究《孟子》的人，照个像留下去，后世的人会说：哎哟，他们这一代人好了不起喔！算不定大家还跪在前面，向我们磕三个头呢！可是我们都看不见了，对不对？这是人情。

同样道理，这就告诉我们一个处世做人的原则。现在研究心理学、懂了心理学的人，就应用这种心理，故意弄得错综复杂一点，人们就信，成为领导群众的法门了。如果我们这个地方叫人来参观，电梯一上来就到了，是没得价值的；最好电梯不开，十楼要慢慢走上去，然后这里弄个栏杆，那里给他一个弯曲，就有味道了，人的心理就是那么一件事情。

所以啊，天下的道理，不管做人做事，或政治、社会问题，都是同样的。你把这个书读懂了，原则也就都懂了。

亲情　孝道　爱天下人

《孟子》这一段，是关于领导学的结论，他说"人人亲其亲，长其长，而天下平"。换句话说，还是人的问题。他说社会上每一个人若能做到"亲其亲"，爱自己的父母子女，也爱天下人的父母子女；爱自己的兄弟，也爱天下人的兄弟。对天下任何人都像是自己的父母兄弟一样好，才是仁道。

不过这个仁道是有其逻辑性的，是由己而推及于人的。"亲亲之仁"是儒家道理，对自己的父母好，推而广之，对他人的父母也好；再行有余力，对更多人的父母好，一层一层推广开来。后世儒家和佛家各执已见的论议，也在这个地方。

宋代有人对此有争论，由于佛家说你们儒家这个"仁"啊，固然是好，但不及我们佛家的慈悲伟大。儒家则说，对啊，你们的慈悲是真好，但不及我们的仁义实际，两个观点不同而起争论。这个儒家的人说：我问你，释迦牟尼和孔子两人的妈妈都掉到河里去了，你们的教主释迦牟尼佛跳下河去先救谁的妈妈？如果先救孔子的妈妈，那是不孝，还能够当佛吗？如果先救自己的妈妈，后救孔子的妈妈，你那个慈悲就有亲疏先后了。而我们儒家，孔子"噗通"跳下水，一定先救自己的妈妈，自己妈妈救起来以后，看到你的妈妈还没有救起来，再下去将你妈妈背上来，这是我们儒家。

儒家是有次序的，亲亲之义就是亲吾亲而及人之亲，老吾老而及人之老，范围慢慢扩大。你佛家那个大慈大悲，一下子办不到又如何？我们口渴了，来一个大杯给你喝，你喝不完啊，只能小杯慢慢喝。你说儒家说的有理没有理？这个大家去思考吧，非常有趣。

其实宋儒这个争吵，是因为他们没有看懂佛经，佛学的所谓大乘菩萨道，也是这个亲亲仁民之义，也是一步一步的。后世学佛的人解释大慈大悲，是笼统的说法，不是这个道理。如果说我对在座诸位一切慈悲，我没有这个力量，做不到，不可能的。虽有这样一个心，就是孟子讲的，"仁"是像精神的房子一样，心要时时住在这个"仁"的房子中。"义，人之正路也"，要照程序来，不是笼统。

孟子为什么在这篇里谈到"事在易，而求诸难"？所以用四个字告诉青年同学们，中国人读书研究学问，很简单，需要"好学深思"，深深去想，去思考其中的道理。他为什么这样讲？"道在尔，而求诸远；事在易，而求诸难"，你不要断章取义喔！

从《离娄》第一句话开始到现在，他是对那些当领导的帝王们感叹，真的没得办法了，因此说"人人亲其亲，长其长，而天下平"。可见那些上层阶级的领导人都做不到"亲其亲"，都做不到"长其长"，他们连自己家庭都做不到亲爱仁慈，如何能够要求社会？！所以那个时代的乱，每个时代的乱，并不能够责怪一个领导或一个团队，因为整个的社会都发生了问题。

所以我最近常常告诉大家，为什么孔子孟子提倡孝道，提倡仁义？可见人类对于孝道是知易行难，知行难以合一的，在仁义之道上也是一样。对不对？是不是？所以孟子极力提倡，要人人能够"亲其亲，长其长"，这样天下才能平。可是啊，人不能做到，所以天下乱了。社会之乱、世界之乱，是基于人心而来的。这是这一段第三个道理。

第四个道理呢？就是我们个人基本的修养是不是真能做到"亲其亲，长其长"？很成问题。譬如讲孝道，有时候情感来了，孝很容易，也做得到；长久就难了，恒久性更难。关于这其中的道理，孟子在下面就提出来了。

人与人相处之道

> 孟子曰："居下位而不获于上，民不可得而治也。获于上有道，不信于友，弗获于上矣。信于友有道，事亲弗悦，弗信于友矣。悦亲有道，反身不诚，不悦于亲矣。诚身有道，不明乎善，不诚其身矣。"

这一节不是孟子的话，是子思在《中庸》里的话。子思是孔子的孙子，他不是孟子的老师，子思的儿子叫子上，孟子是跟子上学的。另又一说，很难考据，说孟子十岁的时候去见过子思。子思跟这个童子谈了几句话，就对他非常客气非常有礼貌。有些学生的家人很不高兴，子思说：你们不要轻视他，那是将来的圣人。古书上有此一说，究竟靠不靠得住都不知道。不过，孟子的确是私淑于子思，私淑于孔子这个系统。

这一段《中庸》上的话，是孟子引用来的，不过少了引用两个字。如果现在，一定会去打官司，认为孟子侵害子思的著作权，没有加上一个"子思曰"。

说到"居下位而不获于上，民不可得而治也"这两句话，不免想到古代读书人的艰难，因为要想考功名啊！可是有些考试官是刁钻古怪的，算不定就拿这两句话当题目。突然一个题目发下来，出在哪一段有时候就想不起来，所以以前的人读书也真可怜。这个中国帝王用考试取士的方法，害了中国一千年，不但科学受害，一切思想与文化也都受害。是谁发明这个专利啊？不是唐太宗，而是隋炀帝的祖宗，发明以考试取士的方法。不过用这个方法最成功的是唐太宗，在第一期的学生考取后，唐太宗站在高台上召见，考生磕了头，再请他们吃饭。这时候，唐太宗把胡子一抹说"天下英雄尽入我彀中矣"，第一流的头脑都被我收进来了。读书人一个字一个字，磨炼了几十年在书本上，你说难不难？一点背不熟，题目一出来不晓得出在哪一句，就完了。

现在我们回过来看本文。"居下位而不获于上"，问题在这个"获"字。什么叫下位呢？譬如我们当一个里干事，行政的公务员或者一个管区的警员，这是行政上最基层的，也就是下位之下位，基层的下位。下位并不是难听的话，而是最基本的那一阶层，或者是我们当一个幼稚园的老师，也是教育的基层。

讲到这里我倒也有点感慨，像幼稚园老师，我经常想去当，人家都说我没有资格，不合规定，所以我没有办法。我也很想到阿里山去弄个小学教师当当，万万想不到也不合规定，所以上位也不能居，下位也不能占，那只好变成个"无位真人"。

现在是"居下位而不获于上"，古人的解释说在下位的人没有被上面长官欣赏，不知道你这个人；或者是因为官做得小，皇帝当然不知道你。"民不可得而治也"，老百姓不可以得到治理，换句话说，老百姓治不好，政治就做不好。照文字解释是这样。两句连起来，就是因为在下位位子太小了，上面并不信任我，因此，虽有政治的天才，可以把国家天下治好，却没有机会施展我的抱负。这种解释比较合理吧！

那么怎么能"获于上"呢？我们现在先讲文字。我是个在下位的人，想使上面人知道我，除非我长高一点，排到头排，上面人过来点名就先看到我了；假使我长得矮，他点名到后面都疲倦了，我举个手他也看不见了。所以啊，想要获于上有道，把鞋跟垫高而已矣！当然这是说笑话，要想上面人知道你，是有方法的。

孟子不是那么说的，他说"获于上有道，不信于友，弗获于上矣"，如果朋友都不相信你，上面就不会知道你。换句话说，照文字上解释，原来要拉关系就要交一个有背景的好朋友，地位高一点，反正替我吹一吹嘛，就可以得到上面的赏识了。

再看下去，拉关系也是有方法的，"信于友有道，事亲弗悦，弗信于友矣"，要想向朋友拉关系，先要把父母兄弟姊妹关系处好，如果家里都不和睦的话，朋友也不会相信你。这又要从道德上来讲了，对不对？那么，"悦亲有道"，在家里对父母兄弟姊妹也有办法，什么办法？"反身不诚"，就是回转来看自己对人是不是诚恳。

假设自己对父母孝顺、对兄弟姊妹友爱是手段，不是真诚，而是为了明天向爸爸要钱用，这就不是诚恳啰，"不悦于亲矣"，父母心里当然不高兴。

那么怎么做到"诚身"呢？要注意喔，不是"诚心"而是"诚身"，身体这个"身"。"不明乎善，不诚其身矣"，如果不明白什么是善，自己本身就做不到真诚。这个说得就很严重了。

我们小时候读书读到这里，就问老师：先生啊，这一段怎么讲呢？老师大概把文字告诉你一下；然后你再问，老师就说：背来！现在你不会懂的，以后长大了会知道。当然，老师那么讲，我现在很恭敬他，果然我年纪大了是知道了；不过我知道的不是他知道的，不是他那一套了。所以你们要注意，看几十年前那些反对旧文化的文章，反对的是哪一种形态的？现在已经把文化与文字的根都拔掉了，还有什么可反对的啊？连反对的对象都没有了。

现在我们讨论的这一段，牵涉到一个非常严肃的问题，就是一个"诚"的问题。

诚是基本

> "是故，诚者，天之道也。思诚者，人之道也。至诚而不动者，未之有也。不诚，未有能动者也。"

孟子引用了子思这一段以后，下面说"是故，诚者，天之道"，所以说，"诚"这个东西是天道，这是孟子下的结论，不过到我们手里又要另下结论了。什么叫作天道？是天主教那个道吗？还是伊斯兰教清真寺那个道？还是大乘学舍这一道呢？都是天道啊！所以这个道也是问题，天道是什么？拿禅宗讲，这是个话头。

孟子接着又提了一个话头给我们，"思诚者，人之道也"，"诚"是天道，"思"是思想，思想达到那个至诚的境界就是人道。对不对？这个文字，假使我不提出来，青年同学们也会忽略。

什么叫"思诚"？我们研究分析这个字眼，大概就是思想的诚恳了。谁的思想不诚恳啊？譬如说我们隔壁是小美冰淇淋店，心想大概还有十分钟下课，下课以后我们去吃冰淇淋。这个时候啊，是三分心意在听《孟子》，七分心意是吃冰淇淋，当然是最诚恳的时候了。照这样说来，吃冰淇淋是人道啰！听《孟子》难道不是人道吗？这都是问题啊！这问题要做科学的分析思考，所以又是个话头了。

"至诚而不动者，未之有也。不诚，未有能动者也。"他说心念到达了"至诚"，一定有"动"，不动是不可能到至诚的。"动"什么啊？如果"至诚"都动的话，只要我们"至诚"一下，汽车就可以开动了，做得到吗？

他是强调这个"诚"，"诚"就是动能，真要动起来必须要"至诚"，"不诚"的话不可能"动"。那一"动"，在古人讲是"动情"，"至诚"就"动"。譬如我们这个菩萨摆在后面，我也很"至诚"，天天跪在那里，请他动一下，他绝不动，除非地震的时候，那不是我的"至诚"。所以这个问题非常大，这节书的内容问题就大得很，是孟子讲的真工夫、真学问，可以说是孔孟之道的密宗。

《孟子》这一段引用了子思的话，我们做学问怎么办呢？青年同学回家去翻《中庸》，先看子思这一段。《中庸》很简单嘛，不过你们读得慢一点。子思在《中庸》里最强调的是这个"诚"，以及"诚"的境界。诸位学佛学道的朋友，《大学》和《中庸》是必读之书。《中庸》里说"天命之谓性，率性之谓道，修道之谓教"，这就是顿悟之路，类似禅宗的顿悟；后面讲修养，就是渐修做工夫之路。他一步有一步的工夫，一步有一步的境界，都是属于心行的修养。所以孟子在这里提出"动"来，属于动心忍性的修养。这是工夫啊，他特别引用子思《中庸》中的那一段，因为与他说的"动"有密切的关系。

我想这个问题啊，诸位尽可能下一次来上课以前，把《中庸》里关于"诚"字的精义先行研究一下，我们讨论起来就方便了。当然最好来上课以前看，因为如果你今天回去看了，再过一个礼拜来上课，你那个"诚"恐怕就忘记了，变成"不诚"了。

这一段与前面孟子讲的"为政不得罪于巨室"有关系。前面讲到"居下位而不获于上"，大家要注意，在这两点上面不要有这么大的误解。照文字的解释，他说我们没有出头，或者是官做得很小，居下位，而不能得到上面的信任，上面当然指各国诸侯的君王了。"民不可得而治也"，如果上面不信任，政治的推行就很难了。换句话说，我们讲土一点，一个人要想做一番大事业先要找个靠山。

就像昨天有个朋友，山上有很多地，要捐给我们，我说不要；他一定拖去看，说怎么好怎么好。结果爬山爬到上头一看，我说这个地方没得风水，不要。为什么？没得靠山，然后就在那个山头上乱谈了一番风水的道理。我说靠山很重要，做人也一样，坐椅子要找个靠背椅。这个孤伶伶的山顶，没有靠山。万一台风来的时候，八面受风，房子怎么盖啊？同样的道理，这也是"不获于上"啊，上面没有靠山，要想做事也不好做。

前几年我在警务处演讲的时候，华视正在上演包公，因为我们的朋友萧先生在华视当总经理，他就请我去讲包公。包公很好讲，但是我说包公之所以是清官，后面有个靠山支持啊，就是宋仁宗支持他嘛。如果上面不信任他的话，这个清官怎么做啊？所以包公固然是清官，但大家忘记了有了清明的皇帝宋仁宗支持，他才能做清官。

这个道理我们简单地说，不要扯远了。圣人不是叫人拍马屁以得到上面的信任。什么叫"居下位而不获于上"呢？一个人要有高见，这个上并不是讲皇帝的上位，而是讲远见。

中国古人的话，"取法乎上，仅得乎中"，一个人如果立志效法要做圣人，圣人做不到，至少会成一个有干才的贤人。如果一个人立志只要做一个有干才的贤人，万一达不到目的就等而下之什么也没有了。换句话说，你想做生意发财，发个一千万美金，弄不到的话，也可以弄到几百块钱嘛！如果说你一辈子只想三千块钱一个月，算不定一个月五百块钱都赚不到。"取法乎上，仅得乎中，取法乎中，仅得乎下"，所以我们读孔孟之书想做圣人，做不到的话，至少还有一个人的样子。

昨天我跟一个同学讲到发财的问题，我说前天看了一本书，明朝人作的，说有一个人读了一辈子书很穷，隔壁这一家人也不读书但有钱，实在奇怪。有一天他忍不住就问这个有钱人，你那么有钱，有秘诀没有？他说当然有啊，你回去先斋戒沐浴三天，我也一样，然后我传给你。三天后他去了，那个大富翁坐在大堂上，他说人为什么不能发财，你知不知道？因为人心中有五贼，这五个贼把你偷光了，要把这五贼赶出去，你就会发财了。哪五贼啊？仁义礼智信，你把这五贼全赶光了，我包你发财。这个读书人一听啊，算了，我读一辈子的书就想要仁义礼智信，这些赶光了我还做什么人啊？因此就回家了。

这一本书写到这里为止，下面有批，说仁义礼智信都赶出去了就会发财，那我还叫什么人啊？我也在下面批，我批的是"这样就叫作富人，有钱人"。所以"不获于上"，同样是这个意思，禅宗的话就叫见地，一个人要有高度的智慧，有远见，做人也好，做事也好，人没有远见人生已经差了一截了。

世事正须高着眼

记得很多年前有个朋友当外交官，要出国去，一定要我写一张字给他。我说几十年没有拿笔，我那两个字难看到极点，他说反正非写一张不可，结果我就写了两句元代人的诗，也就是解释这个"不获于上"。我写的是"世事正须高着眼，宦情不厌少低头"，世间上的事情靠你有远见，就是"高着眼"。

有一天这位外交官请客，有二十多个人，就研究我写给他的这第二句话，"宦情不厌少低头"。做官的人究竟应该多向人家低头拍马屁呢，还是说不必要太拍马屁？这个"少"字原意究竟是哪个意思？我说我只晓得照抄，至于原意，你问那个元朝作诗的人吧。不过我也认为这个"少"字太妙了，是双关语，必要的时候你多低一点头也可以，要做文天祥就不必低头了。其实岂止宦情做官呢，你们大家在做生意也可以换一个字，"商情不厌少低头"，该赚的钱就赚，狠起心来你也赚，不该赚的钱就不要，就不低头了嘛！教书的人，教情嘛，也不厌少低头，是一样的。

这个道理正好说明"居下位而不获于上，民不可得而治也"，一个有政治理想的人想为国家社会做一番事，想为国民谋福利，如果没有远大向上的高见，纵然做一个好官，只是一个普通的能吏而已，不能算是一个名臣，更不是历史上国家的一个大臣。

什么是信

其实这里每一节都很有深义的。"获于上有道，不信于友，弗获于上矣"，这很严重了，他说你获得上面的信任"有道"，是有个办法的，什么办法？要"信于友"，如果不"信于友"，你就不能"获于上"了。照这个文字解释也对啊，但是不是这样呢？这是孟子玩文字，很多古人的好文章因为玩文字玩得使后人看不懂，走错了路；不过有个好处，后人从这里去研究就可以写论文拿学位。尤其是《老子》，只写了五千言，三千年下来不晓得多少人写有关《老子》的文章，各有各的老子。如果老子看到一定笑死了，心想我不过才写了五千个字，你们写了几千万字还没有写完。《孟子》这本书也是这样，后人写得太多了。

那么我们就要研究了，如何"信于友"呢？第一我们先了解儒家的思想。孔孟的思想讲信，普通我们解释这个信字很容易，读古书都晓得，信者信用也，就是有信用，讲话说了算数，这叫"言而有信"。如果这样解释的话，你把《孟子》全书读完了，会感觉孟子自打耳光，因为孔子说过"言必信，行必果，硁硁然小人哉"。孟子自己也讲过的，"言不必信"，对不对？讲话不守信用是可以的；"行不必果"，做事情也不一定要有交代，如果一定交代、一定守信用，就是小人。所以读古书很难，上下文要连起来才会明白。

"言必信，行必果，硁硁然小人哉"，孔子这句话是讲某一类的事。譬如古代有个人最守信用，名叫尾生，他跟女友约在桥下相见，等的人没有来，山洪暴发，他为守信用最后抱着桥柱子被水淹死了。他守的什么信用呢？爱情的信用，不是别的大事，这一种人就是所谓"言必信，行必果，硁硁然小人哉"。又譬如假设我们碰到一个坏人，因大意而答应了他，后来发现他是坏人，你为了守信用也去当坏人吗？那就是"硁硁然小人哉"，孔子讲的就是信字的第一个道理。

第二个道理，什么是信呢？如果只照字面解释孔孟之学，就难怪五四运动要打倒孔家店了，这是几千年来照字面错解而造成的。什么叫信啊？信自己，也信任人家。所以朋友之间要有信，信任自己，能够有自信，也信任别人。"信于友"这个友，并不一定是讲一两个朋友哦，儒家所讲的友与弟就是社会的关系。友弟就代表社会，如果自己的兄弟姊妹都相处不好，是不可能对社会对朋友好的。所以"信于友"是这么一个道理。"不信于友，不获于上矣"，一个人如果不信于友，他的人品格调已经不高了，器量也不宽厚了；就像下棋、柔道一样，段数已经不高了。

"信于友有道，事亲弗悦，弗信于友矣。"他说人要做到兄弟之间信于友，也是有方法的，第一是事亲，就是孝顺父母。这里为什么不讲孝而讲事亲呢？事就包括侍奉，侍候奉养。侍候跟奉养是两个观念哦，孔子在《论语》里讲养亲，说孝养有个道理的，孔子讲："色难"。什么叫色难？色是指态度，如果你给爸爸几千块钱，说拿去！这个态度我做爸爸就不接受，我就会说混蛋，拿回去。所以我说小儿女向父母要钱用啊，是躺着来要；太太向丈夫要钱，是站着来要；如果父母向儿女要钱，是跪下来要。这个话看起来很伤心，不过，古今中外社会的演变就是这样。

说到色难两个字还有典故。明朝永乐时代有一个有名的才子叫解缙，是个神童，七岁就能够写文章，诗也作得很好。有一天永乐皇帝跟他一起走路，古人读书讲究作对子，永乐皇帝讲：《论语》上这个"色难"啊，很不好对。解缙说容易啊，永乐皇帝等了半天又问，你讲容易你怎么不对？解缙说我对了啊，"色难"对"容易"嘛！那对得非常工整，这就是才子之所以为才子也。

讲到色难，"事亲弗悦"就是色难。现在对父母的孝道问题更多，我有好几个学生都在外国，二老仍在台湾。有一个学生，媳妇也非常孝顺，要接二老去美国奉养，可是二老考虑了半天还是不去。我这个学生就把儿子抱回来，他说那二老真高兴啊，可是临走到飞机场时媳妇把孩子从婆婆手里接过来，二老眼泪掉下来了，看了很难过。所以"事亲弗悦"，太难了，孝养不是那么容易。时代到了今天，我自己早就准备好了，公公也不做，外公也不做，因为我是半个出家人，这些同我都不相干。如果当个在家人碰到这个情境，五味俱陈，事亲要悦，真讲孝道真是太困难了。

如果"事亲弗悦"的话，那就"弗信于友矣"，对于其他人就谈不到可信了。扩充些去讲，这个就是教育问题。讲到一个人的修养，都属于教育问题。所以我经常说，中国文化的教育目的，是教育一个人完成完整的人格。所以大学之道是完成为一个大人，做一个真正的人，这是教育的目的。《孟子》这一段也是说教育目的，一个人要完成真正的修养，就是刚才解释过的，要事亲有道才能信于友。

承欢膝下

第四段来了，他是一段一段地讲，"悦亲有道，反身不诚，不悦于亲矣"，他说想要孝养父母有道，先要回过来问自己。我们读古书出身的，对父母都很孝顺哦。说老实话，我一回家看到父亲还会发抖的哦；我父亲已经对我很客气了，可是父亲始终是有威严的。我从小养成的规矩，父亲一到前面，我赶快站起来。只有父亲躺在床上高兴的时候，问我十多年在外面都搞些什么，只有那时心情才放松一点，平常总是很严肃的。这是老的教育，你们没有看过，我生在这个时代的夹缝，受的是新旧教育，古今中外味道都尝过了。所以你要真讲孝顺，是"反身不诚"，问自己内心。

我现在回想，在抗战胜利后回到家里住了一年，我觉得这一年当中至少做到了使父母悦，是真的高兴。不过时间太短了，现在想起来都很难受，所以我经常说到黄仲则的诗，感人肺腑。开始讲《孟子》的时候我曾讲过这首诗，"惨惨柴门风雪夜，此时有子不如无"。对于我自己的母亲，我经常有这个感叹，现在已九十多岁了，虽然她晓得我还活着，但是想到"此时有子不如无"，就觉得自己是个不孝的儿子，这是遭遇时代的影响，有这个儿子等于没有（编按：怀师的太夫人一九九〇年百岁仙逝）。

可是在家里的时候啊，我曾经反省过自己，我十几岁就离家，十年后回去不过相处一年，所以我再出门的时候，父亲就拍拍我的背，他说你要走了，不过我很高兴，我有个好儿子。他虽然很痛快地讲，但是我晓得此次一别就不知何年何月再见了。

再回来讲《孟子》吧！这一节中每一段、每一节都有方法的哦，不是呆板的信条，如果大家把孔孟学说当成信条那么信，你们就读错了，叫作不学无术；既然读了书，就要学而有术，术是方法，不是手段。孝顺父母，友爱之道，获于上之道都有方法的，这就要博学慎思了。学而有术不是用手段，你把术完全解释成手段就错了，所以说"反身不诚，不悦于亲矣"，就是这个道理。

一节一节下来，这个孟子像在打鱼一样的撒网，就是现在青年同学们讲的在盖，盖得很大，从"不获于上"，一路盖下来。像我们撑的雨伞一样，撑开来很大，手抓的伞柄只有一点，那就是中心点，要到最后才会告诉你。

再说到诚，"诚身有道，不明乎善，不诚其身矣"，更严重的问题来了，诚也是有方法的，我们解释诚很简单，就是诚恳。譬如说你碰我一下，我说讨厌，你不能说我这句话不诚恳啊，不是假话，对不对？有人要借用我的东西，如果我不想借给他，但又说拿去吧，这就是不诚恳了，对不对？所以什么叫诚恳，我们研究看看，如果说对人态度好就是诚，但明明看到这个人很讨厌却说他好，这也是不诚恳。所以诚恳是很难研究的。孟子在这里下一个定义，我这一句话要注意啊，孟子在别的地方不一定是这样讲。同时还要注意《中庸》，《中庸》专讲诚，对诚字的解释又有不同，方向不同，原则一样。

《孟子》这里怎么解释呢？"不明乎善，不诚其身矣"，如果不明白什么是善就不会诚。先不讲什么是诚，现在为了了解这个诚字，先了解《孟子》所讲什么叫善，其次要知道什么叫明。要找出《孟子》的善在哪里，先要找《尽心篇》，孟子在这一篇中所说的善与学佛打坐一样，有工夫的，不是偶然的。《孟子·尽心篇》里说"可欲之谓善"，这是孟子学问修养的真正工夫。

谁明白善

前面在《公孙丑篇》中提到过养气，养我浩然之气，这也是真工夫，孟子有实际的经验。《尽心篇》也提到养心，不过养气与养心不同，养心是心理的修养，养气是对于身体的修练，两个则有相连的关系，所以孟子是有真实修养工夫的。

在《尽心篇》里，孟子提出来的"可欲之谓善，有诸己之谓信，充实之谓美，充实而有光辉之谓大。大而化之之谓圣，圣而不可知之之谓神"，这是一段一段的工夫修养，最后到成仁的境界。我们大家做工夫也是一样，乃至学佛、修道、打坐，或者练气功、练拳术。当一件事做到了可欲，舍不得离开，一天不做就不过瘾时，这样的可欲才叫作善。如果三天打鱼两天晒网，那你根本连起步的境界都谈不上，善性当然没有，还谈什么修道，谈什么做学问啊！因为你没有做到可欲的境界。

可欲，不管你学佛也好，修道也好，做人也好，修养没有达到可欲的境界，没有达到废寝忘食的境界是不会成功的。也就是说，整个的身心都投进去，才是可欲的道理，可欲才叫作善。假使学问修养没有达到可欲的境界，没有变成欲望，变成习惯，永远在那里浮沉，就没有达到善。

现在再解释什么叫作诚。"诚其身"，这个里头问题还很大，第一步达到"可欲之谓善"，第二步做到"有诸己之谓信"，学打坐修道的人，工夫到身上来了，有效果来了，自己知道，叫作"有诸己"。譬如我们写毛笔字的人，我过去也练过字，练到什么程度？坐在那里跟人谈话，这个指头在写，想那个字的味道；味道够了，赶快拿笔一写，又悟到一个道理，原来这样一钩才有功力，才合于书法，这就是"有诸己"。

"有诸己"就是要上身，孟子也讲"不诚其身矣"，没有做到功夫上身，就是"不诚其身"。你是身体打坐呀，盘起腿来叫作修道啊？当工夫到你身上的时候，你找到自己了，有诸己则为信，有消息了。

由这一步到"充实之谓美"，慢慢就充实起来。"充实而有光辉之谓大"，发光了，但是这个光不是有相的光明，不是物质、物理世界的光，而是智慧之光。"大而化之之谓圣，圣而不可知之之谓神。"

你看孟子的工夫一步一步的，是孟子的密宗。孔孟都有他的密宗，他这个密宗方法传给你了，你把浩然之气那一段配合起来就会知道，孟子的确把工夫、学问、修养的心得都告诉你了。

现在还没有讲到《尽心篇》，将来讲到这一篇的时候，恐怕要讲得很慢了，因为内容很多，问题也很多。

现在回转过来，看孟子所引用《中庸》的话，"不明乎善"，善要明，乱做善人是不明。我经常告诉一般同学，做好事那么容易吗？我们有时候要做好事、种善因，但是反而得恶果。昨天正讲一个同学，别人有病，他把这个人当成他自己一样，热心的不得了。我说你真是莫名其妙，这个病人还有家里的人啊，会有意见的。你要晓得古人说"贤不荐医"，聪明人不推荐医生，更不推荐药给人家吃，因为吃好了应该，吃不好你怎么办？别人家属会一辈子骂你，恨死你。我说你以为是做好事，而且你又是那么主观，认为非这样医不可，你凭什么？你有把握一定会医好吗？万一这样死掉呢？怎么办啊？你心是好啊，方法不是那样的，不是你一个主观可以处理的。

所以，光是一味晓得这样是善事，你也是主观，并没有明乎善，要明才对。所以《老子》所谓"知人者智，自知者明"，能够了解一切人，这是有智慧的人；自知者明，能够自知才叫明白人。智慧人还容易找啊，明白人找不到，因为人都不大容易自知。

所以"不明乎善"这四个字非常简单，但是明善的确很难。再说如何是一个明白的人，我们引用禅宗的话做注解，真正明白自己、明心见性的人才够得上说一个善，不明白的不算善。那么这个明白也有它的层次，什么叫作明白？这是一个问题，所以《孟子》这个书看文字都好懂，非常好懂，但是你看，刚才我们随便一抓问题，已经讲了两次课、四个钟头了，还没有把它弄清楚，小的问题都已经那么多了。

他说"不明乎善"，此身不会诚。这里要注意哦，他是说此身不会诚，没有讲此心不会诚哦，问题是身要诚。这里要特别注意，不要马虎读过去，任何一个字都不能马虎。至于讲心诚，上庙子去拜拜或者上礼拜堂去忏悔，你说那个心诚不诚？绝对不诚。哪个人心诚啊？只有快死的时候，或者危险要命的时候，那

119

个时候的祈祷跪拜绝对心诚。所以心诚已经很难，更何况《孟子》讲身诚，更难了。你如果要真做到善与诚的境界，照儒家的道理，所谓变化气质是由明乎善而影响到心理的转变，再由心理而转变心力，把整个生理都转变了，才能达到身诚。

在座许多学佛的打坐的人，搞得身体可怜兮兮的，因为你的心还不够诚，真诚的话生理为什么不能转变呢？佛学讲一切唯心，心能转物嘛，不能转就是你的心不诚，理也没有明，据我所知道的是这样。所以由心理影响到生理转变，由头发到脚趾尖，每一个细胞都是至诚的，至诚也就是学佛的修定工夫，至诚是必定的，那自然就定了。你不能定，因为你的心散乱，虽然道理说得很高，叫你心能够定，打死都做不到，那怎么叫诚呢？

《孟子》这里讲"不明乎善，不诚其身矣"，其中的内在意义包括了那么多，所以叫大家读书不要马虎。"不诚其身矣"，不是不诚其"心"。因为我们平常读《孟子》"不明乎善，不诚其身矣"，观念里头就变成诚其"心"了。更何况诚心都做不到，进一步诚身更做不到了。这一句话只能简单讲到这里，详细讨论起来就太多了。

天之道　人之道

这一段是孟子引用《中庸》的话，那么孟子自己的意见是"是故诚者，天之道也；思诚者，人之道也"。孟子点题了，作文章一样，题目中心他给我们点出来了。孟子说所以诚这个境界、这个修养，是"天之道也"，合于天道，这个天是理念的天，与精神世界形而上那个功能、那个法则是相合的。

诚的本身是天道，这个天地是至诚的，有一句话"至诚不息"，所以这个问题讨论起来很大，真到了至诚，不息就是不休息。怎么不休息呢？就是《易经》上"天行健"，这个宇宙永远在转动，地球没有一分一秒不在动、不在转，如果这个地球一秒钟不转，乾坤息矣，我们就完了。

好几年前有个大学者，当代的思想家，他说中国文化讲天地是静态的。我不好意思批评，因为我批评起来就不好听了。我说中国文化谁跟你讲天地是静态的？中国文化讲天地是动态的，"天行健"，永远都在动，所以"君子以自强不息"，叫人要效法天地，永远不断地前进。我说哪里有讲静态的文化？出在哪一部书？真是对自己文化的毁灭，对祖宗的不敬，这是不孝的子孙。

所以老子也讲"人法地"，人要效法地，我们效法地干什么？地有什么值得学的？为什么要效法地，要跟地学呢？昨天晚上还跟一位同学谈到，你看大地生长万物，生生不已，最后你死亡了也归到大地上去。它毒药也生，好的坏的都生，大地生青菜萝卜，都是它生养给我们吃，我们还给它的是什么？大小便。它也绝不生气，这样大的厚德，这样大的精神，包容一切，所以人要效法地。

老子说地还不算伟大，地要效法天，那个天永远勤劳不息地在转，你看太阳啊，月亮啊，地球啊，风云雷雨啊，一天到晚都在转在变，而且永远不停息的。那么这个天啊，谁在推动银河系统转呢？有一个东西，西方人叫作上帝，叫作主，东方叫它菩萨，或者叫它玉皇大帝，叫它盘古老王，名词多得很，反正有个东西，这个东西叫作道，"天法道"。那么道要跟谁学呢？"道法自然"，不必跟人家学，道自己是本然的，所以叫自然，也就是道法自然。现在"自然"变成一个名词了，老子那个时候没有"自然"这个专门名词，那个时候的古文，自者自己也，然者本然也，所以叫作自然，自己本身就是道法自然。

那么道法自然是什么呢？至诚不息，真正的至诚是一念专精，没有休息。所以有些人学佛打坐做工夫，乃至于念佛，不管你信哪一个宗教，要一念万年，万年一念，那是至诚不息，叫作定。你做不做得到？"是故诚者，天之道"，要做到你就懂了。所以一切始终在恒动之中，永远的恒动，所以至诚是天之道，天之道是至诚不息。

"思诚者，人之道也"，我们现在是人，人想要回转到天道是要修养才行，所以先要做到"思诚"。孟子这一句话、这个立场，一切宗教家的祷告，乃至佛家的念佛，普通人的打坐，密宗的修观想，都是属于"思诚"，也就是思想集中统一，达到一个专一的境界。达到这个境界是人道的基本修养，也就是一般人所讲修定，不散乱不昏沉所达到的境界。所以普通学佛的说这个人会打坐，一定定好多天，其实那算什么？那只是人道而已。佛法也那么讲，修四加行得了定，叫作世第一法，是人世间最高的境界而已。至于超越人世间的境界，那要另外修过，那是天之道。虽然这样讲，但是你们不要妄自聪明，认为只要达到专一就不需要修定了，那样你们更糟糕了。所以做到了思诚还只是世第一法。

《孟子》下面再告诉我们，"至诚而不动者，未之有也；不诚，未有能动者也"。刚才我说过中国文化不是讲静态的，他们所了解的中国文化静态是死态；中国文化是活态的，绝对不是静态。同样道理，物理世界的静就在动之中。《易经系传》上有两句话，"寂然不动，感而遂通"，所以真的至诚到了，感而遂通，就是"神而通之"，也就是智慧。本体本来是寂然不动的，这个不动不是死的不动，而是寂然不动，一感就通。

有人说信上帝那么久了，拜佛也拜了那么久，怎么求怎么不通，那是什么道理啊？你把《孟子》多读几遍就知道了，因为"反身不诚"，你不诚乎心，没有从"思诚"入手，当然不会有感应。所以孟子说，真做到至诚也等于所谓定，至诚而不动者不可能，一定感通，所以"至诚之道可以前知"。

什么叫作诚？空灵也叫作诚，一念空灵到极点那也是至诚，那是真至诚。至诚之道自然就万事可以前知。所以你说中国儒家有没有神通？有神通啊，孔子神通的秘诀就是寂然不动，你做到了寂然不动就感而遂通，这是孔子传你神通的秘诀。孔子的孙子子思也讲了神通的秘诀，"至诚之道可以前知"。孟子也传了神通，"至诚而不动者，未之有也"，有至诚一定动，感而遂通。相反的，他说如果不诚而想能有感通，那是不可能的。

所以这一段对于诚的研究，我说加在《孟子》这个地方是很严重的问题。在《离娄篇》的上篇，一直是讲帝王学，政治哲学，政治道德最高的一个形态，一个目标。换句话说，也就是告诉后世人如何才是王道施政最高的修养境界。孟子一直认为，战国当时这些君王、诸侯们太糟糕了，而孟子的存心是拯救民族的文化。前面所讲都是具体的辩论，中间为什么又加了这一段，专门说理论性的至诚呢？他认为一个领导人的修养必须要从内在自动自发，做到至诚的修养才行。不过，这个至诚有层次，有真实的工夫，不只是理念上的思想。

这个道理就要配合曾子的《大学》了，"大学之道在明明德，在亲民，在止于至善"；《大学》里还有一句话，"自天子以至于庶人，壹是皆以修身为本"。所以我强调说，中国文化几千年来的教育是有一个目标的，这个目标不是为了考试，也不是为了留学，而是为了完成人格，如何成为一个大人；够不上的都是小人，小人就是没有长大的孩子。如何够得上是一个长大的大人呢？《大学》提出来，《中庸》提出来，《孟子》这一段也提出来，不管是什么人都以修身为本，这是基本的修养。人的基础没有打好，连做一个普通人都没有资格，何况做一个非凡的人而且要领导一般普通的人呢？孟子的重点、重心在这一段话，重点在这个地方插进来，大家要特别搞清楚上下文。

二老归服仁政

> 孟子曰："伯夷辟纣，居北海之滨，闻文王作，兴曰：'盍归乎来！吾闻西伯善养老者。'太公辟纣，居东海之滨，闻文王作，兴曰：'盍归乎来！吾闻西伯善养老者。'二老者，天下之大老也，而归之，是天下之父归之也。天下之父归之，其子焉往？诸侯有行文王之政者，七年之内，必为政于天下矣。"

孟子前面插了一段最高的政治道德修养，也就是人生基本的修养。接着再说历史的经验，历史的证明。他说商周之间因纣王无道，那个时候"伯夷辟纣"。伯夷虽说是商朝的亲王，但他看不惯纣王这个皇帝，只好避开。中国上古的宗法社会，因为祖宗的传统，在自己家族之间不能反叛，只好自己隐去，"居北海之滨"，这个北海是哪里搞不清楚，不过晓得他避开了。换句话说，他跑到北方落伍的地区去隐居了。后来听到文王行仁政，"兴曰"，很高兴地说，"盍归乎来"，我也想到他那边去了。文王是反对纣王的哦，他是为了原则而放弃了亲属的一切关系，为中国文化传统的精神而有所作为，因为文王是走传统文化精神路线的。

"吾闻西伯"，"西伯"是文王当时的官位，"善养老者"，这个注意啊，读古书这个观念要搞清楚，不是看到养老就想到养老院。古人所讲的养老，就是当时的君王非常注重国家人民的福利，非常爱民。我们现在所常引用的《大同》篇中"老吾老以及人之老，幼吾幼以及人之幼"的所有观念，都包括在养老这个名词里，这一点特别特别注意。"善养老者"是注重整个社会民生的问题，所以他认为文王是在行仁政，真正爱国爱民的，因同意他而来，并不是来投降。孟子先说明了这一条，这是一件历史的事。

"太公辟纣，居东海之滨"，姜太公就是吕尚，姜是他封地的名称。姜太公七十多岁才碰到文王，文王比他年纪大，周武王起来革命的时候也有八十多岁。古人是越老越是宝，现在越老越是草，时代不同了。至于姜太公居东海之滨这件事，也没有办法确定地点。由历史记载证明，姜太公原来在东海之滨，山东这一边，后来听到文王起来，就向西部走，到渭水之滨钓鱼去了。

"闻文王作，兴曰：盍归乎来！吾闻西伯善养老者"，重复的文字写两段，是孟子的啰唆，如果我做国文老师啊，就把它扛掉，把伯夷跟姜太公并在一起，加几句话就解决了。孟子写得太啰唆了，但是古文是为了读诵，能朗朗上口，唱歌一样念，多一番念，多一番味道，所以他写了两段。再说呢，写两段要提起你注意，加上历史的经验，加重那个语气，光写一段容易马虎过去。

他的结论，"二老者"，中国文化这个老不一定是年纪大，假使退回去一百年，年纪轻的大臣对有功于天下的大官称某老，那是表示恭敬。现代的人叫你老啊，那表示应该报销了，就是完了的代号。古人称你老是绝对恭敬的称呼。在古代那个时候人都很长寿，现在西方的文化医药进步了，活到七八十不算什么。你查周朝的历史，姜太公八九十岁才成功，周文王都活到近一百岁啊，尧啊、舜啊都差不多啊。那个时候又没有盘尼西林，又没有什么消炎的药，那又怎么讲法呢？所以历史很难讲，哪个叫进步？哪个叫退步？我是搞不清楚的。

孟子说"二老者，天下之大老也，而归之"，结果都来拥护周文王，"是天下之父归之也"。什么叫父啊？凡是思想可以领导天下，道德可以领导天下，风气足以影响到天下的，叫作天下之父，也就是老前辈的意思。你们青年同学们注意哦，常常看到古书上的序文，写的是"某某某甫序于唐贞观三年"。序就是序，为什么来个甫序？甫者父也，父者甫也，父又代表男人，甫序就是男子大丈夫的序。这种文字蛮别扭的吧？可是古人就喜欢这样。譬如有一个人写"王大德父书"，年轻人一定以为这一篇文章是王大德的爸爸写的。错了！这是王大德本人写的，他自称父，意思是大丈夫男子汉写的。这是古人的啰唆，旧的观念，站在那个时代是必然的道理。等于现在小姐们出来穿高跟鞋，也是必然的道理。现在看起来古书序文好啰唆，有时候很想把甫字拿掉，印书也可以少一个字啊，节省一点。古人对这个很看重，所以父字的道理就是这样。

"天下之父归之，其子焉往"，大老们都前来拥护文王，下面的子民——就是老百姓，对老百姓有仁慈的爱才称子民，这是中国文化爱人的精神。天下的大老们都归向文王了，他们的子民去哪里啊？当然都一同归向文王了。

因此孟子的结论说，现在的诸侯，有一个国家能够真正"行文王之政"，效法文王，天下就有救了；当然不能完全跟文王学，完全跟文王学，学得像王安石一样，那就糟糕了，就是食古而不化。所以效法文王是效法那个精神。在孟子当时的估计，"七年之内，必为政于天下矣"，注意这个话，不是讲呆板的七年或五年，那是孟子当时的估计。以现在的观念来说，就是必定在短时间内达到最好的效果。

孟子曰："求也，为季氏宰，无能改于其德，而赋粟倍

他日。孔子曰：'求，非吾徒也，小子鸣鼓而攻之可也。'

由此观之，君不行仁政而富之，皆弃于孔子者也，况于为之强战？争地以战，杀人盈野；争城以战，杀人盈城。此所谓率土地而食人肉，罪不容于死。故善战者，服上刑；连诸侯者次之；辟草莱任土地者，次之。"

鸣鼓而攻之

《孟子》一书的整个精神，都以《春秋》责备贤者的立场为出发点。因此，他效法孔子的"祖述尧舜、宪章文武"的精神，在历史的使命上，对于当时许多有权力的领导人的不当作为就负起了责备的责任。

尤其在《离娄》这一章中，大部分讲的是"君道"，就是一个领导人的基本道德修养；以及"臣道"，负有行政责任的高官厚禄者做人处世的道理；乃至"师道"，学术文化的修养以及如何担负社会人类所赋予的职责。

现在，孟子所引述《论语》中的一段原文，是从春秋到战国时代有关政治哲学观念上的一个重点。

至于冉求的一段故事，已见诸于《论语》中。现在孟子引述了这个故事。

"求"是孔子的学生冉求，"季氏"是孔子在鲁国时的一个权臣。权臣一词，以现代语来解释，近似于所谓"当权派"的主要人物。古代权臣的权力常常很大，举例来说，像汉末献帝时代的曹操就是典型的权臣。他当时的权力实际上等于皇帝，而汉献帝不过是一个名义上的皇帝，曹操对他摆布自如。季氏在当时的鲁国也有这样的权力。孔子离开自己的故乡去周游列国，正是因为鲁国有季氏家族的原故。

当时孔子的学生非常多，散布在各处，所谓三千弟子、七十二贤人。冉求也是七十二贤人之一，是相当有名气的。但是，名气是名气，学问是学问，读书是读书，职业是职业，不可混为一谈。

冉求当时的职务称为"宰"，是季家的总管，就是后来的宰相的"宰"。家庭中的"宰"，就是大管家，非常有权力；在国家行政上说，宰就是行政的总管，总揽全部的行政权，所以称作宰相。

孟子说，冉求做了季家的总管，在季家有行政的全权，可是对于季家的种种不合理的做法和野心却作壁上观，没有使季家改正过来。

"无能改于其德"这句话，已经点出来有关"臣道"的精神。尤其在古代帝王制度下，大臣对于帝王是应该有所匡正的，不该为了吃饭、为了职业只是听话而已。如果上面说"向后转"就向后转，说"退两步"就退两步，那不是儒家的臣道精神。所以，孟子说冉求"无能改于其德"，只就这么一点，说明孔子对这个学生不认可，不发毕业证书给他。

其次"赋粟倍他日"这句话，就更严重了。冉求善于理财，而他理财的方法是搜括民间的财富。古代的经济制度与现代不同，在季家这样的权臣家族中当总管，冉求等于一个小诸侯。当时的立法不像现在一样讲民主制度，他只要讲一句话就是法令。当时冉求在税捐制度方面，包括田赋、兵役，以及其他税捐制度上的措施，帮忙季家收敛民间的钱财，把老百姓搞得很苦。

孔子晓得了冉求这种做法，非常生气，告诉其他的同学说：冉求这个人不算是我的学生，"小子鸣鼓而攻之"。这里的"小子"，不是现代北方人骂人小子的意思，是指年轻同学们，可以鸣鼓而攻之，"修理"他可也！

所谓"鸣鼓而攻"，现代是看不见了。在古代，一般盛大的典礼如祭祀时，差不多都会有锣鼓助阵。至于战场上，更是以锣鼓为号令。旧小说中，我们常会看到"鸣金收兵"的用语，双方敲起锣来就是鸣金，双方便按兵不动。如敲起鼓来，部队便向前冲锋，所以鼓是进攻的号令。在国乐中，鼓也是领头的地位，试看平剧以及由各种乐器所组成的国乐团之中，鼓手就等于西乐的指挥。其他的乐器都要随鼓声而起奏，所谓抑、扬、顿、挫、起、止，都要应和鼓声，所以鼓也是最难打的。

孔子说"小子鸣鼓而攻之"，等于下攻击令。虽然其他的同学们基于同窗之谊，不见得会真的拿冉求开刀，但这就足以证明孔子对冉求发了脾气。

孟子引用冉求的这段故事，也就是"点题"了，说出了这一问题的中心所在。接下来就发挥他自己的意见，"由此观之，君不行仁政而富之，皆弃于孔子者也！况于为之强战"。这也就是孟子学说与思想的中心，尤其是《离娄》这一篇的重心。

孟子说，从冉求这个事实我们可以看到：任何一个时代，任何一个地区，一个领导人如果不行仁政，而想要富国强兵，在孔子的心目中看来都是不值得一提的，当然更不足以效法。何况像在孟子那个时代，一般领导人只有强权，没有公理，恃兵力的雄厚不讲道理，强行发动战争。在这种思想之下，经过多年的经营，乃至激烈的战争，后来虽然达到了富强的目的，争到了权力，但在中国文化的历史哲学上，仍要以《春秋》笔法为他加一个字——"伐"。这就是说，他的富强是侵略他人而来，不是以军事道德、政治道德所获得的。

春秋笔法

所以，我们中国的历史精神，与世界各国都不一样。中国记

129

述历史，都要效法孔子著《春秋》的精神，所谓"微言大义"，一个字写下去，万世的褒贬就在其中了。如《左传》的第一篇"郑伯克段于鄢"，郑伯就是郑庄公，春秋战国时代的第一个霸主。段是他的亲兄弟，郑庄公对这位弟弟平常不加管训，反而有意使他罪迹昭彰，然后才出兵攻击。

战争是要求胜利的，对敌人作战获得胜利，可以用这个"克"字来形容战功。但对自己的兄弟用这个"克"字，就表明了郑庄公把自己亲兄弟当成敌人来对待，这就不应该了。所以，孔子在这里用一个"克"字，等于在郑庄公的脸上抹灰，千秋万世也洗不掉。如果戏剧里演郑庄公，他的造型一定和曹操差不多，肩膀耸得平平的，象征他是极度的高傲；脸色黄黄的，鼻子白白的，表示貌似忠厚，而实际上心机诈巧，爱耍手段；眉毛长长弯弯的，姿势像打太极拳一样，含胸拔背，象征一肚子都是鬼主意。总之这种造型，表示他的霸业都是用鬼主意得来的。因此，孔子在叙述这段故事时，对于本来不该"克"亲兄弟的郑庄公，用了这个"克"字，就是后世所说的《春秋》笔法。也就是说文人运笔如刀，所以又有"刀笔"的说法，轻轻一字就把郑庄公的千古罪名定下来了。

再回到本文，看孟子对于"强战"的批评。

"争地以战，杀人盈野；争城以战，杀人盈城。此所谓率土地而食人肉，罪不容于死。"孟子说，不行仁政而富尚且要被孔子摒弃，更何况这种不讲公理、恃兵力而侵略别人土地的不义之战。结果，一场战争下来，不论是要攻取一块土地，或是攻占一座城池，总是横尸遍野。

这样侵略的战争所付出的代价，以历史的眼光、人道的眼光来衡量，就实在太大太大了。所以孟子批评说，这种为了占有别人土地所采用的战争手段，等于在吃人肉。如果以军事哲学、政治哲学立场而言，纵然判他为战犯，予以处死，都还是太轻了，"罪不容于死"，死不足抵他的罪。在这种战争中所死的人，也都是人家十月怀胎、三年辛苦哺乳的儿女，却为了他一人的私欲而牺牲了，造成了多少白发人送黑发人的惨痛悲剧。所以这样的领导人所犯下的罪是不容于死——一条命所抵偿不了的。

有人引用这类观点，认为孔、孟是反战的。其实不然。孔子写《春秋》，自某一角度看也等于写了一部军事哲学。孔、孟的主张，战或不战应该依实际情况来决定。为正义道德，可以战；为侵略他人的"强战"，则不可以。

非战思想

接下来孟子说："故善战者服上刑；连诸侯者次之；辟草莱任土地者，次之。"，这几句话，是我国儒家、道家的传统思想，也是军事哲学的最高原则，等于我们文化最高的一个律法。

所谓"善战者服上刑"，善战就是好战；但何谓"服上刑"呢？自古迄今，最重的刑罚是死刑，而前面又说了"罪不容于死"，所以"上刑"者，除死刑之外，还受上天之刑，受果报、人世间看不见的责罚。

所谓"连诸侯"，是用政治外交手段加强自己的势力，讲究权术，罔顾仁义，也是罪过，属于次等的刑罚。

第三种受罚的是"辟草莱、任土地"，就是用手段侵占土地，像偷偷把国界的界地碑石移拓出去。虽然说是由自己辛辛苦苦开拓土地出来的，但终究是不道德的。譬如有些到山上去盗垦的人，明知土地有主，但不经过合理合法的租赁或购买手续，也不先征得土地所有人的同意，就在那里盖一间房子，先开垦出来。等到被土地所有人发现，再打官司，几年官司打下来，七搞八搞，土地还是弄到了手，这就是"辟草莱、任土地"。其实国家与国家之间，过去乃至现在，类似这种的事例都很多。例如现代的苏联（按：苏联解体在一九九一年十二月二十五日）和印度，都和我国有所谓国界问题的争执，就是他们用"辟草莱、任土地"的手段而强占了我国的疆土。

当战国的时候，国与国之间除了军事战争之外，还有层出不穷的外交战、政治战、心理战。有些以鲸吞，有些则慢慢对邻国蚕食。总之，都是无所不用其极地扩张自己的势力。这些行为，在孔、孟眼中，都认为不是人君之道，不是大丈夫所应为的。

如果以"非战"的立场来看这段《孟子》，发挥起来，后世这类的思想就很多了，见诸文学作品上的，例如唐人诗句"可怜无定河边骨，犹是春闺梦里人"，是人人皆知的名句。又如：

> 泽国河山若战图　　生民何计乐樵苏
> 凭君莫问封侯事　　一将功成万骨枯

这也是唐代有名非战的诗，也可以说包含了非常浓厚的儒、释、道三家的思想。又如现代名人易君左的父亲易实甫老先生，是清末民初的大家，也有两句脍炙人口的名句："江山只合生名士，莫遣英雄作帝王。"意思是说，天地间最好多生些洒脱的旷达之士，千万不要去生些逐鹿中原的豪杰英雄。这也可以说是孔、孟非战思想的另一种表达。像这一类思想的文学作品，历代以来都很多。

现在我们看出来，孟子在《离娄》这一篇中说出了他的道理。对于当时的那些诸侯们，他是如此的不同意，因此尽管诸侯们那样诚恳请他，他都不肯干，他的着眼点不外乎此。

孟子曰："存乎人者，莫良于眸子。眸子不能掩其恶。胸中正，则眸子了焉；胸中不正，则眸子眊焉。听其言也，观其眸子，人焉廋哉?!"

哲学相法

这里一个高潮来了，也是孟子看尽了各国的王、侯、将、相各式人等所做的结论。在文字上，这段书非常明白，不必多做解释。

孟子是说，观察一个人，只要看他的眼神就八九不离十地了解他了，因为眼神非常清楚地反映了人的心理状态。大家都知道，傲慢的人和人谈话时，他的眼睛总是向上看；而眼睛老是往下看的人，往往是在打鬼主意。当小偷的人，走在路上，眼睛就斜向两边瞟，心中在想：什么东西可以偷？这是由眼神观人的几个简单原则，一般人大致都懂的。所以最能反映人的思想状态的就是眼神，想逃也逃不掉的。当然，详细地说也不容易，眼睛大，大到什么程度？小，又小到什么程度？眼神亮的，又亮到什么程度？有些人没有眼神，但是，没有眼神的也可能是第一等的好相，那叫作"神不外露"，他心中是喜是怒都看不出来。这样的人，更难捉摸。总之，眼神对于看一个人的性格、品德，非常重要。一个人内在的思想如何，大体可以从他的眼神中看出来。

当然，现在戴眼镜的人那么多，把眼睛罩了起来，要透过一层玻璃来看，就更难看得出了。现在我们要研究，孟子为什么突然在这里挂起"哲学看相"的招牌，谈起相法来了？这是很妙的事。

孟子一路下来谈的都是大道理，在这里他为什么说到眼神的事情？而且说得蛮有道理。

首先我们要了解一个道理。我国有一部道书《阴符经》，是道家一本很古老的经典。其中有两句话，"机在目，机在心"，人类精神思想的关键就在眼睛。当然总的开关、枢纽是在心。

大自然的现象，阳气旺的时候就是晴天，日月光明普照大地；如果阴气重，则是阴雨，而日月都昏暗了。在人的身上，不论善念、恶念，只要他心里念头一动，虽然还没有采取行动，他的眼神中就显露出来了。如果是个大的好念头，他的眼神特别好，特别清明；如果心里有鬼主意、歪念头，那么他的眼神就呈现出黯浊闪烁的现象。

我常对年轻朋友们提到两句老话，"读万卷书，行万里路"，以广益知识，增加人生经验；除此之外，我认为还要加上一句："交万个友。"朋友交多了以后，对于一个人的思想、个性、品德、性向等，不必做心理测验，一望而知。眼神的确与心理、思想有极密切的关系，再配合看相的原则，就很清楚了。看相并不是什么稀奇的事，只是人类一种生活的体验，根据此一长远累积的经验，对于一个人的过去，以及未来可能的发展，都可以从形貌、举止、神态上看得清清楚楚。

还有，在诊断疾病上也可以了解人的心态。现在生病了，花钱到医院去检查，还要经过几天，用许多仪器、药物，以物理的、化学的各种方法检查才查得出来。我们过去不是这样，我国古代的医学，只要把个脉，再看看人的眼睛，对五脏六腑中何处有疾病，立刻就诊断得出来。至于古代的兽医就更妙了，拉着牛、马的耳朵一看，就知道生了什么病。这是我国过去的医学，现在是否有人能够这样诊断就不知道了。不过已经有耳诊，从病人的耳朵上诊断出疾病来。

眼神的确有许多作用，这也就是所谓"机在目，机在心"。

孟子的这一段话，当然是他学生记载下来的，是实在的。至于他为什么讲这一段话,我们无法考据,只能推理研究,估计他是有所感而发的,大概不是对齐宣王说的,也不是对梁惠王说的,可能是对梁惠王的儿子说的。在《梁惠王》上章中就有记载,当梁惠王死后,他的儿子梁襄王上台,孟子只好离开魏国了。因为他看了梁襄王后,出来曾经对人说过一句话,"望之不似人君",看他的样子不像一个国家领导人。至于如何不像呢?大概孟子看了他的相,认为他的眼神不够。

宦情不厌少低头

再从另一方面来看,孟子在这里说到看相、看一个人的眼神的道理,我们可以借用佛家禅宗的道理再做一点发挥。禅宗有一个术语"见地",所谓见地,前面我们曾经引用过元人的两句诗:"世事正须高着眼,宦情不厌少低头。"这就是说,世界上的事情,在任何一个时代,任何一种环境,有头脑、有智慧的人都不会被现实所困。因为透过现实可以看到未来,透过一点而看到整体。这就是人世间应有的"见地"——"世事正须高着眼"。

下一句诗"宦情不厌少低头",对于正在求学的青年人来说,暂时没有必要;如果将来到社会上做事,尤其是做官,则不妨参考参考。不过,做事、做官太讲骨气的话,甚至桀骜不驯,那就不太好了,有时候需要稍稍低头时,不妨稍稍低头,只要不是做坏事,没有关系,自然可以受益。

有一个大家很熟悉的故事:清朝统治中国,有他的一套办法。当时各省的行政首长称为巡抚,只能管行政,不得管军事;管理军事的,则是军门提督。而这文武两位首长,也一定一个是汉人,另一个是满人。如果要调动部队用兵时,必须要两个人会同签署盖印，以收到相互制衡的效果；同时也牵制地方将领，不能造反。

在距今一百多年前，太平天国起义的时候，胡林翼、曾国藩、左宗棠等为国家招兵、练兵、作战，处处要钱，但是筹饷、调兵在当时那种制度之下，处处受牵制，弄得非常为难。后来曾国藩他们终于成功了，其中关键所在就是一个年轻的胡林翼，器量大、有见地，发挥了作用，克服了困难。

当时湖广的总督是一个满人，姓官名文。有一次，官文的一个姨太太做寿。在清朝的官场中，姨太太本来没有什么了不起的地位，但这一个做生日的姨太太是官文所宠爱的。这一天大家只知道总督府中有个姨太太做寿，可不知道是第几位姨太太的生日。但总督以下的大小官员，都坐轿子到总督府拜寿了。

据说，曾国藩觉得大家都去了，自己不去也不好，于是也坐轿子去了。到了总督府一问，乃是排行第五的一个年轻小姑娘生日，曾国藩心想，何必去献这个媚，于是上轿走了。在他正要离开的时候，刚好胡林翼也来了。在当时，胡林翼的地位高于曾国藩、左宗棠，他们都还要靠胡林翼栽培。

于是胡林翼问，前面那顶轿子到了门口又不进去，到底是谁？下面的人告诉他，是曾国藩。胡林翼听了以后，连声赞好，说这是读书人，有气节，不低头。

可是胡林翼自己问到是官文的五姨太做生日，仍然递上名片，要进去拜寿。那时的阶级观念非常重，这一来，那位五姨太太听说胡林翼如此大官要来向自己拜寿，当然高兴得很，简直是受宠若惊；但顾于礼法，一再恳辞，不敢承当，而胡林翼更是要当面行礼。拜寿之后，官文的五姨太太万分感谢，问胡林翼可不可以第二天去回拜，见见胡林翼的老太太。胡也就爽快地答应，说"好好！夫人请明天移莲驾来舍下"，请她明天去看胡太夫人。他也不管她是第几姨太太，干脆就称起夫人来了。

胡林翼回去后，就对母亲说明，请老太太帮一个忙。胡老太太也很高明，第二天官文这位五姨太来回拜时，老太太对她表现得十分体恤、疼爱。这位小女人就对胡老太太说："我出身很苦啊！不知道您老人家肯不肯认我做干女儿"，老太太当然立刻认下了这个干女儿。

从此以后好了，胡林翼要调兵就调兵；甚至请调兵的公文还没有到达总督府，五姨太太就已经在催促官文："胡大哥要你出兵，你还拖拖拉拉不出兵啊。"要钱当然就给钱，这就叫作"宦情不厌少低头"。做官有时候是要低头的，像曾国藩那样翘头翘脑，事情可就难办了，要钱没钱，要兵没兵，只好找胡林翼。胡要他去找那位干妹妹五姨太，红包一送，就行了。

但是胡林翼的目的并不是为私，而是为国家天下。如果为私就糟了，为国家天下则无话可说。这就是"世事正须高着眼，宦情不厌少低头"。

年轻人如果将来说孟子，可也不要说得太过了，太过了也不行，要恰到好处，那眼睛就得放亮一点，这也就是孟子说到眼神而引申出来的结论。读下面的《孟子》，也要眼睛放亮一点，才能够一节一节地连贯起来。

恭俭之道

> 孟子曰："恭者不侮人，俭者不夺人。侮夺人之君，惟恐不顺焉，恶得为恭俭？恭俭岂可以声音笑貌为哉？"

这些都是中国文化从《礼记》上几千年下来的教条，也可以从《书经》上看到，尧、舜、禹、汤他们都是恭俭之君。在古书上几个好皇帝，真的都是如此。

什么是"恭"？我们现在看到，哈个腰，驼个背，作个揖；或者和日本人一样，行一个九十度的礼，就认为是恭。事实上这些姿态都是外在的恭，不是真正的恭。作为一个人，能够不欺骗任何人，处处为人设想，也是孟子前面所说的至诚，这才是真正的恭。

什么是"俭"？从文字上看，依文释义，一个钱不花，口渴了连汽水也舍不得喝，冰棒都舍不得吃，似乎是俭了；其实错了，这些是狭义的俭。"俭者不夺人"，俭的德性应该更扩而充之，我舍不得的，想到别人也舍不得。譬如说，我口干了，正需要喝一杯茶，可是不舍得买，看见别人这里有一杯茶，认为这样正好，自己不必花钱，就拿来喝了。像这样只顾自己的利益而侵犯别人，就是"夺人"，不是俭。

真正的俭是，我要自由，想到他也要自由；我的自由绝不妨碍别人的自由。当我要满足我的需要时，如果妨碍了别人的需要，为了顾及他人，自己的这个需要就必须牺牲才对。这才是真正的俭。即使出来当一个老板，开一间工厂，对下面也要厚道，也要恭俭，不能只想要赚钱而节省。你开工厂，你要赚钱，也应该想到人家在那里辛苦做工，也是要赚钱。大家都需要钱，要讲一个公道，彼此顾及对方，能够让步，这才是真正的俭。

在中国文化来说，一个政治领导人，如果欺骗别人，只想侵略别人，从别人那里得到好处，唯恐人家不服从他，而要人家拼命，这就不对了。孟子说，像这样的居心，尽管满口仁义道德，表现出礼贤下士的风度，哪里能算是恭俭的人呢?！不论恭敬、俭约，乃至其他德性，都要配合实际的作为，有处处为人设想的居心才是。光在嘴巴上说说，或者表面上做做，是不相干的。譬如说，老远看见人就满脸堆上笑容说："啊！你好！好久不见了，你没有吃饭？转弯的地方有卖面的。"尽管如此客气，对于恭、俭两种德性是没有实际作用的。声音笑貌是靠不住的，那是表面功夫，而应该以诚恳待人。一个单位主管不问部下是两人、三人，或百人、千人、万人，都要以诚恳相待。光是好听的话，好看的笑容，那是假的。

《孟子》怎么凭空又来了这么一段呢？如果我们把上面读过的《孟子》回想、联贯一下，就可豁然贯通了。从这段话的内容来看，大概是孟老夫子的学生们或者其他人对孟子的行径提出疑问。既然出来辛辛苦苦像跑江湖郎中似的游说诸侯，一心一意要帮他们施行仁政，而诸侯们对他也不错，一会儿送他钱，一会儿封他客卿，一会儿又要请他主持教化，但孟子却都不中意，不肯好好在一个地方待下去。这是什么原因呢？

当然，主要原因是他看出当时几个有影响力的诸侯没有一个肯彻底施行仁政的，道不同当然就不可以为谋。再其次，他这里又说出一个理由，当时那些诸侯们尽管对他打恭作揖，譬如齐宣王说"我欲中国而授孟子室，养弟子以万锺，使诸大夫国人，皆有所矜式"。但孟子自知在齐王心目中的地位，再加齐王并无行仁政的见地，久处下去必将受谗言而不欢离去，与其如此，何不在表面上仍然恭敬时就知趣地自动引退呢？

许多人看孟子，都以为他是一个只会吹仁义、卖王道的迂夫子；不管对方爱听不爱听，反正就像山西人拉胡琴似的，自顾自地唱。这实在冤枉了他。这只是从《孟子》文章正面来看，故而有所误解。其实我们只要略微用心，就会发现孟子对人情世故是非常通达的。他抱着悲天悯人的心情，尽其在我地把该说的话都说出来之后，尽管对方表面还很恭敬，甚而封他爵禄，或者拨出教育经费，但他很清楚，是该走的时候了。他绝不恋栈，当然更不会自我陶醉地认为别人很看重他。所以我一再提醒大家，要别具只眼，透过文字的正面推敲它的侧面，更要透视它的背面，去找出它暗示些什么，隐含了些什么。

所以，我绝不是因为讲《孟子》故意替他辩解，诸位不妨看看下一章，恰好就是这章的一个补充说明。

常礼与权变

> 淳于髡曰："男女授受不亲，礼与？"
>
> 孟子曰："礼也。"
>
> 曰："嫂溺，则援之以手乎？"曰："嫂溺不援，是豺狼也。男女授受不亲，礼也；嫂溺援之以手者，权也。"
>
> 曰："今天下溺矣，夫子之不援，何也？"
>
> 曰："天下溺，援之以道；嫂溺，援之以手。子欲手援天下乎？"

《离娄》章到这里，又另起一个高潮，进入另外一个境界。

淳于髡是齐国有名的滑稽大师，"滑"古音读"骨"，现在一般人读"划"，所谓滑稽，现代叫作幽默。历史上有好几位具有滑稽禀赋的大臣，不过在历史的规格中，没有把他们放在"大臣"之列，而把他们别立一格。例如战国时代的淳于髡，他是齐国的赘婿，就是入赘女家的女婿。在古代，人们对赘婿是不大看得起的。可是这个淳于髡，自齐威王时代就在宫廷中供职，继而在齐宣王、齐愍王的时代，一直做了三代的官。君王都离不开他，因为君王看到他就会发笑，感到愉快。

他对于君王的责备，不像一般大臣的直言，说得君王很不是味道，他从不来这一套。他如果要向君王进言，差不多都先说上一段笑话，引得君王哈哈一笑，而在他的笑话中，往往含有深意。当君王哈哈一笑之后，发现了他所说的笑话有严肃一面的含义，并且确有道理，就因而改变了主意，原来要杀的人，也不杀了。所以君王生气要杀人的时候，只有找他，只要不是罪大恶极的，他总有办法说到君王不杀此人为止。

历史上有好几个这样的人，例如汉武帝，是一个非常威严的人，可是他遇到东方朔，则一点办法也没有。所以每当汉武帝大发雷霆要杀人的时候，大家没有办法，只好找东方朔去。东方朔到了汉武帝面前，先不说正题，而东说西说的，像济癫和尚一样，装癫卖傻地扯一些笑话，然后就没有事了。

例如有一次，汉武帝请大臣们吃饭，那是一次非常严肃而隆重的宴会。汉武帝是喜欢用兵的，他这次请吃饭，等于一次重要的御前会议，又要下达命令去攻击邻国了。可是正在吃饭的时候，东方朔割了一块肉下来，偷偷放到自己的袍袖里去。虽说是偷偷地，可是他又故意让汉武帝看到。于是，汉武帝说：你怎么搞的？也不找一张油纸包起来，这样不是把袍袖弄油污了吗？你割一块肉放到袍袖中，是为了什么呢？东方朔说：我内人就喜欢吃这种肉，尤其没有吃过宫廷中烹调得如此好的肉，所以我带一块回去，给我内人吃。汉武帝听了哈哈大笑，然后说：你怎么不早说呢？何必这样干？叫御厨多做一桌，送到你家里就是了嘛！

东方朔在汉武帝面前，常干这一类的事情。难道东方朔的太太真的喜欢吃这样的肉吗？他又真的这样怕太太吗？反正，他是逗得汉武帝开心了，然后，顺着这笑话的含义，劝汉武帝不必出兵去攻击邻国。于是汉武帝把他所说严肃一面的道理也听进去了，认为他说得对，就不出兵了。

淳于髡也是这样的人，现代人的新名词叫"幽默"。淳于髡可称得上是幽默祖师爷，当时，他可是齐宣王面前的红人。假如

141

那时也有大学，年轻人大学毕业找不到工作，只要能找到淳于髡，就有办法了。他只要在齐宣王面前说一声，问题就解决了。

淳于髡与孟老夫子当然很熟识。淳于髡有一天去看孟老夫子，他的滑稽作风来了，对孟子说"男女授受不亲，礼与"。中国古代的礼仪是很严谨的，男女间的界限很严，即使是兄弟姊妹，到了八岁以上，就男女分开，不能同席，更不能同睡在一个房间里。姐姐如果拿一个东西给弟弟，也只能把东西放在桌子上，弟弟再从桌子上把东西拿去，不能亲手递接。不像现在的青年男女们，走在街上就像以前被绑去杀头的罪犯一样的五花大绑，男女揽腰、搭背、挽胳膊那副样子，所以我叫它"五花大绑"。

孟子答复说：男女授受不亲，这当然是古代传统的礼仪规范啊！淳于髡说：那么，嫂嫂掉到河里去，做小叔子的是不是可以伸手去把嫂子拉出来呢？孟子说：嫂嫂掉到河里去了，小叔当然应该伸手把她拉上岸来；别说是用手拉她，如果必要，纵然是抱住嫂嫂的身子，也应当把她从水里抱上岸来。如果不去把嫂嫂救上来，那还是人吗？简直是禽兽了。所以孟子说：男女授受不亲是常礼；把掉下河的嫂嫂拉上来，这是权变，不是常礼。在灾变急难的时候，就不能死守常礼，要从权宜，溺水如此，其他也一样。在登山的时候，如果一位小姐身处危崖将掉下去，而你说要守礼，不敢去拉她，这样的守礼，等于见死不救，太残忍了。所以这时要权宜、权变，也就是采取最适宜的变通措施。

孟子正面答复了他，可是，淳于髡就是淳于髡，原来他把问题转了一个大弯。因为孟子是尊孔的，他先用有关古礼的问题，套出了孟子"从权"的这句话，于是正题来了。他说：现在全天下的人，都陷溺在苦海里，你怎么不伸手去拉一把？他希望孟子出来救世，希望他能从权变通，即使齐王对他不怎么尊重，一般权臣对他也不大以为然，但是百姓处在水深火热的危急苦难中，他就不应该死守个人的风格操守，不妨委屈求全，以天下百姓为念。所以不管齐王给他什么职位，都该接受，然后想办法施展他的抱负。

这一段大概是孟子辞了齐卿的位子，准备回家去的时候，淳于髡着急了，跑来看他，希望能有转圜的余地。从这里，我们又可见淳于髡不止是个会逗笑的大臣，也不止是替人说话的好好先生，他的确是有识之士，有心之士。同时他也善于察言观色，他了解孟子和齐王之间的微妙心理，所以他就在这一点上制造一个风趣的问题来做开场白，想让孟子回心转意。

而孟子对淳于髡呢，当然也是相当看重。我们从孟子的答话就可看出。在《公孙丑》下篇中，曾经也有人为了孟子要离开齐国而去挽留的，结果我们这位孟老夫子"不应，隐几而卧"。在被责难之下，孟子又很坦率地对此人举例解说，最后结论直言"子为长者虑，而不及子思，子绝长者乎？长者绝子乎？"

但是他对淳于髡则不然，可以说是棋逢对手，快人快语地就点出关键所在。短短几句话中，不但巧用了逻辑辩证之妙，同时一语双关地道出内心的沉痛，以及整个局面的不可为。因为那个局面是只手难以回天、中流无法砥柱的。

孟子说：你说得对，天下的人固然全都陷在战乱的苦海中，但是，"天下溺，援之以道"，天下人的苦难，是要以文化道德配合政治基础才能挽救回来的。嫂嫂一个人掉下河里去了，可以不必用文化道德、政治基础去拉她，只要伸出手去拉她起来就好了。你老兄来做说客，希望说动我，那么我伸出一只手去，就能够挽回天下人类的劫运吗？挽不回来的呀！

我们曾经说到两句古人的诗，"莫言利涉因风便，始信中流立足难"，挽回劫运，这个志向是对的，但不是个人的力量可以做到，需要整个的文化力量去挽回的。常看到人们说"中流砥柱"，这个形容词很好，可是"砥"不了的。不要说整个时代的巨潮大浪，就拿台湾桃园的石门水库来说，放水的时候，你在水道上站站看，别说砥柱，到时候冲到哪里都不知道了，如果小命还活着，那真是老天保佑。

所以正如这两句诗说的，一个人的人生，要中流立足，在时代中不摇不曳，不随社会风气转变，在时代潮流中站得住，那是硬要建立一种风格，那已经是难能可贵了。至于说要藉一个人的力量，挽回那个时代，究竟又有谁真的能够做到？我们看看孔子和孟子两位老夫子，他们又挽回了当时的什么？所以孟子答复淳于髡，说他的话不合逻辑，救天下不同于救掉到河里的嫂嫂，这是两回事。

说得更清楚点，要挽回时代，文化思想的精神建设是第一件重要的工作。时代精神虽然是看不见的，但却是最重要的。

至于孟子这句答话的另外一重言外之意，则是说齐王对我个人的尊重与否，还是小事；主要的是齐王没有仁政王道的见地，而当政的权臣们又都各管己利。像这样的政治环境，怎么可能施行仁政?! 齐国如此，其他诸侯国也差不多。如此天下，你叫我从哪里插手，又在哪里立足呢？

你们看，孟子多会说话！短短几个字，包含了这么多的意思。所以年轻同学们注意，不要以为孟子总是啰啰唆唆地讲上一大串，好像明明一个很简单的道理，怎么到他嘴里，就啰唆个好半天。他这是和孔子一样的"因才施教"，碰到了头脑不够的君主，或者反应迟钝的学生们，他就不得不尽量说详细一点。如今碰到慧黠的淳于髡，他当然乐得来一招类似禅宗大师们的机锋转语，也就是一语多关地答复了淳于髡。

说到这里，必须做个补充声明，我上课总是啰里啰唆地扯上一大堆，那是我自己爱说话，并不是认为诸位不高明啊。

> 公孙丑曰："君子之不教子，何也？"
>
> 孟子曰："势不行也。教者必以正，以正不行，继之以怒；继之以怒，则反夷矣。'夫子教我以正；夫子未出于正也！'则是父子相夷也。父子相夷，则恶矣。古者易子而教之，父子之间不责善，责善则离，离则不祥莫大焉。"

儿女的教育

孟子的学生公孙丑有一天问老师：依照古礼，父亲不自己教儿女，这是什么道理？青年朋友们要注意，将来自己有了儿女时，要怎样教育他们才比较妥当？儿女不由自己教，交给谁去教？

有一位现代名人，很有钱，也颇有地位，只可惜脑子有点糊涂。他有一个儿子，大概也和他父亲一样糊涂。不久前这位阔佬告诉朋友，他的儿子不见了，到哪里也不知道。可是另一位朋友，后来因事到一所孤儿院中，看到一名院童，长得特别清秀，很面善，不像一般的院童。问到院方，得悉是一个不知来处的孤儿。问他家住哪里，爸爸妈妈叫什么，他都不知道。这位朋友一听，马上想起那位朋友走失的孩子，于是上前询问他的姓名家世，父亲是否某公司董事长某某。这孩子在询问之下，突然想起了自己的姓名身世，于是才由这位友人通知这位现代名人，将儿子认领回家。世界上就有如此的父子，顺便想到，说来供大家一笑。

依照古礼，父亲不教自己的儿女；但是为了子女日后的立身处世，社会上有些坏事情是应该让儿女知道的。反观我们中国的父母们，有几个敢把社会上的坏事，或者某些人的丑事叫儿女了解？从前我有一个朋友就很难得，对于烟、酒、嫖、赌等不良嗜好，都带儿女去看。可不是由自己带，而是转托朋友带他的儿女到这些场合去，好让他们认清楚什么是坏事，对自己有害无益的都不能做。这是教育的一种方法。

现在的年轻人真可怜！家长们拼命要他们读课本，不许看小说，结果读得一个个呆头呆脑，念到大学、研究所都毕业了，而对于人情世故一点都不懂。所以我常常鼓励他们看小说，我对自己的孩子也是如此，我不喜欢他们读死书，有时候我带着他们看小说，武侠小说、传奇小说，无论什么小说都看。不过他们自己找来的小说要告诉我一声，因为有一部分小说，如果还没有到一定年龄，则不必看，看早了，不见得有好处。小说看多了，会懂得做人，也会通晓人情世故。小说上的那些人，差不多都是假的，而所描写的事情，却往往都是真的，在社会上就真的有那些事情。至于历史上那些人都是真的，但有些事情，你没有经验就无法了解；没有做过大官，就不知道大官的味道，那就只有看小说才能通晓。

孟子在这里说，对儿女的教育，由父母亲自来教，在情势上是行不通的，因为父母望女成凤、望子成龙的心态，正面的教育很难。孩子想看个电视，父母就摆出威严的态度，用命令的口吻禁止；而朋友较为客观、理智，就不至于过分严肃。实际上儿女已经很累了，看一点电视轻松轻松，并不过分。

孟子说：对于子女，我们当然要以正道教导他们。子女如果不听，就"继之以怒"，发脾气了，不是打就是骂，于是反效果出来了。据我所知，许多家庭教育，所得的都是反效果。一些青年男女出了问题，都是家庭教育有问题，而不一定是问题家庭所造成的。父母太方正了，教育出来的儿女多半是死死板板；这样的儿子，再教出来的孙子，就板板死死，更糟糕了。另有一种是反效果，方正、严厉的教育下，激起了叛逆的心性，那就更麻烦了。这样看下来，我非常同意孟子这个观点。

而且在子女的眼中，认为父母教我不可以说谎，而他们自己却一天到晚说谎。像有人要去午睡了，怕被人打扰，于是交代孩子，如果有客人来，就告诉客人说我不在。果然来了客人，孩子便说：爸爸在睡觉，爸爸说告诉客人他不在。像这样的孩子，能责备他吗？他绝对的对，因为他不说谎。为父母的平常也是教孩子不可以说谎，孩子没有说谎，怎么能责怪他呢？

父母不许孩子说谎，而孩子看见父母随时都在说谎，这是一个事实。父母要求孩子要这样那样，而自己所做的又与所教的恰恰相反。像孔子、孟子，常常教别人要守信，而他们自己有时却不守信，这又怎么解释？这就有层次上的差别，程度上的不同。就如刚说过的淳于髡那一节中，"嫂溺援之以手"是可以的。教育也是如此，有时候需要权宜变通，但是子女还小的时候，是不会了解的。

所以教子女正，子女如果不正，就生气责罚他们，子女心里已经不满了。子女再看看父母所做的，正与他们教自己的相反，于是就更愤愤不平了。因此，父子之间的代沟，相互的不满，早在子女幼儿时期就已经播下了种子。所以孝道是很难讲的。父母子女之间，如果有了芥蒂、嫌隙，那就太不幸了。

现在许多青年人都不满现实，其实不止是现在，无论古今中外，青年人都是不满现实的。纵然是最好的时代，一切都上轨道的社会，在青年人的心目中看来，也是不满的、要挑剔的。中年以上的人都曾经走过青年时期，多少可以体会现代青年人的心理；只要从年轻人的一些小动作，就可以看到他们不满现状的心态。例如一堵墙壁，装修得蛮漂亮，他却要画上一条痕迹；一个好好的瓷瓶，他却要用东西去敲敲似乎才过瘾。他们这样做有理由吗？没有理由，这是潜意识的反叛性和破坏性作怪。所以青年人之不满现实，是当然的。作为一个领导人，在教育上、领导方法上，就要懂得这个道理。

古人易子而教，两个互敬的朋友，往往相互教育对方的子女，因为父母有不方便亲教之故。像现在的青年，几乎没有不犯自渎毛病的，但父母们对于这种事都不教，因为不好意思开口。直到最近，教育界才开始正视和讨论有关"性教育"方面。但在有些偏僻的地方，老师们碰到这一部分的教材就避而不谈。

其实在六七十年前，也有这种教育，聪明的父母们就想出变通的办法。其中之一，就是易子而教的原则，由朋友来教；或者用讲故事的方式，引用某些因此受害的现实例子，做启发性、暗示性的诱导。这是为了孩子一生健康所系，不得不教。

"不责善"的真义

孟子所说的"父子之间不责善"这句话，千万要记住。父子之间不可要求过多。这个"责善"的"责"，就是责备求全的意思，"不责善"也就是不要过分求好。例如子女升学，参加联考，为父母的就要采取"考得取最好，考不取也没关系"的态度。现代的学生们，为了应付联考，被老师、家长逼得拼命死背，什么历史、地理，一概死背，"浙江！浙江！福建！福建！"背是背熟了，联考是考取了，结果到了金门他还不知道已经到了福建，也不知道马祖是福建省连江县的一个岛屿。

许多眼前的例子，都证明孟子这句话的道理。但也有许多为人父母者，犯了这个"责善"、过分要求的错误。犯得还很深，这千万要注意。

　　父子之间如果责善，就会破坏感情，就会有嫌隙。孝道要建立在真感情上才会稳固。父子之间能像好朋友般相处的很少；试看生物界，飞禽也好，走兽也好，子女长大了以后，就各走各的。人为生物之一，本性上也是如此。由此可知，父母对于子女的责任，只是把子女教育成人，使他们能够站得起来，有了自己的前途，父母也就完成教育的责任了。至于子女以后对父母怎样报答，那是子女自己的事情，也不必存什么希望。再见吧！人生本来就是如此的。

　　父子之间一责善，问题就大了，这是一方面；在另一方面，万一遇到坏的父母呢？也同样的，子女不可以对父母责善，不可过分要求父母。

　　孟子为什么推崇舜？舜的家庭状况是"父顽，母嚚，弟傲"。父顽：这个"顽"不是顽皮，是非常固执成见、贪婪，像土匪一样。母嚚：嚚就是泼辣，十足的泼妇。假如有人在她门口弄脏了一点，她可以拿把菜刀，到人家门前骂上十天半月。弟傲：对于父母的坏处，他都遗传了，对哥哥舜，视如眼中钉，常想对付哥哥，是一个现代所谓"太保"型的人物。舜就出自这样的家庭，有这样的父母。

　　但舜和弟弟却截然不同，舜成为圣人。这在佛家的学术而言，应该是宿世种的因，现世的果报。以现代科学的遗传学来讨论，据我个人的研究，则属于"反动"的遗传。从历史上可以得到许多例证。譬如父母非常老实的，往往生一个调皮儿子；父母很调皮的，往往生一个很规矩的儿子。道理就是"反动"遗传，也是基因的大问题，这是我个人的研究。如果在外国，依此写一部专书，那就不得了啦，也许要轰动一番。

　　这个道理是根据生理学而来。例如一个好人，他的行为绝对是好的，可是这个好人是勉强做的，其实他对人恨透了，想发怒又不敢发，于是许多情绪都压制下去了。这种被压制的愤恨怨气，潜伏在下意识里，遗传给了下一代，于是这孩子将来又凶、又坏、又狠，充分表现了上代内心中坏的一面。至于一个坏人，也有大好心思的时候，他的这一面刚好遗传到子女身上，这个幸运儿将来就会孜孜为善。舜就是这样一个人，再配合他自己的先天禀赋，以及后天努力，于是成为圣人。

舜有这样一个家庭，他的父母及弟弟多次害他，欲致他于死地，而他都幸运地躲了过去。后来当了君王，他还是依旧爱他的父母以及弟弟。再说尧，也是圣人，他生的儿子丹朱却不太好，对尧不孝，而且不肯学好。尧没有办法，于是发明了围棋，教他儿子下棋，这是他的教育法。至于象棋，则是周公为了教他的侄子成王而发明的。这些上古的教育工具，现在已经发展培养出国手了。

总之，父子之间应该不责善，宋明以后的理学家们有一句话，"天下无不是之父母"。我反对这句话！天下确有"不是之父母"。我们现在也为人父母，反问一下，我们样样都对吗？随时都有做错的可能，也有教错的时候。但是，身为儿女的，应该有"天下无不是之父母"的精神，以之来对待父母。父母有时要宽恕子女，而子女尤其要孝敬、体谅、了解父母，为了孝道，更要设法婉转改变这个"不是"的父母。这样并不是和父母对立，也不是反叛，所以"父子之间不责善"不是单方面的，而是双方面相互的。

扩而充之，不但父子之间如此，师生之间也是如此，长官部属之间也是如此，都不能责善。过分地要求，终究会发生问题的。明太祖朱元璋，读《孟子》时读到"天将降大任于斯人也，必先苦其心志，劳其筋骨，饿其体肤"，才肯承认孟子是圣人；而我，在读到《孟子》这一节时，最赞成孟子被称为圣人。孟子如此通达人性心理，而处理方法又如此之适当、清楚，真让人拍案叫好。

许多人把孩子宠坏，也是这个道理。由于过分爱护，反而把孩子的身体弄坏了。孩子不经锻炼，则失去了应有的抵抗力，假如所有的孩子都是如此，一旦国家有事，还能够去报国为民吗？这也可以说是父母对孩子"责善"的错误。

这一段话，是公孙丑提出来问孟子的。那么我们要研究了，公孙丑为什么会向孟子提出这样一个问题来？当然不是师生之间吃饱了饭没事做，在这里闲磕牙。闲磕牙的话，也不会把它记录下来传诸后世了。或许是有问题家庭向公孙丑请教，公孙丑没办法作答，只好来请教老师了。

我们要知道，在孟子那个时代，贵族的子弟们非常骄纵，孟子也说"富岁，子弟多赖"。像我们这个时代，社会安定，经济繁荣，国民富强康乐，而后代子弟，每易堕落。所以看到今天社会的繁荣，不禁为之担心。所谓"多难兴邦"，现代青年要多加警惕，不要一代不如一代。

曾国藩笔记——《英雄诫子弟》

因为谈到父子之间的教育问题，让我们看看曾国藩介绍的有关父亲教子弟的一则笔记，他搜集得非常好，不需要我们再整理了。他并为这一笔记安了一个题目叫"英雄诫子弟"，内容如下：

> 古之英雄，意量恢拓，规模宏远，而其训诫子弟，恒有恭、谨、敛、退之象。
>
> 刘先主临终敕太子曰：

"勉之！勉之！勿以恶小而为之，勿以善小而不为。惟贤惟德，可以服人。汝父德薄，不足效也。汝与丞相从事，事之如父。"

西凉李嵩，手令诫诸子：

"以为从政者，当审慎赏罚，勿任爱憎，近忠正，远佞谀，勿使左右窃弄威福。毁誉之来，当研核真伪。听讼折狱，必和颜任理，慎勿逆诈亿必，轻加声色，务广咨询，勿自专用。吾莅事五年，虽未能息民，然含垢匿瑕，朝为寇仇，夕委心膂，粗无负于新旧。事任公平，坦然无类，初不容怀有所损益。计近则如不足，经远乃为有余。庶亦无愧前人也。"

宋文帝，以弟江夏王义恭，都督荆湘等八州造军事，为书诫之曰：

"天下艰难，国家事重，虽曰守成，实亦未易，隆替安危，在吾营耳！岂可不感寻工业大惧负荷？汝性褊急，志之所滞，其欲必行，意所不存，从物回改，此最弊事，宜念裁抑。卫青遇士大夫以礼，与小人有恩。西门安于矫性齐美，关羽、张飞，任褊同弊。行已举事，深宜鉴此！苦事异今日，嗣子幼蒙，司徒当周公之事，汝不可不尽抚顺之理。尔时天下安危，决汝二人耳。汝一月自用钱，不可过三十万。若能省此，益美西楚，府舍略所，请究计当，不须改作，目求新异。凡讯狱多决，当时难可逆虑，此实为难。至讯日，虚怀博尽，慎无以喜怒加人。能择善者而从之，美自归已，不可专意自决，以矜独断之明也。名器深宜慎惜，不可妄以假人，昵近爵赐，尤应裁量。吾于左右，虽为少恩，如闻外论，不以为非也。以贵凌物物不服，以威加人人不厌，此易达事耳。声乐嬉游，不宜令过，蒲酒渔猎，一切勿为。供用奉身，皆有节度。奇服异器，不宜兴长。又宜数引见佐史，相见不数，则彼我不亲，不亲，无因得尽人情，人情不尽，复何由知众事也。"

数君者，皆雄才大略，有经营四海之志，而其教诫子弟，则约旨卑思，敛抑已甚。

伏波将军马援，亦旷代英杰，而其诫兄子书曰：

"吾欲汝曹，闻人过失，如闻父母之名。耳可得闻，口不可得言也。好议论人长短，妄是非政法，此吾所大恶也，宁死不愿子孙有此行也。龙伯高敦厚周慎，口无择言，谦约节俭，廉公有威。吾爱之敬之，愿汝曹效之。杜季良豪侠好义，忧人之忧，乐人之乐，父丧致客，数郡毕至。吾爱之重之，不愿汝曹效也。效伯高不得，犹为谨敕之士，所谓刻鹄不成尚类鹜者也；效季良不得，陷为天下轻薄子，所谓画虎不成反类狗者也。"

此亦谦谨自将，敛其高远之怀，即于卑迩之道。盖不如是，则不足以自致于久大。藏之不密，则放之不准。苏轼诗："始知真放本精微"，即此义也。

曾国藩说，历史上的英雄们，思想、意境、度量都特别宽大，就是所谓的"意量恢拓"。我觉得现代的家庭、学校，培养这一代的年轻人，特别需要注意这四个字。现代的青年人，差不多都胸襟狭隘、眼光短浅，薪水两万块一月就可以了，如果能够赚钱盖一栋十二层楼，那就更好。他们没有志在天下，也没有志在千秋万世，所以今天的青年看起来大多不可爱。

曾国藩说，古代的英雄，他们虽然自己有那么大的器度，那么高的成就，可是在教育自己的子弟上，却都流露出恭谨、谦退的修养。于是他列举出几位前辈英雄教育子弟的实例来。

刘备病危，在快断气的时候，当着诸葛亮告诉他的儿子阿斗——刘禅，"勉之！勉之！勿以恶小而为之，勿以善小而不为"。他说，你要好好地努力啊！不要因为一件坏事是小的就去做；也不要因为一件好事是小的，而不去做。这是刘备吩咐儿子的话。

有些人往往看见一件东西很可爱，譬如上餐厅时，见到桌上一个搁筷子的竹型小陶器，认为这不值几文钱，没有多大关系，顺手把它带走，这就不对了。

刘备又告诉阿斗：一个人唯有自己有道德才能使人家敬服，你可不要跟我学，我一辈子都不行，我的道德修养还不够，你要好好跟丞相诸葛亮学，你对丞相要像对我一样。所以阿斗称诸葛亮为尚父，二人就是义父义子的名分了。

刘备临死这几句话，是真心话，也很厉害，好像是一根绳子，一下子就把诸葛亮套住了。历史上还有记载，他对儿子说完以后，再对诸葛亮说的一番话，那又更厉害了。他说："君才十倍曹丕，……若嗣子可辅，辅之；如其不才，君可自取。"意思是说，你的学问能力，比曹操大儿子曹丕高了十倍，你看着办，我这个孩子，如果能够帮助他站起来，你就帮助他；如果你帮助了他，而他仍然站不起来，那么你就自己干吧！刘备这几句话一出口，诸葛亮立刻跪下去，表明绝无取而代之的意思，自己是"鞠躬尽瘁，死而后已"。也就是说，你放心地去吧，我绝对不会坐这个皇帝位置，而且我到死为止绝不变心。

这两条绳子把诸葛亮一套，他只好六出祁山了。诸葛亮也的确履行了他的诺言，一直做到死为止。

但话说回来，刘备教他儿子的这段话和他对诸葛亮说的话，也的确都是真话，"人之将死，其言也善"，他非常清楚自己的儿子是一块什么料，也非常清楚诸葛亮是一个什么样的人。古人说的"知子莫若父",了解孩子最清楚的是父母。家长对子女做的事,常会处理不当,那是由于他们偏爱、溺爱的结果,父母就被自己的偏爱、溺爱心理蒙蔽了。

刘备教出来的儿子,也是第一流好手,尽管往昔对刘禅有许多责备批评,但我认为,他应该是第一等聪明人。当诸葛亮死后,他一看辅佐无人,已经不可为了,不如投降司马昭,方为上策。当他做了安乐公以后,司马昭还测验过他,问他过得怎么样,有没有什么不顺心的地方?他立刻说:"此间乐,不思蜀。"历史上依据他这句话,批评他没有出息;事实上,他是第一等的高明,他如果不这样说,性命都会丢掉,所以刘禅到底是刘备的儿子,真有一套。

读历史,要懂得当时的时代、环境,再设身处地地去思考研究,否则就会被历史骗过。如果自己执着一种成见去读历史,就更容易陷于主观的错误,得不到客观的事理与真相。

再从诸葛亮的前、后《出师表》中,也可以看出刘禅的聪明,他玩弄了这位义父,诸葛亮对他毫无办法。而且他擅于辞令,很会说话,诸葛亮在《出师表》中说他"引喻失义",没有理由的事情,在他嘴里都可以说出一套理由来,而且更用种种的譬喻来说动人,就像淳于髡想用嫂溺的比喻,来说动孟子出来为齐国做事,以拯救天下一样。阿斗说的一些似是而非的道理,非常好听,歪理千条,可以把正理唬住。这是诸葛亮最痛心的事。

读《出师表》,不要只欣赏它的文学价值,不要只看到诸葛亮的忠诚,这不能算是读懂了《出师表》。事实上里面大多是他最痛心的话,诸葛亮等于说,你父亲这样诚恳地把你托付给我,而我也对你付出了这么多的心血,可是你这个干儿子却是如此的不争气,有这么多毛病。

再回到曾国藩的《英雄诚子弟》的本文,他第二个引用西凉李嵩的训子故事。

所谓西凉，时代上是三国吴、蜀、魏相继灭亡之后，所谓三国归于晋，由司马家立国为晋。西晋、东晋共有两三百年，天下非常纷乱，成为军阀割据的局面。此一时期，历史上称作"南北朝"，而南方有东晋、宋、齐、梁、陈、隋等所谓六朝。

李嵩便是在西晋与刘（裕）宋之间，在边区西凉称王的。历史上描写他"秉性沉重"，很少说话，看起来很老实，头脑非常聪明，气度宽大，学通经史，并熟兵法。如果以现代的地域文化观念来衡量，或许要奇怪，远在甘肃以外的边区地方，怎么会培养出这样饱学的人才来？要知道，在那个时代，现在文化发达的江苏、浙江、福建等地，还是没有完全开发的地区。中国的文化，是由西北发源，经中原而慢慢发展到东南区域来的。所以在那个时候，西北地区的文化水准还是很高的。

最初，李嵩是在那里做地方行政首长。当天下大乱中央政府失去控制力的时候，他就自己在西凉称王了。李嵩下手令告诫他的好几个儿子当领袖的原则，他在手令中的意思是：一个当领导的人，对于部队的奖励或惩罚，要非常小心谨慎。不可以凭自己的好恶，对所喜欢的人多给奖金，或升他的官；对所讨厌的人，就不重用；这都不是用人之道。要亲近忠正的人，疏远那些唯唯诺诺专拍马屁的小人，不要使左右的人"窃弄威福"。这一点很难做到，因为左右的得力干部，往往在大老板不知不觉间掌握了许多权力。越是精明的领袖，越容易被左右的大臣专权玩弄，这是做领导人要特别注意的。

对于毁誉的处理态度，对于别人批评自己的话，听到时要能做到像不曾听见一样；但并不是糊涂，而是情绪不受影响。对于批评的话，是真是假，有理无理，要心里明白。至于恭维的话，差不多都是靠不住的，所以对于毁誉不要轻易受影响，应该自我反省，去了解这些批评或恭维究竟是真是假。至于听到对其他人的批评或赞许，同样要留心，究竟是真的，还是别有用意，都要辨别清楚才是。

但有时候，甲乙两人本来意见不合，而丙对甲说，"乙某说你很好"，这句话虽然是假的，却可以促进他们之间的和睦，是善意的妄语。反过来，如果老老实实地说"乙某对你有意见"，那事情的发展可就会更坏了。

扩而大之，在处理人事是非的争执，在听取部下双方或多方不同意见时，一定要用客观并且和平的方式处理。比如说，总务非要增加某一设施不可，而会计说没有预算一定不办。这和打官司一样，各有各的理由。身为领导人的，听了双方的意见，到底该办不该办，就非做判断、下决定不可。这时，一定要和颜悦色地来处理这件事。即使某一方面有欺上瞒下，或者犯了什么严重的过失，必须加以处分，但在言辞态度上要尽量和蔼恳切，使对方知道忏悔、改过。甚而听了假话，虽然明知道是假话，也要注意听取，也许其中一两句是真话，同时假话也会反映出真相来。假话如有矛盾，更是找寻真相的线索。所以不可以先有成见，认为说话的人是坏蛋，非判他死刑不可，这就容易冤枉了人。更进一步，能让人尽量说出他想说的话来；在问话或听话时，还要态度轻松，声音温和，每件事务必听取多方面的意见，正反不同的意见，千万不可自认绝顶聪明而独断独行。如果自己想到怎样办就一意孤行地办了，那就不得了。

他继续告诉他的儿子说，他莅事五年——实际上他的从政经验当然不止五年，这是以他自己挂牌称王算起，虽然没有做到使老百姓绝对平安，但"含垢匿瑕"。一个做领导的人，首先就必须做到"含垢"，对于一些脏的事情，不但要包容，甚至要去挑起来；有时冤枉还是替别人承担的，部下错了，宁可让人责备自己。为了培植部下，爱护部下的才具，给他有再努力的机会，领导人就要"含垢"。这种修养可真不容易，谁都爱脸上有光彩，"含垢"则是将灰泥抹到自己的脸上，这就要气度恢弘才能够做到。"匿瑕"就是包容部下的缺点。天下人谁都有缺点，做领导人的，要包容部下的缺点。如对部下人人求全，则将无人可用。

由于李嵩有上述的种种优点，所以他能做到"朝为寇仇，夕委心膂"，这种本事实在难得。尽管早上还是他的死对头，但是在李嵩道德的感化下，到了下午就成为知心的好朋友，什么都可以坦诚相告了。李嵩待人，就有这样的本领，而且不是故意做作，是自然流露，以诚待人，不论新旧，一律公平，坦然无任何区别；既不偏袒，也不会对某方面有所屈抑。

最后他告诫子弟，宽厚处世，在当时看来，好像没什么出息，显不出作用；但是长远下去，定会得到好处。也就是凡事不要计较目前，眼光、胸襟要放远大，学我这样的处世道理去做，将来或许可以接我的位子，这才不至于愧对历史上的先贤了。

曾国藩所引用的第三个例子是宋文帝。前面说过，这个宋，不是唐以后赵匡胤所建立的赵宋，而是南北朝时代的东晋、宋、齐、梁、陈中刘裕所建立的"刘宋"。

在那个时候，佛教已经传入中国，而且很盛行了。刘裕出生以后，父母怕他不能长大成人，送他到庙子，请一位比丘尼抚养，所以他的小名叫"寄奴"，也叫"佛奴"。后来他当了皇帝，继承他王位的是宋文帝，在当时，宋的版图为全国土地的三分之一以上。

宋文帝封他的弟弟义恭为江夏王，就是现在湖北、湖南等地，兼领荆、湘等八州的都督，掌握了这些地方的兵权，等于现代南方的总督。长江两岸几省的军政大权，都在他弟弟的掌握中。

宋文帝写信告诫这位亲弟弟：天下的大事多么艰难，国家的责任又多么的重，我们这个天下，是父亲从艰危中打出来的，我们不过是守现成；可是守现成和创业一样，也是不容易的。将来到底是兴隆或衰败，安稳巩固或危险，都是我们兄弟的作为所决定。你要特别注意体认到父亲留下来的责任如此之重，我们随时都要有戒慎恐惧的心理，努力去做。

他又进一步训他的弟弟说：你的胸襟太狭窄了，性子又急躁，想要做一件事的话，不管有否困难，不管是否行得通，非做不可；结果做到一半，意兴阑珊，不想做了，于是又改变计划。这是最要不得的，对于你这种个性，一定要设法控制。

他又引用历史上的大人物给弟弟做榜样。他说：汉代的卫青，虽然是一位大英雄，身为大元帅，但是他有两个长处，一个是对于知识分子，非常有礼貌，肯向人请教。其次，对于低阶层的人也非常体恤、照顾。

这里再引用西门，因为没有明确名字，不易考证。大概是指战国时的一个名臣西门豹，有关他治西河的故事。原来在黄河口的人有一种迷信，每年要以一对童男童女丢到河里去祭河神，经过西门豹设法，才纠正过来。但是他的个性有些矫枉过正，遇事要做得漂亮，显示给众人看，这就是矫情，并不好。

他又举关羽、张飞两个名将，说他们两人同样是任性偏见，不听别人的意见，要别人都听他们的意见去做，所以后果都不好。

他举了这几个实例后，告诉江夏王，在个人修养以及处理事务上，要以历史上这些人物的优缺点作为借鉴。

他最后举出周公的例子，这是皇帝的手段拿出来了。刘裕的这个儿子，到底不错，所以历史上对他的评价，给了一个"文帝"的谥号。要在政治上有相当成就，学问、修养、为人都不错，才够得上"文帝"的美称。有"文帝"谥号的皇帝，说得好听是很聪明，反面的看法，也可说是蛮有手段的。

他说，假如有一天，情势有了变化，我不幸死了，接帝位的是我的长子，也是你的侄子。但是这孩子年龄还小，什么事都还不懂。到了那个时候，你以司徒，相当于汉代太师的身份去辅助他，就得要像周公辅助周成王一样，凡事依师道、臣道加以辅助。

这是他对江夏王的警告。在古代，皇帝死了，由长子继位，如果长子年幼，就要靠叔父来辅助。但有的叔父就乘这个机会，自己坐到皇帝的位子上去了。历史上这种例子是很多的，所以宋文帝就在这里预先放下这一颗棋子，希望他弟弟将来不要跋扈僭替。一方面也是说，到了那个时候，刘宋的天下是安是危、能不能够延续下去，就要看你们叔侄两个人了。

宋文帝这许多话，等于警告江夏王说，我现在还在观察你，这些毛病你如果改不好，再过几个月，我就要你下来了。下面是兄弟之间说私话了，私生活方面的一些劝告。

他说，你每个月用的钱不要超过三十万，政府的预算虽给了你这么多，假如你能省下一些来更好。你省下的钱，可以为你楚西地方的老百姓做些有益的事。至于你住的房子，已经够漂亮，也够用了，不需要又去改造新的，翻新花样了。

虽然这只是兄弟之间的家信，表面上好像是闲话家常，而所谈的都是重点。可见，在政治上，皇帝仍有许多情报，他对弟弟的劝勉，都是根据情报、针对事实而言的。

接着，他又告诉江夏王说，处理司法案件时，往往会碰到一些疑难重重的案子，实在难以判决。这时候就要格外注意了，开庭的时候一定要心平气和地多听，千万不可以先入为主，认为被告就一定是犯罪的，更不可以嫌烦、动意气而草草断案。

　　而且不仅是司法的审判，扩而充之，在行政处理方面，开会听取报告的时候，心里都不可先有成见，让别人尽量说出他们的意见，要采纳大家的意见，集思广益。当然也不可以凭自己的情绪下决定，不高兴的时候就杀人，高兴的时候就赦免人。

　　对于他人的好意见，好的主张，好的计划，就应该照着去做，放弃自己原来并不成熟的构想。这样一来，成功的美誉自然也会落到自己的头上来。不可以凡事一意孤行，只照自己的意思做，不听取他人的意见，而自满自夸，认为自己有独到的见解，比他人高明。这样不但遮断言路，人家也要骂你独裁了。

　　国家的官位，不可以随便拿来做人情，越是亲近你的人，奖赏起来越要慎重地考虑。

　　古代常见以国家官位做人情的事，这是不可以的；现在民主时代，也是一样。一个人如果当选以后，要儿子来当秘书，助选有功的人来当科长，这都是不应该的。官位是国家的名器，不是私人口袋里的红包，所以不可以送人。为了自己将来做出好政绩来，也该选贤与能，适才适用。

　　宋文帝更以自己为例说，我对于左右的人，较少给他们恩惠，外面也因此而批评我，我都听到了，但我以为并没有错。因为我对身边的人和不在身边的人，要一视同仁，不应该因为他们在我身边就常给他们赏赐。

　　接着，他又说出一番道理，也就是他当皇帝的秘诀，虽然不是什么传统的大道理，可也算是一种道理。因为当时的南北朝，社会非常紊乱，为政就不得不严谨，所以他对当时的那种情境，有他的一套政治哲学。

　　他的理论是，不能以自己的高贵去欺压别人，但是也不能没有威严，所以不可随便。这是很容易懂的事，你应该知道的。

　　随后他又在私生活上规劝说，为了不随便，所以对于声色娱乐等事，相当于现代的唱歌、跳舞等，偶尔消遣消遣可以，但是不能太过分。至于赌博、酗酒、打猎、钓鱼这些事，你一个身居王位的人是不可以玩的。你平常生活的日用所需也要有一定的限度，不要奢侈浪费，才可以做老百姓的榜样。至于穿奇装异服，收集珍奇的古玩，这类萎靡心志的习气，都不要养成。

他又教育弟弟要多接近部下，约他们吃便饭，聊聊天，而且要"数见"，就是多接见，否则便与部下的距离越来越远；与部下远了就无法知道下面与外面的情形，情况不明了，政事就无法处理妥善。

曾国藩引用了这些人的故事以后，提出自己的意见，告诫他的子弟说，像刘备、李嵩、宋文帝他们，都是雄才大略，有经营四海、统一天下大志的人，而他们在教育子弟的时候，却都从最基本的做人处世上说起，谨言慎行，充分流露出谦冲的德性。

又像汉代的伏波将军马援，奉命平交趾，就是现在越南北部一带。当他平乱的时候，写信回来训诫他两个侄子马严、马敦。他的信上说：我希望你们两兄弟在听到别人有什么过错的时候，要像听到人家说你们父母的名字一样，只可以听，而不可以从你们口里说出来。我国文化最重孝道，对父母应有恭敬之心。在礼仪上，面对父母，只能口称爸爸或妈妈；再恭敬一点，还要加上一句"您老人家"。亲热一点，则叫爸或妈。在文字上则要加上"大人"两个字，如"父亲大人""母亲大人"。对别人提到自己的父母亲，则要称"家父""家母"；父母过世了，也只能称"先父""先母"；绝对不可以在任何场合直呼父母的名讳。否则的话，就犯了严重的错误，是为不孝，小则被人批驳、轻视，更严重的，甚至影响事业前途，无人敢与你交往了。所以马援教训侄子们，不可去传播别人的过失，他引用这个比喻，是有非常严重的意义。

他又说：评论别人的好坏，或随意批评国家的法令与行政，都是我最不喜欢的；我宁愿死，也不愿意我马家的子孙有这样的行为。但是你们两兄弟却犯了这个毛病，这是我最不喜欢的。现在，我虽然远在外地，但却记挂着你们，所以又写信回来，对你们说这些话。我并不是啰唆，而是你们都已经长大了，又不在我的身边，该是自主的时候了。我只是像对出嫁的女儿一样，在替她系上佩带、挂上香囊时对她叮咛，再一次将父执的教训详细告诉你们，希望你们终此一生都不要忘记。

于是，他又举出近在京兆的两个名人来做实例说：就像现今正在京兆的山都长龙述（字伯高。据说马援的这封信后来被光武帝刘秀看到，就升龙述当了零陵的太守），对人敦行厚道，处事周密谨慎，从来不说谁对或谁错，立身恭顺，自己知所约束，生活节制而俭朴，清廉公正并有威严。我非常喜欢他，敬重他，希望你们能以他为榜样。

有一个人的作风是另外一型，那是越骑校尉杜季良。他豪情侠骨，急公好义，为人家的忧患而忧愁，因人家高兴之事而快乐；无论是好人或坏人，他都交往做朋友。当他父亲去世的时候，远近好几郡的人都来吊丧，这个人我也很喜欢、很敬重，但是却并不希望你们学他的样子。

两个人同样都是我所敬爱尊重的，为什么我希望你们学这一个而不学另一个呢？因为学龙伯高这种修养，纵然学不到和他一样，也错不到哪里去。而学杜季良就不同了，因为学杜季良的作风，必须具备许多条件，要有财富，又要有武功，或者勉强可以学他。更重要的，要恰到好处，把握得住，不偏倚，也不过分。因为稍一不对，就会出大毛病。

打个比方，如果学龙伯高，就像是学雕刻家雕刻一只在云霄的天鹅，纵然雕不好，也还可以像一只野鸭子；而学杜季良学不好的话，那就好比画虎不成反类犬了。

而且杜季良将来的下场会如何，现在还不知道。就目前的情形，有些地方的军官们都不喜欢他，常常初到不久，就有咬牙切齿恨他的样子；而一般人也往往把他的行径当作谈话资料。我虽敬重他，也同时为他捏把冷汗。后来果然有人在汉光武帝面前打报告，说他行为浮滑轻薄，扰乱社会秩序，妖言惑众，结果丢了官。也许马援这封信说过敬重他的话，无形中也帮了他的忙；否则这样的罪名，他连脑袋也可能丢掉的。所以马援不愿他的子孙们学他。

曾国藩最后的结论说，这位马援大将军也是谦虚地约束住自己，把高远的志向蕴藏含蓄在内心之中，而从日常言行上多做修养。因为不这样就不足以成大事。苏轼的诗"始知真放本精微"，就是这个意思。

这是关于"父子之间不责善"所引发的有关于古人训导子弟的文章。

对于"不责善"一词的含义，前面也曾经解说过，并不是教子弟不做善事，而是对子弟不做过分的要求。同时，"不责善"是对双方而言，孩子们也不应该对父母做过分的要求。扩而充之，师生、兄弟、夫妇、朋友之间，也应该相互的不责善，而要适度地包容、体谅。

在《论语·里仁》篇中，孔子的学生子游也说过类似的话，他说："事君数，斯辱矣；朋友数，斯疏矣。"就是说，对朋友的劝告，或者要求朋友帮忙，次数太多太过分了，就会疏远。对于领导人，尽管是非常忠诚的劝谏，而当他个性倔强、执拗不听的时候，就不要再多说了，多说反招来屈辱。在古代专制政体下，忠臣往往因而招来杀身之祸。

我们的文化，是佩服赞叹忠臣的。忠臣固然好，但我们不希望每个时代都有忠臣，因为自古的忠臣都是产生在国家动乱、社会不安，乃至于危亡的时代。如岳飞、文天祥，都是这样。从历史的观点看，这是历史的痛苦与悲哀，而我们所希望的，是永远天下太平。同时也希望家庭没有孝子，这句话是说，在一个和睦安乐的好家庭中，永远显示不出孝子来。例如一个贫苦的家庭中，父母抱病无法就医，做儿子的牺牲自己，设法给父母就医，奉养父母，这才显示出他的孝道，所以孝子是这样产生的。

在忠臣、孝子这两个美善名词的背面，包含了多少牺牲、多少辛酸、多少血泪！因此老子也说过，"六亲不和有孝慈，国家昏乱有忠臣"，这话说得最彻底了，儒道两家可以说是同一个论点。

回到前面所说的古人"易子而教之"的教育方法，可知我国的文化是多么精深博大。现在从大学教育系毕业出来的同学，乃至于在外国得了教育博士的人，谈起教育理论来，道尔顿制、杜威制，这个制，那个制，这个主义，那个主义，好像头头是道；但往往忘记自己的文化宝库中，有如此珍贵的、永恒不变的教育原理。

现代人写学术论文，花上两年时间找资料，有关无关的一起找来，瓜棚搭到柳树上，写下几百万字，煌煌然的一本巨著。可是读了半天，很难看见著作者本身的真知灼见，全是抄来的资料。这怎么叫学术？只能算是记文字的技术罢了。

说到我们古老文化中"易子而教之"的高明原理，我又想到清代彭兆荪的《忏摩录》。作者在书中说："家庭骨肉间，只当论恩义，不当论是非；一校是非，则有彼我之见，而争心生矣。"在家庭父子、夫妇、兄弟之间，只能够讲感情，如果一谈到谁是谁非，问题就来了。这也就诠释了孟子所说"父子之间不责善"的道理。

我们再研究，当时孟子为什么说这些话？是为了答复公孙丑的问题。而公孙丑又为什么提出这样一个问题来？我们知道，当战国期间，齐国是齐宣王当政，后由齐愍王接位。在大梁建都立国的魏国，是梁惠王当政，后由梁襄王接位。

在这种政权转移之间，我们可以看到一个很悲惨的画面。一个家庭内，父子、兄弟、姊妹之间，在权力、利害的冲突下，就失去了亲情，甚而互相嫉妒、伤害。所以"家贫出孝子，乱世见忠臣"，由这个观点看到的是人性美好面，因为在艰难困苦中，人性的善良面显露了；但是在富贵权势中，却暴露出人性的丑陋面。这是从历史上看人事，所看到的是一种非常妙也非常矛盾的现象。

所以在佛家、道家的心目中，人类都是愚蠢的，做了许多愚蠢的事。这种种的愚蠢构成了历史，以此推论，历史只是许多错误经验的累积而已。

孟子说这一段话，是因为在当时的战国时代，家庭的悲剧太多了，简直不可数计。更早的春秋时代，孔子研究《易经》时，就曾在坤卦的系辞中说，"臣弑其君，子弑其父，非一朝一夕之故，其所由来者渐矣"，这种臣子杀君王、儿子杀父母、兄弟家人互杀的情形，追究原因，不是一朝一夕的突发事件，而是整个历史文化、社会的悲剧，其来龙去脉，早就有了前因，才有这样的后果。一直到孟子这个阶段，也是如此；再到后世，直至如今，还是如此。这是很可悲的。

例如汉高祖，被项羽追得紧迫的时候，他把父亲丢掉了不管。后来在更危急的时候，把儿子也推下车去，减轻重量，才能逃得快。所以英雄人物，无法以常情揣想。也因此，我们正史以外的史书，如历史小说《木皮散客的鼓词》《杨升庵二十五史弹词》《桃花扇·哀江南》的词牌等，除了对于历史哲学的批判与感叹，也描绘出人性的可怕。

这种历史背景，在《孟子》这类经书上，不大看得出来。要读《战国策》等史书，其中有关魏、齐等国的历史，才知道当时宫廷中所发生的种种家庭问题。由于这个时代背景，才有公孙丑的这一问。

孝的真义

> 孟子曰："事，孰为大？事亲为大。守，孰为大？守身为大。不失其身而能事其亲者，吾闻之矣；失其身而能事其亲者，吾未之闻也。
>
> 孰不为事？事亲，事之本也。孰不为守？守身，守之本也。曾子养曾皙，必有酒肉；将彻，必请所与；问有余，必曰：'有'。曾皙死，曾元养曾子，必有酒肉；将彻，不请所与；问有余，曰：'亡矣，将以复进也。'此所谓养口体者也。若曾子，则可谓养志也。
>
> 事亲若曾子者，可也。"

说过了"父子之间不责善"的道理后，接下来谈孝道的问题了。这是孔孟思想，是中国文化几千年来的传统思想，所形成的中华民族文化的特性。这种特质，使中华民族屹立几千年，在世界人类文化中坚强而不会倒下；但是它的反面也造成民族的疲软性，像橡皮筋一样软软的，没有力量。不过弹性也很大。所以，有好的一面，也有坏的一面。

孟子说：天下什么事情最重要？事亲最重要，就是怎么安顿父母才是最重大的事情。

守的方面，又以什么最重要呢？守，不是说家里有许多黄金

167

美钞，要守住它，连上课都不上了，这并不是守。守，是操守，就是人格的建立。例如佛家、道家讲究守戒律，基督教也要奉行十戒，世界上各种宗教都有他们的戒律。戒律就是操守，一种人品的、行为的标准，然后坚持此一标准，使自己的品格、行为不致下降，这就叫作真正的"守"。

中国文化中有一句成语"守身如玉"。这句话，在古代不一定是对女子的贞操而言，对男子也是一样的。一个人对于自己的人格行为标准，要坚守下去，如同玉一样的洁白，才算珍贵；如果稍有瑕疵，就失去价值了。明代洪自诚（应明）的《菜根谭》里，有两句话："声妓晚景从良，一世之烟花无碍；贞妇白头失守，半生之清苦俱非。"这个正反两面的比喻，把"守"的重要说得非常具体而透彻。但是我们要注意，我们借用洪先生这两句话，只是做比喻，并不代表我们是贞节牌坊的拥护者。

一个人立身处世，要有一个立脚点。以现代的观念来说，一个年轻人，要先建立自己的人生观，知道自己要做什么。年轻人一生有没有事业，不是问题；一生有没有事业心，才是问题。虽然有事业心，不一定能够做得成事业；但是如果没有事业心，就如同已经被丢进字纸篓的考卷一样，这个年轻人几乎是报废了。事业心的基础在于仁心，一个人如果没有救人救世之心，在思想上就没有建立一个中心。即使事业做得再大，百年之后，也只是黄土一堆。宋代名臣范仲淹曾说，"不为良相，即为良医"，他就有救人救世之心，也就是孙中山先生说的"立大志，做大事，不是做大官"，这都是同样的道理。

守身，就是这种道理，所以孟子说"守身为大"，在守的方面，以守身最重要了。

他又说，一个人，在他的时代中，能够有人格、有操守，而又能尽到孝道的，我是听到过的，历史上是有这样的人物。

孟子那个时代，有这样的人物，而在几千年后的今天，也有这样的人物。像宋代的文天祥，是非常值得我们佩服的，但是如果以私人家庭的孝道来说，他因为抗元，救国家民族的危亡，为了尽忠臣道的节义，不肯投降，不但自己死了，还牵连到家人。假如他投降了，则能与家人安享荣华富贵。他的作为，从小处低处看，又似乎不孝了。

为了认识孝字的真义所在，必须研究十三经中的《孝经》，那是孔子所述、曾子所记的，里面有一句话："大孝于天下。"为了救社会、救国家、救民族，即使牺牲了自己，牺牲了家庭，也仍然是个大孝子。

当然，一个普普通通、既无才华、又无责任的人，而说为了救社会、救国家、救天下世人而去跳楼自杀，以醒世俗，那可不是孝子，而是疯子。

所以，在中国文化源流的《易经》中，注重两个字，一个"时"，一个"位"，用现代语来说，就是时间与空间的因素。一个人处身在某一位置上，负了一定的责任，在刚好遇上某种情况时，而为社会、国家、天下人类牺牲，那才是对的。不在那个位置，不在特殊的时机，虽有救人救世之心，做法应该两样。也就是每人要在自己的本位上，为救世救人去做出最适当的效益最大的事来，这才是对的，这就是孝。

孟子又说，如果自己的操守、人格都没有建立起来，而能尽孝道的，我可不曾听到过。孟子学问渊博，读书也很多，而他对这样的事竟说不知道，显然就是一个否定词了。

孟子更进一步说，天下人谁不想做一番事业？但是，连家庭、父母都没有侍奉好，还谈得上事业吗？我国传统文化对这方面是非常重视的。孝敬父母是人生第一要事，第一步都做不好，其他就不用谈了。说到守，谁不希望保有一些美好的东西呢？在所有美好的东西里面，再没有比品格和操守更为珍贵而重要了。可是人往往向外逐求，不知道将自己照顾好。许多人颟头颟脑的，睡眠不规则，饮食无节制，无定时，不讲究卫生，生病不医治，甚至酗酒作乐，贪恋声色，满足淫欲，把自己的身体戕害了，意志也消沉了，这都是不孝。因为父母所担心子女的就是这些事情，子女却偏要去做，使父母担心，增加父母的忧虑，就是不孝。

《孝经》上说，"身体发肤，受之父母，不敢毁伤"，中国古人一两千年来，连头发也不敢剪，那真是食古不化，依文释义的解释并不一定完全对。其实这句话的意思是要为子女的注意自己身体的健康，不要生病，不要受伤，以免父母担心忧伤。所以《孝经》里也说"君子不立危墙之下"，有孝心的人绝对不站到快倒塌的墙那里，因为怕墙倒下来被压伤或压死，如果父母还在世，怎么办？父母可就痛苦一生了。所以孝子不敢损伤身体，主要是为了不让父母担忧自己的原故。扩而充之，要避免危险的地方，不冒险去做无意义的危险事才是孝道。

孔孟思想如此，佛家的思想也是一样。在佛家的菩萨戒里，也有这项戒律，如果无意义地毁伤自己的身体，或者自杀，都是犯戒的。如果加以深入研究，儒家思想与佛家思想有许多地方是相同的，只是表达方式不同而已。

守身还有一个道理，就是"立身出处"，也很重要，以后孟子也会讲到的。一个人到社会上立足的第一步，会关系到一生的成败，或幸或不幸。最近社会上出版了一本小说，书名《错误的第一步》，这真是一个好书名，不问内容如何，有时候一些书名或影片名，的确取得很好。像最近报纸电影广告中，有一部影片名《上错天堂投错胎》，也是一个很好的片名，每个人都可能有同样的感受。

　　总之，所谓立身出处，就是第一步跨出来到社会上时，要非常慎重，而且不止是人生的第一步重要，每天每事的第一步也同样的重要。假如今天早上有人找上门来，要给你一个立即可以发财的机会，或者一个名利双收的工作、职务，千万不可因一时的近利而骤然答应下来，一定要仔细谨慎地考虑，利愈近愈大，就更应该愈慎重地考虑。这也是关键性的第一步，踏不踏出去是非常重要的，因为一生的是非、善恶、祸福很可能就在这一步之间。

　　例如汉代的名臣杨震，有人在半夜送红包给他，对他说，你老人家尽可以收下来，这是没有人知道的。杨震说，"怎么没有人知道呢？天知，地知，你知，我知，起码有四方面都知道了"，这是大家所熟知的杨家的堂名号"四知堂"的来由，美誉流传千年，迄今人人皆知。

　　守身这件事，如果发挥起来，包含的意义很多很多。尤其是青年们，在今天这个思想纷杂、人伦规范混乱的时代，交朋友的时候要特别注意，一步错了，这一生都掉下去了，殊不上算。所以做人做事交友，都要谨慎。一个人只要立身正，事业失败没有关系，可以再站起来；立身不正，倒下去了，就是万丈深崖，万劫难复，这就是古人说的"一失足成千古恨，再回头已百年身"。所以守身与事业是两回事情，不可混为一谈。

　　孟子从事亲尽孝的重要，说到守身更是事亲尽孝中最重要的事，一路下来到这里，他又举出古人事亲的实例，并以曾子为例。

　　曾子是孔子的学生，曾子的父亲曾皙也是孔子的学生，两代都是孔子的学生。现代也有同样的情形，甚至祖孙三代都是同一个老师的学生。

　　曾子当时并不富有，经济情况也不太好，但他孝养父亲每餐有酒也有肉。父亲吃完了以后，曾子一定会很委婉地请示父亲，剩下的怎么处理或给谁吃？曾晳或者说给孙子吃吧，或者说你和媳妇吃吧，或者说隔壁的张三家好像很久都没有买肉了，送给他家小毛这孩子吃吧！有时候曾晳会问一声，厨房里还有吗？纵然厨房里没有了，曾子这时也一定会撒谎说还有，这一句撒谎是为了让父亲吃得安心，不要让老人家为自己的贫苦而操心。

曾晳死后，曾子的儿子曾元奉养曾子也和父亲奉养祖父时一样，每餐一定有酒有肉。可是在吃完饭以后，他不会问曾子多余下来的菜该怎样处理；如果曾子问到厨房还有没有时，他会说，厨房里没有多的了，这只是做来侍奉你老人家一个人的，你老人家喜欢，明天再做。

他们父子侍奉父亲的态度不同，时间不过前后几十年，就发生了差别，这是代沟的一种。这一节书里也包含了代沟的哲学，大家可以从而研究代沟是怎么来的，大写论文了。

曾元说的话，听起来好像很孝顺，可是和曾子奉养曾晳的精神比较起来，就差得多了。孟子的结论说：曾元的孝敬，只不过是小乘道的孝敬，是比较肤浅的小孝，仅晓得供养好的东西给父亲吃，让他在口味上吃得好，身体舒适。在精神方面来说，他没有体会父亲吃过之后的心境如何；而曾子则体贴到了这些，那才是真的孝子。

在另一方面看，曾元的度量——用现代语说，他的爱人之心，没有那么远大，不能推己及人，所以以他自己的胸怀不能体会父亲的心理。因此曾子才是尽孝，这就叫作"养志"。于是孟子最后说，侍奉父母，要像曾子一样的精神，才算是真的尽了孝道。

我们再研究孟子这段话，上面说事亲为大，守身为大，这与曾晳、曾子他们两父子喝酒吃肉又有什么关系呢？这就是文章的高明处。他借用日常生活中的小事，告诉我们要随时随地善体父母心意，除了物质方面尽量让他们舒适之外，更要注意他们的心理状况，让他们感觉安逸而舒适。

孟子从前面所讲君子以事亲、守身为最重要，再说到立身处世的态度，而用曾皙、曾子、曾元祖孙三代的处事人格、操守作为一个标准，以说明立身处世的道理。所以一个人的处世态度最难。《论语》中也有类似的记载，子夏问孔子怎样才算尽孝，孔子说"色难"，就是说除了物质生活上的孝养之外，态度上也要做得好。扩而充之，对兄弟、夫妇、朋友也是如此。例如我们送一件礼物给朋友并不难，而在赠送时态度表示诚意就很难了。冷淡一点，表现不出诚意；过分客气，人家又会误以为虚伪；送人东西，还要人家接受得高兴而自在，这就很难了。

我们了解了这些，就知道孟子的这段话很有道理，否则的话，孟老夫子说事亲守身，突然又提到曾家祖孙喝酒吃肉的事，好像牛头不对马嘴。千古以来都说孟老夫子的文章好，没有读懂的话，就不知道好在哪里；读懂了，就知道它的好处是颇堪回味的。正如禅宗的"话头"，要参，好好去研究，像看水晶球一样，四面八方去看，角度不同，光线不同，所得的印象就不同，认识也不同，这就是孟子文章的妙处。

孟子曰："人不足与适也，政不足间也，惟大人为能格君心之非。君仁莫不仁，君义莫不义，君正莫不正，一正君而国定矣。"

放纵的挑剔

这一段，应该是与上面相连，是一贯下来的，但是又被宋儒在上面加一个大圈圈，分成一章一章，硬给截断了。这是宋儒他们搞的章句之学，就好像《金刚经》是一整篇的，被昭明太子断出来三十二章一样。

说到这个大圈圈，刚好前天读到一段明人笔记，叙述以前科举考试时，有一个笨考生，进了考棚，考卷题目是《论语》中的一句。于是就问隔邻考棚中的考生："这题目的上一句是什么"，邻生告诉他："是子曰"。他又问再上一句呢？那位考生用手一比，比画出一个大圈圈来给他看。他气得要死，心想你这家伙真可恶，我虚心诚意向你请教，你反而幸灾乐祸来和我开玩笑。殊不知在书本子上，正如这旧时版本上"孟子曰"的上面一样，印有一个大圈圈，真的被古人硬生生地圈断了。

这是读《孟子》之难。最近我更感到讲解《孟子》之难十倍于他书。第一，不便讲的，硬要咽回肚子，放到盲肠里。第二，可讲的话，找资料难。第三，似乎现在人人都懂《孟子》，但可能人人都不懂，所以讲解《孟子》好难好难。像这一章的几句话，就是很难了解的。

"人不足与适也"的"适"，就是到哪里去。过去家谱上，女儿嫁到外地某姓，上面就记载适某地某姓。广泛地以现代语来说，这里的"适"就是自由，绝对的自由，自己任意地往前走，如适高雄，就是去高雄。

"政不足间也"的"间"字，有间隔、嫌隙、离间的意思。

这两句话到底什么意思呢？人不可以走出去吗？政治不是一间房子吗？千古以来，古人对这两句话的解释并不相同。汉、唐、宋、元、明、清以来，考据可多了。

至于宋代朱熹的解释，曾被朱元璋指定为标准的解释。朱熹也是引用古人的解释说，适是指责的意思，他认为"间"前面遗漏了一个"与"，是"政不足与间也"；既然"人不足与适也"解释为老百姓不可在政治上有过分的要求，不可对朝廷有过分的责备，那么"政不足与间也"，"间"者"非"也，不可以非政，对政治稍作批评就会阻碍行政了。照朱熹这样的解释，就与下面"惟大人为能格君心之非"的意思硬是联系不起来了。仔细考虑、研究，我认为宋儒的这种解释不通，不一定对。

对于"适""间"两字，我认为就是原字原义，不必别做"适过也，间非也"的解释。

"人不足与适也"，人性是不能让他过于放逸、放纵的，过分的自由就是任性，便成为放纵。如果人性不加以自我修正，不建立道德规范，使其遵守，社会就大乱了。有人误以为礼貌是虚伪，对人没有礼貌才是真实，于是随自己个性到别人家里，爱来则来，想去就去，自己是很适意、很自由，同时自以为很洒脱。但是走在路上，肚子饿了，看见路旁店中有热腾腾香喷喷的肉包，为什么不随手抓一个肉包随走随吃呢？这不是很潇洒吗？这也是自由呀！由此可知，人的行为必得有一个范围；而且，对人有礼貌，又有什么错呢？总之，人性是不可以过分自由的。

"政不足间也"，政治上则不可以随便挑拨离间。所有古今政治与法令的毛病多得很，没有一件是完备无漏的，如果存心去挑剔，也都可以挑出毛病；总之，不能鸡蛋里挑骨头。

这两句话就是这么简单，宋儒偏要"过也""非也"地扯上一些不相干的事。在市面上，朱熹所注的版本还简单一些，如果拿《四库全书》中的《孟子》版本来看，历代古人的各种不同注解更多了，简直令人头痛，一口气吃上一瓶阿斯匹林还医治不了。古代学者们注起书来，往往为了一个字引经据典，各家各说集起来，可以万计。说了半天，不知说到哪里去，会令人掷书而后快。又如"大道直如发"这句，意思只是说天下的大道就像头发一样，一条直路。而古人们以为自己的学问好，就作许多歪曲的注解，反而成了"大道乱如发，三千烦恼丝"了。如果照我的解释，这一段的文义就可以完全贯通了。

"人不足与适也"，做人的道理，自处与对人，都不可以过分放任、放纵，应该有分寸。

"政不足间也"，为政不一定指国家的政治，即使一个学校的行政，校内校外，上上下下，谁都要来挑毛病的话，身为一校之长，就是被挑毛病的对象。

我的经验，为人处世千万不要到领导的位置上，一旦成为领导人，就要准备让别人来挑毛病；也不要出名，如果当了电视明星，观众打开电视机一看，这个说化妆不对，那个说服装不合朝代，又是台词念得不好，动作、表情欠佳，总是有得批评了。如果不当明星，我穿我的衣，吃我的饭，对与不对谁也管不着。所以出了名是很痛苦的，俗话说"人怕出名猪怕肥"，世界上最舒服的是默默无闻的人。为政的道理也是一样。

上面这两句话是原则，下面说到"惟大人为能格君心之非"，这个大人可就大了。

调和鼎鼐

我国古代的政治制度是君主立国，尚人治而不尚法治。君王就是法律，后世演变成了"君欲臣死，臣不得不死；父欲子亡，子不得不亡"。所以，要想反过来，改正君王、改正领导人的错误，就很难了，非"大人"而不能为。

中国儒家特别标出知识分子的责任。知识分子的读书目的，就在于"大学之道，在明明德，在亲民，在止于至善"。能做到这样，才是真正顶天立地的大丈夫，这就是大人了；大人是小人的对称词，小人就是普通人。这里孟子说，只有大丈夫才能改正一个领导人的错误。

明代朱柏庐的治家格言说，"读书志在圣贤，为官心存君国"，也就是从儒家的"大学之道"思想来的。只有立大志为大人的才能做到，就像历史上的良相、大臣。所谓大臣、名臣、能臣、具臣、奸臣等的涵义区别，前面都提到过，这里不再重复。至于唯唯诺诺的，上面指东即东、指西即西的，则不是大人，那是奴才，更不是为国为民的人才。为国为民的人才，应该是"读书志在圣贤，为官心存君国"的人，只有这样的人才能改善领导人思想观念上的错误。由于领导人的思想观念不一定全对，所以孔孟一直推崇尧、舜为领导人的榜样。

同样的，一个社会团体的理事长，学校的校长，工厂的老板，以及各阶层、各行业的领导人，他们的作为不一定完全对，而辅助者的责任就在改正他们错误的地方。所以我们读历史的时候，就看到大宰相的责任在于"调和鼎鼐，燮理阴阳"。

鼎鼐是古代煮饭、炖汤的锅子。从字面上看起来，似乎当宰相的一定很会煮饭烧菜，好像是掌锅的大司务，深谙调和百味的烹饪之术。但是大家知道，我们所标榜历史上的好宰相，首先是商汤时的伊尹，他最初是以厨师的身份来接近并说服商汤的，后来成为历史上的第一个名臣。"调和鼎鼐"的典故，可以说是因他而来的。

事实上，人人会吃饭，人人也能把菜煮熟，但并没有几人能够把菜做得既省钱又营养，同时色、香、味俱佳。这虽然是一件小事，可是其中有大道理和大学问，很不简单。

宰相的调和鼎鼐，也就是"燮理阴阳"，但在一人之下，万人之上，能不能做到调和阴阳，很难肯定。有时一个人与朋友也相处不好，更何况对上要秉承一位绝对权威人的意旨，对下又有那么多的意见，所以调和鼎鼐太不容易了。并且好人、坏人、好意见、坏意见都有，所以说，想要使上下和平、同心协力做一番大事，那是多么的困难。

燮理阴阳，不是说能够呼风唤雨，要晴便晴，要雨便雨，而是可以调和人心的善恶，以及人事的是非。更重要的是，他能"格君心之非"，就是能够改革君王心中错误的想法。古代曾有几位有名的宰相是能够做到的。

所以，孟子先说"人不足与适也"，这个"人"当然也包括国君在内；纵使是贵为国君，也不可放纵、放任，必须有一种自我约束的规范。但因为国君操生杀之权，必须有"调和鼎鼐，燮理阴阳"本领的"大人"辅助他，才能达到"格君心之非"的效果，使君主去恶从善。

如果能够"格君心之非"，改正上面的领导人，使他做到仁，下面则没有不仁的了；使上面做到义，下面则没有不义的了。上面正，下面也会正；如果上梁不正，下梁就歪了，这是一句俗话。

"一正君而国定矣"，这个"一"字非常重要。讲普通文法，如改国文卷子，"正君而国定矣"也可以，"一"字好像是一个赘字，可以去掉，为什么这里一定要加一个"一"字呢？这就是文章写法的高明。就是说，一人之下，万人之上，乃至二人之下，万人之上，担负治理国家社会责任的人，独有一个任务，只有一件大事，就是能够"格君心之非"。

一个领导人，尤其是古代君主，日理万机，即使他最聪明，最有能力，仍经常会有错误。所以辅弼的人非常重要，他的唯一任务是"正君"，君正则国家就太平了。

从这里就可看出孟子的精神，是要我们知识分子知道，如果肩负着国家大事责任，就应该晓得真正的任务所在。

我们举一个例子，佛学的《宗镜录》作者宋代永明延寿禅师，他是儒、释、道无所不通的人。他自己修道有证果，死后人人都知道他是弥陀的化身，这是宗教范围的说辞，且不去管它。他的文章非常好，其中有几句话说得甚为精确："如获鸟者，罗之一目，不可以一目为罗；理国者，功在一人，不可以一人为功。"如果以这几句话作为《孟子》这一段的诠释，问题都解决了，都明白了，不会再受古人乱作注解的欺骗了。

这句话是说，在空中张开罗网来捕鸟，而捕到鸟的，不过是罗网中的一个小洞目而已。但是切不可以为这个小小的洞就是一个罗网；换言之，不可以认为只是这一个小洞的功劳。罗网是由许多小孔编织成的，这只鸟刚好闯上了这个小洞而已，实际上功劳仍然在整张罗网上面。同样的道理，一个国家治理好了，往往功在一人，如汉代的立国，成功的在汉高祖一人。但是不可以认为只有他一人有功劳，他下面还有张良、萧何等许多了不起的人辅助他，才使他能够成功、成名。

永明寿禅师是用两句世法的话来解释佛法的，我们再转借他这两句话来诠释《孟子》这一段，也就非常清楚了。

《离娄》篇的上章，关于君道——领导人的修养应该走的方向、路线，到这里大概说清楚了。

孟子曰："有不虞之誉，有求全之毁。"

孟子曰："人之易其言也，无责耳矣。"

孟子曰："人之患，在好为人师。"

怎样看待毁誉之间

这里是君道与臣道有关的话，而宋儒在这个地方又画几个大圈圈，把它给圈断了。我们还是把圈圈拿掉，还给宋儒，仍然依照本来的《孟子》连贯下来看。

这三句话连起来，是同一系列的观念。我们读历史，不可对古人要求得太过分。当我们想起古人的话时，再一仔细推敲，就发现有许多古人受了冤枉；那些被后世指责为奸的人不一定奸。但他为什么会弄得如此糟糕，为什么非要把命赌进去才算忠呢？因为他的处理有错误的原故。这要随着年龄的增长，人生经验的增加，才能把历史读通。

所以不必说现代人难做，古今中外一样都是做人难，既然生而为人，虽难也总归要做人的。

做人的难处，在于会有"不虞之誉"，想不到和过分的恭维会来。例如，一见面就说"你真了不起"，其实有什么了不起？说不定真的还起不了。尤其青年朋友们要注意，人一旦有了财富，有了社会地位，一切好听的话都来了，自己求不到的那些恭维也都来了。千万不要上自己人格修养的当！如果人家说你是圣人，你就自以为是圣人，那你就堕落了。人家恭维你，你就更应该反省，更要害怕，因为不实际、过分的恭维话是绝对不能听的。

"有求全之毁"，这句话是真的。社会上的人，在要求别人的时候，或者对某种位置上的人有特别要求的时候，批评的话非常厉害。尤其对一个圣人的要求，更是十全十美的。圣人看人，凡圣平等，自己和他人都是平凡人；而社会上的人，对圣人的看法要求则不然。例如释迦牟尼是圣人，可是社会一般人看他，则不一定以他为圣人。有人会说，既是圣人，又何必出家呢？有人会说，当圣人不出家也可以吧？也有人会说，圣人一定要出家的。总之，你如果有一点点不合他的意，他就要批评，这就叫作"求全之毁"。

恭维你的话，是靠不住的，自己想都没有想到这么好，人家的恭维就来了；而诋毁你的话，却常常是求全之故。

孟子对于人情世故如此通达，他到底是圣人，我们大家为政治、为教育、为人、为己，这个毁誉的道理一定要懂。所以，责备他人，乃至责备古人，不宜过分，不过分就是不求全。

孟子接着说："人之易其言也，无责耳矣。"社会上的人是说话随便，不负责任，喜欢发表意见而已。别人说话容易，听起话来可得注意，不但不能随便相信自己的耳朵，有时亲眼看见的事也未必真实，未必是实情。例如一则禅宗的故事，就是李翱见药山禅师的事。

贵耳贱目的故事

唐朝的名学者李翱是韩愈的弟子，写了一篇最有名的文章《复性书》，后来的宋、明理学都受了这篇文章的启发。《复性书》和韩愈写《师道》《原道》一样，对后世发生了重要的影响。

当时江西的药山禅师平日教育弟子，是不许他们看佛经的。有一天他自己坐在山门外看佛经，一个弟子就问他：师父啊，你既然不许我们看佛经，为什么自己看起佛经呢？老和尚两眼一瞪，骂他说：你们看佛经，连牛皮都可以看得穿；而我看佛经，不过遮遮眼睛而已。意思就是说，弟子们看佛经，纵然一个个把眼睛都看成了近视，也只是记得一些古人的语言，而佛法的道理仍然不懂，所以药山禅师骂他们连牛皮都会看穿。他说自己看佛经是遮眼睛，也有道理，会读书的人一目十行，把书中的意思吸收了，眼睛还不必用力。

李翱到湖南（朗州）做刺史，在当时，刺史的威望比现在的省主席还大，有生杀之权。李翱听说药山禅师很有道行，这天特别上山去拜访他，站在他的身边。老和尚却坐在那里看佛经，根本不理不睬，假装不知道。下面的弟子可急煞了，连忙报告师父说刺史大人来看你了。老和尚眼睛仍盯在佛经上，"唔"了一声，才慢吞吞地转过头来。这一下可把李翱给气坏了，这位韩愈的学生个性本来是很偏激的，学问好、本事大，脾气可也大得很，认为老和尚看不起他，一甩袍袖回身就走，一边走一边说："见面不如闻名。"这时老和尚才慢慢开口说："刺史啊，你何必贵耳而贱目呢？"何必把自己的耳朵看得这样贵重，而把你的眼睛又看得如此不值钱呢？

老和尚这句话的意思就是说，我老和尚就是我老和尚，原本就是如此的，并不因为人家说我如何便是如何，也不因为你见了我如何我又如何。刺史你说见面不如闻名也好，闻名不如见面也好，那都是你自己的耳目的作用而已，是好是坏，那是你自己耳朵和眼睛的事，与我老和尚无关啊，我老和尚还是我老和尚。

假如是现代的青年人，这一气，走了就走了，老和尚再说什么，也懒得去听了。可是李翱到底与众不同，听了老和尚这句话，心里一惊，马上回头，向老和尚认错。接下来，药山禅师问他，你刺史做得好好的，到山上来有什么事？他就对和尚说，我来向你求道，什么是道？老和尚用手向上一点，然后又向下一点。李翱看了不知道是什么意思，说请老和尚明示。药山禅师说：也没有什么啊，"云在青天水在瓶"。这就是说那么宽阔，那么灵光。

李翱听了他这一句话，好像是言下有悟，回去之后就写了这一篇《复性书》，影响后代中国文化一千多年。这篇文章很重要的，是以佛家、儒家、道家融合在一起的一篇文章。后来宋、明理学的开创，受他这篇文章的影响非常之大。

聪明不靠耳目

现在引用禅宗这个故事来解释《孟子》"无责耳矣"这句话，就等于药山禅师说的"何贵耳而贱目"；所以当一个领导人，不要乱听是非。如果去听的话，是非就太多了。因此想起来前天看到的两首好诗，作者佚名：

广知世事休开口　纵是人前只点头
假若连头都不点　也无烦恼也无愁

独坐清寮绝点尘　也无嘈杂扰闲身
逢人不说人间事　便是人间无事人

这两首诗固然是出世的，属于修道的修养，但是对我们做入世事业的在家人，偶然引用来吃这两味药，则可在事业的尘劳烦恼中得到一点清凉，所以姑且名之谓"两味清凉剂"。

在入世的立场看起来，这个态度似乎有点消极，但是也说明耳朵听来的是非绝对不准确的道理。由此再回转来看"有不虞之誉，求全之毁"的道理，就要注意了。

孟子为什么说这些话？就是告诉我们臣道的道理。凡是当别人干部的，既然答应了，就要受人之托忠人之事，尽其责任。在处理许多问题、许多麻烦时，都要知道这些原则。

孟子当时大概感慨很多，他由君道讲到臣道，由臣道讲到师道。但是他讲臣道"无责耳"的同时，也是告诉领导人要注意的地方。领导人因地位的关系，很容易听到左右的是非；如果领导人没有判断的话，问题、烦恼就来了。所以对是非就要

183

辨别清楚，那也就是"无责耳矣"的意思了。

历史上有许多秘密的大臣，被称作帝王的耳目，这是后世的形容词，其实在古代好的大臣被称为帝王的股肱，就是手足。一个人是靠足走路、靠手做事的；到后来有了耳目就糟了，那是观察小事的，小事多了头脑就常被耳目骗了。所以要想帮助别人，千万不要做人家的耳目。要想耳聪目明，需靠自己的头脑，而不是靠人"打小报告"，否则是非就随之而来了，反而弄混了自己的头脑。

好为人师

孟子又说，人类有个最大的毛病，喜欢当人家的老师。所谓"帝王师"，是指导人君的师。古代政治制度有三公，周为太师、太傅、太保，汉为大司马、大司徒、大司空。这些职位的任务几乎是坐而论道，不担任实际行政职务，而是思想的指导，最高政策的指导。连皇帝做错了，他们都可以说话；但到后世，三公还是听皇帝的了。如清代的所谓太师太保、少师少保等，到了末期，那些"保"都成了活宝，不成话了。

世界上很多人都好为人师，喜欢为别人的事情乱出主意，总觉得自己的意见比别人好，这也就是好为人师。在心理学上说，人都有领导别人的欲望，佛家说这是我慢习气最重要的关键。人人都有发表欲，其实也是好为人师的一种表现。

搞宗教的人有这种毛病的，比世俗中还多；都是说你拜我为师，我传给你道，你一定会修成功。看了这个情形，只有感叹一声："人之患，好为人师。"最好一生都站在学人的位上，我说的这个学人，不是指现代的学者或者有学问的人；过去学人是指学习的人，是谦虚之辞，表示自己还在学习之中。

所谓"好为人师",不一定是去学校里当老师才算。人有一个通病,欢喜指责别人的错误,总以为自己的智慧、学识比别人高明。从另一面来看,如果自己真有好的修养,喜欢帮助别人,那是人性的一个长处;如果自己没有好的修养,而喜欢去纠正别人,就是佛家所说的"贡高"、"我慢",也就是我们常说的"自以为是"。

所以这个"好为人师"的"师"字,并不一定指学校里当老师的,而是自以为比别人高明的人。甚至一个白痴,当他被别人欺负时,也会向人瞪眼,而认为欺负他的人是大笨蛋,人就有这个毛病。

例如以我来说,大家向来称我为老师,这是大家的客气和礼貌,在我并不承认是老师,自认没有资格足以为人之师,一生只有做一个学生。因此我在民国五十三年(一九六四年)时,曾经对于被称为老师之事,以"自讼耻为师示诸子"为题,作了几首诗,现在录出来给大家:

其一(儒)

微言大义有沉哀　王霸儒冠尽草莱
用舍行藏都不是　耻为师道受人推

假使有人说我是儒家的老师,例如在研究所,有些同学毕业了,送来纪念品,而称"经师"、"人师",我收到以后真感到脸红。因为儒家的"经师"就是传经传道的大师,如汉代的大儒董仲舒;"人师"也是传道授业的。其实,我一本书也没有读通,"人师"更谈不上,不足以为人的榜样。因此这首诗说"微言大义有沉哀",孔子著《春秋》是微言大义,而今日的文化精神是很令人悲哀的。"王霸儒冠尽草莱",过去是"万般皆下品,

185

唯有读书高"，现在是"万般皆上品，唯有读书糟"，所以王道也好、霸道也好，读书人都不值几文钱了。"用舍行藏都不是"，这是引用了孔子"用之则行，舍之则藏"这句话而来的。现在的读书人，往往有"行"也不是、"藏"也不是进退两难的处境，而大家还推崇我，叫我老师，这是非常难为情的。

其二（道）

　　玄微不识有无功　　致曲难全世异同

　　兵气未销丹未熟　　耻为师道立鸿濛

　　这首是讲"道"方面的，"玄微不识有无功"是指老子所说"无生于有，有生于无"的道理，我自觉对其中玄微之处不敢自夸已经非常清楚了。"致曲难全世异同"，老子说"曲则全，圆融无碍"，但是现今的世道，好像很少人求曲，而曲是否必全，在表面上看来，一般人或会认为"未必"。而且，"兵气未销丹未熟"，再看世局，战争刀兵处处，急待解救；而自己学道也未成功，无法建立起道家的鸿濛境界——等于佛家的"空"、"真如"境界，当然难为人师了。

其三（禅）

　　拈花微笑付何人　　一会灵山迹已陈

　　挂杖横挑深夜月　　耻为师道颂同真

　　讲到佛、讲到禅，更不足以为人师。当年灵山会上释迦拈花，迦叶微笑，遂以正法眼藏交付的事，都已经过去了。所以我说"拈花微笑付何人，一会灵山迹已陈"，而现在只是"挂杖横挑深夜月"而已。请试想一下，半夜三更，将一根挂杖放在肩头，踽踽独行于静寂的山间水涯，四野无人，这是一幅什么样的图画？也许是我的一种心境吧。对于佛学中的十智同真，不得为师道而与人同颂了，当然就"耻为师道颂同真"。

其四（结论）

四壁依空锥卓难　夔蚿鹏鷃总无安
时流吾犹趋温饱　万窍风吹随例看

这是结论。主旨在说：大家叫我老师，是对我太客气了，因为我"四壁依空锥卓难"，贫无立锥之地，四壁空空，袋中一毛钱也没有。而且"夔蚿鹏鷃总无安"，这是引用《庄子》的话，在这个时代，大则如龙、如大鹏，小则如蚯蚓、如麻雀，大大小小都不能安定。大家不必以为我有学问，我在这里讲学，只是"时流吾犹趋温饱"，要吃饭穿衣，求温饱而已。因之"万窍风吹随例看"，我与世界上的人一样，虽在这里乱叫，也只是为了骗一口饭吃而已，不足以为人师。

人才和才人

乐正子从于子敖之齐。乐正子见孟子，孟子曰："子亦来见我乎？"

曰："先生何为出此言也？"

曰："子来几日矣？"

曰："昔者。"

曰："昔者，则我出此言也，不亦宜乎？"

曰："舍馆未定。"

曰："子闻之也，'舍馆定，然后求见长者'乎？"

曰："克有罪。"

孟子谓乐正子曰："子之从于子教来，徒铺啜也。我不意子学古之道，而以铺啜也。"

孟子说了"人之患，好为人师"之后，接着叙述他教育学生的一段故事。看了这段故事，令人想到人才与人品修养之难。

佛学上经常说到的三个观念，就是见地、修持、行愿。修持佛法首先重"见地"，就是要有远大的眼光，普通说的要有高见；在理上清楚了，才能说到"修持"；然后才能说到起用，也就是"行愿"。这三个步骤，几乎包括了全部的佛法。

关于见地，也就是人才的人品修养，那是非常难得的。假如清楚了解这种修养不易的道理，则对于历史、现代，乃至于未来的世事发展，都可以看清楚了。

常听到人说"人才难得"，我并不十分同意这句话。实际上处处是人才；根据逻辑来说，人人都是人才，是人就是才。纵然有的人很笨，也是"笨才"，因为第一他是人，第二他有一个长处——很笨，就是才。假使很会绘画，是艺坛人才；文字写得好，是文坛人才，所以处处是人才。

然而，要想求到"才人"可就难了。过去非常注重才子，大家以为才子一定文章很好，但并不如此，才是包括多方面的，像周公、孔子都是一代才人。所以"人才"与"才人"这两个名词的定义不要混为一谈。人才处处有，但某行、某业若求一个"才人"可不容易，千古以来没有几个才人。

清朝一位名史学家，也是才子的赵翼，他的诗说"到老方知非力取"，就是慨叹才人之难得。他和袁枚齐名，又是同乡，可是在学术上他是反对袁枚的。据说有一次，他一张状子告到县里，控告袁枚为"名教罪人"。县长接到这张状子，感觉十分为难，因为赵翼和袁枚两人都是前辈，都名满天下，而且功名都比自己高；所以对这场官司无法处理。最后只好出面请客，请两位老前辈不要闹下去了。

赵翼的诗"到老方知非力取"，意思是说累积几十年的经验下来，知道不论自己多么努力，也不能完全做到；"三分人事七分天"，要三分的努力，更要七分的天才，才能成功。所以我们希望国家多出才人才好。

现在教育普及了，大家都有了一般的基本知识，但自己能否成为一个才人，那还要在学问、道德、修养各方面多去培植自己，才有可能。

孟子的学生乐（音岳）正子，原来在鲁国做官，有一次鲁平公要去看孟子，被一个小人说得搁下来了。乐正子曾经打抱不平去质问过鲁平公，并且告诉孟子鲁平公不去的原因。孟子听了就说，"吾之不遇鲁侯，天也"，我和鲁侯见不到面，那是天意。

子敖，就是王驩，齐王的嬖臣，为盖邑的大夫。前面说过，孟子曾为齐国卿，奉命出使滕国，担任吊滕王丧的特使，当时也派王驩当副使。他们虽然朝夕相见，可是在来回的路上孟子却不大和他说话，很不以王驩为然的。

现在，乐正子大概也到齐国，当起子敖的"主任秘书"或"顾问"之类的职务了。有一天来拜访老师孟子。孟子说，"子亦来见我乎"，就是说老弟！你也来看我呀！这句话很不是味道，听起来很难受。他上面说过"人之患，好为人师"，现在他自己也端出老师的架子来了。这里这个"乎"字，深含了责备的意思，也相当于现代语言说：你不必来看我，你忙你的吧！或者说：你居然也来看我了。

乐正子听了很不满，于是说：老师！你怎么这样说呢！我可受不了啦！你老人家不要这样说嘛！

孟子说：你来几天了？等于有学生从国外回来，不去看老师，一直等到又要走了，临上飞机才到老师那里转一下，只是敷衍，还说：老师！我这次回来实在太忙了，所以今天才来看你。老师只含蓄地说：你忙，不必来看我！就是这个情况。当学生的连普通的礼貌、做人的道理都不懂，老师又怎么会稀罕这样的学生是否来看自己呢！

乐正子被孟子问到来了几天了，很不好意思，只说"昔者"，前些日子来的，不敢说出确切日期。

于是，孟子说：前些日子？可见你来了不止一天两天了，已经来了很久了。我问你怎么今日也会来看我，天地君亲师，我总归是你的长辈，你早一点来看我并没有错呀！

乐正子还要辩解，并且说：不是不尊敬老师，因为那时住的地方还没有安顿下来，所以没有来。反正是乱扯一通，想掩饰自己的过失。

孟子说：你一定要住定了以后才来看我吗？乐正子最后说：老师！我错了，请你原谅我一次。可见孔孟之道非常讲究这个"礼"字，这就是对待长者之礼。

孟子又继续对乐正子说：你为什么跟王骧这样的人做事呢？为了生活？为了待遇吗？想不到我平常那样教你，你还是学不会。难道做学问只是为解决吃饭问题吗？为了吃一口饭，什么事都可以干吗？

孟子这是骂乐正子，他是现代所谓的古人。现代的人可就是生活第一，把孟子的这种教训先搁在一边了。古人有两句话，"命薄不如趁早死，家贫无奈作先生"，没有办法，只好来教书。虽然今日极力提倡尊师重道，而真正尊敬老师的，只有国民小学的学生。程度越高，尊师重道的精神就越差，到了大学哪有尊师这回事！所以，今日社会风气，若希望尊师重道，谈何容易！

在制度上本来就是问题，老师上课拿钟点费，规规矩矩讲一个小时就走了。这是权利与义务，在法律上是买卖契约性质的。古人教育子弟，不是为了钟点费，而是负了教育的使命，教育子弟毕生做大人、正人。古人为师的，当然不像现在这样，一大批一大批地教，视学生如雇主；古人是视学生如子女，学生视师长亦如父母。这种精神如何恢复？是否能恢复？很难预料。从来未见有人挽回过历史，所以如何挽回、该不该挽回，这是一个大问题。现在我们要新旧交流，如何交流？水掺进牛奶里，掺多了水就不是牛奶了。

在《孟子》这里，也可以看到师道的尊严，以及孟子为人师表的精神。既然为师，就不怕反对，不怕反感；如果弟子不对，就要指责他，不管他是什么地位。这时候，乐正子的地位已经很高了，他居然还会去看孟子，已经了不起了。可是，孟子这位老师仍然毫不客气地教训他，就像禅宗的教法一样，进门就是一棒。后来他越说越不对，乱棒就打下来了，一直打到底，最后骂他：你为了吃饭，什么事情都可以做?!

从这一段，我们就看到古代师道之尊严。现在有的人，看到学生地位高了，自己反而哈腰求全、礼敬学生了。所以，尊师重道，不能只要求学生，为人师表的人还要自己保持自己的尊严，要有师道的风范才行。

朱子的错误

孟子曰："不孝有三，无后为大。舜不告而娶，为无后也，君子以为犹告也。"

孟子曰："仁之实，事亲是也。义之实，从兄是也。智之实，知斯二者弗去是也。礼之实，节文斯二者是也。乐之实，乐斯二者，乐则生矣。生则恶可已也？恶可已，则不知足之蹈之、手之舞之。"

这里要讨论另一个问题，就是要推翻几千年前古人的论点。在我讲解《四书》时，我常常指出古人的不对；究竟是古人不对，或者是我不对，读者可以用自己的睿智去思考、评断与选择。

"不孝有三，无后为大"这句话，大家都知道，在中国非常流行。一般解释它的意思是说，为人子者，有三件事情是不孝，没有生儿子是最不孝的。但以现代的医学来看，一个人天生不能生育，也许因为上代遗传的关系。当然，当时医学还没有如此发达，古人也不知此理，且不去管他。

问题在于，除了无后以外，还有两件不孝的事，在《孟子》这段原文中找不到，但朱熹却有他的说法。这位自认是宋代大儒的朱熹怎么说呢？大概他注解到这个地方，自己也头大了，找不出来，于是引用古人的说法来注解另外两件不孝：一件是"贫不仕"，家里贫穷，不出去做官发财来养父母；另一件是"陷父母于不义"。再加上孟子说的"无后"，凑成"不孝有三"的三件事。

我大不同意朱熹这种说法，这是宋儒解释的不当之处，这种观念是非常不正确的。

我们应该注意"家贫不仕"这四个字的意思——父母还在，家里贫穷，不出来做官，这就叫作"不孝"。这种观念，害得一千多年来的中国人，都以为做官是最好的谋生与发财的途径。

所以我常说，中国的教育错误了三千年，一开始就是重男轻女，生了一个儿子，就望子成龙。如何成龙呢？最好读书。为什么读书最好呢？书读好可以做官，做官的好处可以谋生和发财。

"升官发财"成了中国教育思想的中心。在我们这一代，刚开始读书的时候，也是怀着这种教育观念。虽然后来推翻了清朝，废除科举，不再考功名；但也想读书做官，升官以后，纵不发财，回乡也很风光。所以，并没有如古圣先贤的读书为救国、救世、救人的心胸抱负。因此，几千年来的中国教育，在基本思想上就是错误的，加上西方的教育制度一进来，这几十年来更错了。

不过错得最厉害的，是宋儒以后。例如这里说家贫不仕为不孝。为什么一定要仕呢？可见欲养父母、生活的出路只有做官；而做官必欲发财，那就非贪污不可了。难道只有做官一条出路才养得起父母吗？人生有很多的出路啊！

因此，我向来主张，读古书不要一味迷信古人的注解。读秦汉以上的书，不可以看秦汉以后人的注解，要自己以经注经，就是读任何一本经书，把它熟读一百遍，乃至一千遍。熟了以后，它本身的注解就可以体会出来了。如跟着古人的注解，他错了，自己也跟着他错，这后果可不得了。须知古人也是人，我们也是人，古时有圣人，现在也可以有圣人，为什么不立大丈夫的志向呢？

朱夫子的学问好，道德好，修养好，没有话说。他对《四书》的见解好，也没有话说。不过，错误的地方也不少。到明朝以后，一味乱捧朱夫子，把中国文化捧上了错误的道路，这个罪过也不轻，为害中国文化近千年。现在我们还是先就原文来讨论。

这时大概有人向孟子质问：你孟老夫子说尧舜两个人又忠又孝，没有一点不好；但是舜同时娶了两个太太——尧的两个女儿都嫁给他，可是他事先并没有告诉父母。在中国古代，未奉父母之命而结婚就是不孝。孟子所以答复他"不孝有三，无后为大"，延续民族的生命为最重要。至于舜没有先禀告父母而结婚，是因为他年龄已经到了结婚生子的时候，为了血脉能延续下去；何况，他也等于已经禀告过了父母，因为是身为君主的尧亲自将两个女儿嫁给他的。君主时代，君第一，国家第一，所以等于他禀告了父母。其次，他并不是因为发了财偷偷地金屋藏娇，而是全国皆知的事，所以也等于已经禀告了父母。

其余两不孝呢？其实孟子在这里已经讲了，"仁之实，事亲是也。义之实，从兄是也"，第一是事亲，第二是从兄，如果没有兄弟，则为守身。文章很清楚地摆在这里，古人偏要乱解释，害得中国文化思想走了上千年的错误。古人也只是读书，不要相信古人就一定是聪明的，古人笨起来有时比我们更笨。

紧接着，孟子又说到了事亲。他说"仁之实，事亲是也"，什么是仁？孟子的解释好极了，仁就是爱。有些人把西方文化的爱搞错了，西方文化中的爱，也就是我们所说的仁慈、慈悲。真正的慈悲，爱人爱物，首先就看对父母是否孝顺。如果对自己的父母都不能爱，而说能爱天下人，那是骗人的话。所以仁爱的基本，要看能不能爱生养自己的二老。这两个老人也蛮可怜的，别说是父母，就是两个老朋友服侍了我们二三十年，另外去找这样的朋友，还真不容易。对这样的"朋友"都不能爱，而吹大话说要爱一切人，这是做不到的。

孟子又说，"义之实，从兄是也"，在对人友情的道义上，负责任、守信用、讲义气，如果是对自己兄弟姊妹的感情都处不好，而说能够对社会对朋友有义、有友爱的，不是绝对没有，那只好用佛学中的"缘"字来解释了。但是孟子是不讲这方面的，他只说人伦之道，说一个尚义的人注重对朋友、社会负责任、守信用，这样的人对于兄弟姊妹也一定友爱。

而"智之实，知斯二者弗去是也"，一个真正有智慧、有见地、了解人生的人，对于这两件事情应有个基本的了解，并且不会放弃不做，也做得到。光是了解而做不到，或者不去做，都不能算数。

在礼乐之教来说，"礼之实，节文斯二者是也"，中国文化礼乐之教，上古时代不靠法制，而是以礼来维系社会的和平，促进人与人之间的关系。换言之，上古人自然具有道德，这就是礼，并不需要特别倡导仁义。后来道德衰败了，勉强喊出一个口号"仁义"，来纠正社会的错误。仁义之道又失败了，社会人心越来越坏，只好用"法"来管理；这是人类的退化。所以站在人文文化的立场来看，人类是在退化，没有进步。我们现在讲的时代进步，是指物质文明而言；在精神文明方面，永远是退化的、堕落的，道德越来越衰败。过去有礼的社会，有道德；而礼没有了，就只有仁义。当仁义没有之后，才产生法制。到了法制都不能管理时，这批人类应该作废了，因为人类社会已衰败到极点。所以"礼之实"也是为了"仁之实"，就是事亲，"义之实"就是从兄。

至于"乐之实，乐斯二者，乐则生矣"，康乐，人生的幸福，最幸福的是父母尚存，上有父母，旁有兄弟姊妹，和睦康乐，这是人生最快乐、最幸福、最健康的家庭、社会、精神心理生活。

人生得到如此健康的精神生活，便没有什么事可以令人厌恶、灰心了，一切都处于这种乐观、健康的心理状态之中。倘使人人如此、家家如此，则天下太平。人人处在如此快乐的境界中，都会不知不觉地手舞足蹈，从内心流露出真正的快乐，而形诸于举止之间。

儒家孔孟之道提倡孝道的理由，就是为了建立家庭健康、社会健康、人类健康。所以孟子说，不能事亲、不能从兄，是二不孝，再加上一个无后，不能延续民族的命脉，是为三不孝。对于无后这一点，在现代看来也有问题。因为孟子以后有好些人为了有后而多娶妻妾，可是娶得越多越生不来孩子。

对于这一点，我稍有不同的看法。我们且读孔子所述、曾子所著的《孝经》，对于真正后代的解释，是指功在国家，功在社会，功在人类，垂名于万代，这才是有后，也是大孝。相反的来说，一个人活了一辈子，死后默默无闻，与草木同朽，统统是不孝。

这是我对"无后"的看法，是否对，大家不妨试作深入的体会。最重要的，希望不要误解"不孝有三"的三件事，要"事亲""从兄"，无兄弟姊妹则为"守身"。不能说不去做官发财就是不孝。前面孟子刚说过"事孰为大？事亲为大。守孰为大？守身为大"，古人偏偏要在"不孝有三"上去乱做解释，害得我们的文化一千年来走错了路。对于"无后"，我认为我的解释比古人更对。试看历史上，许多名垂万代、功在天下国家的人，或有一句名言留在后世被人效法的，这都是"有后"。而有些人，虽威赫一时，但到年纪老时，死前已经默默无闻成为过去，那算什么"有后"呢？

所以，我常说事业分两种，上自皇帝下至乞丐，那是职业，而不是事业。中国文化对事业的定义，孔子已经下了，"举而措之天下之民，谓之事业"。不管做什么事业，在家也好，出家也好，甚至像以前山东以讨饭兴学的乞丐武训也好，只要所做的事情对国家社会有贡献，使老百姓得到平安、益处、康乐，才叫作事业。现在一般人都弄错了，把职业当作了事业。事业又分两种，一是现实人生的事业；而孔孟、释迦牟尼，乃至于西方的耶稣，所做的都是千秋万代的事业。在太阳没有毁灭以前，他们的文化思想、他们的行为，将永远影响人世，这就叫作"有后"。

中国的十字架

> 孟子曰："天下大悦，而将归己，视天下悦而归己，犹草芥也，惟舜为然。不得乎亲，不可以为人；不顺乎亲，不可以为子。舜尽事亲之道，而瞽瞍厎豫。瞽瞍厎豫，而天下化；瞽瞍厎豫，而天下之为父子者定。此之谓大孝。"

《孟子》到这里作一结论，也等于《离娄》上章的结论。

我刚才所说的关于孝的意义，在这里孟子也全部道出来了。所以读古书不要听人胡乱注解，更千万不要相信宋明以后理学家的分段圈断。他们一圈，就把文意给圈断了，我们连在一起读，文意就联起来成为一贯了。

能够做到"事亲"，自然能够"从兄"；能够爱自己的父母兄弟，自然能够爱朋友；能够爱朋友，自然能够爱社会，爱国家，爱世界。

所以我常对外国朋友说，只有中国文化才是真正十字架的精神与形态。上至天、至父母祖先，下至后代，中间一横为兄弟姊妹，社会国家天下。西方的十字架，只有爱下一代，中间也只有夫妇的爱，连兄弟也不管；上面只有一个上帝，可是与中间脱节。中国文化，有天地，还有祖先父母与天搭线，所以中国文化才真正构成了十字架。

如果十字架只是放在那里，则不起作用，十字架还要起作用，所以释迦牟尼佛来一个"卍"字架，这就转圆满了。

一个人，要真正能够成为一个"大人"，像前面讲"能格君心之非"那样的"大人"、一个大丈夫，必须要从这里做人起步。

孟子这里说，做到能领导天下的时候，"天下大悦，而将归己"，天下自然高兴地跟自己走；但把这种事业又看得像捡一根草一样容易，只有一个人做得到，那就是舜。只要效法他，以他做榜样，也就可以成功了。

我们知道，舜的家庭背景是"父顽，母嚚，弟傲"，他的父亲既顽固、又凶狠，在社会上是个大坏蛋，骄横跋扈，无所不为，却有绝顶聪明的头脑。母亲呢，又凶、又泼、又辣，假如有人在她门口溅一点污水，她可能手执菜刀，站到人家门前叫骂三天。他的弟弟名叫象，一个太保，而且受到父母的偏爱。父母不爱舜，给舜吃种种苦头，甚至要把舜害死。

但尧将两个女儿嫁给舜，舜的事业成功就是得力于这两个好太太的参谋，在后面支持他。舜遇到种种灾难的时候，也都亏她们两人为他预防、解救。有一次父母与弟弟联合起来，叫舜去挖地窖，预备挖深以后把泥土推下去活埋了他。但是被他的两个太太识破，就教他先挖好一条横的隧道，通到外面出口，以防万一。后来果然在他进入地下工作时上面的土盖下来，他才从横道中逃了出来。回到家里时，象已经侵入嫂嫂房中，逼她们改嫁给自己。象不料舜又回到家中，傻住了。而舜并不加责备，不伤和气，气度奇大。

舜做到了对父母弟弟的仁行义举，对父母的孝敬、对弟弟的爱护和平日一样，毫不改变地来感化父母与弟弟。所以孟子说，如果能仿效舜的德行，使天下的人高高兴兴跟自己走，那是和捡一根草芥一样的容易。

孟子说，学到舜那样天下大悦而归己，是如拾草芥一样容易。可是要想学到像舜那样，做起来就太难了。设身处地来想，假使自己遇到这样的家庭，可能就背一个包袱出走，离开家庭了。不必认自己是儿子，也不认为你们是父母、兄弟，总可以吧？最有修养的人，也只能做到这样。但舜并不如此，宁可仍对父母孝顺，对弟弟友爱。因此，四方八面向尧推荐，如果找一个下一代的领导人，只有舜才能担负起这个任务。于是尧把他找来，给他任务，考察多年后，再把女儿嫁给他。经过四十年的考察，经过多种的磨炼，才把皇帝位置让给他。

古代的禅让并不是随便的，不是想象中那么容易，而是十分慎重、非常难办的；那才是真正的选举，从千万人中精挑细选出来的。不像如今，仿照西方民主政治的投票制度。

所以孟子说，"不得乎亲，不可以为人"，假如连自己的父母家人都不能感动的话，不可能做一个好大臣，去格君之非，感化一个领袖。对于父母，就要逆来顺受，先顺着父母的意思，在不着痕迹之中让父母感动，而改变他们原来不正确的主意，成为纯正的思想观念。所以顺受的感动很难，如果不顺受的话，孟子说，"不顺乎亲，不可以为子"，就失去了儿女的立场。自己是儿女，就应该守儿女的本分。

但是，父母也有不是的时候，所谓"天下无不是的父母"，那是宋明理学家们叫出来的口号，上古时并没有这个说法。从古书上就明明白白地看到，舜的父母就是"不是的父母"。但为人子的不敢、不忍心，绝对不能讲自己的父母不对，只有服从他们，尽到事亲之道。

所以瞽瞍——就是舜的父亲，有人认为他的眼睛失明了，其实并不是如此，这是别人骂他的绰号。等于现代说：这个老头儿，这样虐待他的大儿子，简直是瞎了眼睛，在那里瞎搞；但在舜的孝道之下，把一个瞎搞的父亲感动得改变过来了。他能够在如此困难的状况下把顽固的父母家人感化过来，所以他的道德能感化天下。

要特别注意的是，无论任何时代、任何环境，父母在子女心目中始终有若干权威感。所以父母教导子女容易，而子女欲改变父母，比登天还难；更何况舜的父母是如此之顽固。舜在逆来顺受之下，居然能把父母的心意改变过来，以至于整个天下的风气都因此而改变了，所以这是大孝。大孝的精神就在这里，这样也就叫作舜"有后"，他的精神、文化传之于千秋万世，是非常值得效法的。

《离娄篇》的上章到此为止。这篇的开始是说什么叫作聪明，古代所谓"圣上聪明"，头脑好，耳聪目明，又有仁心，是对于上面领导人的责修。现在这里，对这点做一个初步的结论：在上的真正聪明，不但是自己有头脑，大臣的帮忙更要有力，这一切都是以道德为中心，要做到仁，也要做到孝。

离娄章句下

中国的地域观念

> 孟子曰："舜生于诸冯，迁于负夏，卒于鸣条，东夷之人也。文王生于岐周，卒于毕郢，西夷之人也。
>
> 地之相去也，千有余里；世之相后也，千有余岁。得志行乎中国，若合符节。
>
> 先圣后圣，其揆一也。"

这一节中提到的几个古代地名，大致可以考证出来，但是否百分之百的正确，则不能确定。

考据家们的说法，"诸冯"是山东的诸城县，大海环其东北，以为就是《春秋》中所写的"城冯"这个地方，那里有冯山、冯村这类地名，所以近似这里文中的"诸冯"。至于"负夏"一地，夏字读"古"字的音，也叫作"负暇"，曾有"曾子吊于负夏"一语，被指作是春秋时的鲁国地方。在汉代时设置了瑕丘县，故城在山东省滋阳县之西。《史记·五帝纪》中说"舜就时于负夏"，注为卫地。先后所属的卫、鲁虽为两国，但在一个地方。舜"卒于鸣条"，据《书序》说："汤伐桀，升自陑，遂与桀战于鸣条之野"。考据家说，现在山西省安邑县北有鸣条岗，就是舜当时的鸣条，也叫高侯原。而"岐周"与"毕郢"，都在现今的陕西省境内。

中国地域广阔，依现代的地理观念，五族一家，都是中国的土地，都是中国人。但在春秋上古时代的地理观念，东、南、西、北各方，界限分得很严格，这也是中国民族性的一个大问题。以我个人的看法，这一问题存在于过去，也存在于现在，或将更存在于未来。虽然说民族文化统一，国家统一，但是千年来发生的变乱，以及人事上的纠纷，都在这个"地域观念"的范围之中，没有自觉，没有解脱。

如果游历了更多的地方，生活经验丰富，阅历深了，尤其在政治社会中生活久了，就可以发现，在某一地区，就会因"地域观念"遭遇到歧视。

例如当年抗战期间，各省的人避乱而进入四川，在当地的四川人就歧视他省人。因为在地势上四川在长江上游，于是四川人对于不论来自何处的他省人，一律称为"脚底下人"。在广东，也称他省人为"外江佬"；在台湾也有外省人、本省人之分。对于一九四九年前后从大陆来台的人，统称为"外省人"、"上海人"或"阿山"。在大陆的江苏、浙江一带，也称他省人为"外路人"。南方人看不起北方人，称北方人为"侉子"；北方人也看不起南方人，叫南方人为"蛮子"。

许多地方的人也被他省人给个绰号，如称四川人为"耗子"，称湖南人为"骡子"，称江西人为"老表"。其中虽然有的也并非轻视的谑称，如"侉"的本意为华的借声，华字也写成荂字。河北、淮南一带的人，也对山东人称"侉子"，本有"华夏人"的意思，到后世则泛称北方人为"侉子"，就成了歧视的谑称。江西人对陌生人称"老表"、"表嫂"，正如北方人之互称"老乡"，原为对人的亲切恭敬之称；他省人称之就成为含有歧视、轻视的意思了。类此歧视，各地都有，乃至一地之内，东乡看不起西乡，南村瞧不起北村。就台湾人而言，也有"草地人"、"后港人"、"内山人"之称，对于南部人或居在山区的人，好像都不足挂齿。

但我们在国家民族遇到外力入侵的时候，却都能够一致御侮，非常团结，看起来似乎这种地域观念无关宏旨，不大要紧。可是，在内部求治、求建设时，就常常由于这种"地域观念"而闹许多不必要的纠纷；甚至于整个国家的建设与进步都受到非常严重的影响，而且改变了历史。

现代研究政治、历史的人，似乎还没有正视这一问题，而古人早已经注意到了，只是没有很显著的题目来具体地专门讨论而已。

其实，西洋欧美各国也都存在这种地域歧视，研究西洋欧美文化，大家都忽略了这一点，好像看起来是个小事，其实是很大的问题。例如美国人，对于自己祖先，是犹太人、日尔曼人或杰克逊人，在提到那个"根"时，对于同根与非同根的人也有观念上的差别。

所以，这也是人类的一种特性，这种"地域观念"，站在宗法社会的立场来看，是一种非常好的观念；可是站在民族国家团结的立场而言，则是一种很大的弊病。平常表现在语言、生活上，是一件非常小的事，但是小事的影响及其所引发的问题，则非常之大。

我们觉得奇怪，为什么孟子在这里提出这个问题来？可能在当时也因地域观念发生了问题事件，而且是大事件。

关于地域问题，中国以前有两部大书，一部是顾祖禹的《读史方舆纪要》，另一本是顾亭林著的《天下郡国利病书》，读者通称之为二顾全书。在《读史方舆纪要》中，介绍了各地方的人和民族性及一般通性。假使国家有事，要训练某地的人作战时，应该如何训练、领导及指挥，一切都需要了解。在唐宋的时候，山西出将、山东出相，所以将、相各有不同的产地。南方出思想家，如庄子、老子等，北方出教主，如孔子。

地区不同，气候、水土就不同，产品及人物更不同。"橘逾淮而枳"，淮河这边的橘子，到对岸种下去就变成了枳；北方的瓜到南方种，就变小一点；哈密瓜如今在台湾也已种植，但是吃起来，和地道的哈密瓜就相差很远。所以地方性不能说没有关系。

如果以地方性的观点来看历史，中国几千年来直到现在，由于宗法社会负面的流弊，以致地方派系的问题仍旧存在。我国近代文化，武的方面，军人思想没有脱离《三国演义》的范围——纵横天下，割据城池；文人则没有脱离《儒林外史》中的现象范围；社会形态没有脱离《水浒传》的范围；一般人的思想没有脱离《西游记》的范围；地方性没有脱离"他是哪里人"的范围。很可悲！这就是有关于"地缘政治"的大问题。

曾经有人问我是哪里人，我告诉他，我是"三间东倒西歪屋，一个南腔北调人"，反正是中国人。孔子说："丘乃东西南北之人也"，不必问籍贯了。

地域观念是个很讨厌的问题，到了满族入关，这个问题更严重，虽然历史上说是种族问题，我倒觉得是个"头发问题"。满族入关之初，大家投降，对于异族的统治都很驯服，似乎也并没有多大关系。到了规定汉人要剃头发的时候，出了问题，"尽忠保发"的人非常多。在前几年所谓的青少年问题中，大家也热烈讨论青少年留长发的问题，令人觉得奇怪不解，头发的长短，与他们的学问道德到底有多大的关系？实在想不通其中的道理。同是一头毛发，满族入关时，许多人宁可死，不剃头发，不梳发辫。可是推翻清朝以后，汉人收回了天下，要剪去发辫时，又有许多在清朝曾经有过功名的人宁可留着发辫，做清帝国的遗民、忠臣。这多奇怪！至于现在，头发剪短了又说不好看，留长了又认为讨厌。

像这些往事，都是大事不争，却为几根头发争得如此厉害，结果小问题影响大问题，这不是很奇怪么？满族入关剪头发，遭到大家的激烈抗拒；雍正所著的《大义觉迷录》问世，书中也引用了《孟子》这里的一段，说明都是中国人，不必分种族。《大义觉迷录》这本书，不能说没有理由，因为当时为了这个头发问题也牺牲了很多人的生命。

我们现在讲了这许多说明，都是为了推论孟子当时为什么提出这个问题来。虽然事隔几千年，但人类的思想很幼稚，几千年前谈的问题现在还是问题。

孟子说，舜是西夷之人。夷，不是外国，所谓夷、戎、蛮、狄，按当时的分法，东方为夷，西方为戎，南方为蛮，北方为狄。这种分法，是以文化水准做标准，认为四方的边疆为落后的民族，是未受中原文化教化熏育的人。孔孟思想是不谈种族思想的，而是文化水准的观念，超越了宗法思想的地域观念。所以当时指的东夷，是指中国东方边区的人，并非是像后来称日本为东夷的种族观念。

孟子说，舜是东方边区的人，文王是西方边区的人。现在我们看山东到陕西，这个东方与西方，在现代化的交通工具下可朝发夕至，几个小时就到了，没有什么了不起。可是在古代，这一千多公里的距离，走路要数月之久才能到达；即使骑马，也有个把月的路程，非常困难。舜和文王二人虽来自不同地区，相隔一千多年，但都是治理国家的大圣人。而他们的"得志"，不是做了官，当了皇帝，而是能实行他们救世济人的大志，并没有受到地理区域观念的限制。

他们二人所处的空间、时间既远且久，但是他们治理中国"若合符节"，都达到最光荣、最标准、最道德、最全面的理想。一如兵符、使节的相合，丝毫不差。可见中国的历史是以文化为中心的，不管先生、后生，政治、文化的大道理只是一个。

孟子为什么说上面这些话呢？如果将战国时代七国分疆的战争加以分析，许多仍然是基于地域观念上的纷争。例如大家都知道的一句成语，"楚才晋用"，直接的意思是南方楚国的人才给北方晋国去用了。后来，一个人为别的国家做大事业，都用"楚才晋用"来形容。深一层看，就是地域观念，为自己的人才惋惜，而有吃醋的味道了。而楚也者、晋也者，都是尊周天子的中国人，所以孟子说这一段话，也可能是因为当时由于地域观念而起了争执。

子产施小惠

> 子产听郑国之政，以其乘舆，济人于溱、洧。
>
> 孟子曰："惠而不知为政。岁，十一月徒杠成；十二月舆梁成，民未病涉也。君子平其政，行辟人可也；焉得人人而济之？故为政者，每人而悦之，日亦不足矣。"

子产是孟子以前的人，孔子也曾称赞过他。他是春秋时郑国——现今河南一带有名的宰相。他负责郑国政治的时候，有一天乘车马外出，看到老百姓欲渡溱河及洧河，但缺乏过河的工具。而他身为宰相，位居一人之下、万人之上，就用自己车马把老百姓送过河去。子产的作风爱民，也很仁慈，孟子将这一件历史上的故事用来说明为政之道。

不过，孟子认为子产是一个大政治家，可是他这种做法不是一个大政治家的行为，只是让老百姓感谢的一种小恩小惠而已。如果是一个大政治家，交通不能畅通，是因河道的水利没修好，立刻要修水利，筑桥梁，畅交通。到了冬天，十一月水干涸时，赶快建筑小桥梁，使老百姓随时都可以行走。十二月农闲的时候，再征集民力，拓宽桥梁，使车子也能随时往来通过，人人都享受到交通的便利，这样才是大政治家的做法。相反的，对几个人的帮助，只是临时的、有限度的小恩惠，使人感大德而已。作为一个领导人，或校长，或厂长，都该具备一个大政治家的风范。譬如一个校长，对某几个学生特别教导、特别照顾，固然是好，到底不是一个校长的风范。如果在学校行政上见到了差错，就要整个改变过来才对。

所以一个大政治家，如果他的施政是平等的，普遍地使大家都得到利益，当自己外出的时候"辟人"也是可以的。所谓辟人，是古代皇帝出宫经过的地方百姓要回避，不许在路上。沿途百姓房屋都要关窗，不可以偷看。如被侍卫发现，一枪刺过来，死了也活该。后来县令出来也要鸣锣开道，锣声"嗵"的一响，老百姓就要让路，或站在屋檐下，也不敢抬头。如果官大的，老百姓还得跪在地上不敢动，这就叫"辟人"。子产用自己的车马去给涉水的人坐了过河，人有那么多，哪里渡得完？所以，一个大政治家，如果企图让全国人人都得到个别的小恩小惠，这是做不到的。应该注重的是谋大家普遍的福利，而不是施小恩小惠。

正如清代打太平天国的中兴名臣胡林翼，有人问他为什么这样好杀？他说："一路哭，不如一家哭。"一个坏人为害地方，使整个地方的人家家受害而啼哭，不如把他杀了，让他一家人哭，而整个地方得到安宁。也就是说，受少数人的恭维，不如得全民的爱戴。

知识与学问的区别

　　孟子告齐宣王曰："君之视臣如手足，则臣视君如腹

心；君之视臣如犬马，则臣视君如国人；君之视臣如土芥，
则臣视君如寇仇。"

　　王曰："礼，为旧君有服。何如斯可为服矣？"

　　这一段是说明一个领导人行君道的原则。

　　有一次孟子对齐宣王说：在上位的人，如果对下面的人看得
像自己手脚一样重要，那么下面的人也就把领导人看成是自己的
心腹或主宰一样。反之，上位的人把部下看成犬马，只是一种可
利用的对象，出门要狗守门，要马代步，那么部下对于这样的领
导人也和对普通一般人一样，没有真的感情、道义存在，只是利
害关系而已。如果领导人把部下当作泥土草芥一样，平常踩在脚
下，部下就看领导人像仇人一样了。这第三种情形，眼下很多，
上下之间彼此都不好，社会的事故就多了。

　　这一段文字很容易了解，而且很多人读来都会发生共鸣。但
要注意的是，人看书时容易将好的比成自己，看《三国演义》，
每把自己比成诸葛亮，绝对不自比曹操，读经书也是一样。但书
中的道理是否能进入自己的心中，成为自己的精神，落实于自己
的行为上，这就是真学问了。这也是大家尤其是青年朋友们要注
意的地方。读书时，对书中的道理懂了，可是当实际的状况临身
时，能不能依道理做到，这才是最重要的。所以读书做学问的目
的在此，不在于认识字，也不在于解释文字。

　　我曾经告诉一些听讲的青年朋友，我这里不是学校，来这里
混是不行的，我并不欢迎，我没有精神跟大家做游戏；如以在一
般学校混文凭的态度而来，则大可不必费这个精神。对于书上的
文字解释得出来，懂得书上所说的道理，那只是知识，不是学
问；真正的学问，是将所懂的道理变成自己的精神、思想、行
为，而且能实行、做得到，这才是真正的学问。知识处处都有，

学问却要自己去做出来。

像孟子这段文字，人人看了都会叫好，可是叫好归叫好，必须事到临头照这个道理去做才行。所以须得把这个道理会之于心，用以做人、做事，才算是读通了，才算有学问，才算是成功了。成功不一定是升官发财，并不是公司开得大，那与一个人完成学问无关。只有完成了自我教育，拯救了自己，才是真正的成功。

所以，青年人将来当上或大或小的领导人，或者成为人家的干部，这方面都是要注意的。孟子这里不止是批评领导人，也告诉大家如何做干部，才能两相配合。孟子等于说，第一等人如何做，第二等人如何做，第三等人如何做，都在这几句话中。

这几句话，是孟子对齐宣王说的，再翻过来一页，如果了解战国时期的历史，这里就要对齐宣王做一番研究了。

在战国时，齐宣王这个诸侯很有福气，他的父亲齐威王是了不起的领袖，齐国之能振作起来、成为霸主之一，是由于齐威王的威武。在齐宣王的下面，他的儿子齐愍王虽然到晚年差一点，但起初也不差。齐宣王位于时代的中间，正是齐国的鼎盛时代，在战国时代的诸子百家，各方面的贤能才俊之士，都曾经在齐国逗留过；孟子、荀子这些名人也都去过。他养了那么多的人才，自己又一辈子享福，虽然打过几次仗，打得也不错。

所以孟子希望这样一个历史上的人王，能像武王一样成为圣人。但孟老夫子注定是要吃瘪的，因为齐宣王所领导的国家没有忧患，不曾遭遇到多大的困难；而齐宣王本人，样样好，和孟子谈话时打机锋打得很厉害。孟子要他行仁义，他说：不行呀！寡人有疾，寡人好色，最后说，你孟老夫子的话我都懂了，不过我有大欲望呢！就和孟子猛打太极拳，打得孟子没有办法。

齐宣王确是一个聪明皇帝，像孟尝君这些人，都是他的青年干部。可是，这样一位诸侯有没有缺点呢？同样有缺点。孟子上面这些话是对齐宣王而说的，齐宣王到底是太子出身，天生有当侯王的资格，这类人我名之为历史上的"职业皇帝"。这种职业皇帝都有自卑感，试看历史上那些开国的领袖，像汉高祖、唐太宗，他们都没有自卑感，而他们的子孙一定有自卑感。

多数职业皇帝对于大臣、大将，会心存畏惧——对文臣，则怕学问好过自己，而不拥护自己；对武将，怕他们仗打得好，功太高，兵权太大难于控制。所以历史上这类"职业皇帝"的毛病很大，越到后代越不懂事，国家就常常亡在他们的手里。他们自幼居住在深宫之中，成长于宫女、宦官之手，不知民间疾苦，齐宣王也是这样一个皇帝。

其次，孟子也等于暗示齐宣王：你对我不重视，我也就不理你，因为"君之视臣如手足，则臣视君如腹心"，而"犬马"与"国人"、"土芥"与"寇仇"，都是相对的。也许孟子心里还有许多锦囊妙计，但都没有告诉他。

可是，齐宣王是一个聪明人，不愧为战国七雄中的名王之一。尽管孟子讲他不好，打了一拳过来，他接住马上反击，"礼，为旧君有服。何如斯可为服矣"，他是问孟子一个礼的问题。中国文化注重礼，以法治精神来看，中国一部《礼记》等于三千年来宫廷的宪法，是后代一切法律的母法，也包括了天文地理、生活规范。这里，齐宣王提出有关礼的问题来反问孟子。

齐宣王所谓的"旧君有服"，我们先要知道，到了战国时代，虽有一个周天子在上，那只是一个空架子，并无实权，后来甚至弄到几乎伙食都开不出来了。实质上，各诸侯国雄踞一方，相互侵战，所以是地方分治的形态。在当时，若有人在甲国做官，后来这人离开甲国到乙国去做官，甲国的国君仍是此人的旧君；如果这位旧君死了，这个已经离开甲国而在乙国为官的人还要为旧君戴孝，这是当时的礼制，也是非常被重视的事。

现在齐宣王就问孟子，在什么条件下要为旧君之丧戴孝？如果甲乙两国是处在敌对的形势，而敌对归敌对，个人在礼制上还是要为旧君戴孝，这是为什么？

从齐宣王的这一问题上，可见他又在和孟子打机锋。孟子讲了三等君臣之间的相互关系，而他不做正面的讨论，提出这样一个"旧君有服"的君臣关系的问题来，可谓是针锋相对，其辞锋也是相当犀利的。

从双方的对话中推断，他们这次的谈话，大概孟子是在齐宣王面前为人说情；可能齐国的某一旧部被齐宣王干掉了，请孟子去说情。孟老夫子当然不会去替他说私情，于是对齐宣王谈了三个等级的君臣相处的形态。齐宣王一听他的话，就懂了个中由来，所以提出古礼中这个"旧君有服"的问题，来和孟子谈道理。于是，孟子就说：

> "谏行言听，膏泽下于民；有故而去，则君使人导之出疆，又先于其所往；去三年不反，然后收其田里。此之谓三有礼焉。如此则为之服矣。今也为臣，谏则不行，言则不听，膏泽不下于民；有故而去，则君搏执之，又极之于其所往；去之日，遂收其田里。此之谓寇仇。寇仇何服之有？"

君臣不能相处

孟子说：我们中国文化的精神，对于"旧君有服"的礼制，有一个礼法：凡是做部下的，对上面谏劝、建议，被采用实行了，则所施行的政治功在国家，利在社会，人人都能够获益。但是如果因故必须离开这个国家到别的地方去，尽管这个"故"

是与国君之间不合的原故，也是"讽而去之"。

这个"讽"字，并不是挖苦，而是"微辞托意"，以婉转的话、轻描淡写的态度和方法，使对方明白自己的意见和观点；近似现代所说的"点他一下"的意思。例如，过去历代的名王，与大臣的意见不合、相处不好的时候，他们很懂礼貌，会婉转地对这个大臣说：我看你多年来也很疲倦了，是否需要休息休息？这也就是讽字的内涵。为大臣的听了这句话，明天就赶快打报告辞职。如果对大臣说：你明天写辞职报告来，那就不叫作讽了，而是"疯"了。

古代当君臣不能继续相处时，有道的名王们便"使人导之出疆"，不是由自己告诉他，而是由他人转告，要他休息一些时候，或出国考察、游历一段时间再回来；如果留在别国做事也是可以的。

"又先于其所往"，同时对于这位大臣要前往的地方，先为他做好生活上的安排，使他生活没有问题。

"去三年不反，然后收其田里"，这位大臣出国以后，超过三年还不回来，然后才把他的功绩官位以及所封赠的财产收回来。例如现代由政府供给的官舍、车辆等，不是这位大臣的财产，所以应该收回。

这是上面对下面，要三度有礼，给了三次反省、改变态度的机会。首次派人告诉他，第二次他真的离开了，还安顿他在外面的生活，如果他住在外面三年还是没有改变，不回国来，这才取消他的职位待遇。

"如此则为之服矣"，在上面的君王做到了这样，君臣之间的感情就如父子一样，无微不至，虽然政治的关系不存在了，而这份感情还是存在的。所以旧君死了，自然应该服丧的。

接下来，孟子对齐宣王说的话很不客气了，他说，"今也为臣，谏则不行，言则不听，膏泽不下于民"，现在就不是这样了，部下好的建议，君主不采纳；陈述的理由，也不接受，以至于他很好的理想不能实现，老百姓得不到利益，而对国家的政治也就无法有所贡献了。

"有故而去，则君搏执之，又极之于其所往；去之日，遂收其田里"，万一意见不合想离开，就要被抓起来、关起来，乃至被杀。如果到了别的地方，君王也要想办法让他无法生存；而且当他一离开的时候，就没收他的财产。

"此之谓寇仇。寇仇何服之有"，像这个样子，就不是君臣之间的相处了，而是冤家；像对待强盗、仇人一样。在这种情况下，这个为部下的，离开了就离开了，已没有真感情存在，旧君死了就死了，又何必为他带孝呢？

名臣的言行

> 孟子曰："无罪而杀士，则大夫可以去；无罪而戮民，则士可以徙。"
> 孟子曰："君仁莫不仁，君义莫不义。"
> 孟子曰："非礼之礼，非义之义，大人弗为。"

这几段应该是相连的，与上面一段也是相连的，可是又被宋儒给圈断了。我们还是应该一贯地讨论下去。

孟子说明了"旧君有服"的问题以后，再郑重地告诉齐宣王另一个相关的道理。

在中国古代专制时期，无所谓宪法，也无所谓"罪刑法定主义"，因为掌握生死大权的是皇帝。只凭他一句话，要某人死，某人就得死；所谓"君要臣死，臣不得不死"，被处死的时候，还要"谢主隆恩"；"父要子亡，子不得不亡"，这种由宗法社会形成的观念，无罪而被杀的情形非常普遍。

可是后世一般人，把中国文化中丑陋的一面都加到孔、孟身上；这是不对的，孔、孟不应该负这个责任。我们在这里就找到了明证。孟子对齐宣王提出来说，"无罪而杀士，则大夫可以去"，如果一个"士"无罪而被杀，也就是随便杀了中下级干部，那么高级干部、做大官大夫级的人们都可以离开这个国家。"无罪而戮民，士可徙"，如果随便杀了无罪的老百姓，则干部们都可以离开这样的国家。这种情形，在我国历史上，乃至西方的历史上，多得是，可以写成一部可歌可泣的书。

看这段话，可见孟子正在为齐国某一人说话，可能是齐宣王准备做随便杀人的事，所以孟子站在师道的立场和他力争，因之继续说"君仁莫不仁，君义莫不义"，一切后果都要归之于上面的领导人。

元朝的张光祖写了一本《言行龟鉴》，列举了历代名臣的言行。后来到清朝朱桓又编了一套《历代名臣言行录》，也是依据《言行龟鉴》精神写的，其中就有不少地方说一切好坏皆归之于领导人的道理。在《言行龟鉴》中，引用宋代学者刘皋话："毋以嗜欲杀身，毋以政事杀人，毋以货财杀子孙，毋以学术杀天下后世。"这也是秉承孔子著《春秋》责备贤者的精神，对领导人所讲的话，规劝领导人不要放任自己的爱憎欲，以免害了自己。像吃、喝、嫖、赌一类的事，乃至功名富贵，都是欲望；不要为了满足欲望，最后把自己的命送掉。

什么是"不要以政事杀人"？做官的有权力在手，假如做事不用智慧，做了错误的事，等于无形中杀了天下人，那就是以政事杀人。集聚财产给自己的儿女，实际是害了儿女，这就是"以货财杀子孙"。最后一句，也是最重要的，"毋以学术杀天下后世"，例如十九世纪西方传过来的一些新学说，大家不加深思熟虑随便信奉、学习，并把它们变成了学术思想和政法社会的最高指导。这就是以学术杀了天下后世，因为不知道为害天下多少年，杀了天下多少人。

这就极力说明，凡是一个领导人，有地位、有权威的人，即使是一位学校的教师，至少在上课的时候就是权威的，学生再不听话，也是受教师影响的。这就是"君仁莫不仁，君义莫不义"。

刘皋所说的话，实为千古名言。尤其在政治上、学术上居领导地位的人，以政事杀人、以学术杀天下人，贻害后世极为深远。

因之，孟子接着说："非礼之礼，非义之义，大人弗为。"这句话文字上非常简单，都可看得懂。但年轻朋友注意，什么叫作"非礼之礼"？就是不合理的礼，但在表面上看起来似乎有礼，这就是非礼之礼。"非义之义"就是本来绝对不合理的作为，在表面上看来似乎又是一种道德的作为。

像这样的事情，具有大智慧、大仁慈的大人君子绝不会干的。不但是政治方面，天下很多事，即使是普通人所做的，看来是在做好事，实际上并不是好事。表面上做了善事，再深入地分析，正是一件坏事，而且影响很大。所以儒家主张智、仁、勇三者并重，做一件善事，要有大智慧去做，不是简单的，千万不要做似是而非的事，不要以善因而得恶果。

这个道理，引证起来资料很多。例如诸葛亮的前后《出师表》，是大家最熟知的两篇文章，都知道这两篇文章写得好；可是往往忘记了这两篇文章都是针对刘禅——阿斗的毛病而发的。古人说读了前后《出师表》，感于诸葛亮的忠贞，眼泪鼻涕都掉下来。我觉得这样只读到了外表，还没有真的读懂《出师表》；它的深度内涵是指出刘禅的许多缺点。

一般人骂刘禅是扶不起来的，其实是扶得起来的。他后来之所以投降，是因为他很明白，诸葛亮已经死了，再没有扶助他的人了，只有投降才能安享天年，这是绝顶聪明的做法。他如果像李后主一样，"想得玉楼瑶殿影，空照秦淮"的话，那么这个头一定会掉下来了。

由《出师表》可以看到，刘禅万事不管。在《出师表》中有一句话说"宫中府中，俱为一体"，这句话的后面包含了什么呢？它指出来，阿斗在宫中自己有一个小圈子，在他小圈子中的人待遇特别好，而他与小圈子以外政府的人却隔开有距离了。当然有人为此而抱怨、说闲话，诸葛亮就训导他，宫中和外面政府各部门的人是一体的，待遇、人事要平等；自己搞一个小圈子，待遇不公，弄得一塌糊涂是不对的，就会被人批评。这是诸葛亮文章的高明，只要求阿斗做到一体，可见他没有做到一体，所以诸葛亮才有此要求。

在表面上，阿斗做得非常好，一切都拜托"干爹"诸葛亮丞相，要打仗，也由你去打；不打仗，也由你决定。他这种作为，应该说是一个好领袖，但是犯了一个"非礼之礼，非义之义"的大错误，所以阿斗始终是一个小孩，不能成为大人，后世因此叫刘禅是扶不起的阿斗。

这是在上者的例子，等而下之的，在我们几千年的历史中就太多了，有许多大臣也同样犯这种错误。

我们看宋史，韩琦的曾孙韩侂胄，历史上一直说他是一个奸臣；但是我看历史上所记载他的行事，应该是个忠臣，但为什么说他是奸臣呢？当时他主张要对金人反攻，和岳飞一样，希望收回失地；不过在政治上，有些措施是错误的，确实属于"非礼之礼，非义之义"的行为。所以他上台做宰相的时候，有人送他一首诗：

> 收拾乾坤一担担　　上肩容易下肩难
> 劝君高举擎天手　　多少旁人冷眼看

这首诗很值得大家注意，可以说是人一生做人做事的道理。也有人说这首诗是送给贾似道的，不管送给谁，在人生哲学上是无关宏旨的，这个问题就让考据家们去研究吧。不过，主要的是诗中的道理是人生最高的哲学，尤其是青年人，应以这种人生哲学修养为基础；做生意也如此，开张固然很难，但搞垮了、收拾善后更不简单。

上面这些话，当然不是孟子一次对齐宣王说的，如果他一口气说上这许多刺耳的话，齐宣王一定受不了，不把他炖了吃掉才怪。在古代的帝王，烹人是常有的事情。孟子虽然不是在见齐宣王时一次说了这么多，不过写文章的人把孟子的这些思想编集在一起，的确是安排得很妙。

有能力的人该如何

> 孟子曰："中也养不中，才也养不才，故人乐有贤父兄也。如中也弃不中，才也弃不才，则贤不肖之相去，其间不能以寸。"

孟子继续上面的精神，延伸下去讲。

这里"中也养不中"的几个"中"字，应该念"中了目标"、"中了状元"的中字音。"其间不能以寸"的"间"字与"间"通。这几句话，文字很容易懂，仔细一想，孟子文章的逻辑分明，既慎重又恰当。

"中也养不中"这个"中"字，应作"行"字解释。"中"

"不中"，就是"行""不行"，能做不能做。在我国河南一带，对于有本领的人、能够把事做得好的人，平常用语就说"他中"，或者只一个"中"字。如果我们不了解中国古代中原的言语文字，那么《孟子》这部书很多地方就很难读明白，要用红笔改作"行也养不行"了。可是这只是现代语，如果在几十年前，把"行也养不行"的话拿到中原去说，中原的人也要听不懂了。例如，我们问河南的人："这事行不行?"他说"中"，意思就是行了，也是可以的意思。这是"中"在这里的含义。

"中也养不中"就是说，行的人要养不行的人，也就是能力强的人养能力差的人。

好了，从这句话，青年人可以做歪曲的解释：老师！您不要骂我，你行，就要养我这个不行的。或者说：董事长，你行嘛！我不行才当小工啰，这是孟子讲的，行的该养不行的，那你养我是应该的呀！这种想法似乎不错，那么"才也养不才"，有才能的该养我们这些没才能的，所以一般人希望"有贤父兄"，有好的爸爸、好的哥哥，因为他们行嘛，可以养我这个无用之徒嘛，所以尽管享受，这就成了好吃懒做的最好藉口了。

孟子还说："如中也弃不中，才也弃不才，则贤不肖之相去，其间不能以寸。"假使行的人抛弃不行的人不养，那么行的也等于不行，好的也等于不好；这样行与不行、好与不好的人都差不多了，没有多大的分别。

其实，这几句话的精神，并不是鼓励青年人依赖别人，变成好吃懒做，反而正是孟子秉承孔子责备贤者的《春秋》精神。也就是说，国家、社会、历史、政治的责任，是属于少数有能力、有学问、有思想、有权力的贤者。上天给了你聪明能力，就该替大家做事，不是让你去玩的。当然，四肢健全、五官俱备的人，也应该为社会上残障的人服务，帮助孤、寡、鳏、独的人去解决问题。如果认为那些失明的、跛腿的是活该，不去帮忙他们，那就不合乎人道的原则了。连人道都做不到，还谈什么仁义之道呢？

这一段话，孟子也是有所感而发的。如果我们把它和前面对齐宣王所说"君之视臣如手足"那段连起来看，就很有意思了。由手足与腹心、犬马与国人、土芥与寇仇三个等级的君臣关系，一路看下来，连接起来研究，就会发现，孟子这时对齐宣王说的话，意思就是你有这个责任、有这个能力，就应该为天下老百姓解决问题。所以说，一个负责任的国家领导人，不能放弃任何一个贫而无告的子民，不能抛弃任何一个愚蠢而孤独的人。

因此，就这一点来说，我们每个自认聪明的人就要反思自省了。有能力的人帮助没有能力的人是应该的，这就是儒家的思想。有才能、有学问、有聪明、有权力，不是用来对别人骄慢的，是应该用来为别人服务的；帮助那些"不行"的人解决问题，是人生的责任，尤其是知识分子的责任。如果不负起这个责任，而抛弃那些不行的人，那么好人与坏人之间、行与不行的人之间，就没有差别了。你有能力，而对没有能力的人说：谁叫你不行呢！死了也活该！这样就是抛弃了他，你虽有能力，也是不行，也是一个坏蛋。他虽不是被你杀死，而你见死不救，也等于间接杀人；所以你与他之间就没有多大的差别了。

宗教家的精神

> 孟子曰："人有不为也，而后可以有为。"

这是讲人格的修养，一个人应该有所为有所不为，有些事是不屑为的。

现代流行的观念认为，每个人都应该有宗教家的修养，也就是有出世修养的意思。对于世界上的功名富贵、权力地位，一切都要看得很平淡，都不重要了，这就是出世宗教家的修养。这并不是说天天上教堂祷告，或者天天烧香拜菩萨；因为那样还是有所求，如同信上帝、信佛的婆婆妈妈而已。所谓宗教家，是对于世界一切都无所求；以佛家而言，是对万事都空掉了，万事对于自己没有意义了，这就是"有不为也"，一切都不在乎，并不执着。

个人的修养到了这个程度，然后才可以"有为"，可以入世做事了。做事的时候，也是大公无私，自己没有私欲，一切都是为人；所作所为，"达而兼济天下，穷而独善其身"，都不是为己，只是为人，这就是"有不为也，而后可以有为"的道理。

一般解释这两句话，认为是一种人格的修养，有些事该做的才做，不该做的则绝对不去做。例如，个人工作辛苦换来的酬劳、薪金，是自己分内应该得的钱，分毫必取；而那些贪污赃款，不是应该得到的，虽亿万黄金、美钞也不收受，就叫作"有为""有不为"。这是属于狭义的解释，扩大的含义，就是一个人先具备宗教家的出世精神，世上一切自己都不在乎；然后入世所做的，是为别人、为天下而做事。

留宽前面路

> 孟子曰："言人之不善，当如后患何？"
> 孟子曰："仲尼不为已甚者。"

孟子指出来中国文化力戒的事。他说"言人之不善，当如后患何"，一个人随便批评别人不对的地方，有没有想到后果？这是告诫我们注意个人的基本修养。我们人常常喜欢批评他人的不善，就是背后说人，那是很平常的事；似乎生了一张嘴，背后不说人的短处，就要生锈似的。所以古谚说"谁人背后无人说，哪个人前不说人"，两人相遇，必定说到第三人，如不说到第三人，好像是无话可说，这是人类的普遍心理。但是，最坏的是，只说别人不好的一面，绝对不说别人好的一面。所以中国文化的课外读物，例如《太上感应篇》等，都主张应该"隐恶扬善"，那是自幼至老毕生奉行的修养。当然，如果过分了也容易发生弊端，要做得恰当。

孟子在这里提出来，说人家的不善要考虑到这种话的后果。他只说了一个大原则，此之谓圣人之言，这个原则就如《圣经》一样，可以从各方面去看、各方面去解释，都有理，都可发挥。例如在背后随便说别人一句话，有时候会影响那个人一生前途；而说话的人造了莫大的恶业仍不自知。当然未来的报应也是不可思议的，这是后患。

唐代的武则天，不幸当了皇帝，她用的宰相非常好，连她自己也怕那些宰相。武则天在私生活方面，有许多人攻讦她，且不去管是非真相如何，可是在公的方面，大的方面，以及政治上，她却有很多好的作为。

她的宰相狄仁杰，就是一个很好的人；另外还有一个大臣娄师德，被人称为是"唾面自干"的人，由于他这种修养精神，和西方宗教耶稣说的"有人打你的右脸，连左脸也转过来由他打"是一样的。

在狄仁杰当宰相的时候，有一天武则天召见他，商谈完政事以后，问道："现在朝廷中，哪一个算得是最好的人才？"狄仁杰说："我一时还想不出来谁堪称最好的人才。"武则天说："娄师德是人才，他最有眼光，能够识人。"

狄仁杰与娄师德曾经同在一个衙门共事，就看不惯娄师德那种唾面自干的作风，所以他对武则天说："娄师德怎么够得上识人？"狄仁杰表示反对之后，武则天说："他怎么还不能识人？你当宰相，就是他推荐的啊！"这一下，狄仁杰的脸色都青了，受了人家的大度包容，自己还不知道。娄师德不但从来没有对他表示过，而且他当了宰相以后，娄师德成了他的部下，看到他还要行礼。现在自己反而说娄师德不识人；真正不识人的，却正是他狄仁杰自己。所以在武则天面前，怎么能脸色不发青啊！此外，宋代的王旦与寇准之间，也有类似的故事，于此不赘。

所以说，"言人之不善，当如后患何"，历史上类似狄仁杰的故事相当多，读到武则天与狄仁杰的这段对话，突然想到《孟子》中的这句话，不禁为狄仁杰流一身冷汗，心里有说不出的难过。

因此，我主张今日的青年，欲读古书、谈修养，必须经史合参，四书五经之外还要读史书。如果只读经不读史，就会迂阔得不能再迂；倘使只读史而不读经，那就根本读不懂历史。历史上这些事迹，给我们太多的经验和教训了。

孟子接着再表达孔子的修养，孔子总是留一点路给人家走的，凡事不会做绝。

大家都知道，宋朝的吴大有，程颐、程颢兄弟，以及周濂溪等理学家，还有研究《易经》有成就的邵康节。其实邵康节和苏东坡兄弟是好朋友，和程氏兄弟也是好朋友，而且是表兄弟。可是程氏兄弟以及那些讲理学的迂夫子们与苏东坡之间，相互都感到头痛，不甚融洽。当邵康节临终快断气的时候，程氏兄弟去探病；此时苏东坡也突然来了，而程氏兄弟却吩咐家人不让他进去。当时程氏兄弟问邵康节有什么遗言，邵康节见程氏兄弟学问修养如此好，而度量还是狭隘，由于邵康节已不能说话了，只举起双手来，而掌心遥遥隔空相对地比了比。可是程氏兄弟还不懂他比手势的意思，问邵康节可不可以说明白一点。邵康节到底是有修养的人，提起元气来，对他们兄弟说："前面的路，留宽一点给别人走。"这就是人生的道理。

孟子也是以同样的道理，说了"言人之不善，当如后患何"后，接着说："仲尼不为已甚者"，孔子对人的做法，总是留给别人一个转圜的余地，绝不把人家逼到墙脚转不了身。孔子教人不做绝、不过分，凡事都有所谓"有余不尽"之意。

以"义"为准

> 孟子曰："大人者，言不必信，行不必果，惟义所在。"

这一节，大家先记住，后面孟子有相反的话。这里他说，一个人说过的话，不一定要遵守，不一定要守信；在行为上，不一定要有始有终，而要唯义所在。但是，并不是像战国时那个尾生一样，为守信而死。尾生为了等爱人，约好在桥下见面，大水淹来了，为了不失信，也不离开，宁愿抱着桥柱被淹死；尾生的"守信"不是唯义所在，只是恋爱圈子里的圣人罢了。在做大事的时候，有的地方并不一定要言必信、行必果。例如曾经答应一个朋友帮他做事，后来发现他是坏人；这时如果说"言必信"，那就不是学圣人，而是学"活该受刑"。所以遇到这类情形，就是唯义所在，言不必信了，不必去守那个信诺了。

所以"言必信，行必果"，要在道义上衡量，应该不应该？合理不合理？做大事的人，言信、行果，不是没有标准，而应该是"惟义所在"。佛家也是如此，名为"方便善巧"，"方便妄语"。为了救一个人，撒谎也没有关系，不犯妄语的戒，因为这妄语的目的是为了救人。例如看见某甲将要去杀乙，而你对某甲说，我昨日刚遇见某乙，说你如何如何好。这分明是撒谎，但是为了消除甲对乙的愤恨而不去杀乙，这是救了一个人，乃是功德，这就是善巧方便。孟子的这段话，就是这个道理。

研究到这里，我们不妨就《离娄》篇做一全盘的讨论。

《离娄》下篇，孟子首先提出舜与周文王都是生在偏远地区，但得志而行于中国；他们行仁政、平天下，仁义道德都是一贯的。也就是说，千古以来，欲想齐家、治国、平天下，都是一贯地以行仁政为中心，并不因时间、空间的不同而有所改变。

其次，他又讨论到郑国的子产，这位辅弼之臣身为高级干部，究竟如何才是他应该有的做法与作风？

再进一步，又说明君臣之间、老板与伙计之间，大家相处关系的重要性。一直讨论下来，以"仲尼不为已甚者"作为结论，也就是说，做人不宜过分，不可逼人走上绝路。接下来便是"言不必信，行不必果，惟义所在"，这是首尾互相关照到全篇的文章。如果把宋代人那些分段的圈圈去掉，一直读下来，脉络相连，文气一贯，运用得非常巧妙。如果与后世的禅宗相比拟，这篇文章处处是机锋，处处点出了重点。

说到这里，要做一个小小的讨论。首先说明：孟子在这里指出，人类社会中人与人的相处是非常难的。尤其是在政治上，君臣之间的相处，在权力方面，几乎没有全始全终的；开始如何好，最后也同样好，是很难找到实例的。这就使人了解到，人的修养极为不易，举例来说，明朝的马皇后曾说过："夫妇相保易，君臣相保难。"

君臣相处难

在这二十世纪到二十一世纪之间，与以往的人类社会比较，女权似乎是最高涨、最吃香的时代。可是，在我国历史上，早就有一位最了不起的女性，也就是明朝开国皇帝朱元璋的太太马皇后。

朱元璋当和尚时，很穷，连饭都没得吃，想不到后来当了皇帝。马皇后和朱元璋一样，是养女出身，嫁给了朱元璋，也没有想到自己会当皇后，并且还是历史上有名、最了不起、达到了女性道德最高标准的仁慈皇后。

当朱元璋封她为皇后的时候，照理她应该很高兴，可是她并没有高兴的表示。当朱元璋问她时，她说并不高兴，因为"夫妇相保易，君臣相保难"。蒙封为皇后，就有了君臣关系，所以有了忧虑。如果作为平民，夫妇相守白头到老，并不太困难；而今成了君臣，自古以来的君臣之间，能相保而全始全终的非常少见。

孟子在这里，把君臣之间的相处，可借用马皇后这两句话，全部点穿了。

唐人元稹的诗中曾叹道："贫贱夫妻百事哀。"其实，就是夫妇之间，相保也有困难。我们民间有两句俗语说，"妻共贫贱难，夫共富贵难"，一个女人如果嫁一个穷丈夫，是很难和这位穷丈夫共患难的。相反的，一个男人到了中年以上，发财以后，一有功名富贵成就，就会打主意娶小老婆或者金屋藏娇了。现代还有所谓"午妻"出现，都是"夫共富贵难"的现象，这也是人之常情。再由人情而关联到政治权力上，就成了利害祸患问题。感情、道义，一走到权力利害的关键点，往往感情与道义都崩溃了，历史上这种事例非常之多。

所以《孟子》这一篇，一路说下来，它的要点就在这种地方。假如我们依宋儒的方法把它圈断来看，就失去一贯的重心，没有多大的道理，而只是一些零零碎碎的格言而已，没有什么了不起。其实，孟子文章的编排是含有深意的，所以我们读书要能深入加以了解才行。

清人舒铁云有《读论语诗六十首》，其中的两首抄录如下：

其一：

管子天下方	春秋无与比	惜遇齐桓公	不过中主耳
赫赫开霸图	厥功伟且骏	若欲王齐国	将夺周天子
赖其载虚文	迁移八百祀	所以拜胙生	终胜请隧死
此岂桓能为	必是仲所使	大醇而小疵	器小不知礼
孟子论过高	五尺称羞耻	岂知微管叹	孔门有深旨
魏征田舍翁	亦类管仲似	乃百齐桓公	敌一唐太宗

其二：

书社封孔子	有人诅之竟	不应君子交	做此小人行
乃悟齐景公	委靡由天性	偶动浮慕耳	未必心尊圣
试观避席前	不过待季孟	若竟举国从	何以处崔庆
君臣父子间	难与共为政	凶终有远虑	慎始无后病
婴也再踌躇	谪谏本擅胜	阴实全所交	阳乃夺其柄
果然齐景公	倾耳能相听	有粟不得食	接淅看破甑
想当临别时	定有数语赠	平生知己言	太息久而敬
口称平仲谥	盖棺以论定		

我们说到孔孟之道，再来看孔子自己所遭遇的故事。大家都知道孔子做过鲁国的宰相——我这里所说的宰相，自然不是后世官职中的宰相。在当时，孔子担任鲁国的司寇，勉强与现代我国官职比，相似现在的司法部长，而权力则较大。那时像部长级的

官都称相；而相的意思是辅助，是帮忙君王的人。在家庭中，女德的所谓"相夫教子"，也是这个相。今天台湾有一个名称，太太叫作"牵手"，也就是相的意思。在春秋时代，相就是辅弼之臣，国君的助手。

但是，孔子在鲁国只做了三个月的相就离开了，这也说明君臣相处之难了。

后来，齐景公也曾经想请孔子为相，可是孔子的一个好朋友齐国有名的贤相矮子晏婴是反对孔子到齐国为相的，因此齐景公后来果然没有用孔子。

以晏婴的学问道德，以及和孔子的深厚交情，为什么会反对孔子当齐国的相？这成为一则历史疑案。其实我们仔细看《史记》，晏子反对孔子当齐国的宰相，是出于非常好的心意。他是孔子的好朋友，也非常了解孔子；由于太了解齐景公的为人，深恐孔子到了齐国以后与齐景公相处会有问题，最后双方闹得没有好下场，不如不来。可是这种情形，在他当时的立场，又不便明说，所以只有冒了反对孔子的骂名，使孔子当不成齐国的宰相。

此外，如管鲍之交，管仲与鲍叔牙两人的深笃友谊，是大家都晓得的，实际上孔子与晏婴之间的交情也是一样的了不起，甚至于有过之而无不及。所以在《论语》中，还可以看到孔子赞美晏婴："晏平仲（晏婴的号）善与人交，久而敬之"。说晏婴与人交朋友，彼此的道义都很坚固，而且越久越令人尊敬。

孔子下这个评语的道理，在前面所引舒铁云的诗中已经完全说出来了。为了节省篇幅，这里就不再为这两首诗作文字上的解释了。但可以在这里顺便说明一下的是，中国有许多好的思想、好的观念，并不一定记载在学术方面的著作上，而每每在诗、词、歌、赋等文学作品中出现。像舒铁云的两首诗，对于孔子与晏婴的事，以及管仲相齐桓公的事，就有很好的见地，说得很清楚了。

再举一个例子，说明君臣相处难全终始。范蠡说："越王之为人，长颈鸟喙，可以共患难，不可以共安乐。"范蠡帮助越王复国、将吴国打败了以后，自己走了，而且还劝同事文种也该走。这也是道家老子的思想，"功成，名遂，身退，天之道也"。一个人事业成功，历史上留了名，应该自己走了，不要再占住那个位置。以一般人最通俗的话来说"大便好了不要占茅坑"，是一样的道理，免得别人讨厌。

范蠡劝文种的时候，就是说上面几句话：越王这个人，颈子特别长，嘴巴有如老鸦嘴特别光；只可以和他共患难，在他困难当中帮助他，他会对你很好，是共渡难关的好领袖；但是在国家安定时，欲和他共享太平，这就很难了。可是文种不听，范蠡就自己走了。

后来，汉高祖平定天下以后，蒯彻也用几句话劝韩信："飞鸟尽，良弓藏；狡兔死，走狗烹；敌国破，谋臣亡。"这几句话也成了后世的名言，他也是告诉韩信，天下太平了，再也用不着我们了。如果帮忙别人完成了事业，像泥水木匠替业主盖好了房子，却仍然不走，翘起二郎腿，坐在太平梯上抽香烟，优哉游哉，这成什么话？再不走，就被业主来撵了，走吧！

自春秋战国以下，后世的历史所记载的君臣利害之间的相处，几乎没有离开过这个原则的。所以，孔孟之学、圣人之言，始终成为帝王、英雄所惧怕的言语学问；因为，圣人们将人类的弱点说得既明白又透彻。事实看到的是，越王勾践确实如此，后来文种果然没有好的下场；到汉朝，汉高祖也是杀掉了功臣韩信，这些史迹都是一样的。甚至于唐太宗，那么英明的皇帝，到后来年老，要把帝位传给儿子高宗时，对于老臣大将李勣还不放心，怕老臣不会服从继位的少主。于是做一个试探考验李勣，下一个命令，把这位大元帅调到一个边远地方做一个城防官，等于警察局长。李勣在半路接到这个命令，连家都不回去，立刻高高兴兴直奔新的任所。唐太宗接到情报，这才告诉高宗放心，李勣还是会拥护他的。幸亏李勣深知个中奥妙，否则也是要落到"飞鸟尽，良弓藏；狡兔死，走狗烹；敌国破，谋臣亡"的下场了。

不管是"家天下"的帝王政体，还是现在人所称的民主政体，其实原理都是一样的。为君王的这样做，有时也是不得已的。汉高祖的杀功臣，也是不得已的，所以他杀韩信的时候，自己下不了手，只好藉故避开，自己不在首都，由吕后去动手。所以宋初钱昆有诗题淮阴庙说：

> 登坛拜将恩虽重　蹑足封时虑已深
> 隆准由来同鸟喙　将军应起五湖心

我们读一首诗、一篇文章、一本著作，不止要了解文章的文义，还要了解所述事情的时代背景、地域情况，以及作者的身世、写作的立场，才能真正了解作者的深义。

这首诗的作者钱昆，是五代十国之一的吴越王钱镠的曾孙。在宋朝赵匡胤起来时，钱镠的孙子钱俶首向宋朝投降，所以还保留了一时的荣华；到了曾孙这一代，再也没有昔日的风光了。所以当他到了淮阴侯韩信的庙中，未免有所感慨，因而有了这样一首诗。他说韩信当年，从一个老百姓提升为大元帅，在登坛拜相的时候，恩惠是多么的厚！可是在拥有重兵要封三齐王的时候，刘邦的忧虑就已经深了。

关于这一件事，后世往往只看到一面，以为韩信此时是挟重兵向刘邦要胁。所以，读历史殊不容易，要读得细、读得深，才能了解到真相。事实上，因为韩信所指挥的部队已有相当力量，项羽曾经派人去游说韩信，建议项羽、刘邦、韩信三人各自称帝，瓜分中国。可是韩信回答说，汉王对我有恩，我不能这样做。可见韩信并无背叛刘邦之心，否则他答应下来，刘邦及项羽对他也没有办法。他之所以请刘邦封他为三齐王，而且只要一个假王，是由于谋略上的原因，便于指挥友军对付项羽的。可是，刘邦一听到韩信派人来请封王，大为震怒，开口就要骂。这时候张良在桌底下轻踢他一脚，刘邦到底聪明，立即把话转过来："要当就当真王，何必当什么假王。"于是就封韩信为三齐王。所以这首诗里说"蹑足封时虑已深"，在他请封为王的时候，已经种下了祸根，埋伏了杀机。如果知道刘邦的丰满鼻梁并非平常人的相貌，也和越王勾践的尖嘴一样，只可以共患难，不能共富贵，那就早该和范蠡一样，赶快辞职，退下来归隐去了。

我们转过头来，应多看《春秋》，多看《战国策》，尤其处身在这个世界纷扰的时代，国家前途多难，大家应该坐下来多读这两部书。至少对于楚汉之间的历史，多读多用心去想，将启发很多的道理。

大少爷功业难成

再看项羽这位大少爷起来图谋霸业，处处表现出他的公子少爷脾气；正如小姐们有小姐脾气一样。这类公子少爷脾气，永远不能成事；纵然偶尔开花，但也无法结果。

所谓公子少爷脾气，并不一定易怒，而是冲动，没有中心思想，性格不稳定，可是有时又很仁慈。项羽在鸿门宴上不杀刘邦，表示自己是大丈夫，这样做是他的仁慈，这也是公子少爷脾气。

项羽这种脾气，当他从事于大功业用人时，就会产生问题。他的军师是范增，年纪六七十岁，也是项羽的老师，项羽尊称他为亚父。后来范增被项羽的少爷脾气气得离他而去，背上长一个痈，等于现代医学说癌症，结果在路上死了。

曾经在台北市延平北路看到一座庙，门口的匾额是"福佑宫"，里面供了一尊神，鬓发皆白，这个老头子就是范增。范增为什么成了福佑宫的神？据中国研究宗教思想的说法之一，是说一个人是会突然变成神的。这是中国民间文化、民间的哲学思想，其中有很多奇妙的故事，表现了民间的一种观念、一种感情或一种期望。

在湖北还有一个地方，有一座项羽的庙，船只经过庙前时，一定要烧纸钱祝拜，否则船会被浪打翻。后来有一个读书人经过那里，作了一首诗，诗中说，天下都被你丢掉了，你现在却在这里与可怜的船家们计较几张纸钱。这一说把项羽说得再也不兴风作浪了。

范增居然也做了神，在庙里受香火了，在读书人看来觉得很有趣，所以就作起诗来，评论一番。宋代王淮的诗说：

关中失鹿人争逐　一去鸿门不可寻
千古英雄死遗恨　封侯庙食更何心

楚汉相争正在紧要关头，你和项羽君臣两个人没有好好配合，失去了杀刘邦的机会，以致落得全部失败。这种事情过去就算了，到今日你还有什么心情在这里为神为鬼，受人间的香火供养？这首诗就把范增这样说了一顿。

宋元之间，像赵孟頫之流，还有一个人叫钱选（钱舜举），他也有一首说项羽范增的诗：

> 暴羽天资本不仁　岂堪亚父作谋臣
>
> 鸿门若遂尊前计　又一商君又一秦

　　这首诗说：项羽本来就是一个喜怒无常的家伙，怎么可以再加上你这老奸巨滑的老头子做他的军师？假使你鸿门宴上刺杀刘邦的计谋实行了，刘邦被刺死了，历史就不是如今这样的写法。只不过，如果项羽成为帝王，那是消灭了一个秦国，又产生了一个新的秦始皇，你范增也不过是商鞅之流。另有元代诗人陈孚的诗则说：

> 七十衰翁两鬓霜　西来一火笑咸阳
>
> 生平奇计无他事　只劝鸿门杀汉王

　　范增这个头发都白了的糟老头儿，人家都说你学问好，可是翻遍了历史，都看不见你曾经有过什么好的计谋。充其量在鸿门宴上，你老头儿在旁边拿着一把锁钥做切菜状，暗地里告诉项羽去杀掉刘邦，偏偏项羽又装作看不见，不理睬你。更可笑的，你老头儿的馊主意，赶到西边把刘邦已经拿下来的咸阳放上一把火，使得许多文化典籍都被烧光了。

　　从历代类似的许多史迹上，我们就看到君臣之间相处之难。还有，如宋朝那个不得志的石曼卿的诗：

> 南朝人物尽清贤　不是风流即放言
>
> 三百年间却堪笑　绝无人可定中原

　　这诗骂尽了唐末以后五代十国二三百年里的那些读书人。他们考取功名做官以后，放言高论乱批评；如果不批评的，就像唐代的杜牧一样的："十年一觉扬州梦，赢得青楼薄幸名"，就去风流了。三百年中的文臣武将，没有一个人能够定下中原，成为一个历史人物的。

所以同是宋代的欧阳修，写唐代送公主和番的诗也说："玉颜自古为身累，肉食何曾为国谋"，一个女孩子容貌美丽，就被送去和番，美丽反而是一种身累，红颜薄命，为自己找来麻烦。但就此也可看到，那些做大臣的肉食者流，并没有几个人真正为天下国家的兴旺而计划的。这是他对唐末五代人物的看法。

现在，看过了古人这些前言后语的资料，我们再研究，孟子在对齐宣王说到君臣之间、手足与心腹、犬马与国人、土芥与寇仇的关系以后，为什么接上去就是孟子"无罪而杀士"及"无罪而戮民"的一段话呢？

这先要了解，汉代以下直到清末，中国帝王历史，几乎都是在仁慈宽厚的一代之后，下一代必然就是利用法治严饬肃整的一代。形势上也非如此不可，是一种必然的、过渡的法则。政治就是如此，要松一段、紧一段，否则，空谈政治理论，都是徒然，社会一定会紊乱，乃至于灭亡。

历史上在严谨的一段时期，起用了法治人才，而这类人才被人给了一个专称，名为"酷吏"。他们言行残酷，用法定罪则周文深纳。政策的趋向，多半形成苛严的程度，这也是中国政治哲学史上的一个大秘密。

所以孟子说"无罪而杀士，则大夫可以去；无罪而戮民，则士可以徙"，正是看到战国时代，各国诸侯在自然的政治趋势之下渐渐走上了"酷吏"的路子。因此，许多通儒达士看通了这个道理，多半挂冠而去，飘然远引的事例也很多。

例如，元朝有一位廉访使密兰沙，他是一个蒙古人。元代的廉访使，不只是现代的监察委员而已，其权力相当于清代的钦差大臣，手执尚方宝剑，先斩后奏，包括了对官吏以及民间的侦查、审理、判罪，乃至于执行生死大权。这位廉访使有一次到了福建，穿便衣深入民间调查，走进一个庙里，看见里面正在扶乩。

当时降到乩坛的神为紫姑神，所谓紫姑神，就是管厕所的一位女神。过去中国信仰多神的，灶有灶神，床有床神，有米桶神，有酒窖神。以前结婚时，新郎新娘就寝前还要先拜床神。这位紫姑神很受妇女们的崇敬，舅妈、姑妈、姨妈、表姊妹们在打牌押花金赌博时，拜拜紫姑神，就往往会赢钱，好像颇为灵验。现在赌博的人，每逢输了，就往厕所转一下，再坐下来赌，便认为会转输为赢，这都是由以前拜紫姑神演变下来的。

这位廉访使看到扶乩，听人说灵验，于是也上去请这位紫姑神对他的前程作一个指示。在乩笔下，竟写出以下一首诗：

> 刀笔相从四十年　非非是是万千千
> 一家富贵千家怨　半世功名百世愆
> 牙笏紫袍今已矣　芒鞋竹杖任悠然
> 有人问我蓬莱事　云在青山月在天

这个紫姑神似乎已经知道这位廉访使的心事了，他不想做官，因为他权力太大，接触的事情也太多，觉得人生的一切太可怕了。可是他这番心事并没有讲出来，不料紫姑神很妙，就作这样一首诗，指明他的心事，也成为中国通俗文学史中一首名诗了。在元代很多读书人的家庭中，都把这首诗作为教导子弟做官的格言了。

在讲君臣关系后，孟子又说到"非礼之礼，非义之义，大人弗为"，以及"中也养不中，才也养不才"这些道理，也是说明君臣之间政治运用的重要。其中的道理，苏东坡有一篇《战国任侠论》，将几千年历史上的这个问题说得很清楚，也是人才分类的问题。在他看来，社会上有智、勇、辩、力四种人，这些人都靠别人养，自己不大肯努力。也就是说，有头脑的人很懒，多半希望别人来养他，如果到机构里上班，最好一天只工作一两小时，待遇优厚；以现在来说，十万元的月薪，还有车子用。但他有多大本事呢？其实一无所长，只是会乱想。所以人，天然靠人养，不愿养人。有力的人也如此，不一定愿意去码头当劳工。这四类的人，一定要由社会国家去养，用得恰当，是国家社会的人才；如果用得不恰当，捣乱的也是他们。

所以苏东坡这篇文章，把千古以来的社会问题重点都说出来了。他这篇文章，如以现代的写作方法来处理，又可以成为一部巨著了。不过，千古文章一大偷，他也是根据《孟子》这里"中也养不中，才也养不才"的观念而来的。因为他读懂了《孟子》这一段，所以才能加以发挥，这也可以说，苏东坡的这篇文章是学孟子学通了。事实上，苏东坡对《孟子》一书最熟，他的文章是学《孟子》《庄子》的。

赤子之心

> 孟子曰："大人者，不失其赤子之心者也"。

这是孟子提出来的另一个重点。

大人不一定是皇帝，也不一定是大臣；大人可以当皇帝，可以做大臣，也可以做一个最平凡的老百姓，大人是超然的。唯大人可以入圣境，当皇帝则是入圣境为圣王，做宰相则为良相，做老百姓则是一个规规矩矩的圣人。所谓"赤子"，在前面已经解说过，就是婴儿，"赤子之心"，一般人说是童心，但不是幼稚，是形容人的天真、天良之心。

曾子著《大学》，就是所谓的大人之学，最后才"止于至善"，首在"明德""亲民"，然后"止于至善"。而普通一个人，能够永远保持他的天真童心，没有机心，就是至善，就是"赤子之心"。明人洪自诚的《菜根谭》中说："涉世浅，点染亦浅；历世深，机械亦深。故君子与其练达，不若朴鲁；与其曲谨，不若疏狂。"他这几句话很有道理，一个人对人情世故知道得少，自己心理上的污染也比较浅。所以年轻人做事，看来是个冒失鬼，但他心理染污少，不知道别人可能心存不正。年纪大了，经历的事情也太多了，看人就不同，办法也多了。因此他主张"故君子与其练达，不若朴鲁"，似乎一个人深通人情世故，面面圆融，处处通达；倒不如老实一点，笨一点，保持那分天真比较好。人纯厚，则能保持天真。

《红楼梦》中的贾宝玉，最不愿看的一副对联是"世事洞明皆学问，人情练达即文章"，虽然贾宝玉走的路子不同，也不一定对，但在这一点上，他还是保持了赤子之心。

如果以现代的观念来看，"大人者，不失其赤子之心者也"，似乎讲这个人永远长不大，什么事都不懂，等于半个白痴，像这样的人还有什么用？事实上，所谓"赤子之心"并不是指长得大或长不大，而是指永远保持干净、纯洁、诚恳、少爱憎、少恩怨、仁慈、爱物的心理。

真正修养的境界，如学佛学道，明心见性，初步都是为了恢复赤子之心。古代有一位女神仙曹文逸，她的两句话说得很好："无心心即是真心，动静两忘为离欲。"这就是赤子之心的境界。孟子说，只有这样的人，才够得上中国文化所标榜的"大人"，可以做圣君、贤相。

养生送死

孟子曰："养生者，不足以当大事，惟送死可以当大事。"

孟子说，人活着，并不是人生的一件大事；只有"送死"这件事，如长辈、祖父母、父母逝世的时候，才是一件大事。

这是中国几千年来的文化，过去家里有人去世时，在门口贴上"当大事"三个黑字的大白纸，就是根据《孟子》这句话来的。

他为什么说生不足以当大事，死了才是一件大事呢？如果以佛家禅宗的观点来看，这的确是一件大事。禅宗有一个话头，"生从何处来，死向何处去"；庄子也说，"生死事大"，这是说我在未生以前，是在什么地方？死了以后，又到哪里去？死了究竟另外有没有一个生命？人到现在还没有弄清楚。

那么孟子这里所说"惟送死可以当大事"，是不是和佛家禅宗及庄子的观念相同呢？我想这是不相同的，而是与孝道有关。一个人，如果他的长辈或父母过世了，不当作大事去办，这个人已丧失了赤子之心。

这是什么道理呢？大家知道，只有小孩子看见一个人或者动物死了，容易掉眼泪。问他为什么哭，也说不出理由，这就是他仁慈、悲悯心理的表现，也是人性的当然现象。而一般年纪大的人，看见别人死亡，哭也哭不出，有时候虽哭，也就一半哭死者、一半哭自己，因为有许多复杂的心理。

我这样解释养生送死，或者有故意将孟子这一句话提高其含义的嫌疑。也许真是那么回事吧！近两年来，做过几件有趣的事，讲一部《论语》，替孔子当了一次辩护律师；为《关帝大传》写了一篇序，又替关羽当了一次辩护律师；现在讨论《孟子》，又在替他辩护了。

但是，有一点需要强调的，就是养生不是大事。一个人的出生，世界上又多了一个人，固然是一件可喜的事，但这个人将来如何都是未知数，所以"不足以当大事"。但是一个人死后，所谓盖棺论定时，才可以当大事。因此，我们想到《论语》中的记载，曾子在临终手足已不能动的时候，告诉他的学生："启予手，启予足。《诗》云：战战兢兢，如临深渊，如履薄冰。而今而后，吾知免夫。小子。"曾子这些话是说，替我把手足放好，我这一生凡事都小心翼翼的，但从今以后，我不再亏欠这个世界了，很对得起这个世界了。年轻人，你们一生为人处世要注意呀！

所以送死可以当大事，道理是盖棺论定了。

由博而约的教育

> 孟子曰："君子深造之以道，欲其自得之也。自得之则居之安，居之安则资之深，资之深则取之左右逢其原。故君子欲其自得之也。"
>
> 孟子曰："博学而详说之，将以反说约也。"

孟子说，人的修养，是要恢复到"赤子之心"的境界，要怎样才能达到呢？不能以填鸭式的教育硬塞，要以启发式的教育使其自得，这和后世禅宗的教育相同。我们知道，禅宗祖师的教育方法、所走的路线都是这样，也就是"深造之以道"，才能达到"道"的境界。

什么是道的境界？在这里暂以孟子的观念来解释，就是恢复到"赤子之心"的境界，也就是由后天修养回复到先天的境界。

要怎样才做得到呢？要他"自得"，也就是自悟。假使不是"自得"而是被教的，就不能活用。例如现在有许多人学修道，学打坐，一开口就说：老师教我这样打坐的，好像是为老师而修道、打坐的。老师教了重点，教了方法，自己就要能够活用；自己不去体会，不去活用，这就是不能够自得，而是拿到鸡毛当令箭了。

禅宗有一句非常有意思的话："悬崖撒手自肯承当，绝后方苏欺君不得。"意思就是学问修养要自得，自己启发自己的灵智，就是道的境界；不是从老师那里填塞进来的，也不是接受的。否则就变成了宗教的教条式信仰，那并不是道。

只有自得的，则能"居之安"；而"居之安"并不是指房子住得好，是指平常都在自己所得的本位中。"居之安则资之深"，这个"资之深"，不是现代语老资格的意思，"资"是资用，也就是说，平常处世可以应用你的道。因此出世、入世都在道中行，则"取之左右逢其原"，出家也好，隐居也好，不出家也好，为官也好，都处在道中。所以学问之道要"自得"。

过去圣人的言教，都是要我们能够求其自得，这也是从"赤子之心"来的。学问的修养、道的修养，都是这个原则，要"自得"。而学问以外的培养，则要学识。严格说来，学问就是道，而其他各方面的知识、写文章等，那只是学识。

孟子说："博学而详说之，将以反说约也。"学问之道，必须知识渊博，不走渊博的路线不行。要在渊博以后，再求专精；就是各种知识都懂了，然后再在专门的学识上做深入的研究。

现在医学院的教育方式很不错，最初一两年，对于医学上每一科每一部门都要学习；最后才专门深研一科，或内科，或外科，或牙科，或耳鼻喉科等，分科越来越细越专门。但社会上一般教育很糟，越专门则越不通。现代的"博士"，实际上并不博，只是专家的代号。现在所谓的专家，是独门深入到牛角尖中的学问，除了他所专的以外，对于别的知识就完全茫然。这种只求专门的求学方式，在目前这个时代，也许觉得是好的；但可以预见的是，五十年后将成为人类的大害，到时可能后悔，才要改变目前的教育方式。

过去中国教育，学生并不是专学作文；现代的青年误认为过去的读书人只是读国文而已，这真是笑话。我国古代的教育，当然是以国文为主，但是仅以一部《礼记》来说，几乎天文、地理无所不谈，熟读了这些书之后，样样都通达了，那是从博而后约的。现代的教育，目的在求专，开始那一点点的博只是作为陪衬。这种情形，将来会使人类文化出大问题，这又是一个专题，牵涉太大，只好暂且不谈。这里我们只了解孟子的主张，是由"博学而详说之，将以反说约也"，最后归纳而进入专。

这一段谈博与专，上一段谈自得，两段连起来看，自得的是"道"，恢复"赤子之心"，就是人类天然本性的修养，不被后天物欲环境所污染。对于知识，则先求渊博，再求专门，与道的修养并不违背。

根本智与差别智

> 孟子曰："以善服人者，未有能服人者也。以善养人，然后能服天下。天下不心服而王者，未之有也。"
> 孟子曰："言无实不详。不详之实，蔽贤者当之。"

这一段，还是根据"赤子之心"的中心思想而来，还在讲君与相的问题，就是帝王与宰相之学。孟子这个政治哲学的理论，我们要特别注意了。

历史上的圣君贤相，才够得上称为大人；在道家来讲，称这种人为"真人"。由道家这一名称看，我们这些没有得道的，都是假人；要得了道的，才是真人。庄子的观念，有道的是真人；儒家观念中的大人，就是道家观念中的真人。古代拍马屁也称皇帝为真人，其实皇帝不一定是真人，能够称得上真人的皇帝很少。

《孟子》中讲君相之学的政治哲学，以赤子之心为中心思想。但是，赤子之心如何得到？只有自悟、自肯、自得，才是真正得了道。但是得了道以后如何？答案最好借用佛学来解释。

佛学对于得道，名为"根本智"，明心见性所获得的"赤子之心"就是根本智。但得道以后，并不就是一通百通，也就是说，不是只要打坐一悟了道，什么都会知道——电机工程也懂了，或者制造原子弹也懂了，一切就像制造咸鸭蛋一样制造出来。事实并非如此。

这些人世间的各门各类知识，名为"差别智"。不过得到了根本智，学起差别智来会更快学会，可以说能到达一闻千悟。对同一件事，普通人要听一百句话才能懂的，而有了根本智的人，只要听一句话就全部懂了。如果说连一句话也不听就懂，是不可能的。但在宗教界，往往产生这种错误的观念，尤其学佛学道的年轻人常会有这种幻想，以为打坐悟了道，宇宙间的任何事都会知道。其实一切仍然是要学的，孟子后来讲的"博学而详说之"，就是指差别智而言。

这里又回来说到政治哲学上圣君贤相的大原则。大家平日讲孔孟之学，讲中国政治哲学思想史，但在这方面的许多著作都忘记了《孟子》这里所说的圣君贤相的大原则。

"以善服人者，未有能服人者也"，纵然是再仁慈、再行仁政，以一个"善"去服人，已经是第二流，差一级了。因为你是以仁慈作为手段，这善就不是真善。要"以善养人"，就是自己心中没有存一个为"善"的观念，而是自然而然地去养人。或者，我们将这个抽象的"善"字，改用一个具体的名词，就容易了解了。例如说"以米饱人者，未能饱之"，用米去给人吃，人不但吃不饱，反而会生病；"以饭饱人者，然后而能饱人也"，用饭去给人吃，人家自然吃饱了。

善行而没有善的形迹，也就是《庄子》"不落形迹"的观念。不落形迹地行仁政，"然后能服天下"，所以天下心悦而诚服，然后王天下。王道的政治就在这里，后世都以仁慈、仁义做手段，那就更糟了，就不是中国文化中王道政治哲学的道理。

所以孟子接着说，"言无实不详。不详之实，蔽贤者当之"，这也是后世王阳明所主张"知行合一"的道理，任何理论，假如没有真实的内容，说出来的话是不吉利的。这种不吉利的空谈、吹牛、乱说的话，"蔽贤者"，只有冒充的贤者才会去说。

水的哲学

> 徐子曰："仲尼亟称于水曰：'水哉！水哉！'何取于水也？"

> 孟子曰："原泉混混，不舍昼夜，盈科而后进，放乎四海；有本者如是，是之取尔。苟为无本，七、八月之间雨集，沟浍皆盈；其涸也，可立而待也。故声闻过情，君子耻之。"

徐子，也可以说是孟子的一个学生，有一次问孟子说：孔子经常赞叹水，水呀水呀！水有什么了不起？为什么孔子这么喜欢说水？

其实不但孔子喜欢水，老子也喜欢水。如果彻底研究起水与哲人圣人来，也是一个专题。佛也喜欢水，经常以大海来比喻水。中国的诸子百家也有很多人都喜欢水。把古今中外的人对水的观念集合起来，大可以写一本《水的哲学》。

于是孟子替孔子做了解释：水从源头不绝地滚滚而来，白天也流，夜晚也流，永远不断地流，千秋流到万世，永远都在流。它流呀流，流到了一处洼地，成潭、成泽、成湖，流满了以后，才又会向下冲过去。正如人之求学，慢慢地学，在学的时候不要出风头，等到力量充实了，一冲就过去了，这就是水的哲学。冲出去了，放之于四海，成为浩瀚的局面，源远而流长。所以人要效法水的源远流长，有所本，有根源，永远用不完，取之不尽，用之不竭，这就是孔子赞赏水的精神所在。

这是孟子替孔子做的解说。实际上，孟子说了这许多话，文章也写得好，话也讲得厉害。俗话说，"满罐水都不响，半罐水响叮当"，孟子接下去也是说半罐水响叮当的人和事。他说，孔子喜欢水，是教我们要有本，"有本者如是"，要源远而流长。人如无本，就如夏季七八月间干旱得厉害，但一会儿下一阵大雨，水便来得很多，连水沟里都满了；可是没有多久，水就干了。所以一个人，没有很好的学问，虚名超过了真本事，那就是半罐水响叮当了。就如一个人不是百万富翁，而一般人却说他是千万富翁，虚名超过了他实有的财富。当他亏本要向人借钱时，借不到就倒闭了。这就是"声闻过情"，虚名超过了常情或实情，也是上面说过的"不虞之誉"。

有时别人所恭维出来的"名"是假的，恭维你的人常会突然之间说出来连影子也没有的恭维话。但是到了自己倒霉的时候，恭维你的人也会连影子也没有的事都骂了出来。所以一般的人都是声闻过人。古谚说，"一犬吠影，百犬吠声"，在乡下就可看到这种情形。村子里有一条狗，看到一个小小的影子，就叫了起来；村子里其他的狗，连影子也没有看见，只听到一声狗叫，于是都跟着乱叫起来，结果全村的狗都在乱吠。

所以社会群众心理有时候也是盲目的，只有大智慧、大修养的人才看透了这些人生的道理，他们会像孟子说的"声闻过情，君子耻之"那样，不会虚而不实。

说到这里，想起几十年前，我在四川大学哲学研讨会上课讲佛学的时候。那时的大学生和现在的不同，他们很会问难。那一次是在成都的望江楼，和那些年轻学生们一起谈禅宗的问题。我告诉他们，如果真了解禅宗的道理，"别无一法"。其中有一位同学问"一即一切，一切即一"的道理。我说："当然，任何一法，都可以说尽三藏十二部。"那位同学一指望江楼外的水说："你说此法。"我说："水也包括了小乘道、大乘道、三藏十二部、六度"。他说："请详述之。"

几十年前的大学生，穿一件长袍，冬天颈上围一条围巾，手往口袋里一放，说起话来偶尔还会摇头晃脑一下；所用的语汇，往往离不开"之乎也者"。他们高兴的时候，会大叫"快哉快哉"，不像现在的大学生说"好棒啊"。

我说：你看那个流水，"到江送客棹，出岳润民田"，这就是布施波罗密；流水不受死尸，不接受脏的东西，死猫、死狗、死老鼠，丢到流水中，一定把它浮起来，就是持戒波罗密；放一块石头在流水中间，水不生气，只转一个弯，还是往前流去，这是忍辱波罗密；水永远不断地向前流，是精进波罗密；流水到一个地方，清澈见底，此为禅定波罗密；但每一个浪头，每一分钟、每一秒钟却不同的，不断不常，就是般若（智慧）波罗密。

所以当然具足六德。他们听了，热烈鼓掌。

我这是用佛法来解释孔子为什么欣赏水，其实用道家或其他各家都可以来解释。孟子替孔子解释水，是站在孔子的立场，说水是仁慈的、正义的这个观点。

如果站在道家的立场，老子的解释又不一样。老子教我们学水，他教我们学下流。怎么个学下流？就是学大海一样，一切水流下来进入大海，海也就容纳一切；能容纳一切，才能成其伟大。所以老子教我们学下流，不要学上流，上流源头最高处只有一滴水；学下流即是谦虚，人一谦虚，就越来越伟大。如果站在高处，就好比只是一滴水，很容易就干涸了。所以老子讲水又不同。

谁是万物之灵

> 孟子曰："人之所以异于禽兽者几希，庶民去之，君子存之。舜明于庶物，察于人伦；由仁义行，非行仁义也。"

这一段，孟子又回过头来说人性了。对于最后两句话"由仁义行，非行仁义也"要特别注意。所以读《孟子》不能马虎，因为孟子的文章写得好，有许多人，包括我的老师们，那些前清的进士、举人、翰林公，在欣赏美好的文学境界中都被骗过去，把书读错了。不过，我们对老师们还是很恭敬的，发现老师读错时，不像现在的同学不敢讲，也不敢问；而是用方法轻轻地点醒他一下，他就懂了。这里的两句话，过去的老先生们往往有读错的。

大家读这节书，会觉得奇怪。孟子说"人之所以异于禽兽者几希"，人就是禽兽之一种，现在说得好听一点，人也是动物之一种，所以我们不必看不起禽兽。以哲学的眼光看，对中国文化中的一句话"人为万物之灵"，我第一个反对，不承认人为万物之灵。站在万物公平的立场上看，人类是万物之中最坏最坏的一种动物，什么东西都吃，什么东西都杀，什么东西都用。假使站在猪、牛的地位看人类，若说人为万物之灵，那就更是奇怪了。

我觉得牛才是万物之灵。世界上的人搞什么动物保护会，但除了印度人和中华民国重视牛之外，没有人去建一所牛庙对牛表示恭敬。而牛对于人类的贡献，是多么了不起啊！它活着的时候，吃的是青草，又替人耕田、拉车、推磨，做最苦的工，还供给人们营养丰富的牛奶，从不偷懒，毫无怨尤。一旦老了，力弱难为，人又把它杀了，牛毛可以织毡，牛角为装饰品，或做印章材料；皮的用途更广，皮帽、皮衣、皮鞋、皮带、皮包，简直处处都用得着牛皮。而牛肉、内脏、脂肪，乃至骨髓、脑子，都被人视做补品，大吃特吃。牛骨也可以做饰品用具，熬胶做黏剂，乃至于磨粉当肥料用，丝毫没有浪费，全部贡献出来。万古千秋，世界上没有任何一种动物像牛这样伟大的。所以孟子说："人之所以异于禽兽者几希"，几希就是"太少了"，这还是客气话。

其实中国文化，儒道不分，在上古时期的文化，非常清楚，人与禽兽是不分的。那时人的名称为"倮虫"，就是一只虫，现在我们叫老虎为大虫，人也是一个大虫。而且人这个虫，还不如别的虫，是光光而来的，什么都没有，靠杀别的生物，以其皮为衣，吃别的生物的肉为食。所以人的本身的确是一个"倮虫"，为万千生物中之一而已。所谓"万物之灵"只是人类的自我标榜罢了。

孟子接着说："庶民去之，君子存之。"对于这两句话，千古以来，大家的解释都是说，一般人对于人性，越离越远了，"庶民"就是一般人。"君子"，只有受过好的教育、讲究修养的人，才能保存人性的仁慈。

对不起，这种解释，我表示反对，这种解释未免牵强附会。我们看《四库全书》，读《十三经》，看到古人那些解释令人头脑发胀。就只这两句话，几千年之中就有许多人的注解，越看越伤心，越看越心烦，觉得浪费了许多纸张。

其实本文就很明白，是与一般注解相反的观念。上面说人与禽兽差不多是一样的，倒是一般人向一般生物的路上发展去了，是随自然的天性发展。"君子存之"，存些什么呢？我认为孟子在骂人，他说假君子比一般人更不好；真君子，还保持天机的自然。这是什么道理呢？答案就在本经的下一句中，不必像古人那样作牵强附会的解释了。下面就说得很明白。

"舜明于庶物，察于人伦；由仁义行，非行仁义也"，舜是圣人，他的思想、修养的来由，是随时随地留意万物，去了解宇宙万物的物理原则，然后回转来观察人道。换言之，他先了解了人性与鸟兽的心理，发现有许多地方都是一样的；待观察清楚了，再回头来观察建立人伦的社会文化。人伦是人为的，不是由天性而来的；人类的天性，几乎与禽兽一样。

尧舜时代建立了人文文化的人伦以后，一直到孟子的时代，才有孟子"由仁义行，非行仁义也"这句话，这也就是孟子的大心得。所以尽管讲究仁义，我们学会了"仁义"这个观念；教育思想接受了仁义，而去行仁义；但这种仁义是假的，因为本性上并无仁义，而只是一种形式主义的仁义。真正的仁义，是仁义心，是自然而有的，也就是赤子之心。这就是"由仁义行"。

我们再看禽兽，禽兽有时的确有仁慈之心。禽兽除了要吃饱以外，没有什么大的坏心肠；人可不然，除了求得吃饱以外，坏心眼很多。人与禽兽不同的是，饥饿时反而驯良，吃饱后，坏心眼特别多。所谓"饱暖思淫欲"，这是一定的；而"饥寒起盗心"，但有的人在饥寒时未必敢发盗心，只是自怨命苦而已。

师道是什么

> 孟子曰："禹恶旨酒而好善言。汤执中，立贤无方。文王视民如伤，望道而未之见。武王不泄迩，不忘远。周公思兼三王，以施四事。其有不合者，仰而思之，夜以继日；幸而得之，坐以待旦。"

前面所讲的是"君道"和"臣道"，现在讲到"师道"了。依照中国文化，人生的大路差不多就是这三种。第一种，是领导社会、领导国家的"君道"。第二种，是认清自己不是坐轿子的，只好抬别人的轿子，干脆走"臣道"的路；如何帮助别人把社会国家领导得好，也就是"臣道"。第三种，既不走君道，也不走臣道，而走"师道"的路，以传承文化的精神为任务；大而言之，即所谓"王者之师"；小而言之，可以当学校老师，都属于师道。

师道也包括了人生哲学中的友道之义。古代对于老师与学生之间的关系，常称作师友之间，是以朋友相处的。可是，现代的年轻人，对于师生的关系大多弄不清楚。例如有同学写信给我时，就写一个"南老师或南老："，在礼貌上，对平辈以上的人，是不可以直称其姓的，应称师长的"字"。同时，姓南而教书的不只我一人，怎么知道这信是写给我的？后面跟着再点上两点，说不定会错认为是写给"南老二"的。所以这种来信不必回。又如有人在信末自称"愚生"，看来好像谦虚，殊不知长辈对晚

249

辈谦称才用这个"愚"字，像母舅给外甥写信，才自称"愚舅"。另有一型恰恰相反，例如有人写道"南公怀瑾夫子大人老师尊鉴"，叠床架屋地来一大堆，我称他是墓志铭的写法。古时一个有过功名的人死了，像前清的墓碑上，每有"某科两榜进士出身翰林院编修庶起士大司马……"什么什么的，官职官衔一路写下来，有的长达五六十字，然后才是某公某某老大人之墓。实在太过！有些人将"老师"等头衔，写在信封上，其实大可不必。因为信封上的字是告诉邮差的，你写信给你的老师，可是邮差不必也称你的老师为老师。反过来，父亲写信给儿子，信封上也只是写某某先生收，这是对邮差说的，可不能写某某儿子收，这样就成大笑话了。

这是讲到师生之间的关系，顺便一提现代社会上所常见的一些不合礼现象，希望有所改正。

《孟子》这一段，阐述师道与友道之间，同时也讨论到君道、臣道，以及师道、友道之间的关系；是告诉大家，师生之间，情如父子，亦如手足。在五六十年前，老师写给学生的信，往往自称"愚兄"；许多人因为对于这种谦称不懂，反而误认有所开罪于老师，致使老师有意"冲"自己一下。

我们中华民族自称礼义之邦，可是演变到这个时代，"礼"也成了问题，"义"也成了问题。

孟子这里说，禹王不喜欢喝好酒，但是却特别喜欢听"善言"，听见别人说一句话有道理，他就非常崇拜。表面看来，这种精神，对于一个圣人似乎没有什么了不起，因为现在也有很多青年同学，既不喝酒，又喜欢听别人的善言。

然而，此中另有深意。我们从宗教方面去看，大部分的宗教，对于杀、盗、淫、妄、酒，都列入戒条，在禁止之列。佛家原来并不戒酒，在释迦牟尼佛时代，因为发生了问题才戒酒。当时有一个弟子喝酒醉了，看见一只鸡就抓来煮吃了，醉后又非礼一个女子，结果杀、盗、淫的戒都犯了。因此释迦牟尼佛宣布戒酒，这是佛家戒酒的由来。

"禹恶旨酒"，因为酒容易使人迷醉，而夏禹不嗜酒，所以他头脑不昏愦。人如果不够明朗清醒，常常都会如在醉梦中。

不过有一点，我却喜欢郑板桥的路线。他说"酒能乱性，故佛家戒之"；道家和密宗则主张喝酒，喝到微醺的时候，正是养生之道。所以他又说"酒能养生，仙家喝之"，而他说他自己"有酒则学仙，无酒则学佛"，这个态度也算很洒脱了。

"恶旨酒而好善言"，这是禹一生行为最重要处，不好饮酒，但喜听善言；至于汤，有两点："执中"与"立贤无方"。

"汤执中"，执一个什么中？这很难作确切而具体的形容。以哲学观点而论，世界上没有"中"；以两端而论，在两端之间的一半处是中间，但这只是相对的中，不是绝对的中。如果把执一端的手移到中点，中又成了边。上下、纵横、内外的中，都是假设的中。内外之中的中心点，则是虚位，在中处加上一物，则中又成为边际了。这是哲学的、逻辑的关于中的观念，可以说永远不会有一个绝对的、真实的中。只有佛家的《中论》、儒家的《中庸》，全世界只有这两部讨论"中"的书，但内涵太精密，暂不多做讨论。

那个汤执的是什么中？是中庸之道吗？而《中庸》这本书里，对中并未做具体的解释，只解释到一个人心修养上的"中和"境界。所谓"喜怒哀乐之未发，谓之中；发而皆中节，谓之和。中也者，天下之大本也；和也者，天下之达道也。致中和，天地位焉，万物育焉"，《中庸》里只有这么几句话而已。

后世宋代的理学家解释《中庸》说，"不偏之谓中，不易之谓庸"，但什么叫作不偏呢？在哲学观点上，世界上没有一个偏与不偏的分别；"不易之谓庸"，而世界上也找不出不变易的东西，所以宋儒的这些话都成问题。

那么，这里对于"汤执中"这句话，我们只能解释说，汤是当皇帝的，在他左右的人对事情每每有不同的意见而他能够"执中"，也就是调和，致其中庸而用之。

这句话，看起来很容易，但凡是当过主管的人就会知道，听别人不同的意见而从中去调和，是一件很痛苦也很困难的事。即使是放弃自己的意见，改听部下的意见，"照你的办"这句话也是很难讲出来的。尤其放弃自己的意见，又要调和各方意见，这正是民主政治最高的精神，也是一个明君最重要的原则。中国从前的帝王制度，不一定就是专制；一个高明的帝王，他就常常是以"执中"这种精神来领导的，这也就是真正的民主。不过，这也是很难做到的，所以后世的历史恭维唐太宗，说他在历史上比较算得上是个明君了。

当然，唐太宗也刚好有一个好宰相魏征。有一次，魏征几次上同一个奏议给唐太宗，主张某一件事要怎样去办。唐太宗看了，大为生气，把他的报告撕成碎片，丢到地上，不予采用，并且大骂一顿。魏征挨了骂，一声不响，将那些碎片拾起来，回去再补贴起来，又向唐太宗提出。唐太宗一看，又骂："你这个老头儿，一定要这样才行吗？"魏征说："这也不是为我，是为了朝廷，为了天下。"唐太宗被感动了，说："照办，照办。"他的这个批准，是非常非常难得的。

这种事情，我们读历史时，几十个字的记载，很容易就读过去了。但是，把书合起来想一想，要将自己的意见取消，而去听取一个部下的意见，付诸实行，当你身为一个主管时，为了颜面，为了威信，为了自认高明以及许多观念上的、感情上的原因，这的确是很难办到的。

又有一次，唐太宗和魏征激烈地争辩，待魏征离开时，唐太宗对着魏征的背影说，"我非要杀了你不可"，然后悻悻然回到后宫。皇后见他脸色不对，尚有怒容，问起原因，唐太宗说："又是那个田舍翁（乡巴佬）给我气受"。幸而这位贤德的长孙皇后，听了以后，回到房里穿上皇后的官服出来，跪下对唐太宗行君臣之礼说："恭喜陛下"。唐太宗问她什么事情，值得她如此穿起大礼服来道喜的？皇后说："有你这样英明睿智、器量宽宏的好皇帝，才有魏征这样一个忠贞爱国的好大臣；这是尧舜禹汤文武以后所未曾有的盛事，正是天下国家之福，所以我向陛下道贺。"

这一来，唐太宗也不生气了，不杀魏征了，叫皇后赶快去换便服吧！当然，他内心还是有过不去之处。

所以，年轻朋友们要注意，当你做主管的时候，你的部下就是大臣；乃至于你是一家之长的时候，你的太太就是你的大臣。如果意见不合的时候，恐怕大家只会吵架，所以，作为一个明君是非常难的，因为"执中"这两个字的确是很不容易做到的。

才、德、学兼备

汤的另一个长处是"立贤无方"，他左右所用的人都是贤能的人，这不只是指人才，最重要的是道德。古代的贤才，包括了才、德、学三样具备，三者不能缺一。但有才不一定有德，聪明的人才高，但因为他聪明，什么人都见过，也许在言辞、态度上表现得很谦虚，实际上内心看不起人，所以在德的方面就大有缺欠了，品性就差了。有才又有德，才是第一等人，但是还要加上学，如果没有学问还是不行。有才德的人如果没有学问，等于树根缺乏肥料，无从长成巨木。所以古代的贤者，是具备了才、德、学三项德性的。

而汤是"立贤无方"，这"无方"两个字，曾有多种的解释，有的说是方位，有的说是岗位，有的认为，汤距离孟子已经有数百年之久，在汤那个时候，各地是分封的，而各地区言语不统一，文字不统一，经济形态不统一，甚至政令也不统一。这时仍有浓厚的区域观念，而这个"方"就是区域的观念，也就是说，汤的用人，无区域、方所的观念。

另一种解释"方"是方法，说汤用人没有固定的方法。这个说法有历史证明，汤当时有一位"师相"名叫傅说，所谓"师相"就是老师，也是宰相。傅说这个人的出身，以现代名词来说，好听一点是土木工程，说得不好听则是木匠水泥匠。他为了建筑房子，有一个机会和汤接近，汤发现他是人才，便平步登天，请他当首卫，就是首府之卫。所以说，汤不是用呆板的方法，制定程式、制度；不像现代一定要什么学历，任命什么官阶，然后一步步上升。因为普通的人才，可以依呆板的制度升迁，真正的人才并不一定要走呆定的路线。

孟子紧接着说到历史上的第三个圣王，就是文王，他看到国内的老百姓都"如伤"，依照字面解释，好像是负伤或者伤心，其实都不是。这是说，看每个老百姓都有困难，都有伤痛不快乐的地方，所以要替老百姓解决伤痛、解决困难、解决痛苦。套用佛家的观念，这是大慈悲，看一切众生都很可怜，所以他时时想到要去解除老百姓的困苦，因为那是他的责任。

其次，"望道而未之见"，照古人对这句话的解释，因为文王得了道，这个道当然不是学佛得定、参禅开悟的道。所以文王能够注解《易经》，由于《易经》是阐述形而上学与形而下学、可以弥纶天地的大道。但是他自己不认为得了道，好像没有道一样。这是古人对这句话的解释。

我们仍然依照古人的解释，来做一简单明了的说明，就是说，文王爱民如子，他自己很有道德，别人问到他时，他非常谦虚，自己觉得并没有什么了不起。

孟子又提到武王"不泄迩，不忘远"，就是说不轻视浅近的事、浅近的话；对于很平常的事，他都在做，同时更不忘记高深远大的见解和计划。例如我们常说的为政之道——订一个施政计划，要为国家老百姓着想；订百年大计，眼光要看到一百年以后的发展，因为一个政策付诸实施，对国家、对百姓能有五十年的利益还只算是马马虎虎的。古代认为，对于长远以后的利弊都要看得很清楚，不像现在，往往一个计划，在两三年以后又需改变了。

最后，孟子说到周公，他是文王的儿子、武王的弟弟、成王的叔父，是一个不得了的人。

周公在道德、学问、修养方面，想兼具三王之所长，三王的好处、善行他都想做到。因此，周公很用心，很辛苦，如果做出来不能与三王所做的相符合时，他就"仰而思之"，就是躺着去寻思。人躺下去，全身放松，思想就灵光；低头沉思太久了，眼睛易成近视，思路愈加迟滞。

古人的教育，看书不低头，看书的姿势颇似关羽读《春秋》的绘像，人端坐，直腰，挺胸，头也是正直的。以书本就目，从不低头看书，更没有躺在床上歪着身子看书的姿势。看任何书都如此，写字也是如此，一定要"端容正坐"，不但是仪表风度的问题，更有其生理上维护健康的原因。千万不可如现在一般人，写起字来，纸一定要放得歪歪的，坐得也歪，身体如虾子，头又偏又斜又歪，扭曲得像一个被孩子弄坏了的洋娃娃。这也许就是现代的艺术化，可惜很不卫生。

周公的研究精神更是可佩，对于一个问题，"夜以继日"，白天想了一天，如果还没有想到答案，晚上继续想，昼夜都在研究、寻思。"幸而得之，坐以待旦"，如果想到半夜得到了答案，他就不睡觉，坐在那里等待天亮，立刻付诸实行，这是周公的精神。

孟子所以会写文章，说了半天，道出四个帝王的长处，捧了一个周公；当然不是捧周公去睡觉，那是误解了"孔子梦周公"这个典故。现在年轻人说见周公，认为就是睡觉，那真是大错特错了。

《孟子》这里阐扬了周公的伟大。事实上，三千年来的中国文化，整理的人就是周公，而编释的人则是孔子。孔子是效法周公的，所以他才处处梦见周公。孔子以前的圣人就是周公；孔子以后，大家才又推崇孔子为圣人。周公的伟大，是他兼备了历代圣王之长，而他贤相辅政的精神，正是最高尚的师道精神。

孟子是以暗示的手法，点出他是继承周公、孔子的文化精神，也就是一脉相承了中国文化。

中国历史的公平精神

> 孟子曰："王者之迹熄而《诗》亡，《诗》亡然后《春秋》作。晋之《乘》、楚之《梼杌》、鲁之《春秋》，一也。其事则齐桓、晋文，其文则史。孔子曰：其义则丘窃取之矣。"

这一段，其实是与上面意旨相连贯的。

孟子说，中国文化的王道精神，到了战国时候，只像炭火所剩的一点余烬一样，快要完了；"诗"的教化精神，已经没有了。此处所说的"诗"，不是后世的诗，而是《诗经》。所谓

"诗礼传家"，这是文学的、文化的、历史的、生活的、社会的、经济的，是最高艺术的诗歌。《论语》中曾讨论过，《诗经》之前也有诗，诗以声音语言表达就是歌，文字简单而有韵律。就像来自印度的佛经，其原文的梵文都是可以唱的歌。佛家有"赞叹"一词，在佛的面前要"赞叹"就是唱，唱诗歌一样。当一个人看到美丽的风景时，禁不住会喊"啊！好漂亮的景致"；看到美好的事物，也都会有这种"美的呼唤"，这就是赞叹。人一高兴、一喜悦就赞叹歌咏，那就是诗。所以中国古代有"诗教"，文化以诗来传播、延续。其实，每一个民族的文学起源，都是以诗歌为首，然后才演变为文。

孟子说，现在诗教的精神已经过去了，历史文化是由《春秋》延续下来。孔子著了《春秋》，左丘明著《左传》叙述《春秋》的内容；《春秋》像是报纸上的新闻标题，而《左传》则是新闻的内容。还有《谷梁传》《公羊传》，并称春秋三传。

《春秋》是中国历史学的一个代名词。为什么不名为"冬夏"？印度的夏季，出家人有结夏安居，因为印度夏天太热，没有办法做工夫、化缘，因此结夏避暑，大家集中在一起，过了这个阶段才出来活动。在北印度又不同。在中国的气候，二月中旬与八月中旬，是春、秋两季的中间，昼夜的时间是一样长的。而夏天白昼长，夜晚短；冬天白昼短，黑夜长。在气候上，春秋两季是温和的，既不如夏天的炎热，也不像冬天的酷寒。所以《春秋》的精神就表示了"平""平衡"。历史的记载就是要求平；而历史的事迹，都是不平的多。但是历史文化的记载，就等于一个天秤，一定在精神上求其平。对就是对，不对的就是不对，并不因权势威力而有所改变；尽管贵为皇帝，有不对时，历史上就记载他的不对。一个做得不对的皇帝，在世的时候有他的权势，可逞一时的威风，可是在历史上，则永远留下一个污点。

只有中国历史才有这种求平的历史精神，这是中华文化可贵之处。

中国的历史发源得最早，印度也是一个历史悠久的民族，可是直到公元十七世纪以后，才靠别人写下印度的历史。其他各国的历史，也都是后来才有的。

中国历史的记载，是公平精神的表现，即使后世也是尽量保持这种精神。如晋国的"董狐笔"，董狐是史官，负责记载历史，皇帝要他改，他宁被杀也不改。有些史官，在被杀以后，由其弟继承职位，也是和哥哥一样，照样是以真实来记载。

晋国的历史名为"乘"，所以后世称史书为"史乘"，家谱也名为"家乘"。楚国的史书名为"梼杌"。书的名称虽各国不同，而记载历史的公平精神则是一样的。

这是孟子讨论中国文化的演变史，感叹诗教的时代已经过去，而以历史的著作来担任文化兴亡盛衰的责任。但是孔子所著的《春秋》，所述的事实已经没有王道的精神，只是霸道的精神，如齐桓公、晋文公这些霸主的事迹。但孔子的立场和原则，则表达了历史的持平精神。

严格地说，孔子所著的《春秋》应该称作"孔氏春秋"。在孔子以前，晏婴也作了《晏氏春秋》，是史论，不记史实。孔子《春秋》，则有左丘明的《左传》记实。有人说他是孔子的学生，有的说是师友之间的关系。左丘明眼睛失明以后，是口述由学生记录而成《左传》。孔子说，《春秋》的历史持平精神，就是所谓的"义"，这是我内心著作这部《春秋》的原意。

这里引用孔子的话，他自称自己的名字为"丘"，可是以前读书人，为了尊敬圣人，读到这里的时候，不可以读作"丘"，只可以读"某"，因为直呼圣人的名字就是不敬圣人，要被老师责打的。后来在演义之类的书中，对关羽也只可以称"关某"

了。这是以前尊敬圣人的诚恳，也是崇尚道德的一种精神。

中国纪年的算法

　　孟子曰："君子之泽，五世而斩；小人之泽，五世而斩。予未得为孔子徒也，予私淑诸人也。"

我们看了《孟子》这一段，如果回头再看前面，会感觉十分有趣。孟子开头说了尧舜，又说到夏禹商汤，然后是赞叹文王、武王、周公，最后捧了孔子。到了这里，他说到自己了。

他说"君子之泽，五世而斩；小人之泽，五世而斩"，这是名言，却无法作定论。我国过去十二年为一纪，三十年为一世，十二万年为一大纪，一百二十万年也是一纪。后来西方的计算法，一百年为一世纪。一般人每说活了六十年算是活了一世的人了，如果按古代的计算法，六十岁的人应该算是活了两世。

"君子之泽，五世而斩"，他说一个君子，就是一个最了不起的人，他的崇高精神，留给后世的，最长也只有五世，就是一百五十年就断了，这是天经地义的事。同样的，"小人之泽"也是一样，好的坏的，完全平等。但我们几十年的人生经验，看了许多人，不管好的坏的，他的遗泽最多三世就断了。从前有一个人，白手起家，一毛钱不浪费，很节俭甚至很悭吝，临死时拖着总不咽气。家人觉得奇怪，直到看见灯盏里有两根灯草，才明白过来，赶紧剔下一根，这个人才放心死去。他省下的钱给了儿女，可是儿女已经在过着年年换新车的生活了。到了孙子的手里，更是奢侈，结果三代都不到，家就败完了。等到曾孙一代，又是赤手空拳，从头再来。人生就是这样的轮回，除了文化思想可以延续千秋万世之外，其他一切都没有永远的。

孟子感叹了人生的无常，然后他说，可惜自己没有生在孔子那个时代，未能亲自从学孔子、直接接受孔子的教化，"予私淑诸人也"，只是读了他们的书，私底下敬佩他们，而继承了这个学问的。

后世的私淑弟子，就是从《孟子》这句"私淑诸人"而来的。就是说，并没有见过这个人、亲受他的教育，只读过他的书，而产生了敬仰，并且为人处世处处都学他的榜样，照他的话去做，这就是私淑弟子。换言之，虽然没有当面受教，可是内心认他为师，就是他的私淑弟子了。但凡是当面受过教、听过课的，则不能称为私淑弟子。有的对授课老师，自己称"晚"，这也不妥；称"晚"只有对老师的同辈、关系较疏远一点的自称晚生或者后学，以表示谦虚。

说到孟子的私淑孔子诸人，大家都知道，孟子是子思的学生，而子思为孔子的孙子。但依据孟子本人所讲，好像他也不完全是跟子思学的，而是私淑孔子的。有一本《孟子外书》，再加上《韩诗外传》等名家子书的记载，则有各种的说法。有一说：子思与孟子的年龄相差很远，在孟子十一二岁的时候，曾经与子思见过面。子思一看见孟子这个童子，就站起来请孟子坐，对孟子很客气。当时子思的地位已经很高了，居鲁国君师之位，他对孟子如此客气，众人表示反对。子思告诉众人，不必轻视这一童子，他正是未来的圣人。这是传说之一。另外一说：孟子在小的时候曾经跟子思学过一段很短的时间，所以也算得上是子思的弟子。而在这里，他是感叹未见过前辈的圣人，只是私淑而已。

我们看到孟子写文章的高明。他从尧、舜、禹、汤、文、武、周公、孔子一直说到自己，在字里行间、文章背面，等于在说：我孟轲是今日唯一继承这个道统的人。我们将这几节文章连贯地读下来，就自然会有这种体会。可是他并没有正面地说出来，假如他正面说出来，就不成其为孟子了。不过后世的学者们，从宋儒开始，包括现代的在内，就往往是：尧、舜、禹、汤、文、武、周公、孔子、孟子、我了。这一个"我"，问题可真严重了，人人皆"我"一下，中国文化的道统将来可不知被"我"到哪里去了。

其实，圣人之道并不是自求为圣人的，圣人是后世的崇敬封号，自己是否是圣人，未来的历史文化自有其公正的评断。圣人自己并不自认有什么了不起，只是自求一生事事都能对自己有所交代而已。这是学圣人之道应该有的态度。假如读了几句书，就自认为有学问，因此而傲慢，那就很不敢领教了。

取与之道

> 孟子曰："可以取，可以无取，取，伤廉。可以与，可以无与，与，伤惠。可以死，可以无死，死，伤勇。"

孟子讲师道，也讲一个人立身处世的道理，到这里孟子在说他自己了。研究孟子的一生，这些地方可不要忘记，他现在是在为自己辩护。

宋朝有好几个名学者都反对孟子，明朝开国皇帝朱元璋最初更反对孟子，甚至把孔孟庙里头亚圣的牌位拿掉，到后来又佩服他，重新立起亚圣的牌位来。反对孟子的人说，孟子私淑孔子之道，又到处劝诸侯做文王，他心目中根本没有周朝的天下。又有说孟子既然想出来，却又"犹抱琵琶半遮面"，千呼万唤"不"出来。可能当时的人对他也有这类批评，他在这里为自己做辩护。

他说处世做人，"可以取，可以无取，取，伤廉"。例如钱，该拿的才拿，如果路上看到遗失的钱，等了半天没人来找，似乎可以捡起来；但在理论上，这钱还是别人的，不可以拿。照佛家的戒律，这种钱也是不可以拿的。因为佛家的戒律有"不与取"，就是别人没有给你而你自己去拿的，这就是盗，就犯了盗戒。假如另有第三者前来，告诉第三者并问他要不要，他如说不要，并同意你取去，这才不犯盗戒。所以，依照佛家的戒律，我们几乎每人都犯了盗戒。

道家说得好，"道者盗也"，修道就是盗，人就是天地万物之盗。我们吃的青菜、萝卜，都是偷来的；空气、日光、水，也都是偷来的。道家《阴符经》里说，"天地，万物之盗；万物，人之盗；人，万物之盗也"，彼此都在互偷。所以"道者盗也"这句话，有它的道理。人生什么不偷啊，即使是江上之清风、山间之明月，你在欣赏时，依道家的说法，这种美丽的景色被你偷取了。

儒家则说法不同，孔孟之道是说，一件东西，可以拿，也可以不拿的，有时是在两可之间。如果不应该拿而去拿，就是"伤廉"。后汉时有管宁与华歆割席断交的故事，他们两个本来是关系很好的同学，有一次在园子里锄草，土里有一块金子。管宁视黄金如泥土，完全置之不理；华歆拿起来看了一眼才丢掉。当他看一眼时，就有了贪心，管宁因此和他断交。在道家、佛家看来，他两人在这件事上的差别，的确很大。

"取"是如此，在"与"的方面也相似。孟子说，"可以与，可以无与，与，伤惠"，一件事，可以帮别人忙，也可以不必帮，如果因人情而帮忙，则"伤惠"，这种恩惠是多余的，并不是应该的。

在重要的事情上，遇到可以为此事而死，也可以不为此事而死的时候，那就不必去死。否则的话，就"伤勇"，算不得真正的勇敢了。

例如明末的张居仁，在明朝大势已去的时候，他本可以不死的，但张雄对他说，社稷将倾，大丈夫死了就死了，何必那个犹豫的样子。张居仁说：我并不是不敢死，所以不死，是尚有所图，希望反攻复国的；现在你既然这样说，死则死矣。于是两人一同殉国了。

又如文天祥，可以死、可以不死的时候，他并不死，并不曾自杀；在非死不可的时候，也就从容就义了。所以在可以不死的时候，不应该以死来表示自己的忠诚，应该是一息尚存、作战到底。从历史上看，那些不死而为忠臣的人，比那些死而尽忠的人更加困难，更加痛苦，甚至被后世误解，在历史上留一个骂名。这种精神，实在比以死殉国更伟大，那是真正了不起的人。

孟子的这三段话，也是为他自己做说明。在那个战国末期，他本来也可以投身于时代中，但是他考虑的结果，倘使投身进去，也无法挽救这个时代，也无法帮忙任何一个国家，因此决定不投身进去，还是走他个人的路线，做自己的千秋文化事业。

我们对于孟子这三段话的结论是"夫子自诉也"，是他为自己所作的辩护状。

传非其人　交非其友

　　逢蒙学射于羿，尽羿之道，思天下惟羿为愈己，于是杀羿。孟子曰："是亦羿有罪焉。"
　　公明仪曰："宜若无罪焉？"
　　曰："薄乎云尔，恶得无罪？郑人使子濯孺子侵卫，卫使庚公之斯追之。子濯孺子曰：'今日我疾作，不可以执弓，吾死矣夫！'问其仆曰：'追我者谁也？'其仆曰：'庚

公之斯也。'曰：'吾生矣。'其仆曰：'庾公之斯，卫之善
射者也，夫子曰"吾生"，何谓也?'曰：'庾公之斯学射于
尹公之他，尹公之他学射于我。夫尹公之他，端人也，其取
友必端矣。'庾公之斯至，曰：'夫子何为不执弓?'曰：
'今日我疾作，不可以执弓。'曰：'小人学射于尹公之他，
尹公之他学射于夫子。我不忍以夫子之道，反害夫子。虽
然，今日之事，君事也，我不敢废。'抽矢叩轮去其金，发
乘矢而后反。"

这一段是说师道与友道之间的精神。他在这里说了一个上古
的故事。

夏朝的时候，有位名叫逄蒙的人，拜后羿为师，学习射箭。
当时的后羿，是最著名、最好的射箭手。后来他把后羿的本领都
学到了，就认为除了老师后羿射箭比他高明之外，全天下就以他
的射术为第一了。于是便从背后偷偷射了一箭，把后羿射死了。
不过后羿也是曾经叛变过的人，也不是好人，现在被学生逄蒙杀
掉，完全是因果报应。

孟子对这个故事评论说，这件事情单纯地来看，逄蒙叛逆射
杀老师，固然有罪，是不应该的；但是后羿自己也有他的过错，
可以说是自食其果。

孟子的学生公明仪说：话不能这样说吧！后羿并没有对不起
这个学生的地方，而且毫不藏私，把射箭的本领都教给了逄蒙，
他似乎没有什么错处吧！

孟子说：你对这个问题的看法，只有轻重、深浅、远近上的
差别而已。从远从深处看，第一，后羿本身就是一个叛逆，所谓
上梁不正下梁歪。第二，他选弟子眼光不够，为什么选逄蒙这样
的人呢？而且教给他杀人的方法，自己就犯了错误。从佛道两家

来说，如果传一个徒弟，而不考察其品性，就是"非其人而传之"，也是犯戒的。所以怎么可以说后羿是无罪呢？

孟子接着又用另外一个相反的故事来做说明。

郑国人派了子濯孺子带兵去攻打卫国，打败了，卫国派了一个名叫庾公之斯的将领去追击他。在这个时候，子濯孺子大概风湿之类的病发作了，两臂酸痛无力，不能拉弓，他说：我今日病发了，不可以拉弓，这一次死定了。于是问左右的人，卫国追兵中的将领是谁。在古代，双方交战是互相可以看见的。于是左右的人告诉他是庾公之斯，子濯孺子听到是他，就说我可以活了。左右的人很奇怪，因为庾公之斯是卫国最了不起的箭手，厉害得很，为什么说可以活了？子濯孺子说：庾公之斯，是跟尹公之他学射箭的，而尹公之他是跟我学的，尹公之他是一个很方正的人，他收的弟子也一定是个正人君子，不会乘我有病的时候杀我，不会做出这种不合武德的非勇之事，所以我今天不会死了。

果然，庾公之斯追到面前来了，看见子濯孺子没有拿起弓箭来和他战斗，就问道：先生你是什么意思，为什么还不拿起弓来战斗呢？子濯孺子说：我今天有病，两臂拿不起弓来，你要杀就杀吧！庾公之斯便说：我这个年轻的小辈，是从师尹公之他学射箭的，而我的老师又是跟你学的，我不忍心以你所教的射箭技艺射杀你，尤其你今日有病不能执弓；只不过今日交锋是两国之间的大事，我也不能因此放弃自己的责任，废了公事。于是抽出箭来，拔去箭杆上锋利的金属箭头，射了四箭，就回身走了。

"乘矢"的"乘"，是古代的名数，就是四，"乘矢"就是四箭。他这是公义，还是要射，使子濯孺子受伤，但不射死。他这样做，正是公义与私情两皆不废。

孟子用这个故事说明后羿传人的不对。他这里说的这一段话，是因为他的弟子之中也和孔子的弟子一样，有些地方做得不对。像他前文所批评的乐正子就是一例，所以他教育弟子为人处世之道，也说明教授学生选择人品的重要性。

> 孟子曰："西子蒙不洁，则人皆掩鼻而过之。虽有恶人，齐戒沐浴，则可以祀上帝。"

孟子在这里又用另一个比喻，来说明人品选择的道理。他说，假如像西施那样漂亮的人，如果蓬头垢面脏兮兮的不打扮，人们走过她的面前，也会捂起鼻子不看她一眼。所以一个人的人格，一点一滴都不能马虎，有一点点错事都会被人看不起。但是相反的，即使是一个大坏蛋，如果能洗心革面，也可以到祭祀大典上去面对神明的。

这是孟子的感慨，也是教育年轻人不要犯过错，有了过错则要赶快彻底地改过自新。

圣人能征服自己

> 孟子曰："天下之言性也，则故而已矣。故者以利为本。所恶于智者，为其凿也。如智者若禹之行水也，则无恶于智矣。禹之行水也，行其所无事也。如智者亦行其所无事，则智亦大矣。
>
> 天之高也，星辰之远也，苟求其故，千岁之日至，可坐而致也。"

孟子说，现在的人讲人性，都是"故而已矣"，就是只依照故有的现象来讲。以我们现在的说法，这个道理等于现代西方的心理学，只讲形而下的现状；对于形而上的道理，没有涉及，还谈不上。尽管讲的是人性的现状，也只讲了心态上的利弊、善恶，而且只选择好的一面来谈人性。

所以，那些小聪明而又有些知识的人可厌，因为他们"凿也"，过于装饰外表，人工雕凿，用意识分别心自己刻画出一个伪善的形象，已经失去了本来面目，而变得虚情假意、刁钻古怪、尖酸刻薄。

他说，真正的大智慧是大禹，他治理好天下的水患，为千秋万代建立了水利，这是多么大的功德；但是大禹不居功，不自诩，这就是大智慧。玩弄聪明的人，常常刁钻古怪，那不是真智慧。凡是一个真正有大智慧的人，所做的是利国家、利天下、利后世千秋万代的事业；虽完成一件大事，却不居功、不表功，那才是真正的大智慧。

有大智慧的人，尽管宇宙如此辽阔，星辰如此遥远，都可运用智慧找出它们的来源。所以人的智慧，如能好好地运用，对一切事情都可以明了。今天科学发展到征服了星球，也并不稀奇，最难的是人类如何能征服自己。人类可以征服宇宙，可是大科学家、大哲学家、大思想家却没有办法征服自己。

我常说，征服天下的是英雄，不是圣人。英雄能征服天下，不能征服自己；而圣人不想征服天下，而能征服自己。征服自己比征服天下更难，所以征服自己的是圣人。我这个道理，与孟子这里所说的道理有相同之处。

新娘为大

公行子有子之丧，右师往吊。入门，有进而与右师言者，有就右师之位而与右师言者。孟子不与右师言，右师不悦曰："诸君子皆与驩言，孟子独不与驩言，是简驩也。"

　　孟子闻之，曰："礼：朝庭不历位而相与言，不逾阶而相揖也。我欲行礼，子敖以我为简，不亦异乎？"

　　当孟子仍在齐国的时候，齐国有一位大臣公行子的儿子死了，齐国的右师王骧去吊丧。王骧就是子敖，曾随孟子出使滕国吊丧，为副使；孟子也曾批评乐正子，因为他从王骧任职。当王骧担任孟子的副使时，在往返的路上孟子不和他说话，因为他是一个坏人，也是齐王的宠臣。这时他当了齐王的右师，官位很大了，他去吊丧时，所有在场的大小官员都去和他打招呼，站到他旁边去了。孟子也去吊丧，根本不理他。王骧就不高兴，私下对人说：今日大家都跟我打个招呼，只有孟子直进直出，向灵堂行个礼就走了，理也不理我，他是看不起我。王骧这些话，传到了孟子耳里，孟子说：好奇怪！王骧身为右师，他还不懂礼啊？在公家办事，是不能越级做事的。政府的官阶是有次序的，进退应对要按次序，不能超过位置。虽然在私底下是朋友，在公共的场合还是应该按照公家的规矩行礼。今天是去吊丧的，丧礼上是死者为大，谁管右师不右师。

　　我们的历史几千年来，尤其是从宋朝起到清朝，在婚礼上，以新郎新娘为大，尤其是新娘。如果县长鸣锣开道走到市街时，路上其他人的轿、马、车辆都要绕道而行，不敢在路上和县太爷的仪队坐轿交错而过，行人也要避在路旁，站住不动。只有遇到迎亲的花轿时，县太爷却要下轿，站在路边让花轿先行，之后才能回轿继续前进。这就是母性的权威，因为这位新娘说不定将来生一个状元、宰相。当然，这只是笑话，真正的道理，因为婚礼是《诗经》的第一篇，所咏叹的是"人伦之道的开始"。《易经》中也讲"人伦肇端乎夫妇"，这是对人伦大事表示恭敬，是古代的礼节，也就是我们中国文化的精神。在丧礼上，则以死者为大。

所以孟子说，我是去行丧礼的，并不需要与其他来吊丧者打招呼寒暄，而王骧认为我看不起他，这不是很奇怪吗？

实际上，孟老夫子这句"不亦异乎"，就等于说，他们这样不懂道理，对我误解，不是很奇怪吗？这是最后点出一个道理，藉丧礼的场合交际应酬是不应该的。

可是，现在我们常在殡仪馆看到，灵堂上死者的遗属正在哭哭啼啼、极为哀痛时，吊客却在堂下大谈昨天晚上的麻将经。所谓吊丧，已经流于形式，相近于鸡尾酒会的会场，变成了交际应酬的场所，简直让人看不下去。这也可以引用孟子的话，"在殡仪馆谈麻将经，不亦异乎"，这不是奇怪吗？

孟子这一件事，是以行为说明，处于臣道之位，对于公义与私情不能用一贯的处理方法。这也与古人庾公之斯的"去金而射"是同一个原理，不同的表现形态而已。

关于处身臣道之位者，处理公义与私情的问题，下面再做一个简单的研究。

公义　私情

这是东汉时杨震的故事，杨姓后世的堂名为"四知堂"，就是表扬他们杨家祖先杨震的德行，要后人仿行。

有一次，有人在深夜找杨震，去讲私情，送了一个很大的红包，被他拒绝了。杨震说，所请托的事，只要在公事上依法过得去的，他绝对照办。送红包的人便对他说：现在夜深了，你收下这笔钱，不会有任何人知道。杨震说：你怎么说没有人知道？天知、地知、你知、我知，至少就有四方面知道了。那位送红包的人听了，非常惭愧，只好向他道歉。这就是处理公义与私情应有

269

的态度。

又如汉末魏初的时期，蜀汉向魏投降以后，东吴尚凭藉长江之险和魏对峙。到了晋朝，大元帅为羊祜，东吴的大元帅为陆逊之子陆抗。他们两人，在公谊上是敌对的；在私交上，则所谓"棋逢对手，将遇良才"，双方相互敬重，相互爱惜，英雄惜英雄，因此经常会互送礼物。羊祜有一次送食物给陆抗，陆抗拿了就吃。左右的人见了建议说，还是先检查一下吧，如果下了毒，那可不得了。陆抗说："岂有鸩人羊叔子。"——羊祜字叔子，他哪里是一个偷偷摸摸暗中下毒害人的小人呢？陆抗照样吃下去，果然没有事。

他们在私交上如此之好，如此之相互信任，可是在公谊上，敌人就绝对是敌人。

唐人刘禹锡的诗说："王濬楼船下益州，金陵王气黯然收。"羊祜年纪大时，将要退休之前，向晋朝上一个报告，指出对东吴的仗不能打，原因是东吴还有人才。所以遗命告诉他所推荐的下一任，要等到陆抗死后才发动战争，把东吴灭掉。

再说宋朝的名相王曾，凡是有人向他请托，要求为官、升迁，他都毫不客气地当面拒绝；实际上朝中的许多大员，都是他暗中向朝廷推荐的。所以有很多不知道的人骂他，这也是人性脆弱的一面，对人有所要求而不遂时，就怨恨别人。他的后辈范仲淹了解实际情形，就对他说："选贤任能是你为相的职责，为什么你对推荐提拔人才这件事不加宣扬呢？"王曾告诉范仲淹说，"夫执政者，恩欲归己，怨使谁归"，作为一个国家的官员，不可以把完名美节皆归己。一个做大事业的人，如果对于天下的好名声、完整的节操都归于自己，那么，那些责备、抱怨又有谁去负担呢？我是为国家培养人才，不是为我自己培养人才，要他们对朝廷感恩图报就好了，为什么要他们来感谢我？如果让他们来感谢我，那是授恩私事，等于我拿国家的名器，为自己做人情。这种事我不会做的。范仲淹听了，立即跪下来，表示惭愧与敬佩。历史上还有许多这样的名臣，尤其到了崇高的地位时，都会无怨无悔地去担当别人一切的不佳影响，这就是公谊。

现代来说，一个主管，都会遇到公道私情的问题。一个人有了地位，有了权力，还要去揽一切完名美节为己有，天下哪有那么便宜的事啊！

从另一个方面研究，例如文天祥这位忠臣，那真是千秋万世的气节，非常了不起；文天祥的兄弟，也是宋朝的状元，而与哥哥恰恰相反。哥哥文天祥，是为尽忠宋朝而死；他却在元朝当"承旨"，等于皇帝的秘书长，类似有副宰相的权力。有两首诗讲：

> 兄也为难弟也难　岭云出岫不同观
> 同根若自分枝叶　一树梅花有两般
>
> 南枝向暖北枝寒　一树梅花有两般
> 谁知北去留承旨　也是南朝一状元

第一首的意思是，兄弟两人都很为难，哥哥尽忠，须牺牲死难；弟弟投降负辱，也是一难。他们虽是亲兄弟，却和山岭间的云气一样，一同自谷底升起，出岫以后就不一样了。虽然是同根的一株梅花树，待枝叶一分，却是截然不同的情形。因为他们是江西人，江西在梅岭之北，即大庾岭之北，又名岭北。梅岭以梅花得名，故诗人就地取材，以梅来比喻，显示这两兄弟的不同境况。"一树梅花有两般"，这句诗常被后人借用。

第二首，"南枝向暖北枝寒，一树梅花有两般"，大庾岭为

271

江西广东的分界岭，岭南和岭北的气候截然不同。所以在岭头的梅花，同是一树，向南枝的冬天就开花了，要等到南枝的花将谢时，北枝才开花。所以诗人以此岭头之梅来比喻，指文天祥的弟弟在南宋派他到北方为大使时，被元世祖扣留，最后投降，做了元世祖的"承旨"。

这些都是公谊私情不一致的现象，历史给予了评论。

张弘范与范文程

此外，中国五千年历史，在公谊私情与民族观念的关系方面，也非常讲究。尤其在唐宋以后，如宋之于元，明之于清，这两个朝代，对于民族的气节非常重视。

我们知道，宋末文天祥被元朝俘虏以后，陆秀夫抱着赵匡胤最后一代的孙子，在广东跳下崖门（又称为崖山）投海，宋朝的三百年天下才算是真正完全结束，陆秀夫也是宋朝一位以身殉国的忠臣。

因为当时元朝的一个将领张弘范追击陆秀夫到崖门，他也是俘虏文天祥的人，陆秀夫抱了宋朝最后一代皇帝在此跳海，于是元朝就在崖门立了一块石碑，上面铸了七个大字："张弘范灭宋于此"。八十年后，明朝建立起来了，就有人在这方碑上加了一个"宋"字，而成为"宋张弘范灭宋于此"，因为张弘范不是蒙古人，而是汉人，所以加上了这样一个字。这就是《春秋》笔法，只用一个字，就论断了他千古的罪过，说明他只是一个大汉奸、一名汉贼。更有诗骂他："铸功奇石张弘范，不是胡儿是汉儿"。

假定推开狭隘的种族观念来看历史背景，张弘范的祖先两三百年都在北方。宋朝赵匡胤统一天下，事实上只统一了一半，他的政权仅仅行于从中原以南。假如研究历史，很严格地以政治地理、版图疆域而论，似乎宋朝还不够成为一个完整的朝代。北宋赵匡胤当了皇帝以后，黄河以北的燕云十六州已经画出版图以外了。北方金、辽、元与宋朝南北并立，北方的老百姓，这三百年来，在政治的管辖上，已经不是宋朝的子民了。张弘范的父亲本来就是元朝的武将，威震河朔。

对于南方的云南，宋朝也没有统一过来。云南自唐朝末年，就有一个大理国，国王姓段。有宋一代，这个国家始终存在的，本来是边陲少数民族哀军夷族，唐时称"南诏"；后归唐，因击吐蕃有功，又封为南诏王，改国号为"大理"。五代石晋时为段氏所据，称大理国，直到元朝时才被消灭。

清代《一统志》的记载说，迦叶尊者入寂于云南的鸡足山，就是大理国境内，一般人却不大相信。如果详细研究就可发现，在释迦牟尼佛的时代，云南西部一带地方是在印度的范围中。只是那个时代，还没有划分严格的界线而已。而且大理国以前的南诏国，在几百年中曾经换过好几个国王，阿育王的后代也曾经做过国王。

又如满族入关时最有名的军师范文程，他是宋朝范仲淹的十七代世孙。满族入关以后，文武制度的建立与范文程的建议大有关系。但是仔细一查他的历史，他的祖先在明朝的中叶已经出关了。所以，谈到历史上臣道的公谊私情问题的处理时，如果以姓氏种族的角度为准绳，有时未免太过苛刻了。

这里特别研究这个问题，是与后面《万章篇》的内容有关，因为在公谊私情的问题上孟子已经被人批评了。

施琅的故事

我到台湾以后，曾经特别注意一个史料，就是郑成功来台建立了基地，始终抗拒清朝这桩事。郑成功死后，康熙时代第一个替清朝统一台湾的，也是一个汉人，名叫施琅。

我以前读历史，受了传统观念的影响，对于施琅这一类的人都非常痛恨，因此就读《施琅传》，研究施琅为什么要做这样的罪人。从心理学的立场去研究，是不是他心理上有问题。当然从历史的观点，站在民族的立场看，施琅是一个汉奸，对此，施琅自己固然要负百分之八九十的责任，但郑成功也有百分之一二十的责任。

施琅本来是郑成功的部下，聪明、能干，很得郑成功的喜爱，他一家都是跟随郑成功的。可是因为一件事，施琅的父亲及哥哥犯了错误，被郑成功一怒之下杀掉了。郑成功派人去追捕施琅时，施琅已经逃走了。这一来施琅对郑成功的仇恨可就深了，和战国时代伍子胥对楚国的仇恨同出一辙。伍子胥全家被楚王杀了，逃出来到了吴国，在吴国几十年的辛苦，最后硬是打垮了楚国，将楚王的尸首挖出来鞭尸，后世都批评他做得过分了。

所以当一个领导人，无论在政治、军事、社会上，对部下或宽厚仁慈，或严厉管束，处理起来都要做得恰当。像施琅受此刺激，心理发生了变态，他反了郑成功，投向清朝，目的是要打垮郑成功。后来郑成功死了，在郑成功孙子的时代，他打进了台湾，自己身上也负了好几处伤，年纪也有五六十岁了。他到了台南，一般人当时的想法，认为他一定会和伍子胥一样，把郑成功的庙拆掉，说不定也来一个鞭尸。但事实并不如此，他却到郑成功庙去祭奠。读他的传记，其中对郑成功的那篇祭文令人落泪，觉得施琅对于郑成功祭奠时仍视郑成功如长官，还是不容易的。这篇祭文的文章也写得很好，可能不是由幕僚代笔，而是施琅亲撰的，否则不会有如此真切的感情。现在引述如下：

自同安侯入台，台地始有居民。逮赐姓启土，世为严
疆，莫可谁何。今琅赖天子之灵，将帅之方，克有兹土，不
辞灭国之罪，所以忠朝廷而报父兄之职分也。但琅起卒伍，
于赐姓有鱼水之欢，中间微嫌，酿成大戾，琅与赐姓，剪为
仇敌，情犹臣主。芦中穷士，义所不为，公义私恩，如是
而已。

同安侯郑芝龙是郑成功的父亲，明朝封他为同安侯。施琅父
子，也是郑成功两代的部下。他这里是说，台湾本来是一个荒
岛，自从你的父亲来台开发以后，台湾才开始有老百姓，在你父
子的经营下逐渐繁荣。"赐姓"即指明朝赐郑成功姓朱，明代的
皇帝姓朱，朱也即国姓，所以后世尊称郑成功为"国姓爷"，对
姓郑的人也称为国姓。这里施琅称他为赐姓，也是一种崇敬的意
思。等到赐姓统治了台湾，成为最重要的边疆要地，当时在你的
统治之下，谁也没有办法对付你。我现在赖天子之灵（这句话
是故意给满族人听的）、将帅之力，今日总算把你打垮了，拿下
这块土地了。"不辞灭国之罪，所以忠朝廷而报父兄之职分也"，
他自己也知道，这样做将来在历史上的罪名很大，私仇上固然打
垮了郑成功，但在公谊而言，却灭掉了汉人的最后一块土地。我
为什么冒这个历史大罪名？因为是忠于朝廷清朝，这是官面文
章。下面一句话是真的，他说假公济私，今日我到底报了父兄之
仇，当时你实在做得太绝了，我不得已而如此，才有今日。

上面说到公谊，下面说到私情了，"但琅起卒伍，于赐姓有
鱼水之欢"，他说，我是行伍出身，是你的老部下，在当时，我
们的感情如鱼得水一样，你的确对我很好，很爱护我，很信任
我。可是"中间微嫌，酿成大戾，琅与赐姓，剪为仇敌，情犹
臣主"，而你中了左右人的挑拨，把我的父兄杀了，因此我们之

间情谊像是被剪刀剪断，而成为仇人。虽然如此，我个人对你的感情还是好的，你还是我最好的长官，我仍然是你的部下。所以"芦中穷士，义所不为，公义私恩，如是而已"。这里说的芦中穷士，就是伍子胥。

当伍子胥逃离楚国奔到江边的时候，为了躲避后面的追兵，藏到了芦苇丛中。饥困交加之时，遇到一个渔夫划船而来。渔夫见他面有饥色，大概猜到他是何许人也，就停船上岸去了。伍子胥以为渔夫去告密，又躲回芦苇丛中。渔夫回来，手里拿着米饭鱼羹，不见伍子胥人影，便呼唤说：芦中人，芦中人，岂非穷士乎？伍子胥这才走出来。吃饱肚子之后，为表示感谢，伍子胥欲以佩剑相赠，渔夫不肯收，让他快走。伍子胥嘱咐渔夫，把剩下的饭菜碗筷藏好，不要暴露了他的行踪。待得伍子胥走出几步路，再回头看时，渔夫已经覆船自沉于江水了。这就是芦中人的故事。

施琅的经历和伍子胥一样，所以他这两句话的意思就是说，今天我本来也可以像伍子胥一样，把你的尸体拖出来鞭打一番，可是我绝不能这样做。公义也好，私仇也好，到此结束了。他读完了祭文，跪下去拜郑成功时，眼泪也掉了下来。

我们读到这最后一段，不禁也要掉下泪来，也发现郑成功脾气不小，尤其在他快死的时候，也许有肝病或者其他什么病，他的情绪很不正常。所以，大家也许可以对历代领导人的心理加以研究，而建立一种领导心理学。如朱元璋也是一样，他当了皇帝，到了晚年，心理也是很不正常。以现代的医学观念研究，他可能血压高，还有肝炎，也很可能有精神分裂，情绪很不稳定，喜欢杀人，他自己都控制不了。

看了历史上这许多人的作为，可见修养之难，也唯有真修养才能祛病延年，才能克制病痛。许多古代英雄，因为身心的不健康，心理的不正常，不但当时毁灭了自己的事业，并且在历史上留下了很难堪的记录。

所以，施琅对郑成功的这篇祭文中，以如此至诚真情，说出"芦中穷士，义所不为"这八个字，还是了不起的。正如孟子说孔子的"仲尼不为已甚者"，不做太过分的事。假如施琅像伍子胥那样做，也只是过分而已，不能说他错，但是施琅绝不那样做。所以他的后人也非常好，小说《施公案》中的那个施公施世纶，就是施琅的儿子，可见他的家庭教育也很好。

年轻人读历史，不要只是为了联考，而是要学习历史经验。古今中外的历史，大事小事，都是经验啊！把这许多经验综合起来，就知道公谊私情之间，处理的分寸和方式，有太多的不同，又是多么的重要了。

人缘不好　自我反省

孟子曰："君子所以异于人者，以其存心也。君子以仁存心，以礼存心。仁者爱人，有礼者敬人。爱人者，人恒爱之；敬人者，人恒敬之。

有人于此，其待我以横逆，则君子必自反也：'我必不仁也，必无礼也，此物奚宜至哉？'其自反而仁矣，自反而有礼矣。其横逆由是也，君子必自反也：'我必不忠。'自反而忠矣。其横逆由是也，君子曰：'此亦妄人也已矣。如此则与禽兽奚择哉？于禽兽又何难焉！'是故君子有终身之忧，无一朝之患也。乃若所忧则有之。舜，人也；我，亦人也。舜为法于天下，可传于后世，我由未免为乡人也，是则可忧也。忧之如何？如舜而已矣。

若夫君子所患则亡矣。非仁无为也，非礼无行也；如有一朝之患，则君子不患矣。"

在古代，对于受过良好教育，有学问、有修养、有德行的人，称为君子；没有受过良好教育的人，就叫作小人。

古代的教育不像现在普及，知识分子的家庭代代读书，所谓世代书香；而不读书家庭的子弟，若想读书，确是很困难的。五六十年前，不识字的文盲很多，他们拿到一支笔，似乎比一把锄头还要重。他们可以用一根扁担挑起五六十公斤的粮食，在山路上奔走如飞；如果要他拿一支笔在纸上画押，写一个"十"字，等于现在的签字，就像要他举个千斤铁棒似的，额角沁汗，两手发抖，写不下去，只好让他盖手印了。

所以，在古代有君子小人之分，并不是对小人轻视，而只是两种不同类型人物的代名词而已。

孟子说，一个知识分子、士大夫，既然受了教育，有了学问修养，就要与一般人不同；自己要在思想、观念、志向上与人不同，要以仁存心，以礼存心，这也是中国文化仁道的中心。所谓仁就是要处处爱人，要慈爱，以慈悲待人；礼则是以礼待人，从内心对人恭敬，尊重别人。譬如前面所说施琅与郑成功之间的故事，在过程中，因为越出了礼的范围，便产生了历史上如此重大的事故。所以"仁者爱人，有礼者敬人"，一个人一方面爱人，同时也要敬人，对人有礼。

那么，"爱人者，人恒爱之；敬人者，人恒敬之"，自己爱别人多少，别人也爱你多少，这也是物理的道理。但要注意这个"恒"字的含义，这种仁爱、恭敬的相互往来，并不是指个别的人而言，你爱张三爱得入骨，说不定张三反而恨你恨到入骨。这种因果关系很复杂，可能你对张三好，而张三对你的好回应是由李四那里转过来的。所以李四对你好，也与你对张三好是一样的。这样的情形，在佛家来说，就是因缘，敬人也是如此。所以不必对人做个别的要求：我对你这样好，你为什么对我不好？而是一个知识分子要有这样的存心，若希望获得别人对你仁慈、恭敬，必先对人仁慈、恭敬，这样才会得到别人的敬爱。

有的年轻人每每感叹：我原来对人都很好，可是所遇到的人对我都不好；我感觉现在时代变了，人心不同了，所以我也改变了。

但是，对这类事情，孟子的看法则不一样。他说：假使有人对人慈爱，也有礼貌，可是别人却"待我以横逆"。例如我坐计程车，付了钱下车时，对司机说一声：谢谢！司机反而瞪我一眼。也许他心里在想，你给我钱，我没有说谢谢，你却说谢谢，"不亦异乎"，难道你在挖苦我吗？他那么一想歪，便成了"敬人者人恒瞪之"了。作为一个君子，自己就要想一想，是否自己有不对的地方，否则为什么会遭遇这样的对待呢？这中间是否有双重因果、另外的道理？如果反省一下，自己对人又仁慈，又恭敬，一切都对了，仍然遭遇到这种不合理的反应，是否因为我的行为不够忠实呢？我心里虽然想做到爱人、敬人，是否没有真正的尽心呢？如果再三反省，自己的确爱人，非常有礼敬人，而且已经尽心做到了，还是遭到横逆；经过了这三次反复的自省，可以确定错并不在自己，而因对方是一个"妄人"。孟子的文章，很文雅地说是"妄人"，以现代一般人骂人的话来说，就是一个混蛋。

说到"妄人"，想起清代的王壬秋（王湘绮），他的学问非常好，是曾国藩的幕宾，深得曾国藩的敬重。在与太平天国作战时，有一天深夜两人单独谈话，王壬秋便劝曾国藩乘机推翻清朝。曾国藩也不说对，也不说不对，一面对王壬秋哼哼哈哈唯唯否否，一面习惯地用手指蘸了茶，在桌面上画来画去练字。谈完了话以后，曾国藩的桌面上写满了"妄人"两个字。

现在回到《孟子》的本文。

孟子说：我们既然再三反省，错处在于对方是一个妄人，那么再三爱之以仁，敬之以礼，也感化不了他，这样的人"与禽兽奚择哉"，又怎能从一般的动物中区分出来呢？可见这样的人和禽兽没有什么分别了。不过如果自己不加反省，只认为别人错、自己对，又与禽兽有什么差别呢？既知他与禽兽没有分别，对于禽兽有什么好责难的，又何必去和他计较呢？

所以"君子有终身之忧，无一朝之患也"，这是孟子的两句名言，我们立身处世，谈修养，目光要看得远大。禅宗的说法，就是要有见地，要有正见，要考虑一辈子的事。如前面谈到"惟送死可以当大事"，要想到将来盖棺时的那个定论，是好是坏，人的一生几十年，在历史上成为一个什么样的人？所以自己要确定人生观，有一个典型。这个典型，在一个知识分子所谓君子而言，是以存心为本；而存心在仁义，就是立志于仁义。如果有一点做不到，就是"终身之忧"。"无一朝之患"，不计较目前的一切，目前一年半载乃至于几十年被人误解，都没关系，不算数，要看一生成就在什么地方。一个人一生或富或贫，有否地位、声望，都没有关系，这不是忧患，主要是以自己的学问道德修养为根本。

因此，君子有这样的忧虑。舜也是一个人，我自己也是一个人，同样是人，舜可以成为圣人，为千秋万世立功业，使天下后世效法他；而我自己呢，却没有任何可留给后世的，毫无建树，不过是一个普通人罢了。一个普通人有什么用？我们经常看到，有人在几十年当中，表面的声名功业，威赫一时，但死后十年二十年，他的名字也被人遗忘了，更无人知道他曾经做了些什么。试看历史上有多少人，现代又有多少人，就如司马迁写《史记》

的感叹一样，"与草木同朽"，花也好，叶也好，花开叶绿时，大家都欣赏，等到花谢叶枯的时候，掉在地上变成了泥土，谁还记得？所以，一个君子所忧患的，就是自己人生的价值。

"忧之如何？如舜而已矣"，一个君子有了这样的终身之忧以后，该怎么办呢？那就要效法舜。

接着孟子感叹："若夫君子所患则亡矣。非仁无为也，非礼无行也。如有一朝之患，则君子不患矣。"他说，现在时代不同了，我所看到的君子，一般自以为是的知识分子，没有顾虑到千秋万代自己是否功在人间，他们所顾虑的只有目前。

孟子在两千多年前就有这样的感叹，以现在时代的趋势看，这样发展下去，不知最后成什么样的世界了。两千多年，一代一代下来，每一代的老年人都有这种感叹。

孟子说：在这样的时代里，仁与礼已经没有用了。但并不是仁与礼的价值丧失了，精神不应该存在，而是大家事事只顾目前，太现实了。因此有心的知识分子感到，像这样的社会，是历史的一个大毛病，因而深觉悲痛。

这种文章，需要朗诵的。在朗诵时，铿锵有声，如果稍稍念得不对，在音节韵律上就听得出来，而念不下去了。固然，音韵旋律好，文字畅利，虚字多，可以拉长声音来扬声吟读；可是沉醉于旋律之中，则对内容的逻辑反而交代不清。

这段文字就是这种形态，当然，谈到学写古文，无不效法《孟子》《庄子》的笔法；唐宋八大家的文章、写作技巧，也无不脱胎于《孟子》《庄子》。所以他们尽管是唐宋八大家，如果有人开了文章医院的话，他们八大家有些文章照样可以送进去治疗一下。不过，医生有时候也会生病的，批评他人容易，自己做起来可就难了。

圣人的用心

　　禹、稷当平世，三过其门而不入，孔子贤之。颜子当乱
世，居于陋巷，一箪食，一瓢饮，人不堪其忧，颜子不改其
乐，孔子贤之。孟子曰："禹、稷、颜回同道。禹思天下有
溺者，由己溺之也；稷思天下有饥者，由己饥之也；是以如
是其急也。禹、稷、颜子，易地则皆然。

　　今有同室之人斗者，救之，虽被发缨冠而救之，可也。
乡邻有斗者，被发缨冠而往救之，则惑也，虽闭户可也。"

　　孟子这里说到上古的历史，又提出一种人格的典型，掀起
一个新高潮："禹、稷当平世，三过其门而不入，孔子贤之。"对
于上古的历史，孔、孟只提尧舜，很少提及大禹；孔子对于大
禹，只说"禹，吾无间然矣"，对于大禹，我没有话讲。假如没
有大禹治水，终止全国的水患、兴修全国水利的话，后代子孙几
千年文化统一的历史光辉就会是另外一种情形；至于情况究竟如
何，可就不得而知了。所以大禹的功劳最大。

　　稷，是尧舜时代管农业的大臣，也就是周朝的祖先后稷，我
国农业社会基础的奠定，是后稷的功劳。孟子说：禹和稷这两个
人，是在太平的时代，没有战争；禹治水，九年在外面，跑遍全
国。我们不知道他是如何治水，能把全国黄河、长江、大小河川
的水利都修好。不过有后世学者怀疑，大禹治水的地方，并不是
整个黄河或长江，只是其中的一段而已。一段也好，半段也好，
在当时就算是走路，一段也走不完。所以在野史中，说大禹会画
符念咒，使唤鬼神；这种道家所描述的大禹，完全是一种神话。
据说长江中游淮河流域一带，都还有大禹当年驱使鬼神留下的古

代之宝，后世的神话小说也是这样的叙述。

但据正史记载，禹治水九年，三次走过自己家门都没有进去看看太太、孩子，匆匆忙忙地走了。后稷在管理农事的时候，也是这样忙。他们只有公谊，忘了私情，所以孔子对于大禹，只说"吾无间然"，对于这样的人，无话可说，功德太大了，没有办法下一个评论。

禹及稷，是一种入世的典型，下面孟子所说的，是出世的典型人物。

"颜子当乱世，居于陋巷，一箪食，一瓢饮，人不堪其忧，颜子不改其乐，孔子贤之。"颜回生的时代不好，是乱世，一辈子没有出来做事，住在贫民区里，下雨天水高三尺，走不进去，也脏得很。他每天吃的是糙米饭，用竹篾或蒲草编的小饭包装着，再有一瓢盐开水。在别的人眼里，这种生活连看也看不下去，看了要发愁，可是颜回照样很快乐；孔子也赞美他，说他不得了。不过，后人说颜回四十来岁就死了，就是因为营养不良，也成为民国初年"打倒孔家店"的一个口号；把颜回之死的责任，归到孔子身上，说他这么喜欢颜回，却对颜回的生活没有照顾好，以致早死。这当然是笑话。

孟子为什么举出这两种不同的典型来呢？他说："禹、稷、颜回同道"，在人格的修养，入世与出世的精神方面，禹、稷、颜回三个人，是功德相同、精神相同的。因为"禹思天下有溺者，由己溺之也；稷思天下有饥者，由己饥之也。是以如是其急也"。禹和稷的存心、立志，像佛家说的发愿、发心，救世救人。禹看到全国的洪水，天下人被淹，等于自己被淹死一样的痛苦。所以他忙于救水灾，救世救人，忘记了自己。当后稷负责管理天下农业的时候，看到天下人没有饭吃，也等于自己在挨饿，因此急急忙忙地去工作，没有考虑自己本身的问题。"禹、稷、颜子，易地则皆然。"颜回处在乱世，他出来救不了那个时代，"中流砥柱"抵不住，营养不良，健康也不佳，就只好居陋室，一箪食，一瓢饮了。

这也就是说，在不同的时间、不同的空间，人要知道自处。但是，知道自处，虽然生活的形态不同，存心则不变，不能没有救世救人的存心。也许客观的因素做不到一丝一毫，那也是命也、时也，是时空的问题，不是自己不做的问题。所以孟子说，颜回如果换了一个时代，一定和禹、稷的作为一样。他认为颜回已经达到中国文化安贫乐道的标准了。

孟子接下来讲，是否可救的两种不同的"斗者"。这里可以看到孟子当时的心情，是在讲他自己了。这个文章写得很巧妙，后世许多人写给皇帝的高明奏议，都是已经深懂《孟子》这一段的写作方法；没有替自己辩护，没有骂所处的时代，可是字里行间也表达了自己的心情，就等于骂了他所处的时代。

孟子说："今有同室之人斗者，救之，虽被发缨冠而救之，可也。"假定同住在一个房子的人在打架，当然要救他。在这个时候，来不及扎好头发、穿好衣服，就赶去排难解纷，这是应该的。如果是邻居在打架，以目前国际问题为例而言，假使埃及与以色列打起来了，而我们急忙包一架飞机去劝架，这是我们做不了的事，如果去救就是糊涂。

或者有人批评孟子说，你老先生满口仁义道德，一天到晚说要救世救人，现在各国都在战争，你老先生出来，鹅毛扇子一摇，当当军师，天下不就太平了吗？你自己怎么不出来呢？所以孟子就说了这段话，表明他自己是持这样的态度。这也给了后世的我们一个处世做人的法则。救世救人是大事业之心，不能没有，不过要知道时间、空间、位置的问题，才能够自处，这也就是知道处世了。

不孝有五

公都子曰："匡章，通国皆称不孝焉。夫子与之游，又从而礼貌之，敢问何也？"

孟子曰："世俗所谓不孝者五：惰其四支，不顾父母之养，一不孝也；博弈、好饮酒，不顾父母之养，二不孝也；好货财、私妻子，不顾父母之养，三不孝也；从耳目之欲，以为父母戮，四不孝也；好勇斗狠，以危父母，五不孝也。章子有一于是乎？

夫章子，子父责善而不相遇也。责善，朋友之道也；父子责善，贼恩之大者。夫章子岂不欲有夫妻子母之属哉？为得罪于父，不得近；出妻屏子，终身不养焉。其设心以为不若是，是则罪之大者。是则章子已矣。"

前面讨论到《孟子》"不孝有三，无后为大"的问题时，我曾指出古人的注解错了，应该以经注经。在《孟子》的本经中，已经有了说明，"不做官而养父母"并不是大不孝。现在我们读了这段文章，更证明我的主张没有错。

孟子有一个朋友名叫匡章。有一天孟子的学生公都子对孟子说：全国的人都在骂匡章是坏蛋，是一个不孝的人，可是，老师你却跟他做朋友，而且对他非常有礼貌，客气得很。你是提倡孝道的人，可为什么和这样的人做朋友呢？

孟子说：世界上一般的人，在习俗上说人不孝，有五个理由。第一，懒惰，不去工作，不去谋生，不养父母，是第一个不孝。不过这是世俗普通的不孝，并不是不做官养父母为不孝的意思。第二，赌钱、喝酒，钱不够用就去标会、借钱，只顾自己吃喝玩乐，不顾父母的孝养。第三，贪财私妻，只管赚钱，只管养老婆，老婆要什么就给什么；父母要什么，则做不到，乃至父母的生活成问题也不管。这都是社会上的通常现象，世俗中这种人很多。第四，喜欢声色之乐，上歌厅，看跳大腿舞，进舞厅，逛夜总会，交女朋友，到处玩。没有钱就去偷去抢，为非作歹犯法，连累到父母。第五，喜欢打架，动不动拿起刀来伤人杀人，结果被判刑，而使父母受到危害，无望无依。这种人在社会上也有好多，这是五不孝。

于是孟子反问：你们大家都骂匡章不孝，那么你们拿出证据来，指出事实来，这五种不孝之中，匡章有哪一种不孝？他们当然拿不出来。现在社会上常有这种事，在背后批评人，骂人什么什么不好，可是既拿不出证据，也举不出事实。

孟子说：匡章为什么被人说不孝？事实上是父母对他的要求太过分了。前面孟子也说了，父子之间不责善，为父母的，对子女要求得太过分也是不对的。常看到一些宗教界的朋友，自己信佛教的，儿子不信佛教，就骂儿子要下地狱；信基督教的，儿子不信就是魔鬼。这就是责善，过分了。匡章也因此而避开了父母，逃避了那种过分的责难，所以一看到父母就躲开，免得又引起父母生气，反而不好。

孟子说，"责善，朋友之道也"，责善是朋友之间的相处之道。我也经常说，中国社会讲五伦，君臣、父子、夫妇、兄弟、朋友，前面的四伦是国家体制、血脉骨肉之间的关系，当然在人伦之列。但最后加上朋友这一伦，是为了什么？有什么理由？其实，朋友这一伦，比前面四伦都更重要。人生有许多事情，上不可以对父母讲，下不可以对妻子、兄弟讲，至于君臣之间，更不敢讲了。如果自己做错了事，或做了坏事，简直没有人可讲可商量的时候，只有在知己朋友之间可谈。所以朋友之道可责善，何以故？中国朋友之道的定义在"规过劝善"，也有"通财之义"，所以师生也包括在朋友这一伦之内。古人写信给学生，每称"友生"，包括了师生、朋友的关系。父子之间若责善，骨肉之间的感情就受到伤害了。所以古人易子而教，自己的子女请别人想办法教才比较好。

于是，孟子又替匡章解说道：匡章很可怜的，他自己难道不想有个完美的好家庭吗？他也想夫妻、母子、家属都在一起，享受完美的家庭乐趣，只因为父亲的要求太过分了，只好善意地逃出来，而变成了无家可归的人。夫妻也离婚了，对自己的儿子也照顾不到了，只能在外面流浪。他的存心，是认为如果不如此做，父亲看到自己反而生气、痛苦，这罪就大了，只有逃开。这就是匡章内心的思想，也表明了他的个性与人格，而一般人哪里知道呢？你们认为他不孝，我觉得他是个孝子，所以我和他交往。

这一节书，是孟子的圣人之道，在处于师友之间的观念上与普通人不同，是责其大义所在，而搁开世俗的误解。假如我处于孟子的地位，也很难做到如孟子那样，虽然社会上的人都在骂匡章，但孟子不仅跟他是朋友，而且很有礼貌，一定还会有生活上的接济。连学生看到这种情形都在反对，而孟子处在友道的立场，仍坚持这个态度，也为后世树立了一个榜样。

曾子与子思

曾子居武城，有越寇。或曰："寇至，盍去诸？"曰："无寓人于我室，毁伤其薪木。"寇退，则曰："修我墙屋，我将反。"寇退，曾子反。左右曰："待先生如此其忠且敬也，寇至则先去以为民望，寇退则反，殆于不可。"沈犹行曰："是非汝所知也。昔沈犹有负刍之祸，从先生者七十人，未有与焉。"

子思居于卫，有齐寇。或曰："寇至，盍去诸？"子思曰："如伋去，君谁与守？"

孟子曰："曾子、子思同道。曾子，师也，父兄也；子思，臣也，微也。曾子、子思易地则皆然。"

这是说到在公谊私情之间友道的处理态度，又是一个高潮所在。孟子讨论了匡章的问题，与学生们继续讨论友道，又举出古人的例子。

他说：曾子当年在鲁国武城的时候，南方的越寇来犯了（这段历史，在《吴越春秋》有详细的记载。吴越之战，与鲁国、齐国都有关系）。有人告诉曾子，敌人来了，快逃吧！曾子告诉学生说：好！逃吧！但是你们要注意，敌人来了，不要让坏蛋住在我的房子里，那会把我的东西和庭院树木弄坏的。战争结束，敌人退了以后，他对学生说，把我的房子先修理好，我要回来了。他回来之后，就有人议论说：鲁国的国君对我们的老师不错，很恭敬；这次敌人来了，他却脚底下抹油，先溜走了，未免令人失望。而且敌人一走他先回来，这样是圣贤的做法吗？恐怕不大对吧！其中有一个学生沈犹行听见这样的话，就说：胡闹，你们不懂这个道理，不要乱讲。从前我家被土匪抢了，负刍这个土匪率众来了。当时跟先生求学的学生有七十多个，但就没有看见一个人来帮忙。你们知道吗？这又是什么道理？

古人处世处事，是有一套章法的。可以说，对于生活的观点、社会的行迹、道德的价值，和现代不同。

孟子所举例的曾子，是他所崇拜的前人，颇似现代青年口中喜说胡适之、梁启超这种推崇的样子。然后他又举子思为例。子思在卫国的时候，遇到齐国来犯，有人对子思说：敌人来了，赶快先逃吧！子思说：我不走，卫国的皇帝，谁来保护他呢？谁和他共同守国家、守土地呢？守土有责，所以他不走。

孟子举例以后，作结论发表他自己的意见说：曾子与子思同道，他们两人在形态上不同，敌人来了，一个走，一个不走，是各有不同的立足点；但在中国文化的道理上，是同一个道，同一个理由。在仁、义、忠、信的基本道德上，完全相同，并无差别。因为曾子在武城的时候，是在师位上，当一个闲顾问，国君虽然表面恭敬他，可是顾而不问。并且鲁国国君对曾子，是对父兄一样，曾子年纪大，是前辈，却没有实权，对于政治无法有所建议；即使建议，也未必采纳。子思在卫国就完全不同了，是被卫国国君聘去从事实际政务工作的，属于高级顾问，处身在臣的位置，这就是另外一个微妙的道理了。其实，曾子与子思两个人，如果易地而处，也会是同样的做法。所以，时位不同，做法就不一样。试以较扩大的观点来说，假如印度的释迦牟尼生在中国的春秋时代，他也可能不会出家，也许会同孔子一样的作为。如果孔子出生在印度，也可能出家成为释迦牟尼一样的人。

孟子的这段话，也等于为他自己说明。你们认为我应该出来挽救这个时代，可是这个时代我也没有办法；因为当局者不听我的，我也无可奈何；齐宣王、梁惠王只是把我摆在客卿的位置而已，我又有什么办法！

储子曰："王使人瞷夫子，果有以异于人乎？"孟子曰："何以异于人哉？尧舜与人同耳。"

另外一个学生储子，齐国人，他告诉孟子说：齐王派人偷偷来看你，对你秘密调查，因为你是大儒，看看你到底有什么秘密法门，在生活言行上与一般人有什么不同的地方。孟子说：你告诉他们，不要浪费精神做这种事，圣人与一般人没有什么两样，尧舜也是人，与普通人一样。

齐人的故事

> 齐人有一妻一妾而处室者。其良人出，则必餍酒肉而后反。其妻问所与饮食者，则尽富贵也。其妻告其妾曰："良人出，则必餍酒肉而后反；问其与饮食者，尽富贵也，而未尝有显者来。吾将瞷良人之所之也。"
>
> 蚤起，施从良人之所之，遍国中无与立谈者。卒之东郭墦间，之祭者乞其余，不足，又顾而之他，此其为餍足之道也。
>
> 其妻归，告其妾曰："良人者，所仰望而终身也，今若此！"与其妾讪其良人，而相泣于中庭。而良人未之知也，施施从外来，骄其妻妾。
>
> 由君子观之，则人之所以求富贵利达者，其妻妾不羞也而不相泣者，几希矣！

这是一个非常有趣的故事。孟子用这个故事来作《离娄》上下两章的结论，故事趣味化，而具有深意。

孔子和孟子，大家都以为他们永远是板起面孔，一天到晚仁呀、义呀地说教，正如那个画像上的样子，令人望之生畏，不敢看。子夏形容孔子，"望之俨然，即之也温"，看起来威严得很，接近他时却觉得很亲切。颜渊也说"仰之弥高"，孔子看起来像一座山一样的伟大，巍巍峨峨；"夫子循循然善诱人"，如果一接近他，谈起话来，那真是谈笑风生，和蔼可亲得很。孟子也是这个样子，亲切又幽默。这里，《离娄》上下章的结论，他就来一个大幽默，也说明他一生的出处不肯随俗浮沉。孟子说的这个齐人的故事，实在是绝妙的比喻，寓意深远，不同一般。

他说：齐国有一个人，与一妻一妾共同生活，似乎蛮风光的。他每天从外面回来时，都是喝得醉醺醺的，肚子吃得饱饱的，还包一些卤肉、卤猪肚什么的，带回来给妻妾两个吃。

妻子有时问起他，又是在哪里喝得这样醉？怎么天天都是这样酒醉肉饱的？这个齐人今天说是某将军请吃饭，昨天又是某大夫请吃饭，明天还有某司徒请吃饭，后天还有某国来的使臣请吃饭，都是一些达官贵人天天请他吃饭。

近代也有这样的人。抗战时期，在重庆有一个人，喜欢吹牛，当有人说到某某要人、某某大官的时候，他必定说某部长是我的同学，某院长是我的同乡，某大使是我的表兄，某将军是我的老同事，似乎所有的大人物都和他有关。有一次在宴会上，某友人看不惯他总是吹牛，于是问他："斯福兄最近有没有请你吃饭？"他说："哪一位斯福兄？"朋友说："罗斯福呀！"原来这位朋友用当时世界风云人物之一的美国总统——一个绝对搭不上关系的外国要人，来讽刺他一下，使他难堪。他一时脑子转不过来，乃有"哪一位斯福兄"的一问，而引得哄堂大笑。

这位齐国人也是这样。可是，他的太太相当聪明，动了疑心，便对姨太太说：我们的丈夫每天都有人请客，吃得酒醉肉饱，还带了那么许多东西回来，说起来都是当今大富大贵的人请他，可是我们从来就没有看见有一个富贵中人上过门。明天，我要暗暗盯他的梢，调查一下看看。

于是，第二天一大早起来，这位太太便秘密地跟在丈夫的后面，看丈夫到哪里去。可是跟踪了半天，走遍了许多大街小巷，并无任何人跟他打招呼，可见根本没有人认识他。跟踪到最后，他到了东门外的坟场中去了。他在那里看见人家上坟祭祖，把祭过预备丢掉的鸡鸭鱼肉等祭品，向人讨来，包好放到袋中。一个地方讨得还不够，又到别的坟上去讨。

他的太太看到这种情形，大为伤感，回来告诉姨太太说：我们为了一生的幸福，希望嫁一个好丈夫，想不到嫁了一个这样的人，当叫花子来养活我们。这也可以，可是他还要骗人，而且所乞讨的都是祭奠死人的东西，这怎么办？于是两个女人想来想去，悲痛得偷偷流泪。可是他还不知道，大摇大摆、神气活现地回到家里来，在两个太太面前摆起一副架子，骄傲地说，你们看，今天某大人又给了我这么多的东西。

从这么个故事来看，孟子还真会骂人。我对孟子这一个结论，有所感慨，作了这样一首诗：

> 大千情界倦凝眸　　零落天花结习留
> 人乞祭余骄妾妇　　我惭车迹到王侯
> 尘身宛在琼庭树　　凡世沉浮水面沤
> 手把乾坤弄日月　　西风吹过海东头

其中说"人乞祭余骄妾妇"，其实这世界上的人都是到公墓中去拿一点人鬼吃剩的食物来，回家向妻妾家人炫耀、骄傲，"我惭车迹到王侯"，这一句也许和孟子的观念一样。

孟子的这段故事，等于对齐宣王、梁惠王这些诸侯宣布：我孟轲绝不会讨你们祭余的东西吃，所以他卷铺盖回家了。他最后的这个故事，所作的结论说：一般人在那里钻营富贵，虽然没有到前面说的齐人那样，其实也差不多。

古代的三个寓言

中国文化中，有几个故事是很有趣的。其中之一是《孟子》这里的"人乞祭余"，就是讨人家牙缝里掉下的东西吃。第二个是《列子》的"正昼攫金人"。《列子》这部书，是道家的学说，全部说完后，讲了一个故事。

> 昔齐人有欲金者，清旦衣冠而之市，适鬻金者之所，因攫其金而去。吏捕得之，问曰："人皆在焉，子攫人之金何？"对曰："取金之时，不见人，徒见金。"

这是说，有一个想要金子的人，一清早跑到金铺里，当众抓了金子就走。被捕以后，问他怎么在光天化日、众目睽睽之下这样大胆？他说当我抓金子的时候，心目中没有看见任何一个人，只有金子。列子说了这样一个故事，于是全书就结束了，这是很值得大家深思反省的。

过去民间也有一个故事，说一个人去学隐身术，要学一百天。他又是念咒，又是结手印，三个手指张开罩在面门上，食指顶住印堂。他太太看见他神经兮兮的样子，很生气。他学到九十九天的时候，问太太可看得见他？他太太气恼说："谁看你！看不见！"这只是斥骂他，而他信以为真，自认隐身术学成了，就结了手印罩住面门走出去，看见卖烧饼的，拿起一个烧饼吃了。卖烧饼的生意正忙，而且客人常是自己到篮里取烧饼，所以也没有理会。他吃了烧饼，以为隐身法真的修成功了，就去银行里"跑台子"，在柜台上拿人家的钱，当然被抓住了。他结手印罩着面门，反问抓住他的人说：我这个样子，你们真的看得见我？

大家哈哈大笑。据说，他的隐身术师傅还告诉过他，这五个手指，每指还有一个名称，叫作仁、义、礼、智、信。

此外，庄子也是多用寓言来表达。他有一个比喻，和孟子这个比喻，同样有趣、重要而流传很广。庄子的比喻是说，所有千古文章一大偷，我们现在也是如此，古今一例啊，也不足为奇。故事是叙述一个老师教弟子们去挖有学问人的坟墓，挖开以后，不能把死人的牙齿舌头弄坏，头也不能碰坏，好好地把死人的嘴弄开，将死人嘴里的东西全部挖出来；再将死人放回去，封好墓。这就是说，后人的学问，都是拾古人牙慧，偷盗古人口中、头脑中的东西而已。这是庄子一个很有名的比喻。

在战国时候，诸子都是擅长用比喻来说明道理；印度的逻辑，也特别提出比喻的重要；而西方的逻辑，偏重于辩理，很少引用比喻。中国人在文学方面，用比喻来说明理论的作品特别多，上面说的三个比喻，是比较有深意的，流传既广而又著名。

将这三个比喻综合起来看，也就是人生历史的哲学，对于整个人生的各种形态都说尽了。

滕文公篇

出版说明

南师怀瑾先生有关《孟子》一书的系列讲座，共有七篇，其中五篇皆已先后出版，《孟子旁通》《孟子与公孙丑》《孟子与离娄》《孟子与万章》以及《孟子与尽心篇》。尚有《滕文公》与《告子》两篇，现合并一书印行，完成全部《孟子》讲述出版。

为什么两篇合并为一呢？原因是《滕文公》一篇的讲记，大部分已遗失，只有小部分记录稿尚存。先生本拟有机会补讲，但始终未能如愿。

二〇一一年春，《滕文公》篇部分残稿整理完毕，并念给先生校定。本篇虽仅足万余字，但在孟子一生教化过程中，却显示出这位滕文公，是一个遵守孟子师教的一等学生。

有关《告子》篇，内容包括甚广，诸如人性的问题，人格人品的问题，君子与小人的问题，财与礼的问题，以及一个知识分子应有的修养问题等。基本上，这些问题都属于内学的范畴，也就是所谓的内圣外王的内圣之学。

本篇中有许多词句，后来皆成为人们惯用的典故，如"鱼与熊掌不可得兼"，"人贵自立"，"舍生取义"，"生于忧患，死于安乐"，等等。而最经典的一句则是，"天将降大任于是人也，必先苦其心志，劳其筋骨……"这句话，自古以来就经常被人引用，以鼓励身陷艰困中奋斗的人士。

特别要指出的是，孟子在本篇所讲的"礼"，以及做人的进退之道，在世风日下的今日世界，也许是家庭和学校需要特别注意的问题。

《告子》这一篇，于整理完毕后，因为先生眼疾之故，难于亲阅，改由牟炼用念读的办法，请师审定。遗憾的是，只完成四分之一就停止了，那是先生辞世前的五月。

物转星移，又是一年多的日子过去了，无奈之余，只能重加仔细检查文稿，期盼能无大过。现趁出版之际，特别说明实情经过，并请各方不吝指正，为祷为幸。

刘雨虹记，二〇一四年夏于庙港

前　言

少年的烦恼——滕文公

孟子的机锋棒喝

明王以孝治天下

前 言

我们关于孟子的研究，上次把《公孙丑》这一篇，大概讲完了，现在开始《滕文公》这一篇。

我在前面已经讲过，孟子这一生，想推行中国上古儒家所标榜的王道精神，他离开家乡，先后与梁惠王、齐宣王、齐愍王见过、谈过，但话不投机，文不对题。那时的孟子，可以说是很寂寞的，就准备回故乡讲学了。

孟子的时代，是中国历史上战国的初期。所谓战国，是指那时的全中国，由周朝分封诸侯建国开始，到了东周的时候，诸侯互相吞并，都是以武力逞强、称霸。到孟子的阶段，差不多形成了七个强国，北面是齐国、燕国，南面是楚国，西北有韩国、赵国、魏国、秦国。另外的鲁国是文化古国，还算得上大国，但孟子的家乡邹国和滕文公的滕国，都是鲁国边上的小国，太小了，所谓的战国，就是这么一个局面。

这个时候的中国文化，有所谓"诸子百家"，都是为了救世救人，各家有各家的思想，我们现在通常讲的百花齐放、百家争鸣，就是这个阶段。换句话说，这是中国传统文化非常混乱，同时也是思想非常开明的阶段。当时各国，每个都想自己富国强兵、称霸诸侯，对于王道的道德政治、王道精神，几乎没有人肯听。其实大家都知道，但都做不到，认为不可能富国。所以讲，孔子生在春秋，孟子生在战国，是两个时代，但都经历过乱象中的生活，三四百年都是这样。所以他们的学说，他们的教化，能够成为后人的万世师表，但在当时是很不容易，很困难的。

为了了解这些，我们来读《滕文公》。《孟子》一共分七篇，《滕文公》上下两章是其中的一篇。

刚才讲到，滕国是个小国，在邹、鲁之间。孔子的家乡是鲁国，孟子的家乡是邹国，两国背后是齐国。《孟子》这里记录的滕国，方圆不过百里，等于我们现在的一个县那么大。只有县那么大，为什么称为"国"呢？这就是现代人读书需要知道的，在讲孔子、孟子的书时，我已说过很多次了。当时讲的国家，不是现在几千年后，我们所说"国"的观念。在春秋、战国，或者说，从周朝以来七八百年，乃至过去所讲的"国"，另外有一个名字叫作"邦"，后来喜欢通称为"国"。其实，邦与国，是地方政治单位的名称。现代人读古书，如果把孟子到齐国、滕国，看成是到欧洲的法国、德国去，或者把诸侯的国，看成是中国、美国、印度这样一个国家，那观念就完全错了。

滕国的滕文公，为什么称为"公"呢？只有大概了解周朝分封的体制，你才懂得滕国和滕文公是什么关系。譬如现在一般人读古书，中国历史根本不懂，不管他是一个什么学问，自己本国的古书、历史，根本没有好好读过。一提封建，都晓得周朝是封建制度。我听了好笑，你懂什么叫"封建"？换句话说，你们乱讲"封建"，我开玩笑说你们是"疯见"，根本不懂。

那么，周代是怎么一个封建呢？从这一篇《滕文公》，倒退回去七八百年以前，周武王率领八百诸侯，等于带着八百个国家，讨伐商朝最后的暴君纣王（商纣），推翻了他的政权，建立了周朝。周朝的建国，走上一个新的时代，叫"分封建国"，把整个中国，分成很多个小国，差不多有一千个国家，现在资料太少、太散了，不够研究。

那么，当时的分封机制是什么呢？就是把华夏民族（华夏是个代号，就如现在讲的中华民族）各个宗族联合起来，统一建立一个中央政府，叫作"周"，把统治全国的领袖叫作"天子"。天子这个名称不详细解释了，简单讲，从中国古代宗教性的说法，代表替天行道。

周朝建立中央政府以外，也把全国其他的各个宗法社会团结在一起，这个叫"家"。譬如，在山西某个地方都是姓李的，或者在河南某个地方都是姓王的；李家有李家的传统宗法，王家有王家的传统宗法，陈家有陈家的……中国的姓很多，每一个祖先传下来，聚族而居，形成宗法社会。所以，古代宗法社会的治理，叫作"齐家"。周朝把每一个大大小小的宗法社会，根据领导（政权）的力量，以及土地、人民的数量这三个条件，分封成一个国家，这就叫诸侯。

我们要知道，周朝的分封是蛮平等的。至于"不是同姓不封王"，这是秦汉以后家天下的制度。譬如，汉朝刘邦当了皇帝，封王的必须是刘家的子孙，别家不行。周朝不是这样，周朝是尊重每个宗法社会，你有土地、人民、领导的能力（政权），就算一个国家，封为一个诸侯。周朝把几千年来，轩辕皇帝以后，尧、舜、禹这些帝王的后代，乃至各个宗法社会的后代找出来，看他们在哪里，还有多少人。还有万把人的，好，也算一个国家。这也就是春秋时孔子说的"兴灭国，继绝世"，把过去断了、灭了的，都找出来封。譬如，鲁国是周公的后代，齐国是姜太公的后代。因为姜太公功劳最大，所以土地面积上齐国比鲁国大。当时山东、胶东这一带，都属于齐国，鲁国是在济南这一带；其他像宋，是殷朝的后代；楚是南方的国家，很大，长江以南都是楚，当时文化还没开发。照这样看来，周天子并不是只封给自家的后代，周文王姓"姬"，后来的"周"姓，也是他的后代。我们现在讲滕文公，滕国在鲁国的南面，更小哦！是封给周文王第十四个儿子叔绣的，滕文公就是姬叔绣的后代。至于周朝建立诸侯，具体是多少个，究竟是一千多，还是八百，现在很难考据确定。

这样分封很多诸侯国，但是精神的领袖只有一个，就是中央政府，周朝周天子。诸侯国的交通、文字、文化等等，并没有像后世那么完全统一哦！是各自管理，但是也相通的。换一句话说，周朝的分封建国，不是什么西方由奴隶社会这样过来的封建。拿现在西方文化的观念讲，它是一个"联邦组织"，各个诸侯联合，尊奉中央周天子，这就是周朝分封诸侯大概的形态。可以说，周朝分封是很平等的，所以，孔孟之道推崇尧、舜、禹的公天下是第一，其次呢，周朝是比较民主、公平的联邦政治。

这个问题就是中国文化的精神。《书经》（《尚书》）是中国公家的历史文告，是最初累积的资料所留下来的。里面记录了帝尧时代建国开始的文告，第一篇叫《尧典》，里头有两句话："平章百姓""协和万邦"。你看，中国过去那么多个国家，"平章"意指百姓都平等，"协和万邦"是大家都和谐相处地活在这个天地之间，这是非常民主的。周朝分封诸侯，八百也好，一千也好，它开始的这个封建政治体制（政体），的确做到了"平章百姓""协和万邦"的精神。不是像大家误解的，以为封建是乱七八糟、专用奴隶，这根本是自己书都没有读通，自己的文化都没有搞清楚。

那么，平章百姓很和谐，可是分封诸侯有没有个制度呢？有。周以前，尧、舜、禹三代是禅让的公天下，那三代是称"帝"。所以，周朝这八百年来，周天子都称"王"，不称"帝"。周天子这个王的下面，做诸侯领袖的都有爵位，周朝大概的爵位分五等，公、侯、伯、子、男。当时诸侯称"公"的比较多，像齐桓公、晋文公等等。滕文公的祖先，是文王的儿子，也称"公"，爵位蛮高的。爵位，可以讲是代表宗法社会一个级别的观念，爵位很高，但分封的土地并不太大，因为这是两回事。

这些诸侯国，各国有各国的政治体制，但也大同小异。譬如说滕国这里，相当于现在一个县那么大，当时，帮助诸侯辅政，在中央政府做官的，都叫作大夫，分上大夫、中大夫、下大夫三等。所有的公务员叫作士卒。有的士卒是文武兼备的；有时候是分开的，士专管文，卒专管武。政府办的学校教育，周代叫庠，商代叫序，夏代叫校，是教这些公务员（士卒）的，并不是现代办学的观念。

这些诸侯的后代呢，王公的孩子，有地位的，叫作"公子"，像我们现在对高干子弟也称"公子"。对那些分封过诸侯的，称为"世家"，世家公子就是这么来的。不像我们现代，叫人世家公子，好像笑人家高干子弟，吊儿郎当、没有出息似的，不是一个意思。

这里我们又岔过来讲一句，宋朝天下大乱，《水浒传》里梁山泊一百零八个好汉煽动造反，有一首白话诗，讲关于世家公子的，"烈日炎炎似火烧"，那么热的天；"野田禾稻半枯焦"，农村里头好久没有下雨，田地里种的稻子、麦子，一半给太阳晒死了；"农夫心内如汤煮"，农民痛苦，心里头的煎熬，像烈火煮汤一样；"公子王孙把扇摇"，而那些公子王孙们，只会摇扇凉快呢。我们引用这首诗，不是讲《水浒传》，是讲公子王孙，公子的子弟们就称"王孙"。讲这一段，使你们知道，称为世家、公子、王孙，是怎么个来源，这是几千年文化礼貌上的称谓。

还有一个问题大家都想知道，周朝的经济制度有所谓的"井田制度"，什么叫"井田制度"？这是个大问题。周朝是农业立国，由天子、地方诸侯，到全体人民的生活，都是以农业经济为基础。在这样情况下，就创立了"井田制度"。周朝所有的土地农田都是公有的，不是哪个人私有的。我们看到井田，千万不要以为是一百亩或几十亩农田，在中央打个井。不要搞错了，井田是个单位代号，是以井为单位，全体人民合作共耕、共有的分配制度。如果拿后世来讲，周朝的井田制度，是农业合作社的公有制度。为什么叫井？它把田地划成纵横阡陌，像个"井"字一样，还可以水利灌溉。举个例子说，假定百亩田地给多少人分耕，其中百分之多少的收成，抽出来作为给天子、诸侯，或者给为人民办事的公家的费用；其余的给农民分配。至于具体如何分配，后世数据不多，很难考据确定。

那么，这几段零零碎碎的话提出来，是你们研究《滕文公》这篇首先必须了解的，然后你们读书、研究起来就方便了。

根据《孟子》本书的著述，第一篇《梁惠王》，分上下两章。第二篇《公孙丑》，也分上下两章。在这四章书中，大部分属于孟子自传式的记载。那时孟子正游于齐、梁（魏）之间，想以中国传统文化王道思想的学术，说动当时强国诸侯，如齐宣王、梁惠王，希望他们能够拨乱世而返于正道，推行真正的王道仁政，以救斯民斯世于水深火热之中。这是孟子的目的。

不过，孟子和生在春秋末期的孔子，路线稍有不同，虽然他是绝对服膺孔子的传承，但因时移世易，不得不适变以求其成为可行之道。在孔子的当时，还希望诸侯之间的强国霸主，能够尊崇中央天子的周室以施行仁政，恢复周朝文化的王道精神和仁政制度。

而到了战国时期的孟子，所谓中央天子的周室，已经形存而实亡，等于虚有其表而已。所以是不是还要尊崇周室以行王道的问题，可以说已经不是当时世局的主要关键了。这个时候的重要问题，是如何推行王道仁政，如何救世救民。至于谁来推行，谁来主政，能够真心做到的诸侯，他便功同汤武了。虽说孟子绝对不会说出"即可取周室而代之"的话，但事实上，这是历史时代的趋势，的确需要开展新的面貌，重写新的史页了。

可惜的是，孟子游说不成，学说不能实行，他的心情也正像隋末的王通、五代的陈抟一样。陈抟有诗说：

> 十年踪迹走红尘　回首青山入梦频
> 紫绶纵荣争及睡　朱门虽富不如贫
> 愁闻剑戟扶危主　闷听笙歌聒醉人
> 携取旧书归旧隐　野花啼鸟一般春

陈抟由此而卷铺盖，收拾行李回家，死守善道，在性天风月中自寻其乐趣了。

在中国文化先圣先贤的遗产中，一直认定《孟子》七篇是"经书"，这个观念应该是对的吧！它的确是千古以来大经大法的经学。但为了使现代人，以至后代的人更容易接受这种大经大法的大道理，我们也不妨用最轻松的比喻来说明，虽然稍有不敬之嫌，事实上也正为了尊敬经学而来推广它。因此我们曾经再三说过，《孟子》以上的四章中有些内容，就好比是《浮生六记》中的"宦情记游"一样。

从滕文公开始，才是孟子的"学问记辩"。

少年的烦恼——滕文公

从本篇开始，研究的方式也需要变更，才比较容易说明它的内容和道理。我们现在便采用了剧本式的对白来说明内文。

> 滕文公为世子，将之楚。过宋而见孟子。孟子道性善，言必称尧舜。世子自楚反，复见孟子。

你看这些内容，我们小的时候都要背的。那时候，老师告诉我们，把《孟子》《庄子》背熟，文章会写得好。你看古文，我们中国文化的方块字，把言语和文字脱开，几千年的事就这样记下来，使我们能了解几千年前的历史，没有阻碍。这是中国文字的特别。

"滕文公为世子"，这个时候，滕文公的父亲滕定公还健在，所以滕文公还不是诸侯，还没有接"公"之位。这一篇称《滕文公》，是以他就位后的称呼，父亲死了，儿子就"公"位。我们说就位，不说登位，是因为天子称登位，诸侯只是就位。

当时，滕文公是以世子的身份，派出去到楚国，到长江以南访问。滕国在济南隔壁，过了徐州，再过长江到南京这一带，都是楚国的地带了。"将之楚"，这个"将"，是准备的意思；"之"字，在古文里是到的意思，准备要到楚国去。不是从海路走，是从内陆经过宋国的边境，大概是安徽这一带。孟子这时候正好在宋国，滕世子听说孟子在这里，机会难得，赶快去见孟子。

"孟子道性善，言必称尧舜。"滕世子晓得孟子是个大儒，很恭敬，很诚恳，请孟子告诉他，中国传统文化治国之道。他是世子，将来一定是诸侯，一定是国家的领导，以后应该读什么书？学些什么？孟子没跟他讲别的，就告诉他，人性是善的，现在这个战国的时代，搞得那么坏、那么乱，是文化教育的错误，政治习惯的错误。孟子告诉他，人性是本来善的，要做到上古道德的政治。而且，孟子还说，你是世子，将来父亲过世，你即位成功，那时候，你一定要效法中国传统，行尧舜之道，天下为公，不是家天下。尧舜禹三代，天下为公，是让位的。孟子对他的开导，特别强调"性善"的道理。换言之，孟子对他强调"人性本善"的学说，和他对梁惠王、齐宣王所说，动辄称扬汤武事业的用意不同。他对滕世子当时说的话，随时在称颂赞扬尧舜的大道，这点要特别注意。

讲到这里，且让我们穿插一个很微妙的感想。

这节古文的写作方法，当然是言简意赅，但是包含的内容实在很多。在这节的简洁文字之中，我们可以看到孟子对滕文公当时的教导，完全是处在长者教诲子弟的立场，以师道的诚挚，来教导一个后进有为的青年。所以看来非常亲切，而且是富于启发性的教授方式，绝不像前面四章对齐宣王、梁惠王的态度，是处在师道、臣道、友道之间的风格。这点也应当注意。而且由此可以了解，古人在行文、写作之间的技巧和风范。

至于我们要讨论的，便是孟子启发式的教授方法。由这短短的一小节，首先接触到的，便是孟子学说思想中主张"性善"的问题。当然，这个大问题在后面《告子》篇中，有专题的讨论，姑且不在这里详细申论。

可是孟子在这里，为什么对当时还是世子的滕文公，当头一棒，便来个"性善"的问题呢？这点，在本章本节的下文中，便有答案和启示，暂且也摆在一边再说。

最有趣也最微妙的，便是滕世子从楚国回来的途中，再来看孟子。孟子一见面，劈头一句便说：世子！你还在怀疑我上次告诉你的话吗？孟子是怎样看出来滕世子心中还存有疑问的？"诚于中者，形于外"，孟子一见他的态度神色，早已明白了他心中还是存疑不定的。

但存疑不定的是什么问题呢？当然是人性是否真是本善的问题。滕世子不但怀疑人类的天性是否本善，而且他更怀疑他自己的本性是否本善。何以见得呢？很简单，由滕文公就位前的行径记载就知道了。他年轻时，上受父兄遗荫，下有群小拥护，青春时期是贪图玩乐的，正如后面他自己所说的，"吾他日未尝学问，好驰马试剑"，真是一个标准世家公子哥儿。现在他父亲滕定公把国家大事的重担，渐渐加到他身上来了，他自己也感觉到严重性了。可是积习实在一时也改不过来，所以他也怀疑自己的禀性问题，是否真如孟子所说的"本善"呢？

我们可以想象，他在这个时候，觉得良师难得，明师难遇，他正要反求诸己，同时向学问的大道上迈进。但是积习难改，心中的天理人欲之争，实在很烦恼。所以他必须要回头再来看孟子，再深入地请教这个问题。其实，这种所谓的人欲，也就是后天环境所养成习性之一种。所谓天理，也就是人人本自具有的一种先天的功能，自然的禀性。

所以滕世子这个时候的问题，也便是古今中外，所有青少年心里共有的烦恼。

孟子的机锋棒喝

> 孟子曰："世子疑吾言乎？夫道，一而已矣。成覸谓齐景公曰：'彼丈夫也；我丈夫也。吾何畏彼哉！'颜渊曰：'舜何人也？予何人也？有为者亦若是。'公明仪曰：'文王我师也。周公岂欺我哉！'今滕绝长补短，将五十里也，犹可以为善国。《书》曰：'若药不瞑眩，厥疾不瘳。'"

滕世子在宋国见过孟子后，去楚国了，等于出国访问，待了多久？是半年啊，或者一年啊？不知道。出国访问回来，问题就来了，这一段谈话是两人又见面了。孟子一看，滕世子出国访问以后，他的颜色、表情、行为不大对啊。唉，看你这个样子，大概出国走了一趟回来，看到外面都是富国强兵嘛，楚国也逞强得很，你对我所讲人性本善，应由道德领导政治的话，好像有所怀疑。

由这里，我们看到一个面带惶惑之色的英俊小伙子——滕世子，他怀疑，他彷徨，他求上进而又畏惧，自觉不堪胜任，但又不能安于现实，更不肯自甘堕落。

孟老师眼光犀利得像电光，他直截了当地便针砭到滕世子的内心深处。

世子并没有讲话，但孟子一眼就看出来，就像后世禅宗祖师的教育法。所以孟子直截了当地说"夫道，一而已矣"。世子，你还怀疑什么呢？道，就是这个，更没有其他的。中国传统文化，道德的政治，这一个真理，就是一个、一贯的，其他各种各样的看法、讲法、学说，都是偏见。其实，天下的大道，是不二法门。孟子讲出一番理由，叫滕世子坚定信念，相信传统文化道德政治精神，不要变。

换言之，尧舜之所以为尧舜，其内圣——内在修养达于圣境的成就，也全在于这个心啊！你心里已经感觉到"今是而昨非"，那么，自己此心已转化了，只要你能拿出大勇气、大智慧，肯直接承当下来，立即可以转凡成圣了。

这一节书，使我们想起了孔子曾对曾参说："参乎！吾道一以贯之。"此时此景，也正是孟子对滕世子说的"夫道，一而已矣"，是同一模式，同样的情景，只是不知滕文公当时的体会程度而已。不过，看他后来毅然决然地尊奉孟子之教，实行"三年之丧"的孝行，似乎他领受得很深。至于说他还没有做到如孟子所期望的，成就周文王一样之业，那也是限于时势，姑且归之于天命可也。如果我们从这个角度、这个观点来看，那么，孟子一生得意的弟子中，滕文公应该算是其中的第一人了。

同时在这里，也使我们想起晚唐时代，禅宗的一段故事。当时有一位夹山大师，去向船子和尚参学问道。船子传了心地法门给他，叫他立即回去好好修持求证。夹山在辞别临行之时，还再三回头，似乎还有不敢自肯安心之处。这时船子和尚站在他自己的船上，便高声叫着夹山说：喂，你以为我另外还有特别的秘密没告诉你吗？他说了这句话，自己便将小船弄翻，连人带船，翻到河水中去了。他只有以这样一记最后的杀手锏，来坚定夹山信得自心即佛的道理。当然，这是出世法，是禅宗的教授法。孟子对滕文公的教授法，是入世法，是现身现世圣贤的教授法。可是，他们的用意，都是为了再三说明别无二法的真理，这两种方式确有异曲同工的妙趣。

接着，孟子为了成就滕世子，也因为他行将担当国家的重任，孟子用了雷霆万钧的力量，加强他入世负荷重任的信念。孟子同时引证三位古人的名言和事实，引用过去历史的经验和三个要点，来告诉滕世子。

"成覼谓齐景公曰：彼丈夫也；我丈夫也。吾何畏彼哉！"

首先引用过去齐国的名人成覼，对齐景公说的话。齐景公是滕文公的长辈，他的宰相是晏子，有这么一个好宰相，齐景公在历史上还比较有名，是一个还可以的领袖。成覼的意思是说，要做就做好的领袖，做文王、武王一样，不错！他们是大丈夫男子汉，可是我们也是男子汉大丈夫，何必怕呢？不要怀疑自己，拿出精神来做。

"颜渊曰：舜何人也？予何人也？有为者亦若是。"孔子的学生颜渊也曾经说过，一个立志做学问道德的人，假使出来做事的话，怕什么？舜也是种田，出身很落魄，最后做了一代的圣王，难道舜他是什么天生特别的人吗？舜是一个人，我颜渊也是一个人，彼此同样是人，他能做到难道我不能做到吗？应该也能像舜一样。一个人道德修养，要有这个气派。

"公明仪曰：文王我师也。周公岂欺我哉！"鲁国的贤人公明仪也说过，周文王以百里之地起家，建立了周朝，是统一中国七八百年的治平天下。文王的一切，足为我们所师法，我绝对相信周公的名言，他绝不会欺骗我的。

> 今滕绝长补短，将五十里也，犹可以为善国。《书》曰：若药不瞑眩，厥疾不瘳。

孟子说，你不要怀疑，拿出勇气来，担当国家的大事。现在，你出国看了，哎哟！我那个地方只有县那么一点大，怎么能治得好，跟楚国比，或者跟齐国比呢？你不要怕，滕国的幅员虽然很小，地形不整齐，但是也还有五十里地，与周文王起家的时候，也差不多吧！重要的是要能截长补短，虽然是小国，如果你以大无畏的精神，实行内圣外王之道，政治做得好，也可以使它变成一个至善的国度，也可以给人家做榜样。但是问题在于你自己是否有勇气，肯不肯下决心、下狠心去改变。

孟子说，古书上讲，譬如一个人生病，要想身体恢复健康去吃药，药吃对了，人会发晕。《书经》上记载（《商书·说命》篇），也说过类似这种情形的话。等于医生治病一样，对于一个百病丛生、临死垂危的绝症，要想把它挽救回来，只有胆大心细，投下特效的药剂才行。不过，强烈的特效药剂，吃下去吃对的话，开始反而更显得头昏脑胀，甚之有更坏的反应。发晕以后，等药性完全吸收了，精神就来了。但是如果投下去的药剂分量不够，没有引起任何反应，不好也不坏，那等于白吃，是毫无效果的。这点你要特别考虑清楚，我们治理国家同医生看病一样，你将来就位，政治上要下狠心、下决心，把自己的国家治理好。这正是孟子自作"徒善不足以为政，徒法不能以自行"的批注，可说是画龙点睛之笔。

孟子对于当时还是世子的滕文公，首先教导了他修心养性的内养之学，并培养他身为人君，有君子之度的内圣风格。不过，他用了机锋的教授法，单刀直入。同时在后面一段话，尽其所能地启发他自有的灵智和决心，要他明知其不可为而为之。当时的局面艰难重重，实在很不容易。如果我们明了战国初期时的国际形势和时代环境，你就会对滕文公和滕国，寄予无限的同情；也才可能知道孟子的这个特别门生——滕文公，实在了不起。果然他的一生，并没有辜负孟子的教育之恩，也没有辜负他自己后来为君之德。

这要怎样研究才可知道呢？很简单，熟读《孟子》，反复研究，用经史合参的方法，便知道了。这一段是记载滕文公在世子时期与孟子的问答。他的父亲定公过世以后，他继位主持国政，面临问题，又向孟子提出具体的请示。这一段便要回转来查阅《梁惠王》下章末段中的记载，然后将前后两段贯串起来研究，便可了然于胸了。

非常遗憾的，从宋儒以后，硬生生地把这些要点，始终局限于孟子论"性善"学说的范围，致使孟子的内则成圣、外则成王的大机大用，统统扼杀于坐谈性命微言之中，岂不是和"依文解义，三世佛冤"一样吗？但是，我们这样研究，当然也绝对不可背离原文而凭空假设，否则，也就是"离经一字，允为魔说"了。例如朱熹集注说：

> 愚按孟子之言性善，始见于此，而详具于《告子》之篇。然默识而旁通之，则七篇之中，无非此理。其所以扩前

圣之未发，而有功于圣人之门。程子之言信矣。

我们如果也依照朱熹的这种见地来说，那就是"如局限此义于性善之域，似有齐通衢于仄径之嫌，矫枉过正，殊足憾焉!"这几句话的意思是说，如果把孟子这段话只局限于"性善"之说，岂不是把大路缩小改为羊肠小道了吗？

说到孟子在本节中后半截教导滕世子文公的大机大用，很明显的，有四则：

第一则，他提出了历史的佐证，历史的经验，引用成覸对齐景公的问答。这一则没头没尾的话，很妙。成覸说，他是大丈夫，我也是大丈夫，怕他什么来哉！这个"他"，指谁啊？如果是指历史的圣人，如尧舜、文武，那有什么可怕的呢？那只有景仰才对。既然提出了彼此都是一个大丈夫，又何必怕他。那么，这所怕的，当然不是历史上的圣人，一定是当时互相对立，势均力敌，或强过于齐景公之人吧！因此可知齐景公善用晏子，能够在春秋末期称霸一时，也确是经过一段艰苦辛酸的奋斗而来的。妙就妙在这里，在当时的滕国，处于战国紊乱之间，在岌岌可危中求生存，所以孟子首先引用了成覸这些话，以勉励滕世子——文公，不是没有深意的。至少，内抱圣贤之志，外修王霸之业，纵使不能图王，也可望于称霸，只在你自己的努力而已。

第二则，孟子引用颜渊讲大舜的话来勉励他。历史的名言故事多的是，要讲先王先圣，上有唐尧，下有大禹，都不讲，为什么单单用颜渊讲大舜的话来对滕世子讲？由于大舜的大孝吗？滕文公并非不孝。而且他的父亲滕定公，虽非大圣大贤，在历史上也并无甚令人非议之处。那么，是为了什么？那是因为大舜能躬耕于畎亩，来自田间，起于艰苦之中。所以必须要有颜渊安贫乐道之志以自处，有大舜起于艰辛之德以自勉，才能使滕之小国，坚强艰危地矗立于战国局势的狂风骇浪之中。

第三则，孟子引用了周公说周文王可以师法的故事。后来滕文公继位以后，也一再请教小国如何自处的问题。孟子的答复始终不离这个原则，要他师法文王。这一段可参阅《梁惠王》下章的几则对话。孟子环顾当时的世局，再三告诫滕文公，实在顶不住时，避地远徙，脱离现实的世局，图建千秋万世以后子孙大业的大计，这是一条路线。若不然，只能有为有守，尽忠职责，死守父母之邦，保存一分天地正气的气节，也是一条路子。

第四则，他告诫滕世子的，是继位以后如何力图改革、富国强政的原则，参读本章后面一节，便可一目了然了。

所以我说这一节所记述的，是孟子教导滕世子文公入世的大机大用。这样去看，也许不会太离谱了。

明王以孝治天下

滕定公薨。世子谓然友曰："昔者孟子尝与我言于宋，于心终不忘。今也不幸，至于大故，吾欲使子问于孟子，然后行事。"

然友之邹，问于孟子。孟子曰："不亦善乎！亲丧，固所自尽也。曾子曰：'生事之以礼，死葬之以礼，祭之以礼，可谓孝矣。'诸侯之礼，吾未之学也。虽然，吾尝闻之矣。三年之丧，斋疏之服，饘粥之食，自天子达于庶人，三代共之。"

接下来的这一节，便是记载滕文公接位当政以后，接受孟子的教诲，而加以实践的表现。

这个时候，滕文公的父亲定公死了，他这个世子当然承袭了爵位，马上要亲政，又要办大事——国丧，这时候又想起了孟子，想到他的教导。于是便对他的大夫——然友说：前几年，我经过宋国的时候，孟子曾经对我讲过许多话，我牢记在心，始终没有忘了他的教诲。现在非常不幸的，遭遇丧父的大故，我想派你到孟子那里去，请教他父丧的大礼，应该怎么做才好，然后才确定我们的办事方针。

然友奉世子之命，特地到了孟子的家乡邹邑，专程代表世子向孟子请教。孟子说：滕世子这个问题问得好啊！对于父母之丧，但照他孝心的初衷去做，不就是顶好的办法吗？实在只须照本人自动自发的孝心，尽心尽力去做就好了。孟子要滕文公首先行这个孝道，中国的传统要守孝三年，人死后的处理，也是有一套礼节的，《周礼》对于王公死后，怎么祭，怎么拜，都有一套的，现在不加引用。这里，孟子要滕文公尽孝道，三年之孝是古礼，你做得到，对国际上会有影响的。为什么会影响国际呢？譬如之前，齐桓公是霸主，齐桓公死后，儿子们争权，根本没有办丧事，把齐桓公的尸体摆在那里，都变烂变臭了，虫爬出来没人管。那个时候，各国的孝道差不多已经完了，就是因为这样一个争权夺利的风气，所以孟子坚持要滕世子行孝，把这个风气转变过来。

告子篇

上篇

　　《孟子》一共有七篇。如果依照道家《庄子》《淮南子》《抱朴子》的分类方法，《孟子》的前五篇可以说是"外学"，自《告子》这里开始，则可以说是《孟子》的"内学"。"内学"这一名词，亦见于佛家五明的"内明"之学，也就是"内圣"之学。而儒家后世所主张的"内圣外王"这一名词，本出自《庄子》，儒家袭用了。

　　"内圣之学""内明"，就是一般所说内在修养的境界，如何能明心见性；"外学"则是外用之学。所谓"内圣外王"，依古代中国文化的解释："王者用也"，并不是说内在要做圣人，外面要当皇帝；而是处世、做人、做事，如何应用。

　　内圣之学，在中国文化中，有一两千年的争论，甚至直到现在，与佛家、道家，以及西方哲学发生的争论，都是哲学思想上非常重大的问题。

　　《孟子》这里一开始，就谈心性之学。我们先看他的原文。

告子的人性论

　　告子曰："性，犹杞柳也；义，犹桮棬也；以人性为仁义，犹以杞柳为桮棬。"

　　孟子曰："子能顺杞柳之性，而以为桮棬乎？将戕贼杞柳，而后以为桮棬也？如将戕贼杞柳而以为桮棬，则亦将戕贼人以为仁义与？率天下之人而祸仁义者，必子之言夫！"

告子是与孟子同时代的人，在诸子百家中，他本身的著作并不多，仅在其他的子书中，见到一点点有关他的思想言论。他之所以声名宏大于后世，是因为孟子批驳他的学说所造成的。告子讲的人性学说，究竟是什么呢？

告子的理论，说人性像杞柳树一样，一棵树长大成材了，将来或做成茶杯，或三夹板，或其他器具，预先并没有决定。也就是说，人性本来就没有定型，后来因为人为的教育关系而有善恶是非、道德仁义之别，就如同用杞柳木已制成了餐具"桮棬"那样。现代因为石油化学工业的发达，塑料餐具美观而价廉，所以陶瓷、玻璃杯、盘、碗、盏等餐具，已渐被舍弃，成为有钱人家的摆设，木制餐具更为少见。但是几十年前的乡下，还可见到木制的酒杯、餐盘。

我们用的碗，本来都是写作"案"或"椀"，这里的"桮棬"也都是木旁，从字的构造上就表明了，古代的餐具多为木制，面盆、澡盆等等，许多器皿，都是木制的。当石油化学原料以及玻璃器皿初上市时，多是西方国家的工业成品进口来的，外国来的东西价格高昂，而被视为奢侈品，很稀奇。经过几十年来的演变，木制的手工艺品，反而身价更高了，外国人甚至买回去作"摆设"，陈列在客厅中当古董、艺术品赏玩，观念上相差很远。

告子这里说：一株杞柳，不能说是方的，也不能说是圆的，经过人工砍下来以后，再把它雕凿，才成为一个或方或圆的杯子。人性也一样，本来没有善恶的，经过父母、家庭、学校、社会的教育培养，人就有思想分辨的能力，知道哪个是"善的"，哪个是"恶的",就有了是非的观念。人之有道德仁义,也就好比是杞柳树,经过人工的雕刻而后成了杯子。

现代对于儿童的教育,有所谓性向的测验,以决定其"可塑性"。例如有的小孩喜欢在墙上乱画,有的小孩欢喜玩机械,看见手表的指针会走动,觉得稀奇,就拿小螺丝刀去拆开来玩。有些讲究性向问题的家长、老师们,就让他去拆,认为这孩子将来可能成为一个发明家。

可是,假如我是这孩子的家长,则不一定让他去拆,最多是破旧不堪的废弃物,才让他去拆。因为小孩子天生有一种破坏性,人性中是具有反动成分的;尤其小孩好动,看见稀奇的东西,非打烂来看看不可。不过也有人生来想当领袖的,也有人生来想当和尚或神父的,这就是性向问题。所以教育孩子,要从其可塑性方面去培养。有时候父母看到子女是不可造就的,就要赶快给予他职业教育,使他将来在社会上站得住脚,能够有饭吃;对于造就不了的,如果一定要他有很高深的学问,出人头地,这是不可能的。一个人的成功,各有各的道理,不一定要书读得多,这就如中国的谚语:"行行出状元",也就是现代的理论,要注意性向问题,与告子所说的差不多了。

中国几千年来的文化是讲"性相近,习相远",这是引用《论语》上所记载孔子的话,至于"人之初,性本善",并非孔子所说,是宋儒加上去的,后来打倒孔家店时,都归到孔子头上去了,孔子很是冤枉。在孔子以后,战国时代的孟子,走的是孔子的路线,也是主张"性相近,习相远"的。

同样,儒家另外有一个人荀子,也是学孔子的路线,但荀子主张人性本恶,"善"是后天的教育改造,和告子说的,把杞柳树做成杯子的比喻差不多。例如一个婴儿刚生下来,如果饿狠了,就会伸手猛抓母亲的乳房,不管母亲不母亲,只是自己要吃，所以人性本来是如此的。假使是双胞胎，一个吃饱，一个没吃饱，饿的一个一定会去抢来吃。有一位同学生第二胎前，头胎的女儿只一岁多，似乎知道将有另一个孩子出来，分享她的母爱，所以对母亲特别拍马屁、讨好，也就是在吃醋。所以荀子说，人性本来是恶的，要靠后天的教育改良去转恶成善，这是教育的重要。教育的功能，是把恶的人性改变为善的，荀子的说法，好像是与孟子唱对台戏。

第三派是告子，主张人性不善亦不恶，像树木一样，将来成为什么器皿，做什么用途，都是人为后天的塑造而成的。

不过在春秋战国时代，孔子之后，孟子之前，有另外一派理论，就是墨子。他对于人性的说法，后世称之为"染丝论"，他主张人性原来是纯白的，如蚕丝一样，没有任何颜色在上面，而要看环境、家庭、父母的教育、社会的背景、学校教育等等客观条件决定。如白丝一样的人性，没有颜色，染灰色就成灰色，染红色就成红色，染绿色就成绿色。这还是承认先天本来的人性，并无所谓的善恶是非，问题是在后天的教育。

这四派的主张，一直争论到现在，几千年来，成为东方文化中对于人性哲学上的大问题。

现在回头来看《孟子》书上的本文：

孟子说"以人性为仁义，犹以杞柳为桮棬"，不要看了杯子，就认为杞柳树也是那样方圆的形状，因为杯子的方圆之形和中空，都是经过人工塑造的。这也就是说，人性和杞柳一样，它未来的价值与用途，事先是无法预知的，他的善恶是非，也是无法事先确定的，这是告子的理论。

孟子当然反对他的说法，因此讲：依你这样说，你把杞柳树砍下来做酒杯，是顺着杞柳树本身纹理性能来做吗？还是改变了柳树原来的纹理做成的呢？

要注意这两句话，杞柳树的纹理，是直线长的，一个杯子的中间，硬是用凿刀把它挖空的，这是"戕贼"杞柳之性了；那么人生下来的善良心理，是用人工刻木头的方法，改变了他的本性而塑造出来的吗？你这种思想太可怕、太厉害了，会害了天下的人，会率领天下的人，残害人性的善良面。换言之，这等于近代西方各种主义的思潮，影响中国，影响世界，乱了一百多年。

现在过安定生活的青年，对于这种话，也许觉得没有什么了不起；事实上，这是人类社会文化思想的大问题，年纪大的人所关心的，正是这件事。因为历史的演变，时代的推动，并不是经济的发达、钞票的力量、武器的威力，这些只是思想运用的工具而已，而迁动时代变易的根本，是人类的思想。看起来思想是抽象的、无形的，但思想的正与反，只要偏差一点，就影响到整个人类的祸福。

孔子当年做鲁国的司寇时，一上台就杀掉少正卯，就是因为少正卯的思想问题影响力太严重了。西方文化在过去对于人性哲学方面的讨论，太少也太浅了，可以说他们没有历史文化的深厚根基，没有"内明"之学，所以才会产生各时各国各种纷纭的思想。

我们先了解了这一段，就可以讨论了。当然我们的讨论不能偏私，不能说孟子和告子谁对谁错，我们是用一种客观的态度，来作研究。

我们先研究孟子自己的话，在《离娄》下篇中，孟子曾经说："天下之言性也，则故而已矣。故者，以利为本。"以现代语言说出来，就是世界上一般人谈人性的问题，多半说人性的本然而已。他原文的"故"字，很难用现代的任何言辞来表达，因为它代表了很多意思。时隔两三千年，在当时的社会，这个"故"字作什么用，表达什么意思，与现代我们对这个"故"字

323

的用法，并不完全一样，甚至差别很大。

例如古代的"毒"字，同时有治疗的意思，而现代治疗是治疗，毒是毒，没有人以"毒"字来表达治疗的意思了。而且文字与语言是密切关联的，而语言又因区域不同而有异，所以研究文字，还要研究语言。例如"没有"这一口语，闽南人的口语为"莫"，客家人则说成"毛"，温州一带则和英文的"No"很相近，讲作"嗬"；江西人则如北京人将"不用"说成"甭"一样，把"没有"两个字，拼成一个音说出来，而且创了一个新字。这些不同的语言，都表达"没有"这一意义，怎能说是谁对谁不对呢？所以语言文字的研究，是一件很烦琐也很难的事。

这里孟子说"故而已矣"，这个"故"字相当于"本然"一词的意思，全句的意思是说，世界上的人谈人性，只是谈人性的本然而已矣。换言之，人性为什么是这样，本来是这样而已。至于"本然"是什么？后面发动那个"本然"的又是什么？没有进一层的讨论。孟子说：世界上的人讨论人性，都是站在自己的立场，根据自己的经验和观点，利用现成的资料讨论而已。但都是以有利于自己的说法为根本，其实就是想当然地讨论这个（本然）的人性。例如搞宗教学说的人，对于有利于自己的观点，就加以引用；对于不利的，那就不引用了。

现在我们"借用婆婆的帕子向婆婆拜年"，引用孟子自己的话，来看他与告子的辩论，那么孟老先生批评人家的话，也是"故而已矣。故者，以利为本"了。告子讲杞柳与茶杯，孟老夫子也讲杞柳与茶杯，告子的话是对或是不对，暂且不说，而孟子这种说法，仍大有讨论的余地。

告子以人性比杞柳，仁义比茶杯，仁义等于说是人为的，就像把杞柳人为制成茶杯一样。孟子批评告子的说法，问告子以杞柳制茶杯，是照杞柳木的纹理去做成的呢？还是不顾纹理，硬用人工去雕凿而成的呢？如果是硬雕凿而成的，那你告子的这种主张，是天下的祸害。孟子先用一顶大帽子，把告子的话压下去，盖住了。不过，如果讲论辩的逻辑，孟子这个譬喻是不大合适的。

至于告子的话，也是有问题的，因为人的天性，究竟是善的还是恶的，还是不善不恶，都是可以讨论的。

水流的问题

> 告子曰："性，犹湍水也；决诸东方则东流，决诸西方则西流。人性之无分于善不善也，犹水之无分于东西也。"

> 孟子曰："水信无分于东西，无分于上下乎？人性之善也，犹水之就下也；人无有不善，水无有不下。今夫水，搏而跃之，可使过颡；激而行之，可使在山；是岂水之性哉？其势则然也。人之可使为不善，其性亦犹是也。"

告子又用另一个譬喻，他说人性就像是流得很急的水，就像瀑布那样，急湍而来，注入了潭中，东方有缺口，就往东方流；西方有缺口，就往西方流；而自己并没有意思向哪里流，只是哪里低洼，就向哪里流。所以人性，无所谓善，无所谓恶，等于水一样，并没有向东流或向西流的本意。

孟子说：你说水不分东西，流东流西，不是水的本意，这话或者可信，但是难道不分上下吗？

我们以佛家的因明学来说，孟子和告子两家的辩论，在形而上最高哲学引用的逻辑，所应用的逻辑方法，是属于因明学中的"比量"。这是很可惜的错误，因为在论辩学上，"譬喻"本身就是靠不住的。佛家亦常常用水来譬喻人性，但譬喻完了要赶快扫开这个譬喻，所以用譬喻来辩论，或打笔仗，有时是不合理的。这种辩论方法，也犹如诸葛亮说刘禅的话叫作"引喻失义"，就是引用的比喻并不完全恰当的意思，在譬喻上打笔墨官司或口舌官司，往往失去了哲学真正的意义。

就像这里孟子的引喻，他说告子你说得对，水是不分东西，那么水不分上下吗？假如我是告子，我就告诉孟子说，水也不分上下，水是喜欢平的，水之分上下东西，都是势流的关系，是客观的因素，并不是水的本性，水只是平的，所谓水平，是水向上、下、东、西、南、北乱流，那是水势的轨道。

可见孟子是天天希望天下太平，拼命说人心本来是善的，但是，有一点他讲错了，有些急不择言，别人打了一个譬喻，他也跟着人家的比喻去说。古人读他的书，深信不疑；可是现代我们读这些书，就会产生评论。就像儿童时期，背诵、默写，并不懂它的意思；老师说"你大了就会懂"，后来长大慢慢懂了，可也就越看越有问题，越想讨论了。

孟子说，人性天生就是善良的，等于水性，天生就是喜欢向下流的。

水性是不是喜欢向下流，这是很难肯定的。我们中国文学中有两句诗说："天上众星皆拱北，人间无水不流东。"研究天文，在北半球看北斗星，是定在那里不动的，其他的星都对着它转，差不多一年就周而复始，转动一周。第二句"人间无水不流东"，这是中国人说的，严格地说，中国境内的水也并不完全东流，在云南一看，横断山南将地势切断了，山上的茶花延伸数十里如霞如锦，真美；但是怒江的水，湍急如箭，飞鸟难渡，人也根本不要想去采到花了；而那里的河川溪溪，就成为"人间无水不流南"了。在广东也是一样，因为五岭之南，山势向南倾斜下去，到了中东一带，则是"人间无水不流西"了。这些都是地球上知识范围的事，人文文化因时间、空间的扩展，知识也因之扩展而有所变迁。所以今日文化所肯定的观念，说不定将来在另一太空、另一星球上，果真有生命的话，他们的文化也许根本上会影响整个地球的人类文化，这都是且看下回分解的未知数。

孟子又说，水急流下来，我们将它一挡，它就冲到头顶上去了。如果用"马达"机械的力量，也可以把它一激，送到山上去；可是这并不是水的本性，而是另外一股力量加上去的。一个好人有时会对别人使坏，不一定是他的本性，而是受刺激变化而导致的。所以，人一受刺激，什么都可能干得出来，但这不是人的本性。

告子和孟子的这种用比喻的辩论，好像双方都对，也好像都不大妥当。对于孟子所讲的话，我们也可以对他说，"孟老夫子呀！夫子之言性也，则故而已矣，故者，以利为本"，但是你不仍是因现象来讲人性的吗？你讲的还是形而下的，是以现实资料来讲的。所以现在我们讨论这个问题，不管孟老夫子在天上也好，在孔庙东庑也好，西庑也好，假如可能，很想请他来，向他请教一番。

到这里，他总算批驳了两次告子，但并无告子答辩的记录。看上去告子已经吃了两次瘪了，现在第三次又要挨打。

此白非彼白

告子曰："生之谓性。"

孟子曰："生之谓性也，犹白之谓白与？"

曰："然。"

> "白羽之白也，犹白雪之白；白雪之白，犹白玉之
> 白与？"
> 曰："然。"
> "然则犬之性犹牛之性；牛之性犹人之性与？"

告子说："生之谓性。"他的这一说法，对人性有了一个界限，他认为人在生下来的那一刹那，就确定了他的个性。这个理论要注意，他指称，人性是脱离娘胎时产生的，和佛家所说"明心见性"的"性"，并不是一样的。佛家所问的是在妈妈未生我以前，我是什么？佛家的本性是在妈妈未生以前最初原始的那个本性，与告子这里所说母亲生下时所产生的本性，是两个不同的概念。

关于佛家所言之性与告子所言之性的不同之处，我们在这里暂不研究，现在我们看告子第三次很可怜的挨批。

孟子说："生之谓性也，犹白之谓白与？"孟子争辩起来，有时候像外国人在参议院、众议院里争论一般，也许是脸红脖子粗地说：你讲人生下来的所谓人性，是不是讲这个白和那个白是一样的？

告子说：是呀！告子一开头就吃瘪了，假如是我的话，一定会说：孟先生，你讲清楚一点，什么这个白，那个白的？这是白布之白，那是白璧之白。

孟子这样的问话，也等于一个先天盲人，问人白是什么样子？答话的人很难描述，只好说像白布那样白；盲人再问白布的白又是什么样子？人家只好告诉他像白雪那样白；盲人还是不能体会，又问白雪是怎么个白法？告诉他是白粉一样白，他还是不明白。于是有人就拿一只白鹅来给他抚摸一下，告诉他就是如这白鹅一样的白，走路时会呱呱叫的。这时盲人说，你早这样告诉

我，不就好了吗！后来有人问什么是白，这位盲人就曲起一只手来作鹅头状，口里念着"呱呱"。

现在孟子这样问告子，也等于问：白粉之白，与白鹅之白一样吗？

告子说：是呀！

孟子又说：那么，白羽毛的白，与白雪的白是一样吗？白雪的白，又与白玉的白是一样吗？

告子又吃瘪了，说：是呀！是一样。

于是孟子说：狗的性与牛的性，牛的性与人的性，都一样吗？

告子被他一棍子打闷了。

看来告子这个人，学问还不错的，可是在辩论的逻辑技巧上，却是输了孟老夫子一截。

我们仔细想想，孟子辩论人性的问题，辩到这里，可以说已经远离主题了，而问题在于，辩论中引用的譬喻是否恰当。如果在现代，我们作为这个辩论会的主席，一定拿起木槌，在桌子上一敲，说停止辩论。并且宣布说：告先生讲的主题，是有生命之后的人性问题，说"生之谓性"，孟先生，请不要离开主题，说什么白呀白的，又扯到狗性、牛性身上去兜圈子。

这种辩论逻辑，听起来是满锋利的，可是把主题避开了。本来是谈什么是人性的问题，孟先生却扯到狗性是不是等于牛性，牛性是不是等于人性的问题上去了。正如本来讨论"品茶"的问题，可一路越辩越远，去讨论"品酒"，最后变成"品醋"去了。所以他们的讨论，本来是研究问题，结果因为性急，又引喻失义，再加上"故而已矣，故者，以利为本"的态度，最后变成争论了。

告子为了人性问题，已挨了孟子三次批。

人性的先天和后天

在我今天看来，对人性的几个问题，中国后世学术界很多人，都以孟子这里所谈的这段话拿来辩论。也就是把孟子说的"天下之言性也，则故而已矣"，和告子说的"生之谓性"，来讨论人性的问题。我们现在讨论人性，须要了解形而上人性的"本体"问题，与形而下人性的作用与现象的问题，"未生之前谁是我，既生之后我是谁？"究竟有没有一个"我"？假如有，这个"我"从哪里来？到哪里去？怎么生的？怎么死的？有形无形？唯物还是唯心？正如"先有鸡，还是先有蛋"的问题一样。假定是上帝创造了万物，又是谁创造了上帝？假如说，上帝是上帝的妈妈造的，上帝的妈妈是上帝的外婆造的，那么谁又生了上帝的外婆的外婆的外外婆？假如说是佛造的，谁又造了佛？或者说，人生本来是如此的，那个"本来"又是什么？这就是哲学，就是大科学，也是宗教的根源。就像说地球是圆的，又是谁使它圆的？哲学与科学都是要想追寻这种问题的答案。

世界上人类有记载的历史，迄今约五千年，事实上当然不止五千年，因为地球的形成，据说就有好几十亿年了。地球上最早是先有人呢？还是先有蚂蚁或蟑螂呢？不管先有什么，那最早的第一个始祖，又是哪里来的？这就是哲学，也是科学，也是宗教。

任何一种宗教，开始时都是为了追求这个问题的答案。不过后来，宗教自己无法解答，就设定了一个界限，就是不准问，信就好了，告诉你这样，就是这样。哲学也是信，例如说，房子里是亮的，但是总得打开一条门缝，让我看到里面一点点，我才会信，这是哲学家的态度。至于科学的态度，则是一定要进去看看，体会一下才信。所以宗教、哲学、科学，都是为了追求一个本性，一个宇宙万有的本来，究竟是一个什么东西。

但是孟子在这里所谓的人性，不是讲形而上人性的本体问题，而是人性的作用与现象。孟子说的恻隐之心、羞恶之心、辞让之心、是非之心，都是人皆有之，但这些也都是生下来以后的。中国的道家分先天与后天，先天就是形而上的，后天就是形而下的。先天也就是父母未生以前，那个本性为先天；父母怀胎以后，在胎中已经是后天了。问那些怀过孕的母亲们就知道，有的胎儿在胎中很安静，有的胎儿就会拳打脚踢的，所以人在娘胎就已经是后天了。而本书记载告子说"生之谓性"，就是指离开娘胎以后，这样说来，告子说的这个人性是属于后天的后天了。

所以后世的学术界，是以后天人性的理论，去推测形而上的人性本体。就像孟子说的，这个白就是那个白，那个白就是这个白，也就是天生的盲人弯了手臂成鹅头状，再学两声鹅叫，就认为是白，而形象与白是不相干的。

由此我们了解，本节讨论人性的问题，是以"生之谓性"的这一个阶段的"人性"来讨论的，换言之，是讨论后天的人性。但孔子的思想并不是这样，在尚存的资料中，孔子很少谈到人性问题。根据《论语》及有关资料，我们发现，孔子在这一方面的学术思想非常高深，子贡说他罕言天道事，就是孔子很少说形而上这方面的事。换言之，就是孔子认为这班学生，还不够程度来听这个问题。所以当子路问他，人死以后是不是还存在？又往哪里去？孔子就批评他"未知生，焉知死"。意思是说，不必问死后到哪里去，先要研究生从哪里来，先要了解生的问题；现在活着的许多问题，都不能了解，如何能了解死后与生前的问题。

孟子所以在那个时候来讨论这个问题，是有其时代的原因的。孟子所处的战国时代，已经由春秋到战国战乱了三百多年。说到战乱，近三十年来，在台湾安定中出生成长的人，听到战乱一词，不会有所感受；而五十岁以上的人，对于战乱的苦难艰危，感受太深了。在战乱之中，人的生命毫无保障，一次战争下来，人就大量死亡。像秦国的白起，打一个胜仗，被他活埋的俘虏就是四十万；这些人都是母亲十月怀胎，三年哺乳，费了多少心血劳苦抚育长大的。像这样三五年一次战争，几百年下来，打得民不聊生，而且民穷财尽。

一个社会的动乱越多，人的思想渐渐就对生命起了怀疑，人为什么有这许多苦难？人生是为了什么？人又是怎么来的？人为什么如此争斗？为了这些问题去寻求答案。所以哲学思想的发达，都是在社会极动乱的时候。在极苦难的时代，会产生大学问家、大哲学家；太平时代则产生艺术家、文学家，创作一些艺术品，供人欣赏。所谓"不做无益之事，何以遣此有涯之生"这句话，正是太平人语。

所以在变乱的时代，就研究人性的问题了，因此，孟子、告子他们的时代，远比孔子时代更为严重地来辩论这个问题，这也是历史文化的时代趋势。由古代就可以了解现代，在苦难的时代，才提出人道、人权、民权这些问题来争论，如果在太平时代，自然不需要去讨论这些问题。

现代青年该注意的问题，孟子在后面就会说道："富岁子弟多赖。"台湾这三十年来，在社会富有安定、繁荣之中，青年们太舒服了，赖皮的也太多了，慢慢到了嬉皮青年的阶段了。

什么是社会责任

告子曰："食色，性也。仁，内也，非外也；义，外也，非内也。"

孟子曰："何以谓仁内义外也？"

曰："彼长而我长之，非有长于我也；犹彼白而我白之，从其白于外也；故谓之外也。"

曰："异于白马之白也，无以异于白人之白也；不识长马之长也，无以异于长人之长与？且谓长者义乎？长之者义乎？"

曰："吾弟则爱之，秦人之弟则不爱也，是以我为悦者也，故谓之内。长楚人之长，亦长吾之长，是以长为悦者也，故谓之外也。"

曰："耆秦人之炙，无以异于耆吾炙，夫物则亦有然者也，然则耆炙亦有外与？"

告子这里又提出一个观念："食色，性也。"

这里要特别注意，"食色，性也"这句话，并不是孔子说的，而是告子说的。孔子说的是"饮食男女，人之大欲存焉"。

告子认为，人生来就要吃；长大了，男人追求女人，女人追求男人，这是人性。

别说人如此，即使一只鸡也是如此，从蛋里出来以后，就要吃；长大了，公鸡找母鸡，母鸡找公鸡，自然如此，这是一种生物的本能，谈不上它的本性是善或恶。那么在人性中，饮食、男女为什么有善恶的问题？那是因为饮食、男女的需要，发生了心理行为，而心理行为与他表现于外的行为，有互相影响的连带关系，就形成了善恶问题。至于其本身是善是恶，那是另外一个可以讨论的问题。例如佛家、道家，认为食、色两事，本身就是不良善的根本习气，那也是就形而上来说的；现在告子的观念，是就形而下，是指后天的人性而言。他认为人生下来，食、色两件事是天性——实际上应该说是后天的本能。这里告子说的性，可不要与后世佛家的"明心见性"的性连在一起，混为一谈。告子说，人生下来就要吃，就有两性的相互需要与追求。孔子说的"饮食男女，人之大欲存焉"，食色是有生命以后的欲望和习气。

告子同时提出第二个观念，"仁，内也"，他承认人性本来内涵的就有仁心，仁慈之心。但是他有一个观念，与孟子的观念不同，孟子是提倡义的，告子却说"义，外也"，义不是内在的，是外在的。他的意思是说，仁是心性，我们内在的那个善良的本性，不管好人、坏人都有。当看到一个生命死亡，内在都感到这个死的生命可怜，即使坏人也有同样的感受，只是他在行为上不说可怜，而只是叹息而已，但并不可以因他这一个态度，就认为他没有怜悯心，他的内心同样也在怜悯。所以告子认为那个可怜与不可怜的态度，也就是义或不义，是属于外面的行为，而仁乃是内心的。

孟子说：你为什么说，仁是内，义是外呢？

告子说：那个人年纪长于我，我把他尊为长辈，并不是因为心中先有尊他的想法，这与我没有关系。就如那个东西白，这个东西不那么白，于是把这个加白一点，使两个东西一样的白；这个白是外在的，客观的，与我本身没有关系，所以说它是外。

孟子说：依你的说法，白马的白，与白人的白，是有差别，不一样的了？那么，那个马的年长，与人的年长，两个观念是不是一样？我问你，主观的第一个甲的年长，是个真正的主观定义，还是说把乙的这个年长，拉到和甲的年长一样年长，才叫作客观的因素呢？

我认为他们这些辩称，以逻辑学来说，都不高明，彼此都是引喻失当了。什么这个白，那个白；这个长，那个长；都不在主题上讨论，所讨论的，还是辩论的方法，是技术问题。以客观的逻辑，来论辩一个主题的事实，往往会有错误的。研究因明，研究逻辑学以后，发现几十年来，我们许多学说上的错误，都是因为把逻辑拿来当哲学，这是一种很严重的错误。

逻辑上争辩了半天，理论上都对，但是用之于事实都不对了。例如许多事在办公室里拟计划、立法令，理论上、逻辑上都对，但政令由上到下一付诸实施，就"失之毫厘，谬之千里"了。又例如在逻辑上尊重人权，提倡人道，在法律上讲宽大，认为犯人值得原谅。当一个人犯了罪，杀了人，于是说这个人从小的家庭环境不好啦，心理不正常啦，或者讲是社会影响，要社会来负责啦！等等，这都是逻辑上的道理。但在逻辑上进一步研究，要社会负什么责任呢？这个犯人本身就是社会的一分子啊。社会是怎么来的？是个人及家庭、个体与群体综合成的一个概念通称为"社会"，个人个体的行为是自己的问题呀，为什么要让社会为他个人负责呢？每个人应该自己负起责任来才对。

有许多逻辑，初听起来好像蛮有道理的，常常把人搞迷糊了，还跟着叫好。好个什么？都是自己在说梦话。这几十年以来，我们的文化思想跟着逻辑走，逻辑是讨论一个事实的工具，等于禅宗所参的话头"我是谁""念佛是谁"一样，话头只是工具而已，不是悟道，如果一旦抓住一个话头，就认为悟了道，这就等于发疯了。

我这个观念对或不对，希望青年朋友们多用头脑去思索。未来的世界，是今日青年的，我们这一代已经老了，未来需要年轻的一代去挑起来，大家要好好为自己的文化前途努力。

我们现在看到告老夫子与孟老夫子，辩论了半天，两个人所争执的都是王大娘的裹脚布，都忘记了王大娘的脚。搅和了半天，还只是两人各拉这裹脚布的一端拔河，拉过来，拉过去。一个说，我拉住了王大娘的脚，另一个却讲，王大娘的脚在我的手里，两人就是这样吵得如此可笑。

云门祖师的三句话

我前面如此说，并非看轻贬低古人，因为纯用逻辑学来讨论，太严肃，也太枯燥，大家会感到头脑发胀，所以轻松一点，用笑话来讲。从笑话中，透露出问题的关键之所在，是透露出真理的方法，这也是中国禅宗的方法。禅宗云门祖师最后归纳起来，有三种言语，如果听了以后，就认为学禅的都应该这样说，那又完了，又是把王大娘的裹脚布，当作王大娘的脚，大错特错了。

云门禅师的第一种言语叫作"随波逐流"，人怎么说，自己也跟着怎么说。人说空的，自己也说差不多，是空的；人说有，自己也说差不多，是有。第二种言语是"截断众流"，例如问"什么是佛？"答道："干狗屎。"使人无法理解，把人的思想截断。第三种言语是"涵盖乾坤"，包含了一切，是圆融的，怎么看就怎么对。这样也是一种逻辑。

现在我们看孟子与告子的辩论，是随波逐流，而忘记了主题，告子更是被孟子的指东点西，不按拳路的招式，左勾右撩，乱来一通，弄得迷迷糊糊，莫名其妙了。

告子又说：我的兄弟，我就爱他；秦国人的兄弟，我就不爱；爱是由我出发，是我内心的事，所以为内。楚国人那么年长，和我的长辈差不多，所以我很尊敬他，这都是年长的影响，属于外界所以叫外。

孟子说：爱好吃秦人烤的肉，和爱好吃自己烤的肉一样，都是爱吃烤肉，那么一个人的爱好吃烤肉，也有外或不外吗？

这里的理论、逻辑、用的方法又不对，指东说西，指着太阳去争辩月亮，辩了半天，说我爱吃烤肉，我爱吃涮锅，和内仁外义毫不相干。嗜好吃什么，只是生理的反应，湖南人爱吃辣椒，假使一位湖南籍的孕妇，是不是可以用听诊器去诊察一下，这孩子生下来是不是喜欢吃辣椒？湖南人也有不吃辣椒的，湖南人初生的孩子，如果弄点辣椒水到他口里，也会被刺激得哭起来，这只是生理上的反应。

怎么会以嗜好吃烤肉这些生理上的习惯与反应现象，拿来辩论是否仁内义外的问题？如果这样的辩论方法是正确的，那人人都很会辩，所谓歪理千条，闭着眼睛随便说好了，这些都是不相干的话。

并不是我们在批判他们两位老夫子，因为他们的辩论看来很热闹，当时有人批评孟老夫子，说他好辩。他自己就说过："予岂好辩哉？予不得已也。"可见他的确有这个毛病，他自己的供词已经摆在这里了。

根据这些辩论，在哲学上严格地说来，不足以服人。看来，我们不得不服释迦佛的因明学，那种严肃的论辩，有时候真是还不了手，主观与客观分得太清楚了。而且一个定义下了以后，如"空即是有，有即是空"之类，硬是辩不了，不可推翻。再看这里的这些辩论，就差得多了。但是这两位老夫子，对于人类文化有个共同的本性，是绝对正确的，他们在引导人类向善良、平安、安定的路上走，他们的用心是一样的，是不错的。

我们是说，他们论辩所涉及的范围大有问题，这个问题可导致后世的儒家，更喜欢搞文学，不大喜欢搞逻辑。因此到了后来的理学家讨论人性时，因为对逻辑不大清楚而发生很多错误，这一点我们要特别注意，希望专家们好好反省一下。

下面引出来的，是孟子与朋友辈，与学生辈的讨论。

乏味的辩论

> 孟季子问公都子曰："何以谓义内也？"
>
> 曰："行吾敬，故谓之内也。"
>
> "乡人长于伯兄一岁，则谁敬？"
>
> 曰："敬兄。"
>
> "酌则谁先？"
>
> 曰："先酌乡人。"
>
> "所敬在此，所长在彼，果在外，非由内也。"
>
> 公都子不能答，以告孟子。孟子曰："'敬叔父乎？敬弟乎？'彼将曰：'敬叔父。'曰：'弟为尸，则谁敬？'彼将曰：'敬弟。'子曰：'恶在其敬叔父也？'彼将曰：'在位故也。'子亦曰：'在位故也。'庸敬在兄，斯须之敬在乡人。"
>
> 季子闻之，曰："敬叔父则敬，敬弟则敬，果在外，非由内也。"
>
> 公都子曰："冬日则饮汤，夏日则饮水，然则饮食亦在外也？"

孟季子是一个人的名字，古书上批注："孟季子，孟仲子之弟也。"这还要他解释吗？谁都知道，孟、仲、季，或伯、仲、叔、季，以及冠、亚、季、殿，这些是中国文化下先后长幼序列的名词。四个兄弟之中，长兄为孟或伯，老二为仲，老三为叔，老四为季。一年四季，每季三个月，如夏季，四月为孟夏，五月为仲夏，六月为季夏。这样批注等于不注，未免多余。

公都子是孟子的学生，一次，孟季子问公都子：你的老师说，"义内也"，这是根据什么来的？

公都子说：在行为上，对一切事情都非常严肃，这是内心的出发，所以这就是内。

问题来了，孟季子说：有一个同乡，比我哥哥大一岁，大家都知道要敬长者，像这种情形，我该敬谁呢？

公都子说：当然敬你的哥哥呀！

孟季子又问：在吃饭的时候，当然由我小老弟斟酒，你说该敬我的哥哥，那么我斟酒，该先斟给我哥哥呢？还是先斟给这位同乡呢？

公都子说：当然该先斟给那位同乡，因为他比你哥哥大一岁。

孟季子说：我内心应该敬我的哥哥，那我所敬的是在这里，而吃饭时，我也该先为我的哥哥斟酒；可是因为有一位比我哥哥大一岁的同乡在一起吃饭，我就该最先为这位同乡斟酒，然后再替哥哥斟，这是你说的，是礼貌上的敬。那么依你这样的说法，这个敬是由于外在的因素，而不是发于内在。

我们看了他们的这些辩论，是在说些什么？辩了半天，只是一个内在发的、礼貌上、做人处世的应用问题。例如一个孩子对于自己的父母应该是恭敬的，应该是有礼的，如果获得了一样美味的食物，一定请父母先吃。但这时父亲的义兄在一起，也许父母会提醒一句："伯伯在这里。"于是孩子该转而送过去说："伯伯请先用。"实际上在孩子的心里，真不愿别人来分享自己孝敬给父母的这份美味，这就是爱的程度不同。一方面是礼貌的层次不同，爱与敬，每因时间、空间、事情的实质分量之不同，因而在道德上的取舍，礼义上的表现，便在行为上有所不同了。

可是，公都子被他这么一问，嘴巴被堵住了，不能答复。徒弟挨了打，回来告诉师父孟子，说：老师，你那一套义在内的理论，我拿出去跟人家辩论，被批驳得答不出来，吃瘪了。于是一五一十的，把与孟季子辩论的情形报告了孟子，想请老师出场帮拳了。

孟子教这个徒弟，就像律师教不会说话的当事人一样：你这个笨蛋，你怎么不问他，是敬叔父，还是敬弟弟呢？他一定会说，那当然要敬叔父，怎么可以敬弟弟？叔父比弟弟长一辈呀！这时你就可以问他，如果弟弟在尸位，我是该向弟弟代表的灵位行礼，还是向叔父行礼？

读《孟子》到这里，不禁想起古人一则笑话，说唐朝人喜欢作诗，尤其是喜欢律诗。兴起于那个时代的律诗，有所谓颔联和颈联，第三句和第四句，第五句和第六句，一定要在音韵平仄及内容含义上，形成两副联语，必须对仗工整。所以学作诗时，要学对仗，而先生教一套歌谣式的对仗法，所谓"天对地，雨对风，大陆对长空"，等等，由一个字的对仗，到七个字的对仗。

于是有人作了一首律诗，其中有两句说："舍弟江南死，家兄塞北亡。"他将这首诗请名人指教，人家看了这一联，不禁叹道：你的身世真可怜啊！这位作者说：老师！这是为了作诗，硬对出来的，不是事实。我们看来，他这个"硬对"与真的兄死弟亡的可怜也差不多了。

孟子的这个"弟为尸"，也可能和这则笑话差不多。

就严肃的一面看，弟弟尸位，代表死者，中国文化"死者为大"，纵然老前辈来，也要向死者行礼，这是当然的事情，跟向活人斟酒是两回事。孟子对学生说，你这样问他，他一定回答你："当然要敬弟弟。"那么你再问他，又怎么不敬叔父，他一定说恭敬与不恭敬，因时间、环境、区域而有所不同，不一定叔父就应该恭敬的。你也说：是呀！因"位"的不同呀。

这些辩论，都不恰当，也没有什么味道，和"舍弟江南死，家兄塞北亡"的诗一样没有味道。假如我们参加辩论，也可以说：依你的说法，死者为大，走在路上，遇到出丧的行列，即使是县令鸣锣开道，也要停在路旁边，坐在轿子里，向灵柩拱手示敬，等灵柩过了，才能继续前进。

可是如果遇到迎亲的行列，县长不但要停在一旁让迎亲的行列先行，而且还要下轿，站在路旁，向花轿中的新娘拱手致敬。因为这位新娘将来可能生一位状元，乃至一位宰相下来，她这个肚皮之内可能价值无比，当然这也是笑话。实际上这是后世受了孔子思想的影响，因为《易经》上说，人伦造端于夫妇，迎亲是夫妇的开始，所以最大，应该恭敬。总之，我们可以问孟子，假如你走在路上，这边来了一个出丧的，右边来了一个迎亲的，两个行列的距离都一样远近，请问你孟老夫子，先向哪一边致敬？恐怕你孟老夫子就忙得很了。

如果以这些事来做辩论，花样可就多了，怪不得孟子挨人家的批评，指他好辩。这是轻松的看法，但是站在严肃的立场来看，孟子的本意，还是值得恭敬的，不过他用的方法有一点歪了，实在不必要用这些方法。

他教公都子，等孟季子说了敬弟是"在位"以后，你也可以答复他，先斟乡人的酒，也是"在位"的原因。所谓"在位"的"位"，并不一定是地位高就应该恭敬，而是说，一人在尸位，代表死者，死是人生中最大、最重要的一件事了。所以"位"是人在一件事上所占的地位，至于该不该恭敬，就看他在这件事上，所占的位置是不是重心所在。

例如，有一个小孩来到我们中间，那他只是一个小孩，没有什么了不起；可是，这个小孩是带着一个命令来的，在向我们布达命令时，我们必定要向这小孩肃然起敬，因为此时他所处的"位"不同。所以孟子说，你可以告诉孟季子，敬兄是日常的一种恭敬，而先替乡人斟酒，那是在日常之外的特殊情况，因为乡人处于宾客的地位，所以是临时对他的一种恭敬。

辩了半天，其实就是这样的两句话。

定与敬

公都子得到孟子教的这一招，又回来跟孟季子打舌仗了，把老师的话重复一遍，可见公都子并不高明，他只是把老师的一套照背。而孟季子这个人并不糊涂，听他讲了以后，对他说：敬叔父，也是恭敬；敬弟弟也是恭敬，可见恭敬在使用的时候，因为"位"不同，对象就不同了。可见敬与不敬，不是在内的；而敬与义之间是在外面，外面对象不同，就有敬与不敬了，可见你老师所说敬是内在的，还是不对。

这一下公都子好像也聪明起来了，他说：那不然，冬天冷，就要喝牛肉汤，吃火锅；夏天热，就要吃冰水。

公都子这句话，仍是有问题的，如果我是孟季子，我就说：你讲的饮食，也还是因为冷才吃牛肉汤，因为热才吃冰淇淋，冷与热还是在外，不是在内呀！

其实，连孟老夫子也没有对徒弟交待清楚，孟季子讲的"敬"是敬礼之敬，是行为的，属于外面的恭敬之敬；孟子所谓的"敬"，是内心管理自己的恭敬之敬。为了一个名词，又在那里争，所以说他们专门把王大娘的裹脚布，拿来两头扯，然后双方都说：王大娘的脚在我这里。

古人学佛的有诗："心想入定终非佛，人到无求不羡仙。"学佛的人，入了定并不是成就了佛，佛在定与不定之间，虽然打坐入了定，但这并不就是成佛了。"人到无求不羡仙"，人生做到了一切都不求的时候，神仙也不要当。人为什么想求长生不老？因为怕死，遂有所求。这两句诗真好，正如一般人学佛，以为盘起腿来，闭上眼睛，什么都不知道就是定，那是死人，不是定。

人生的人格确定了，例如我决定做好人，不做坏事，那不是打坐可以做得到的。遇到外界的引诱、胁逼，仍能无动于衷，这不需要打坐，而是见地的确定，就叫作定。所谓"知止而后有定"，定的道理，不在外，不在内，不在中间；定者，就是孟子所讲的"敬"。孟子说的内在的"敬"，就是这个定，是人生观点、目的、立场，确定而不变，那就是"敬"。而他们用先斟谁的酒，祭祀先向谁行礼来辩论，根本毫不相干。孟老夫子的学生更不行了，到了外面跟人家辩起来，还是连连吃瘪。

各派的人性论

> 公都子曰："告子曰：'性无善无不善也。'或曰：'性可以为善，可以为不善。是故，文武兴，则民好善；幽厉兴，则民好暴。'或曰：'有性善，有性不善。是故，以尧为君，而有象；以瞽瞍为父，而有舜；以纣为兄之子，且以为君，而有微子启、王子比干。'今曰'性善'，然则彼皆非与？"

在中国文化哲学中，这里是讨论人性的基本重要问题，人性是善的吗？是恶的吗？或不善不恶的吗？

孟子的学生公都子向老师请益，他说告子的意思说，人生来的时候，无所谓善，也无所谓不善。

另一个说法是："性可以为善，可以为不善。是故，文武兴，则民好善；幽厉兴，则民好暴。"这一个观点，牵涉到历史哲学，牵涉到政治问题与社会问题。它的意思是，人性可以为善，也可以因环境引诱而为不善。

这一个观点就很奇怪了，以现代的话语来说，就是环境在影响人，人性本来无善恶，但受时代、环境、物质的影响而变。这理论是谁提出来的？在《孟子》一书中没有说明，只是说有人如此说而已。但是，假如以佛学的名词说来，人性的善恶是"依他起"的，受时代、文化、环境等等的影响，就是属于"依他起"。而这一派主张的人也说：当时代太平的时候，如周文王、周武王的时代，上面有最好的领导，有最善良的政治，是安定的时代，所有的老百姓跟着都好善；而同是周朝，在周幽王、周厉王主政的时候，由于暴虐之故，政治最坏，社会最不安宁，国计民生都艰困的时候，全国人民受影响，也都残暴不仁了。

这一派以这样的历史事实，来证明人性可以为善，亦可以为不善的理论。

公都子又说，还有另一派理论主张，原则上很难确定人性是属善，或属恶，有些人一生下来就是性善，有些人天生就是不善的。所以，像尧是一个圣人，而当尧这样的圣人当皇帝，也是圣治的时代，是良好的环境，可是仍然有坏人，例如舜的兄弟象这样的坏人。他又说，瞽瞍是舜的父亲，瞽瞍夫妇都不大高明，瞽瞍非常顽劣，他的太太也是非常泼辣的女人，像这样的父母生的儿子舜，却是一个大善人。这与现代的遗传学有关，在社会上常常可以看到，善良的父母生的儿子喜欢捣乱；而霸道横行的父母，生的儿子反而很善良。如果将遗传学与佛学合并起来研究，在佛学中，名之为"增上缘"，意思是说人的善良或不善良，父母的遗传因素，只是一种"增上缘"；他本身自前世带来的为"亲因缘"；而社会环境的影响，这些因素连续下去为"所缘缘"；循环不已，轮回不息为"等无间缘"。这四种缘合起来，就是因缘。

公都子继续说：有一派认为，以尧这样圣人为君的时代，会有象这样的不良子弟；以瞽瞍这样顽劣的人为父亲的家庭，会有舜这样的孝子圣人；以纣这样暴虐的领导人，他的叔父微子启、王子比干等，原本都是贤良忠烈的人士。

在中国的历史上，当时代不善良，领导的君主往往残暴不仁；但这残暴的君主，却都是第一流聪明的人，武功好，力气大，头脑聪明，就像纣王。又如李后主，词写得好，其他帝王如果和他比较文章，连当他的学生都不够资格。所以当赵匡胤看了他的词以后说：李煜，你如果以作词的聪明才学，用在政治上的话，哪还有我的天下！

这一段举例，只说明在一个家庭之中，有好的人，也有坏的人，可见性善的，性不善的，各人不同，并不完全是遗传因素。

公都子举出三派不同的主张后，问孟子说：老师你主张人性是善的，难道他们的理论都错了吗？

孟子走的是孔子的路线，《论语》中孔子说："性相近，习相远。"说人性本来是善良的，其不善，是由于历史的背景、时代的环境和种种客观因素影响所致。不过孔子并没有说明，他所指的人性，是父母未生之前，或父母生出来以后。但是，我们记得告子说的："生之谓性。"人性是由出生以后开始的。

几千年来大家都讨论人性问题，但因所用的事例、数据和理由，都是把形而下行为的性善性恶，扯到形而上的本体去讨论的，所以永远说不清楚。

告子这位当时的哲学思想家，虽然他的研究也是有相当根据的，但是他下了一个界限，所指的"性"，是人出生以后的人性。并没有讨论宇宙万有最初的人类从哪里来，或者第一个人是好人或坏人，或者第一个人是男的还是女的，因此问题就大了。

总之，这一界限，使问题始终没有讨论到哲学最高的中心上去，后世就以人性善恶的问题，在这界限内讨论。从哲学与科学的立场看来，这种讨论只是"隔靴搔痒"，永远抓不到主题，可是对于文化思想，却发生了极重大的影响。

"性无善无不善"是告子说的；"性可以为善，可以为不善"是另一派说的；还有一派说"有性善，有性不善"。其中谁是谁非，很难断言。不过韩非子曾经提到这个问题，也说有三派理论，和孟子这里所说相似。告子主张"性无善无不善"，孟子主张性善，荀子主张性恶，认为善良是受教育而成，所以强调教育的重要。

"人之初，性本善"，读过《三字经》的人都知道，孔子说："性相近，习相远。"习就是习惯、习气，人性本来是善良的，是后天的习气搞坏的。这两句其实可以不用相字，而成为"性近习远"，本来原始的人性是接近天然天道，是善良的，因为人的习惯慢慢学坏了，而且越来越坏，也就离天道越来越远了。

根据西方文化的宗教哲学，如做彻底的研究，《新约》《旧约》中讲到人性，说是亚当在伊甸园中，吃了一个苹果就变坏了。而佛法中没有说世界是谁创造的，至于世界上的人种，是天上来的，与中国上古史的说法相同。佛家说，地球与另外的星球，经常有交通来往，光音天的人，本身就放光，在空中飞行，但是到了地球上，吃了地味以后，身体就加重了，不能飞回去，就留在地球。所谓"地味"就是食盐，又经过许多年后，才有男女婚姻。所以不是吃苹果吃坏了，而是吃地味吃坏了。

中国道家的说法又不同，反正有各种各样的不同说法，但上古神话都是说，上古的圣人是从天上降生下来的。例如说尧，是他母亲梦见黑龙，有了交感而怀孕生尧；又如一个母亲，踩了一个巨人的大拇指印，心灵得到感应，便生下了圣人弃。种种说法都认为，是人天相互交通的世界，人类与太阳月亮这个系统，本来离不了太远，后来大概人类越来越坏，就离日月越来越远。就科学上言，道家的一些说法，理由也说得通。这些都是与人性研究有关的数据，对于这些数据的本身，在这里无法做深入的探讨，只好暂时搁置，不要扯远了。现在我们看孟子如何答复他的学生公都子。

人的四种心理

> 孟子曰："乃若其情，则可以为善矣，乃所谓善也。若夫为不善，非才之罪也。恻隐之心，人皆有之；羞恶之心，人皆有之；恭敬之心，人皆有之；是非之心，人皆有之。恻隐之心，仁也；羞恶之心，义也；恭敬之心，礼也；是非之心，智也。仁、义、礼、智，非由外铄我也，我固有之也，弗思耳矣。故曰：求则得之，舍则失之。或相倍蓰而无算者，不能尽其才者也。"

孟子说：人之所以为人，是天性中有真正善良的性情，人有真性情，就是至善，善行是由真性情来的；没有真性情的人，如果说他能行善，应该是有问题的。

学科学和学哲学的就要问了，什么样的感情叫作真性情呢？喜、怒、哀、乐都是情；生气、流泪、笑，也都是情，哪一种情是真性情呢？在心理分析上又是一个问题，须另外去解说了。不过孟子认为有情就可以为善，为忠臣、孝子，做好人；换言之，世界上的好人，一切圣人，都是有真感情的人，这才叫作善。

因此，孟子的说法，有真性情就是至善。注意"性情"这两个字，它是从《礼记》中来的，在文学中，对人物的描写，往往说某人为性情中人，或某人有真性情。真性情不是假性情，是天真的性情，中国古代这种人很多，例如忠臣、孝子，像文天祥、岳飞、二十四孝的人物等等，都是所谓真性情中人。孟子所谓的情，就是指这个真性情，当然与真性情相对的是"假性情"，那是完全不同的。

他说人有真情，就有善意，而表现出善的行为，这就是善。可是有时候人会有不善的行为，并不是因为他的才能好否，或头脑好坏问题；更不是说投胎的时候，随便抓了一个猪脑、狗脑到头壳中去，出生以后，因而成为不善。这里孟子提到的四种心理："恻隐之心"，看见一点可悲之事就掉眼泪的，所谓妇人之仁；"羞恶之心"，对一些事感到脸红，而厌恶不为；"恭敬之心"，对某人某事非常恭敬，如小孩到了基督教的教堂、佛教的庙宇、孔庙、关帝庙、妈祖庙等，都会下拜；"是非之心"，就是辨别是非的心理。这四种心理，每个人都同时具有，这是孟子学说中所讲心理上的四端，就是四种心理的大现状。

孟子说每个人都有这四种心理，这是对的，不过我们研究动物学，动物有时候也有这四种心理。有时给一根骨头喂狗，同时骂它一声，它会望你一眼，然后走开不吃，这就是"羞恶之心"。如果把动物的心理加上去看，那么佛学的说法就对了，就是说，一切众生的心性有相同之处，不是只有人类才如此伟大。这又是另一个问题，只提出来给大家注意。

孟子说：扩充了人类的"恻隐之心"，就是"仁"；扩充了"羞恶之心"，就是"义"；扩充了"恭敬之心"，就是"礼"；扩充了"是非之心"，就是"智"。这是中国文化的仁义礼智四端，人性应该是具备了善良的、光明的、庄严的一面。所以仁义礼智，并不是受外面事物的影响而来的，而是人性本来就有的。所以，欲求仁心仁道，向内求就得到了，如果不求，就失去了。

"或相倍蓰而无算者"，其间得失的差别，有一倍至五倍之多，甚之难以计算。（古代加一倍为倍，五倍为蓰）。所以人的心理，由于时代等等各种影响，不知内求仁心仁道，反而把善的天性变成不善良了。

《诗》曰："天生蒸民，有物有则。民之秉夷，好是懿德。"孔子曰："为此诗者，其知道乎！故有物必有则；民之秉夷也，故好是懿德。"

孟子说到这里，引用《诗经》和孔子的话来告诉学生。中国古人讲学问，不讲是自己的创造；不像现代的人，要推翻别人的，而标榜是自己的创造。中国古人虽是自己创造的学说，也是受古人学说的影响而来的，所以总讲一个根据。这两种态度，两种方法，完全不同。在我们这一代，写一篇文章或一本书，引用了别人的话，如果不注明是来自某书或某人所说，就叫作偷，脸都会羞赧；而现代的人，是将别人的话全盘偷过来，据为己有。这也是时代的不同吧！

孟子走的是历史传统文化的路线，他举出《诗经》上说的："天生蒸民，有物有则。民之秉夷，好是懿德。"上天生了人就有人性的法则，有物就有物理的规律，人性在秉赋上，所喜欢的是善良，有道德感。

道德观念，西方与东方不同，古代与现代不同，表达的工具言语文字也不同，但道德的作用是一样的。如孝顺父母，西方人也一样的，只是表达的方式与形态不同而已。中国人以奉养父母为孝，假如物质上奉养，精神上怨怼，比不养还差；西方小家庭制度，虽然父母不生活在一起，而心理上的恭敬顺从，还是一样的，所以人性上好道德的心理是相同的。

他又引用孔子的话说：古时候作这首诗的人，是有道的，人类的人性与自然界的物理，自有其天生的规律，人性的善良，就是自然法则，就是人性的规律。

现在我们来讨论孟子的学生公都子，所提出当时对人性问题研究的三派主张：告子说，人性无善无不善；另有人说，人性可以为善，可以为不善，都是受环境影响；第三派人说，人性有生来是善，生来是不善，不一定受环境影响。在孟子答复公都子的问题中，说了半天，还是强调人性是善的。但是在所有的辩论中，最可惜的，也是我曾再三指出的，是他们对于人性之先天与后天的界限分不清楚。他们所讨论的是善或是恶，到底是人出生以后，还是出生以前的人性？在宇宙万物没有开始以前，是唯物的或是唯心的？宇宙万物又是怎么来的？如果讨论到这种形而上的问题，那么各方面所举的例子、资料不够充分，有许多更是辞不达意，站不住的。如果所讨论的范围，只限于由父母生下来以后的人性，那还勉强可以讨论。

孟子性善说的疑点

至于孟子所强调的性善之说，在前面他就举例说，人们看见残忍的事情，个个都会觉得可怜，会有同情的心；他更提到，假如看到一个婴儿掉到井里了，不管是仇人或坏蛋的孩子，都会去救。事实是不是这样呢？并不一定。像越南这一次逃难，人掉到海里却没有人救，而且还吃人肉。或者说，这情形特殊，因为是在逃难的当中，是环境的关系才有这种现象；可是在承平的时候，有人看到仇家的孩子落水淹死，还会认为这是报应，心里可能暗自高兴呢。

再说，若看见残忍的事掉眼泪，就是仁慈，这种理论不但我们存疑，明朝的张燧也曾提出意见。他认为别人读书看事情都没有眼睛，只有他这个人，有千百只眼睛，读书看事情最清楚透澈，所以他著的书，题名《千百年眼》。他书中说，孟子的性善说，并无定论，孟子自己说来说去，也拿不出标准。他说：

> 性相近一语，千古论性之宗，不可易也。孟子道性善，然亦不能尽废或人之说。玩其言曰："乃若其情，则可以为善矣，乃所谓善也。"曰"乃"，曰"可"，皆拟议推敲之辞，即性相近之意。言及声色臭味，则曰："性也，有命焉。"又曰："孩提之童，无不知爱其亲。"孩提之爱生于欲，所欲在乳，顺之则喜，拂之则啼，与告子"食色性也"何殊乎？其曰性善，或是言性之原耳。朱元晦无极太极之辨，此为鼻祖。

张燧认为，孔子说的"性相近"这个道理，是千古以来讨论人性所遵从的，而且是无法推翻变动的；但是孟子主张的性善，却无法说服其他人，推翻不了别人的主张。仔细研究孟子的话："乃若其情，则可以为善矣，乃所谓善也。"这三句话中的"乃"字"可"字，都不是肯定词，只是"也许""可能"这种两可之词，这种话，是不能确定一个事实或真理的。如果打官司的话，这种用词不会被法官接受，因为这类话是靠不住的，也没有证据力量。

张燧文中又说：孟子认为，眼睛欢喜看漂亮的东西，耳朵欢喜听好的音乐，鼻子欢喜香气，嘴巴欢喜吃好的，这都是属于人性；其实这与人性是不相干的，只是官能上的一种反应而已。

他指出孟子所说：孩子没有不亲爱母亲的，便说这是性善的表现；其实孩子们喜欢亲近他们的母亲，只是为了要吃妈妈的奶水。现在更看得清楚，如果妈妈不亲自哺乳，而用奶瓶喂牛奶，那么这孩子喜欢的，是那个奶瓶和喜欢含奶嘴了。所以他说，孟子以现象来解释人性是善的，也是说不通的。

不过，张燧最后也说一句原谅孟子的话，他说：不过孟子也许是对的，孟子所说性善的性，是形而上的，是父母未生以前的，那个人性是善的。这样的理由是可以的，像朱熹提出来讨论无极与太极的道理，就是根据孟子所说这种形而上的性善之说来的。

张燧的《千百年眼》中，又引用了另外一只眼睛，此人也是明朝的一位才子，也是在当时学说界中反对派的重要人物之一，就是李卓吾的好友袁中郎。因为他在三兄弟中居次，所以人家称他为中郎，名石公。他说：

> 孟子说性善，亦只说得情一边，性安得有善之可名？且如以恻隐为仁之体，而举乍见孺子入井以验之，然今人乍见美色而心荡，乍见金银而心动，此亦非出于矫强，可俱谓之真心耶？

这是说：孟子讲了半天性善，他引用的资料，都不是性的问题，而是人的感情作用，性哪里能说是善或不善！人性本来是寂然不动。——李卓吾、袁中郎他们本来是学禅的，对于形而上学有更高的见地，孟子如果与他们同时的话，孟子一定吃瘪，无话好说了。——如果在此寂然不动上，再加一点什么，就已经非本性了。

他说：孟子认为，"恻隐之心"就是"仁"的开始，孟子曾举例说凡是人，见到一个孩子掉到井中，不问是邻人或仇人的孩子，就会惊呼为孩子求救，或自己伸出援手。如果这种行为就是人的本性，那么，看见漂亮女人就想追求，看到钱就想据为己有，这些很自然的事，难道都可以说是人性吗？

袁中郎这些话，亦很有道理，我们在街上看见汽车轰然一声相撞，也会很自然地大叫一声哎哟！难道这就是"仁"吗？这只是害怕而已。饿了看见馒头咽口水，那也只是肚子饿而已，不会看到馒头就想到别人的饥饿，而是恨不得一口吃下去，别人没看见最好了。

从这些理由中指出，孟子所讲的人性，就有这许多问题。但是，我们回过来看，孟子在《告子》这一篇书中，为什么一开始强调人性问题，把人性问题说得那么严重？这个问题，使我们不由产生了感慨，人类的历史，到了最困苦、最紊乱的时代，哲学就出来了，因为要研究人性，人为什么要战争？人为什么要如此残忍？社会为什么如此动乱？

这篇书连下去，就是一个时代的反映，在战国时代的国际间，所发生的问题，也等于我们现在国际间的利害冲突，和错综复杂的关系；所以现代的人，也提出人性、人道、人权问题，跟战国时代，完全是一样的。

接着孟子就提到青少年问题，由此可知那个时代的动乱。几百年动乱下来的结果，到了孟子的时代，人的悲哀痛苦，达到了极点。所以一般学者就热衷研究人类的基本问题，人为什么会这样？于是这些学说就产生了。由于孟子倡导仁义，而讨论到人性的基本，当然也涉及到青少年的问题。

年景好坏 子弟不同

孟子曰："富岁子弟多赖，凶岁子弟多暴。非天之降才尔殊也，其所以陷溺其心者然也。"

"富岁"与"凶岁"，代表中国古代农业社会的经济状况。遇到丰收之年，社会经济就安定，再经过十几年经济安定的社会，所出来的年轻子弟，没有出息。像目前二三十年来，台湾生活安定，青年由幼儿园直到大学毕业，虽然看到航天员登陆月球，看到开井勘采石油，知道了物理上的天高地厚，可还不知道事理上的天高地厚。

多年前我就说过，我们这一代青年，实在很可怜，越来越没有用了。不要只看教育普及，学校增多，国家始终离不开军备，青年近视如此之多，射击训练不能瞄准，加上优裕的生活，一点传染病都抗拒不了，真是不得了的糟。所以安定社会，富庶生活中培养出来的青年，会越来越糟，国家社会富庶到极点时，下一代自然就会衰败。再看家庭艰难困苦，父母节约俭省，有钱以后，就搞四个子，房子、车子、妻子、儿子，有了"四子"，就无子可玩了。

说到"富岁子弟多赖，凶岁子弟多暴"，如果看作个人治家的理论，则可改为"富家子弟多赖"，但是下面则应该改作"贫家子弟不一定多暴"了。

孟子说，"赖"与"暴"，并不是天生如此，不会是父母的营养好，生的孩子就一定多赖皮，营养差的父母，生的孩子就"多暴"，这是受环境影响而形成的不同作风。

到了这里，孟子自己的理论，也有了矛盾。只有自圆其说了，他也承认，人的个性是受了环境的影响。

今夫麰麦，播种而耰之，其地同，树之时又同，浡然而生，至于日至之时，皆熟矣；虽有不同，则地有肥硗，雨露之养、人事之不齐也。故凡同类者，举相似也；何独至于人而疑之？圣人与我同类者。故龙子曰："不知足而为屦，我知其不为蕢也!"屦之相似，天下之足同也。

他举的例子说：比如种麦子，种子是一样，地点相同，播种时间相同，但收成时则不全同，这是由于人为的因素。有的人施肥恰当，就收成多；施肥过多或过少，收成就不同了。对于人，有的家庭教育恰当，培养出来的孩子很好；对孩子管教过于严或疏于管教，孩子的品性又不同，这都是人事的问题。

他归纳说：同类都是相似的，本性差不多一样，所以我们不需要怀疑，圣人是人，我也是人，凡是人都可能成为圣人。

这是孟子的理论，道理也不错。不过，我们看到有些人的头脑，的确与众不同，如果根据孟子比喻的逻辑来说，是大有问题的。一个麦子，或萝卜，或甘蔗，总之任何一种植物，种的地方相同，气候也相同，一切都相同，当然还要看人工的管理，管理好的，种出来特别好；管理不好的，当然质量都不好。

可是，相反的论调也多，例如：种在马路上的树，有人专门管理，可是种下去不到两三个月，就枯黄凋谢了；而在深山中的神木，谁也不去理会它们，可是它活了几千年，仍然枝繁叶茂，这又怎么说呢？——这是反对理由之一。再仔细去看麦子、谷子，在同一茎稻麦上，有几粒稻麦长得特别肥，有几粒则其中是空虚的，只有一个壳子，而它们又都是同一株根长出来的，这又怎么说呢？由此而推论人，同一对父母，生下来的子女，在同胞兄弟姊妹中，有的非常聪明，有的却十分愚笨。个性内向的，一句话都不说，个性外向的，说话滔滔不绝，在人际间活跃非常。这又是什么道理？难道也如种麦子一样，给了两样的肥料，人事不齐吗？父母对他们都一样啊！所以你说人都是人类，圣人是人，我也是人，恐怕圣人生来的时候，他里面就带了一个"圣"，而我里面没有带"圣"来，怎么办呢？这些都是相反的理论。几千年来，和孟子唱反调的非常多，后世对孔子比较更多谅解，而对孟子不大谅解。

我们现在，只举出古人这些与他相反的理论，但不下评断语，不去说哪一方面对。

性质与本性

孟子又引用古代一位贤人龙子的话，来支持他自己的理论，他说龙子说的，制鞋子的人，并不知道谁的脚有多大，但他做鞋子，绝对不会做成一个畚箕那么大。而他做出来的鞋子，始终卖得掉，可知天下人的脚是相同的。

事实上，孟子说这些理论，只是说明，人性有其基本相通的地方，只要说这么一句话就对了。换言之，犬性与犬性之间也有基本相通的地方；猫性与猫性之间，也有基本相通的地方。而这一个"性"字，以后世的学说来说，是指"性质"有相通的地方，而不是形而上那个本体的"本性"。孟子谈性，可就把"性质"的性，引用到本性上去，这根本是风马牛不相及的两回事。

我们先把他的数据放在这里，暂不作结论。

孟子接下来的譬喻是讲吃，讲易牙。

吃美食 听美乐 看美人

口之于味，有同耆也，易牙先得我口之所耆者也；如使口之于味也，其性与人殊，若犬马之与我不同类也，则天下何耆皆从易牙之于味也？至于味，天下期于易牙，是天下之口相似也。惟耳亦然。至于声，天下期于师旷，是天下之耳相似也。惟目亦然。至于子都，天下莫不知其姣也；不知子都之姣者，无目者也。故曰：口之于味也，有同耆焉；耳之于声也，有同听焉；目之于色也，有同美焉。至于心，独无所同然乎？心之所同然者何也？谓理也，义也。圣人先得我心之所同然耳。故理义之悦我心，犹刍豢之悦我口。

易牙是春秋战国时代的著名大厨师，专门做菜给齐桓公吃。告子说的，"食色，性也"，齐桓公对这两样都嗜好，尤其好吃。有一天他说天下好吃的美味，都已经吃遍了，可是没有吃过人肉，不知道味道如何。第二天易牙就端了人肉上来，齐桓公吃了，果然味道不错，问起哪里来的，易牙告诉他，是将自己的婴儿杀了，做菜给他吃。这就是易牙，可以说是拍马屁的祖师爷。不过自古以来，中国人只知道他最会调味，菜做得最好。

孟子说，一样东西好吃不好吃，大家的说法都一样，像易牙做的菜，大家都觉得好吃，是因为他知道人的口味是一样的。但同是易牙做的菜，狗去吃，马去吃，是不是觉得好吃，就不一样了。

孟子这一段话的问题太大了，如果我是孟子的老师，一定用红笔把它勾掉。易牙做的菜好吃与否，当然我们没有吃过，但齐桓公是山东地方的人，大概也喜欢吃大蒜大葱的，如给南方人就不会喜欢；南方人喜欢吃鱼腥海鲜，别地方人怕死了；四川人喜欢吃辣椒，江浙人碰也不敢碰；咸、甜、苦、辣、酸，五味俱全的怪味鸡，川湘人士所爱好，江浙人吃了要昏倒。所以天下的异味，好吃或不好吃，完全是习惯养成，不能用来讨论人性。再说，人觉得好吃的，差不多狗也喜欢吃，外国人专门饲狗的罐头食品，人闻起来还是蛮香的。所以用这个来讨论人性，作为答辩书的理由，法官看了这一条，在判决书上，一定用"显无理由"四个字，批驳回去。

孟子又说，耳朵对于音乐，也是一样的。

他又举出春秋时的师旷来。师旷为了研究音乐，故意把眼睛弄瞎，专门用耳朵来辨音，孔子为了学音乐，还曾经拜这个人为师。

孟子说，天下的人，都喜欢听师旷的音乐，可见人的耳朵也是相似的。其实并不然，拿现代来说，有的人喜欢古典音乐，有的人喜欢爵士音乐，有的人喜欢民谣，有的人又喜欢热门音乐。以我们中国的音乐而言，笙、箫、鼓、笛、三弦，也各有所好。例如爱好热门音乐的人，问我是否好听，我说好听，其实根本听不懂。有许多人去听，声声叫好，实际上他也听不懂，只是爱时髦，人人说好，也只有跟着说好，免违众意而已。说好的人，真正能懂的，未见得有几人。所谓高山流水，也是以自己的意识，去配合那乐音产生的幻觉而已。台湾夜间卖茶人，开水蒸气冲壶孔的尖锐哨音，如对不知道的人说，那就是鬼叫，听了不害怕才怪。所以音乐之美好，并不只是音乐的本身，而是听的人意识配上去而成的，因此孟子这一条理由，也不大能成立。

孟子又说，眼睛看见漂亮的东西，谁都知道漂亮，如子都，大家都知道子都漂亮，不知道子都长得美的，是没有眼睛的人。

子都是春秋时郑国的美男子，有宠于郑庄公。但是，男子美不美，也很难肯定。如民国以来，有两个美男子，一个是汪精卫，一个是梅兰芳，看来看去，也不过如此。各人的审美观念不同，有人喜欢瘦的，有人喜欢胖的。

这些理由，实际上都不能成立。其实孟子不必另找旁证譬喻，只讲理论就好了，只说，人的口要吃好的，耳要听好的，眼睛要看好的，这个理由很充分，不必再说什么叫作好的，不必举例了。爱吃辣的，辣椒就好吃；爱吃甜的，糖就好吃；爱吃酸的，泡菜就好吃。可是不能拿我爱好的标准，当作别人爱好的标准，例如爱吃辣的，有人吃一点点就过瘾，有人要吃到头上冒出黄豆大的汗滴才算过瘾，也有程度上的差别，眼、耳、鼻、舌、心，也都要求享受的。所以我们的亚圣孟老夫子，实在很可惜，他如果把这些譬喻都拿掉不说，就蛮有道理。因此做学问、讲演或做论文，千万不要轻易譬喻，倘使譬喻引用得不好，把原有的道理也破坏了。

孟子说完了这些譬喻，做结论说："口之于味也，有同耆焉；耳之于声也，有同听焉；目之于色也，有同美焉。至于心，独无所同然乎？"他的重点在这里，这话是对的，他拿掉了譬喻，说口喜欢吃好的，耳喜欢听好的，眼都喜欢看好的，口、耳、眼都有同好，可见心也是相同的。

这个理由当然对，可是不要进一步讨论"心"是什么东西，否则大问题来了。所以这个哲学，研究到了这个程度，就不像孔子，孟子被后世许多人反驳、批评与讨论了，问题就出在这里。尤其他用的譬喻，有许多问题，对时代也不大合适。而他的重点，一切归之于心，认为人心是相同的。

他说：人心何以会相同？因为天下的真理只有一个，道理相同，义理相同，所谓圣人，不过是先知觉后知，圣人先明白，先明心见性了。

他这一节书，文章很长，用的理论譬喻也很多，从知识更广博的今日时代看起来，不大恰当。后世以迄于今，许多人认为有碍难接受的地方，都是逻辑上的问题，理论方法上的问题，并不是基本主题上的问题。基本上孟子所强调的，就是人心是相同的，理义是合一的。至于理与义到底是什么东西，且看下文。

"息"的修炼

孟子曰："牛山之木尝美矣，以其郊于大国也，斧斤伐之，可以为美乎？是其日夜之所息，雨露之所润，非无萌蘖之生焉；牛羊又从而牧之，是以若彼濯濯也。人见其濯濯也，以为未尝有材焉，此岂山之性也哉？"

在中国文学中，一个人年纪大，头发掉光了，形容为"牛山濯濯"。这个成语，就是出自《孟子》这里。

牛山是齐国郊外的一个山，孟子当时所见到的，是一个光秃秃的山，等于高雄近郊水泥厂后面的半屏山。十几年前我去高雄时，山上还有树木；经过十几年的挖土炼水泥，以及工厂烟囱的烟尘喷洒，山上草木不生，已经不成其为山了。孟子当时所看到的牛山，就和人剃了光头一样，完全是光溜溜的。

孟子说：试看牛山，那么光秃秃的，连小草都没有，为什么会如此，因为没有人去保养它，而又位在一个人口众多的大国的郊外，所以一般市民老百姓为了方便，都到山上砍树来当柴烧。大树砍光了，刚刚长出的小树，又砍下来了；就是长出来的草，也被老百姓放牧牛羊吃光了，于是牛山永远长不出草木来。这并不是山林的本性不长草木，而是因为人事的关系，把草木弄光了。可是一般人，看见牛山光秃秃的，就以为牛山不会长草木，这怎么是山林的本性呢？

虽存乎人者，岂无仁义之心哉？其所以放其良心者，亦犹斧斤之于木也，旦旦而伐之，可以为美乎？

他说：人天生就有良心，有仁义，为什么到后来会变成没有了呢？那是受了环境的刺激，等于山上的林木，天天用斧去砍伐，放牛羊去吃草，就是最美的山林，也要变成不美了。人本来有良心的，只是遇事受了刺激，社会给了他痛苦，以致忘记了本性的善良，在外界的影响之下，失去了善良之心。

这里孟子是讲修养工夫，他的真工夫来了。前面他讲道的理论，我们还得讨论他一番，现在讲到真工夫了。他说人不可"旦旦而伐之"，这句话，青年们要特别注意，很多文章中，都引用这句成语，意思就是天天继续不断地消耗。例如，嗜好打牌的人，天天打牌，消耗精神体力，几年打下来，终于有一天，突然倒在牌桌上死了，这就是"旦旦而伐之"的结果。有的人，吸烟数十年，烟瘾越来越大，劝他不要抽，不可"旦旦而伐之"，可是他不听，结果也是罹患肺癌，要开刀治疗了。男女之间也如此，所谓"人在花下死，做鬼也风流"，也是"旦旦而伐之"。所以这句话，已被广泛地引用，尤其是修道的道书上，用在生理卫生和饮食男女方面，特别引用这句话来提出警告。尤其是酒色两字相连，更加严重，指为"犹如双斧伐柯"，好像是两把斧头在砍，人的生命像一棵树一样，酒色就是两把斧头，"旦旦而伐之"，没有不砍光的。

> 其日夜之所息，平旦之气，其好恶与人相近也者几希；则其旦昼之所为，有梏亡之矣。梏之反复，则其夜气不足以存；夜气不足以存，则其违禽兽不远矣。人见其禽兽也，而以为未尝有才焉者，是岂人之情也哉？

现在，孟子讲到养心的工夫。他说：不论山上的树木也好，人的身体生命也好，心里的思想也好，要给一个宁静休息的生长阶段。

这个"息"字要注意，后来中国的道家，把呼吸的气叫作"息"，就是根据《易经》上"盈虚消息"的"息"而来。后来佛家天台宗修小止观，叫作修息。呼吸并不是"息"，是当呼吸调匀充满了，在不呼也不吸之间的那一段，叫作"息"。所以我经常告诉学佛修道做工夫的，去观察刚生下来的婴儿，躺在那里睡觉，一呼一吸，胸口起伏，在此呼吸时，不一定是睡着了。真正睡着时，是胸口起伏突然停止了一下下，不呼也不吸，这个时候就是"息"。生命的成长，就在"息"这一阶段，所以修止观、做工夫、养气，乃至修瑜珈术，做呼吸观，最重要的是这个"息"。

所以孟子做工夫的体会，也告诉我们，不管植物、动物，生命的成长，就在"其日夜之所息"，真正的休息，就是放下一切不管。休就是放下，息就是一切平静下来，不管、不动，就是休息，这是做工夫最重要的。念佛的也好，参禅打坐的也好，修止观的也好，修道家也好，修密宗也好，大原则就是"息"，不到"息"的阶段，工夫就白做了。如果只是一肚子的妄想，这样想想，那样搞搞，有人吸气把空气吸到丹田，那有什么用？丹田那里，是腹腔中的大肠的部位，把气灌到大肠，通大便而已，那并不是"息"。"息"者心念静止，呼吸静止，才叫作"息"。不要以为这只是理论，这就是工夫，孟子做到了，他如果没有做到这步工夫，就说不出来。

尤其他讲到"平旦之气，其好恶与人相近也者几希"，令人感叹！读前面他与告子的辩论，只有哑然失笑，夫子是夫子，圣人是圣人，但读到这里，不禁肃然起敬，孟子到底是圣人的修养，与众不同，工夫非常踏实。

正子时的平旦

什么是"平旦"？就是标准时间的凌晨零分。再正确一些，就是地球自转，当我们所处的位置，正好对准半夜的时候，就是

"平旦"。假如把地球当作一个西瓜，在我们自己所处的位置下刀，一刀笔直地切进去，在出刀的那一面正对准太阳的时候，就是我们进刀这一面的"平旦"。这就是进入正子时的时候，也是当地标准时间。夜间十一时至凌晨一时为子时，而十一点至十二点为夜子时，十二点零分至一时为正子时。现在，全国实行的标准时间，不是夏令日光节约时间，是中原标准时间。

所谓中原标准时间，过去有时是以北京的时间，有时是以南京的时间为准，但中国幅员广大，离开中原东西方，当地时间与中原时间就会有差距，距离越远，时间差距就越大。如台湾和日本两地的标准时间，就会相差一小时，如果到了新疆、蒙古、西藏，就会相差一个时辰以上，所以最标准的时间，是当地的标准时间。现在拨电话到气象局对时，方便多了，但所报出的时间，仍然是中原标准时间，与当地标准时间，仍有或多或少的差距，如花莲与台北的时间，就有实质上的差距。

过去在大陆，因为幅员广大，都是采用当地的标准时间，大家对时，采用放午炮的方法。有许多城市，每到当地正午，或用古炮或用铁铳，放一声午炮，轰然一声巨响，城郊皆闻，大家便在这时对正各自的钟表。当地标准时间的求得，是用日晷测日影而得。所谓日晷，现在台北新公园博物馆后面有一个，那是固定的，假如经过地震等等移动了位置，可能还会发生偏差。最可靠的日晷，是用我们五千年前就已经发明的指南针制成，在指南针上，正对着南北向，放一根线于日光下，看到这线的影子，完全与指南针吻合时，就是正午时，也就是钟表上的中午十二时正。这样对准的时间，就是当地的标准时间，用当地的标准时间来计算时辰，最为正确。

这是以一天的时间来计算十二个时辰，一年的十二个月，亦以子、丑、寅、卯……十二地支来表明昼夜的消长盈亏，而这一种昼夜消长的计算，又以二十四节气最为标准。所以宋代深通《易经》的《河图》《洛书》，先天象数之学的邵康节说，"冬至子之半"，月令上十一月的冬至节，是正子月的开始，修道的，学佛的，做工夫的，要特别注意邵氏的诗：

> 冬至子之半　天心无改移
> 一阳初动处　万物未生时

在月令上是冬至节，在一天中是正子时，这时就是"息"。人内心做到无念，空灵的，不是不知道，而是没有加上想，没有妄念，呼吸达到不呼也不吸的境界，这是生命的正子时。做工夫如能随时做到这样的境界，那么随时都在"活子时"的当中，这样自然会长生不老，返老还童了。这时是"天心无改移"，自己的心也不动，天心与人心合一，是天人合一境界。"一阳初动处"就是一阳生，有人以为打坐时，身上东跳西跳就是阳气；那不是阳气，是神经反应，"平旦之气"就是一阳初动这个气。

到了这个时候，不善也不恶，不好也不坏，所谓"其好恶与人相近也者几希"，人做工夫到这个境界，对于道的了解，也就差不多懂了。

他又说："则其旦昼之所为，有梏亡之矣。梏之反复，则其夜气不足以存。"由此了解到，所有白天的行为，都是残戕我们自己生命的，白天的欲望、妄想特别多，非常忙碌，之后又用酒色两把斧头砍自己，生活等于死人戴了刑具，在那里受罪。所以出家人就不受这个罪，身上不戴枷了。家者枷也，在道家来说，就是一只笨猪，上面盖一个东西就是家；如果结婚，就在"家"字旁边加一个"女"字，牵着这只笨猪。如果把中国字都拆开来解释，就毫无味道了。

孟子说：人有许多烦恼，等于戴许多刑具，反反复复的，就是"生活"，至于"夜气"——就是"平旦之气"，生活在都市中更可体会到，深夜中到旷地上，就感觉到"夜气"非常清凉、宁静。当然，白天心身都过度劳累的人，这时叫他起床，头脑昏昏的，只有"昏气"，哪里会有"夜气"。所以孟子又说："夜气不足以存，则其违禽兽不远矣。"行为的修养，心理的修养，心身内部不能保存这一股清明之气的时候，孟子没有说离死不远，只能说跟禽兽差不多了。他这不是骂人，实际上人本来是动物的一种，他说，一般人看坏人，虽然形体上是一个人，实质上不过是一个动物，和禽兽差不多，只是以"人"称之而已。

孟子的思想中心，人之所以为人，什么叫圣人？什么是有道之士？就是自己有这个修养；没有这个修养的话，人性天然的善，天然的清明便丧失了，只能算是一个动物而已；既然是一个动物，就无所谓才能与不才能的问题了，这是违反了人之真性情的道理。

我们看到《孟子》这一段，由修养的工夫，讲人心人性本善的问题，非常敬佩。这是圣人之所以为圣人，他的确经过了高度的修养而达到这种境界，所以后面的《尽心》篇，讨论明心见性的道理，同这一章专门讲养气工夫的道理，的确都是非常切实的。

如何才有成就

> 故苟得其养，无物不长；苟失其养，无物不消。孔子曰："操则存，舍则亡；出入无时，莫知其乡。"惟心之谓与！

这是孟子传给我们的修养工夫，欲学儒家的明心见性，他在这里全都说了，说得非常切实。第一要体会"平旦之气"，加上我所说"平旦之气"的情况，大家要特别注意。

孟子这里说"苟得其养"，就是养气。儒家说"养气"，道家说"炼气"，佛家说"修气"；儒家说"存心养性"，佛家说"明心见性"，道家说"修心炼性"。对于心性之学，非常奇怪，三家的见解都相同。修气也好，养气也好，炼气也好，怎么修？怎么炼？怎么养呢？要经常保持自己心境的宁静，所谓没有妄想，把呼吸自然之气，修养到不来不去"息"的境界，那么生命永远年轻，自己就在成长；失去了养气的境界，生命就衰老死亡。

孔子也讲到这个道理，他说"操则存"，"操"就是修持，念念都在定慧中，把握住这个境界就成长；"舍则亡"，放弃了，散乱了，就完了。这个境界的修养工夫，要"出入无时"，不被时间拘束，也不受空间的限制，任何时间，任何环境，都在静定中，这是要看内心的修养，没有一个固定的方向。如空空洞洞，这空空洞洞就是一个方向，要"一切不管，放下就是"。孟子说，孔子这几句话，就是由养气到达养心的境界。

这一段非常重要，是孟子讲学问修养的精华，应该熟读熟记。

《告子》这一篇，在开始的时候，看起来对孟子有一种批评，一种幽默的讽刺，但事实不然。在几千年前的古代，为说明一个真理，而引用的譬喻，和几千年以后的现代所用的譬喻，出入很大。因为千年前的譬喻，在今日看来，犯了逻辑上"引喻失义"的毛病；就是所引用的譬喻，对主题的说明，往往并不恰当。例如佛学《楞严经》上的"七处征心、八还辨见"，对明心、见性两方面的辩论，所引用的譬喻，以现代的科学立场来看，也有些或小或大的问题。但不能因此而指佛或圣人，对真理没有了解。因为在那个时代，一般人所能接受的知识范围有限，而他所引用的譬喻，也只能限于这个有限的范围之内。换句话说，如果我们以现在所知道的科学理论或事实，来为某一真理辩论——比如以单引擎螺旋桨飞机为譬喻，也许五百年、一千年后的人看了，会笑掉大牙，因为以后的时代，可能肩膀挂上两片翼，就能飞行了。所以后代看前代，很容易笑前代的人。

同样的理由可以说明，《告子》这一篇，谈人性的善或恶，或不善不恶，或可善可恶。这些问题的讨论，孟子、告子、荀子，乃至孟季子、公都子等等，都是在谈笑中过去的，大家很可能都忘了孟子主张"人性是至善的"这一主题。至于善到什么程度，什么样子才能叫作至善，这是一个问题，孟子可没有提出来。

像这一类哲学上的问题，假定只以人类的善恶观念来判断，也就是以后天行为习惯的善恶，来判断先天本体的善恶，这其间的出入就很大了。我们人类行为的善恶，是随着空间、时间、环境的演变而形成，而演变的。像几十年前的人，休息时，如夏季炎热，在家中身穿短裤以求凉快；假使突然有朋友来访，一定立刻加穿一件长衫接待客人，才算有礼貌，这是善；否则的话，穿短裤见客，对自己而言，是失礼、失态、鲁莽，对客人而言，是傲慢、自大、不恭，这是恶。

现代的人，只穿一件和以前短裤相近，襟仅遮臀，袖不过肘，敞开领口的香港衫，到任何地方去也是合礼的。所以，这些善或恶，只是行为、形态的，是随时间、空间的演变而演变的。有时，同样的行为，东方行得通，西方行不通；在南半球是善的，在北半球是恶的。而孔孟所讲的至善，与佛家、道家以及所有宗教家、哲学家所谓的至善，都不是行为形态的善恶，而是形而上本性本体的善恶问题。

中国文化，尤其在两千多年前的春秋战国时代，所谓诸子百家，各种思想学说，非常之多；但归纳起来，大致上只有儒、墨、道三大家。自唐代开始，就换了一家，而为儒、释、道三大家，墨家就被剔了出去，但墨家的精神，实际上已融入后世儒、道两家之中了。自此之后，儒、释、道三家，谈修养的学问，观念几乎完全相同，儒家主"存心养性"，佛家主"明心见性"，道家主"修心炼性"，实际上都是由"心"的修养，进入到"性"的境界，把心性分作两层来处理。

儒家的心性之学，则更偏重于孟子。孟子在前面说，人性本来是善的，他以牛山濯濯譬喻，说明山上很好的林木，由于人为的砍伐而成为一个光山，比喻人性本善，因后天人为的习惯而变坏，所以他提出了"良心"的问题。我们中国人常说人有良心或没良心，这"良心"一词，是孟子在这里首先提出来的。所谓良心，就是善良之心，孟子说到"良心"要如何修养。

在这里要特别注意，《孟子》一书，从这里开始，一直到后面的《尽心》章，是来自前五篇谈到的"养气"，这里要讲的，是他养气的具体方法。

孟子的"养气"，等于道家的"炼气"，也等于佛家的"修气"，也等于瑜珈术的修炼气脉。由此可见，自上古几千年来，至少是东方，自中国、印度、阿拉伯至埃及这一圈，差不多半个地球的文明，所讲人类的修养方法，很多都是相同的。由此也可以推论，在上一个冰河时期，地球分裂，地壳下陷，多数人都丧失了生命，逃过这一灾难的是极少数人。这少数人，因为分散辽远，不得互通往来，虽语言不同，文化流传有异，但基本的真理，大的原则是一样的。这是一个值得详细研究的专题，在这里无法说透，只好暂且搁下。

息与平旦之气

孟子提出来，人真正的修养是养心，培养天然的善良心性，与身体的修养，是连在一起的。首先是"日夜之所息，平旦之气"，这个"息"，普通只当作休息的息；其实在中国古代，尤其是《易经》的文化思想，大家常说"消息"一词，例如与人相遇时，问起"有什么消息?"这是指马路新闻的消息。消息也是一个现象，和佛学上说的"生灭"同一意义，息是成长，消是散去，这是《易经》"盈虚消息"的观念。人死了，叫作消失了，没有了，而在《易经》的"本体观"上看来，与佛的"本体观"差不多，认为生死是两头的现象，人虽死了，可是能使人生长或死亡的本体功能，并没有动。

所以今日之死，也就是明日之生；今日的时间在不断消失，而明日的时间正在到来；现在死亡，也即下一次生的开始。现在看生命是活着的，而实质上就是庄子说的"不亡以待尽"，活在这里的目的，只是等死；假如说活一百年，也是在等一百年的最后那一天。所以这一个存在，就是消；相反的，形态上"息"的时候，本质上也是成长的时候。

此外，佛学对"息"的解释又不同，有时候用"息"来代表呼吸，一呼一吸之间，名为"一息"。学"小止观"的，学打坐的，有数息观，就是一呼一吸之间，数为一息。

在"息"的中间有没有停留？就是静止不呼不吸的时候，我们看刚出生的婴儿睡眠，就有这个现象。婴儿的睡眠，需要约十六个小时，十一二岁约十一二小时，二十岁以上约七八小时，年纪越大，需要的睡眠时间越少，老了整夜都睡不着。但是，老人在一夜的睡眠中，真正完全睡着的时间，连一两分钟也不可

369

能，只要几秒钟的睡着就够了。所谓真正睡着，是整个脑神经完全休息，绝对休息，同死了一样。

一个很疲劳的人，开始躺下去时，还有呼吸，像拉风箱一样，甚至打呼，看起来是睡着了，实际上一部分脑神经并没有休息，还在活动。人在醒时为幻想，睡时为梦境，每人每天睡时都在做梦，只是又随时把它忘记了，醒来便误以为无梦。真正完全睡着时，脑神经全部绝对休息的人，呼吸也停止了，这就是"息"；如果用仪器测验，显示板上一定没有曲线，只是一根直线划过去，此时，他正在安详熟睡之中。

大家谈修养的人，双腿打坐，欲求清净无念，但是没有到达这个境界，连初禅也够不上。佛学的道理讲得好，听了很高兴，可是平时自己修习，没有在心性上达到这种境界，则没有益处。这个境界并不是昏迷，这是"息"的道理。

再由各家的这些有关知识，来讨论孟子所谓的"其日夜之所息，平旦之气，其好恶与人相近也者几希"。孟子是说，当心性在昼夜之中，随时达到这样安详、息的境界时，就自然了解自己本性善的一面。这时候生理上保持"平旦之气"，那是一种朝气，从正子时经丑、寅、卯到上午六时正，这一阶段为"平旦之气"。练气功的人，要在这个时间用功，所以养气是要永远保持这个"平旦之气"，也就是"夜气"，这是生理部分。

在心理部分的养气，则养到随时保持清明"平旦之气"，不呼也不吸，进入"息"的境界，心理上不起善恶的念头，这时，自己心的善良面目就找到了。这是孟子的真实功夫，在中国文化而言，学佛，学道，学儒，这一部分的修养就是基本；这一部分没有学好，就是基础不稳定，都不行。

所以他说："夜气不足以存，则其违禽兽不远矣。"人的心理、生理不能保持平旦夜气的清明，身体就病了，那就差不多只是一个动物了。人能无病无恼，就是最快乐的事，是大乐，佛与佛之间的交际话，就是"少病少恼否，众生易度否"，可见这是两大困难，因为没病没恼很难，度众生也很难。能够保持平旦的夜气，就少病少恼；能够保持"平旦之气"的境界，本性清明面就出来了。

因此孟子郑重告诉我们，身心两方面修养的重点。认识了这个道理，用这个方法去修养，一切就会在成长中。中国人后来所说的，欲修长生不老，基本上也是从这里着手。如果身心上失去了这种境界，"无物不消"，只有向死亡的路上走。

最重要的，是孟子引用孔子所告诉我们的修养方法。孔子说：修养的功夫，"操则存"，掌握、把持在自己的手里，也就是掌握自己的定力，如果自己不能掌握自己，那也完了，跟禽兽差不多了。养心炼气，要在行、住、坐、卧之间，随时把握得住定的境界才行，如果放弃了它，就立即没有了。所以修养的境界，完全是由"心行"来的，不是靠盘腿打坐，如果念念散乱，念念忘失了这个境界，就不必谈修养，那是在放，在舍，放出去了，没有修养。

学佛也是一样的，所谓八正道、三十七道品、四念处，就是"操则存"，在佛家讲，"操"就是修持，所以戒、定、慧要自己把持住。这个基本修养，各家都是一样的，人类文化的基本求善，差不多都是相同的。

孔子如此讲修养，只是"操则存，舍则亡"，还是不够，就像现在的青年参加联考，在考前天天用功，晓得了"操则存"；考完以后，一放松又全部忘记了，于是"舍则亡"。所以"操则存，舍则亡"并不能修养成功，我常说，做任何一件事，欲想成功，一定要发疯，不到快发疯的阶段，是不会有成就的。艺术家、音乐家、科学家之成功，都是如此。学佛也是如此，重要的是在了解道理，认识了这养气的经验以后，"出入无时"，一出一入，来去、生灭，就是那样来往，"莫知其乡"，不知道它到哪里去了。就像《金刚经》说的，"无所住而生其心"，根本就无所住，无所不在，普遍的存在。

所以讲究修养，只要记住孔子这四句话，上面两句"操则存，舍则亡"为修养的方法，下面两句讲见地，认识心性基本的境界"出入无时，莫知其乡"。"乡"等于方向的向，这就是佛学上所说的，是心意识清净面的现量境界，呈现出来了。

圣人为何爱下棋

> 孟子曰："无或乎王之不智也，虽有天下易生之物也，一日暴之，十日寒之，未有能生者也。吾见亦罕矣，吾退而寒之者至矣。吾如有萌焉何哉？今夫弈之为数，小数也；不专心致志，则不得也。弈秋，通国之善弈者也。使弈秋诲二人弈，其一人专心致志，惟弈秋之为听；一人虽听之，一心以为有鸿鹄将至，思援弓缴而射之，虽与之俱学，弗若之矣。为是其智弗若与？曰：非然也。"

这段话，孟子是在齐国时说的，讲心性的修养，讲到人。他说："无或乎王之不智也。"难怪，齐宣王的没有智慧，正如天下有一种植物，本来是很容易生长的，可是把它在太阳下面晒一天，吸收一天的阳光，然后又把它放到冷藏库中去冰冻十天，它当然不能再生长了。我很少看到放在冷藏库里不加理会的植物，还可以生长起来的，如果还希望它长芽，真不知道是为了什么？

由这一段，可见齐宣王向孟子问过心性修养之道。可是今天许多人读书，都像齐宣王那样，今天刚学，明天就想成功；就像学佛的，今天刚学打坐，明天就说气也没有动，心也没有通，不学了。其实都是偶尔坐一坐，然后悠哉游哉去玩，号称自己在做工夫，都是如此一曝十寒，而想成佛，天下没有这样便宜的事。连"易生之物"都不会生长，更何况是学问、修养！学问和修养是用功夫累积起来的，不能像齐宣王那样，把可生长的东西晒一天，又放到冷藏库中冰冻十天，这样老早就冻死了，再晒百年也再晒不活了。

孟子又举"弈"为例证，"弈"就是下棋。下棋这种娱乐，我们中国发明最早。前面说过，尧发明围棋以教育儿子丹朱，周公发明象棋，以教侄子周成王。其中尧发明围棋的历史背景，是另有一段辛酸的。

本来，唐的帝王是尧的哥哥挚，因为他是长子，也就是太子，自小在宫中长大，娇生惯养，不知民间疾苦，所以接位以后，把国家治理得不好，便将帝位让给了尧。尧见自己的哥哥，因太子出身，养尊处优惯了，只知调皮，不能做大事，深引为鉴；想到自己的儿子也是太子了，为了避免走向同样的路，于是对于太子的管教，非常严格。当他到外面出巡的时候，还给太子规定了课程。可是当尧回来的时候，太子因为失眠、过度疲劳与紧张而夭折了。古代的史官注重史实，不论帝王将相，权力多大的人，对于他们所做的事，都是秉笔直书的，错的就写错，对的就写对，所以历史上写下了"尧杀其子"四个字。用什么杀？教育太严格而杀的，所以后世就说他犯了错误，忘记自己是在外祖父家长大的。

因此对第二个儿子丹朱，尧修正了教育方法，放松了一点，可是丹朱这孩子很调皮，又犯了错误。可见圣人很难做，尤其教育子女更不容易，管紧了就死掉，放松了又会飞掉。当时南方的国家进贡来一种布，是火不能烧毁的布，尧和皇后都舍不得用，丹朱却拿来撕成布条，通通烧光。于是皇后要尧对丹朱加以管教，丹朱却说是研究试验，看他们说的是不是真的。尧告诉他，这种布是整块才不会燃烧的，别人已经证实过了，你却不相信。

假如照现代西方文化来说，这孩子很有科学精神，别人是别人的证明，他自己还要亲自实验才相信。于是尧改变方法，教他下围棋，在后世的佛家，对这样的年轻人，可能也不会教他打坐，因为他一定坐不住的。就算像孟子一样，要他养平旦之气，也是做不到的，一定要拿一个东西给他玩的。在修养上来说，就是心里想一个东西，念一个咒子，也等于下棋一样，也就是制心于一处。

周公教成王也是一样，成王年纪小，调皮，不听话，周公在没有办法之下，只好教成王下象棋，使他的心性不外驰，制心于一处，稳定下来，恢复到平旦之气。因此看来，圣人都讲究下棋，也是有其养心的道理。所以孟子以下棋来比喻，说明用以作为修养的方法。

他说下棋是一个"小数"，就是小玩意，假使下棋的人，不专心致志，就不能到达最高的境界。例如奕秋这个人，因擅于下棋而得名，是享誉全国的国手。假使有两个人同时向他学下棋，其中一个人，完全听老师的话，另外一个人虽然也在听，可是在他的心里，却想到打猎，当一只雁子飞过上空，如何用弓箭把它射下来。这两个同学，在棋艺上的成就，便会相差很远，因为一个是专心致志，一个是心有所偏。以智能来说，是否学得好下棋，不是智能高低的问题，而是专心或不专心的关系，专心则成就大，不专心则成就小。

孟子这一段话，强调修养功夫，也补充孔子"操则存，舍则亡"的话。

孟子这里所讲养心之道与养气的方法，如果与哲学文化做一比较，从春秋到战国，几家都是一样的，庄子也是如此说，只是表达方法不同。比孔子年纪还大一点的老子也如此说，所谓"绵绵若存，用之不勤"，就是这个道理。这两句话不可依文释义，以为"不勤"就是不要勤劳；意思是说用力也不好，放松也不行，重点在"绵绵若存"，细水长流，永远这样下去。

鱼与熊掌 舍生取义

孟子曰："鱼，我所欲也；熊掌，亦我所欲也；二者不可得兼，舍鱼而取熊掌者也。生，亦我所欲也；义，亦我所欲也；二者不可得兼，舍生而取义者也。生亦我所欲，所欲有甚于生者，故不为苟得也。死亦我所恶，所恶有甚于死者，故患有所不辟也。如使人之所欲莫甚于生，则凡可以得生者，何不用也？使人之所恶莫甚于死者，则凡可以辟患者，何不为也？由是则生，而有不用也；由是则可以辟患，而有不为也。是故，所欲有甚于生者，所恶有甚于死者；非独贤者有是心也，人皆有之，贤者能勿丧耳。"

鱼与熊掌不可得兼，也是名言，出自《孟子》这里。

孟子说，鱼，是我喜欢吃的；熊掌也是我喜欢吃的。当然，熊掌是名贵的菜，中国人讲究吃，所谓山珍海味，最珍贵的是龙胆、凤肝、熊掌。因为熊不容易捕到，尤其在平原地区更少见，物以稀为贵，真的吃起来，并没有特别鲜美可口之处。可是两样好菜上来，只有一张嘴，贪多嚼不烂，没有办法，两样不能同时吃，只有不吃鱼，选择熊掌来吃。这是孟子的嗜好，也许有人宁可吃鱼，不吃熊掌，因为各人所好不同之故。

换言之，有两个人各有所长，都是自己所欣赏的，如果希望一人兼二人的所长，是做不到的，那是天才中的天才，极少数的少数，一般人是不可能的。

孟子这两句话，后来引用的人很多，如清朝的诗人兼史学家赵翼，学问很好。中国有一句话，是研究诗学的人必须了解的，所谓"诗穷而后工"，诗作得好的人，一定是穷，人穷了，倒霉了，诗便作得好。所以诗人没有不穷的，如杜甫、李白；文章也是一样，也是"文穷而后工"。其实这并不是天经地义，只不过是牢骚话，富贵人的诗文，不是没有好的，不过较少而已。

这位赵翼就引用了孟子这句话作诗说："熊鱼自笑贪心甚，既要工诗又怕穷。"他最后是说，自己一辈子作诗，诗既没有作好，人也不算太穷，但是事实上，他诗也好，人也不穷。我也经常引用这两句话，一个人要想修道，就不要读书；书读多了，散乱心就生了，知识越多，烦恼越大，所以一切知识都要丢掉。但是，做学问就不同了，每样事物都要知道，更不能空，所以我也感叹："熊鱼自笑贪心甚，既要成仙又怕空。"真难办！这就是人的心理。

孟子则拿这个道理，作另一番发挥，而建立起中国文化的精神。

他说：谁不想活下去？"生"，是人人的欲望，希望长生不老，五百年、一千年的活下去更好；但是"义"，也是人人所需要的，广义的，道理、真理，人格建立的真理，伦常建立的真理，都是"义"。到了这两样不能兼得的时候，宁可不要生命，不能损失人格，不能违背真理而生存在世界上。

后世受他这个思想影响的人很多很多，为大家所熟知的，最显著的例子是文天祥，他在临死时写了四言诗："孔曰成仁，孟曰取义……读圣贤书，所学何事？"于是他舍生取义，脑袋让元朝拿去了。通俗的说法，脑袋有什么了不起，重只不过六斤半而已，不管大小都是六斤半，所以一般人俗话说："有什么大不了的事，充其量六斤半拿下来。"意思就是，大不了杀头丢命，也就是舍生取义了。

我们千万要注意，"成仁取义"是我们中国文化的中心点，尤其青年朋友不要忘记，我们这个文化中心，要传诸于后代生生世世。当然，这也不是孟子的发明，我们列祖列宗的传统文化，就是这个精神，我们民族这一文化精神，也是"操之则存，舍之则亡"。像岳飞、文天祥，乃至于关公，这一代忠臣孝子，中国历史上人伦的文化，都是由这种精神一脉相传下来的。

欲望比生命重要吗

他说：生命活下去，是人类最大的欲望，最基本的要求，即使给一个人千万元，要他去死，也不会有人接受，因为活着是无价的。可是人的欲望，却有比活着更大、更重要的。例如，死后可以成仙，另得一个永远不死的生命，人人都愿干了，那就舍生而去。所以人还有比贪图活着更大、更重要的欲望。历史上有很多造反的人，社会有很多作奸犯科的人，虽冒生命危险，在所不惜，所谓"大不了丢掉六斤半，二十年又是一条好汉"。这种思想，就是莫名其妙地被欲望所驱使，忘记了自己生命的宝贵。由此可见人类欲望的可怕，善的一面是想要生到天堂，生到极乐净土；做坏事的人，观念一样，死就死了，死了再说，非要达到痛快的目的不可。因此孟子说"故不为苟得也"，向善的一面讲，我们不能苟且偷生，当活着没有意义的时候，宁可不活。

他又说：谁不怕死？我也和大家一样，很讨厌死，但是有时候，活着所受的痛苦，比死还更难过。例如，生活在有些地区被迫害的人，那不是人过的生活，宁可死掉。历史上的忠臣孝子，都有这个思想，"所恶有甚于死者"，不合理，不合义，很可耻地活着，比死还更可恶。

像我吧，平生最不会唱歌，年轻时朋友要我唱歌，我就讲了个故事：有一个人唱歌最难听，每次唱歌，都让人听死了。有一次这唱歌人被控致人于死，第一次判了无期徒刑，第二次判处死刑，坐在牢里等死，与另一个死刑犯同监房。二人互相谈起案情，那个死刑犯听了，跪下来求他做做好事，唱一支歌，以便死在他的歌声之中，免得次日受杀头之苦。不料他一开口唱歌，另外那个死刑犯又跪下来，求他不要再唱下去了，他说：听了你的歌，比死还难过。

孟子在这里，并不是鼓励别人自杀，而是说，与其无意义、不合理、不合义、羞耻地活着，不如死掉。因此，古来的忠臣、孝子、义士，舍己而救人，即使牺牲自己的生命，都要去干。

孟子说生死之间的道理，也就是儒家教我们勘破生死的关键，与佛家了生死的关键是不同的，但方法虽不同，基础是一样。现在孟子所讲的，是以人伦之道来讲的，就是中国固有文化的精神，也就是人文文化。

他说世界上的人，活下去的方法很多，如果他最大的欲望是活着，为什么不用可以活下去的方法？例如说，吸烟会得肺癌，抽烟的人就是不去戒烟；或者说学习静坐可多活几年，他也明明知道是真的，但又推说太忙，不去修习。

同样的，人人都怕死，但对于有危险性的事情，偏偏不小心谨慎，偏要去做，人这就很奇怪了。

由此可知，有些人明明知道改了坏习气，可以长寿，他却宁可保留坏习气，结果就死了。相反的，对于人生有意义的事，为了真理，为了众生，为了救世，一己之死，就不应该推辞了。

所以说，由正反、善恶，两方面的生死现状看，有很多例子，如犯死罪的人，何必去犯这个罪呢！在医院中，也有许多本来可以不死的，因为自己不保重而死了。

他说，人的欲望，似乎比生命更重要，其实生命真的很重要，可是却被欲望骗住了。相反的，有些人宁可牺牲自己的生命，是为众生、为社会、国家而牺牲的。

孟子说，这个生死之间的道理，从正反两方面来说，不但有修养，有学问的人，把生死看得很淡，其实每个人都把生死看得很淡，都莫名其妙。有些爱喝酒、爱打牌的人，都是欲望超过了对生命的重视，所以有人打牌打到一半，就死在牌桌上了。只有贤明的、明了道的人，对于生死的意义认得清楚，始终保持自己的本性本心，建立自己的人格，不受嗜好、欲望的影响。尤其学佛、学道的人，更是如此，不丧失心性的本位，甚至于以身殉道，以生死来消除对道德的障碍。

财富 饮食 礼义

> 一箪食，一豆羹，得之则生，弗得则死；呼尔而与之，行道之人弗受；蹴尔而与之，乞人不屑也。万钟则不辨礼义而受之，万钟于我何加焉？为宫室之美，妻妾之奉，所识穷乏者得我与？

他说，"一箪食，一豆羹"得了可维持生命，"箪"是竹篾或苇草所编成的圆形小筐，和日本人的便当盒差不多，用来盛食物。在民国初年，交通不便的地方，这种器皿仍可见到，俗称"蒲包"。像轿夫、脚夫、苦力之类的，带在路上吃的，名为"蒲包饭"。"豆"，也是一种古代盛肉或羹的碗，形状近似西方人用来喝白兰地酒的高脚玻璃杯，木制的名"豆"，竹制的名

"笾"，陶瓦制的名"登"，同时也是祭器。如果在极饿的时候，吃了这一点食物，就可以活下去，否则就会饿死。

可是，我们从历史上看到，几千年来，在被斥责侮辱下的食物，有很多人宁可饿死也不接受；如果是把食物放在地上，用脚踢过去，就是讨饭的人也不吃这碗饭。所谓"君子不受嗟来之食"，就是说对于以怜悯而施舍的食物，宁可饿死也不吃这碗呕气饭。这不是吃饱与饿死的问题，这是人格、气节的道理。古代这类的人很多，例如明清之间所看到的，好多乞丐的诗也作得好，对于饮食与生死的问题，有很高的见地，经过研究，这些人都是学禅而得道的。其中有两位，看来是明朝的遗老，满人入关以后，便隐姓埋名，不肯出山做官，而且走避他乡，最后宁可沦为乞丐。当死在路旁时，还留下诗来，都是好诗，其中一首说：

> 赋性生来是野流　手持竹杖过通州
> 饭篮向晓迎残月　歌板临风唱晚秋
> 两脚踏翻尘世界　一肩担尽古今愁
> 而今不受嗟来食　村犬何须吠未休

看来他的修养境界，比出家人还高明，所谓"两脚踏翻尘世界，一肩担尽古今愁"，这是何等气魄！硬是圣贤气魄，即使是英雄也做不到。最后两句，"而今不受嗟来食，村犬何须吠未休"正是孟子这里所说的，就是中国几千年来固有文化的精神。最后一句却是他临死的时候骂人的，意思说：我已经要走了，你们还在这里乱叫，叫个什么劲！

在中国文学上，这种人称之为诗丐，是不愿留名的。他的诗很多，都是好诗，学问修养如此之好，诗如此之好，可是他讨饭过日子。他还有悟道的诗亦很好，可是这里不讨论诗，我们只是引用这个例子，来说明饮食生死之间的道理。

孟子又说另一个状况，他说"万钟则不辨礼义而受之"，万钟之粟，古代是以实物、粮食来衡量财富的，钟是古代的一种衡器，万钟之粟，当然就是几百万斤的粮食，如以当时的社会财富来论其价值，那就是很大的财富了。

孟子说，假如有人给我们这许多财富，可不要见到钱，眼睛也红了，就随便接受；必须分辨礼、义，假使不合礼义的，看都不看一眼。有些人为了都市中美好的房屋，"宫室之美"；有些人为了家庭儿女生活，"妻妾之奉"，因为自己怕穷，看见富贵摆在前面，便迷惑了。像三十多年前，抗战刚胜利的时候，一般人搞昏了头乱发财，叫作五子登科，即是妻子、房子、车子、金子、儿子都来了。有一个人在南京有一条街的房屋，不到十年，来了台湾，穷得躲在人家厨房吃冷饭，还向小主人讨一份小差事。所以要辨义与不义，不要说什么五子登科，纵然是百子登科，如果不义的，也不接受。所以钱财、物质的享受，合不合义礼，要弄清楚。

> 乡为身死而不受，今为宫室之美为之；乡为身死而不受，今为妻妾之奉为之；乡为身死而不受，今为所识穷乏者得我而为之；是亦不可以已乎？此之谓失其本心。

这是孟子的文章，本来一句话说完了，他每一样举两个例子，会写文章，玩他的才气。苏东坡专门学他的，嬉、笑、怒、骂，两句够了，偏要写六句，大家称之为"孟体"。上面已经说了"宫室之美""妻妾之奉""所识穷乏者"，在这里只要说"此三者"三个字就够了，他偏要写上六句。年轻人读到这里，觉得重复累赘，架床叠屋，所以有人开玩笑说，这是孟子为了多赚一些稿费。

他的意思就是说，一个人如果为了财富、虚荣，贪图物质享受而动心，根本不配做一个知识分子，因为操守上已经失去了本心。

这种操守行为，在佛家就是所谓的"办事定"；失去了操守的行为，在心性上是散乱，是不对的，在行为上是大妄行。行愿的行就是大定，普贤的十大行愿，要多么大的定力！认识清楚，才能身体力行。打坐能定，下座以后不能起心愿而定之，是不行的，能在心愿境界而定，就可以到达孔孟的道理，老庄的道理。佛法大小乘也是一样的，在我个人看来，没有两样，也就是孔子说的，"操则存，舍则亡"。

学问与知识不同

孟子曰："仁，人心也；义，人路也；舍其路而弗由，放其心而不知求，哀哉！人有鸡犬放，则知求之；有放心，而不知求。学问之道无他，求其放心而已矣。"

一般人对于"仁"的解释为"博爱之谓仁"，这是韩愈的话，他的这一观念，是来自墨子的"兼爱"思想。后世的儒家，尤其理学家，经常引用韩愈这句话来解释"仁"，为什么不用儒家自己的祖师爷孟子说的"仁，人心也"来解释呢？孟子并不多解释，直接就指出来了。但是，有一派宋儒，硬要用韩愈的话来解释。

"义，人路也"，"义"是人格，人的行为标准，人生所走的道路。"仁"是心的用，博爱、慈悲，永远保持清明，养其夜气，宁静。

前面曾经说过，读《孟子》这本书，可以看出春秋战国时代的乱世，和我们现代所处身的这个世界，风气败坏是一样的。孟子也提到那个时代的青少年问题，在较安定的社会中，青少年赖皮、堕落；社会不安定时，青年人则凶暴。现在一般社会的风气，也是一样，行为的标准，道德的标准，旧的被破坏了，新的没有建立，乱得不得了，没有路走了。而且，比孟子说的还更糟，不懂得"自由民主"的真精神、真意义，只是拿了"自由民主"的招牌，来"放心而不知求"，不晓得求内在的心性建立根本。所以孟子说："哀哉！"这样的时代，几乎无法挽救。

孟子说：养鸡养狗，放出去了，鸡犬不回来，还会赶快去找；可是人把自己的心放在外面，散乱得很，也不知道找回来。孟子这种话，是在那里痛哭流涕而说的，如果金圣叹批注《孟子》这本书，相信他一定在这里大批："此之为孟子之痛哭流涕者也！"

孟子这一段的结论说："学问之道无他，求其放心而已矣。"什么叫作学问？我在《论语别裁》中首先提出来，大家不要搞错了，以为知识就是学问，事实上学问并不是知识，知识最多只能算是学问中的一部分。我看大学毕业的人，硕士也好，博士也好，只是专业训练的一种学位而已，只表示已具有了某项专门知识，但并不见得就有了学问。文章写得好，只是文学好；诗作得好也只是诗好；绘画好也只是绘画艺术好，不算是学问。一字不识的人，他做人做得对，做事做得对，这就是真学问。学学问问，问问学学，如孔子在《论语》中说的：学问以人格行为为基础。所以中国几千年来的教育，古今有一共同目的，就是养成完美的人格，以人格教育为第一，这才是学问的道理。所以孟子也在这里说明，不在书读得好不好。

年轻人或者要以这个道理，似是而非的当作借口，不去读书，说是在做学问，所以功课不好。这是强辞夺理，在学校求学的学龄中，没有好好去读书，就是做人做事没有做对，就是没有达到人格行为的标准，又怎么会是在做学问？学问没有别的，"求其放心而已矣"。每天知道修行，找回自己的心，放在平旦之气中，此心永远清明，养成永远高洁的气质，这是中国学问的精华，也就是孟子所说的"学问之道"的精华。

不过"求其放心"这句话，一般的解释，是把放出去的、散乱的心收回来，把这心定住，这是一种解释。朱熹解释为把"放心"收回来，放在腔子里，我反对这一说法。腔子里的只是心脏，照他这么说，这种心也放进去，那种心也放进去，心脏岂不要爆炸？我单独的另一解释是"放心即放下"，"求其放心"就是求其放下，把一切的恶念、邪念、杂念、妄念放掉，保持夜气，那么正心、正念，自然回来了。而朱熹的解释，只说了一半，并未说得透彻。明朝有一个人写有《幻想诗》，其中有两句说："一念忽回腔子里，依然瘦骨倚匡床。"幻想了半天，一念回来："算了罢，这些都是幻想，还是一把瘦骨头，靠到床上睡觉去吧！"

养心与修身

> 孟子曰："今有无名之指，屈而不信，非疾痛害事也；如有能信之者，则不远秦、楚之路，为指之不若人也。指不若人，则知恶之；心不若人，则不知恶；此之谓不知类也。"

孟子说：假使有一个人，他的无名指弯曲，伸不直，可是并不痛，也没有其他的问题，只是不好看。如果有一位医生，能把他这手指医好伸直，和一般人一样，那么，他只要有钱、有时间，不问多远的路，也一定要去医，目的只为使自己这只手指像一般人一样整齐。

人为了一只指头不好看，就会怕人家笑，而不怕路有多远，跑到别的国家去求治；可是对于自己的心、头脑、学问、智慧不如人家，却不会害羞，不像对待畸形手指那样去求治，这就叫作"不知类"。

人类应该是智慧平等、修养平等，而一般人却不知道，最重要的在心，并不在外面的形态。外形的正常与否，要与别人比较好坏，而心不如人却不知反省，这就不知轻重了，不是人应该有的。

前一段他说到放，这里接着说心的重要，也就是说，人人应该求其放心。放心之道，第一不使自己此心放逸；第二各种不必要的思想、烦恼，统统放下。假使不知道这样修养，就是不知道自己是人，而活在人类中，该感到惭愧。

孟子曰："拱把之桐梓，人苟欲生之，皆知所以养之者；至于身，而不知所以养之者；岂爱身不若桐梓哉？弗思甚也。"

孟子说，无论是种植两手合围的桐树，或一手可握的梓树，要想把树养好活长，就要想尽办法去培养；而我们对于自己的身体，却不像培养植物一样去好好保养。

前面孟子是说养心，这里是说养身。难道说，一个人爱护自己的身体，还不如爱护一株草一棵树吗？当然不会。假如一个人种了一棵小树，而自己生病了，却对于自己的病不重视，先去培养这棵小树，我想不会有人这样做的。可是我们人类，一天到晚都在糟蹋自己的身体，这是什么道理呢？"弗思甚也"，这只是不肯用自己的头脑，不会用思想罢了。

> 孟子曰："人之于身也，兼所爱；兼所爱，则兼所养也；无尺寸之肤不爱焉，则无尺寸之肤不养也。所以考其善不善者，岂有他哉？于己取之而已矣。体有贵贱，有小大；无以小害大，无以贱害贵。养其小者为小人，养其大者为大人。今有场师，舍其梧槚，养其樲棘，则为贱场师焉。养其一指，而失其肩背而不知也，则为狼疾人也。饮食之人，则人贱之矣；为其养小以失大也。饮食之人，无有失也，则口腹岂适为尺寸之肤哉！"

孟子上面说到放心，就是养心，是修心养性的道理，在佛家来说，也就是修行了。修行第一步先要治心，去掉心上的染污；第二步就是养形，这里孟子是说养身。孟子的养身方法，就是佛家的养气法门，前面孟子也说过："养吾浩然之气。"这里是讲养身的重要。

关于养身，什么是人的身体？以现代科学的说法，粗略地解剖，有毛、发、爪甲、皮、血、肉、筋、骨、心、肝、脾、胃、肾、肺、膀胱、大小肠等等三十六样东西，再微细地解剖就更多了。可是没有任何一部分，我们不爱护的，因为都属于我们的身体，互有关连。所以孟子说"兼所爱"，于是对于身体的每一部分，都同样要保养它，没有哪一点不爱惜，每一尺，每一寸，都会去保养。那么人这样去仔细保养自己的身体，是什么理由呢？没有别的理由，只因这个身体是属于自己的；为了爱我自己。爱头发因为头发属于我自己；爱皮肤，因为皮肤属于我自己；怎样去保养，也要由我自己想办法。

可是，我们的身体，有重要的部分，有较不重要的部分；有大的部分，有小的部分。例如头是大的部分，头发是小的部分，头发掉了一两根不要紧，可是头很大，也最重要，不能掉。但是当年老头发差不多脱光的时候，早上洗脸梳发，看到又掉了一两根下来，就很自然地感叹：又掉了两根头发！对于小的，也感到很可忧，也看得很重要。

所以，人体的贵贱与大小，本来是没有标准的，随时间、程度的不同，自己对它的爱惜，也有所不同。由此我们了解，人身的修养也好，做人做事也好，要有远大的眼光，远大的见地，高度的智慧。"无以小害大"，人往往很容易只看小地方，害了大体。在机关、团体之中，人往往为了小地方而使团体受害。在一个团体中，一些人看看这也不对，那也不对，小的地方看得非常精明，对整个团体的大事就糊涂了。所以世界上大英雄少，有大智慧的人少，眼光远大的人少。掉两根头发有什么了不得？有人可偏要抹头油，染呀！烫呀！结果把头皮、头脑弄坏了，只好开刀医脑子，开刀以后什么都不知道了，走了。到那个时候他"安"心了，不放心也"放"心了，所以千万"无以小害大"。

"无以贱害贵"，不要把不相干的事，妨碍了重大的事。大家做人做事要反省，因为随时随地，都会把不相干的小问题，妨碍了重要的大事。一对青年爱侣，或者夫妇之间吵架，往往为了一点芝麻绿豆小事，由吵嘴而打架，由打架而自杀，这是"以贱害贵"。

所以"养其小者为小人，养其大者为大人"，大人与小人的差别，并不是个子小就是小人，而是说，修养、学问、见解、人品、道德欠缺，眼光小的，就是小人。个子尽管矮小，没有关系，只要有气魄，有眼光，有修养，就是大人。

孟子并举例说：譬如一个农场的场长，不去把树培养好，偏去培养一些杂树莠草，这就不够当农场场长的资格了，这就叫作

"贱场师"。有的人，对于自己的手指非常重视，像弹钢琴的人，就非常重视他的手指，甚至于重价去投保险；可是在他的肩膀或胳膊上，生了一个疮，溃烂了，他也不在乎。

战国时的张仪，差不多也是这样，在他还没有得志的时候，在楚国被人陷害坐牢受刑，被打得奄奄一息，遍体鳞伤。他太太就对他说：你出去求功名富贵，结果弄到这个地步，全身没有一处是完整的，读书有什么用？还是好好守在家里吧！张仪说：没有关系，你不要怕，只要我三寸不烂之舌尚存，获功名如探囊取物。这也是他只顾舌头，不顾全体了。

不过张仪所处的战国时代，游说之风盛行，因为当时学说思想，不像现在，可以写书出版，传播大众；当时是在竹片上刻字，传播流行困难，只有用言辞表达，游旅于各国之间，向那些君主们口头申述。所以在那个时代，舌头对于他们是贵重的，这也是他只顾舌头的原因。在今日，盲哑学校已经有手语表达，平常说话可以用手指代替舌头的功用，著书立说，纸张印刷，也方便之至，张仪如生在今日，也许对于舌头，比较不会那么重视了。这是张仪的故事。

孟子说：人只顾到身体的一部分小处，而忘记了大处，忘记了更重要处，这种人，就叫作"狼疾人"。

他说，"饮食之人"，贪吃的人，如喜欢抽香烟，吃河豚，告诉他有刺激性，会生肺癌，会中毒丧命，他不听，还是照旧吃。人就是这样，贪图小的，不顾大的。

这一段大意是如此，其中的道理都很对，几个比喻都不错，可不要忘记前面重要的道理。孟子举这些比喻，是在告诉我们养生、修身的重要，我们一般人，理论上都懂，事实上做不到，也是我经常讲的："看得破，忍不过；想得到，做不来。"人都犯这个毛病。

大人与小人的区别

公都子问曰："钧是人也，或为大人，或为小人，何也？"

孟子曰："从其大体为大人，从其小体为小人。"

曰："钧是人也，或从其大体，或从其小体，何也？"

曰："耳目之官不思，而蔽于物；物交物，则引之而已矣。心之官则思，思则得之，不思则不得也。此天之所与我者，先立乎其大者，则其小者不能夺也。此为大人而已矣。"

公都子问孟子，大家都是人，或为大人，或为小人，是什么理由？古文"钧"与"均"相通，"大人"与"小人"这个问题，在前面已经说过，不再解释了。

孟子说：眼光、度量、气魄、见解等等远大的人就是"大人"；只看到小处，眼光短浅，没有远见，只看到目前，思想、度量狭小的是"小人"。

公都子问：同是人类，为什么有的人识大体，有的人不识大体呢？

孟子说：这个理由很简单，"耳目之官不思"，不识大体的"小人"，是由于没有头脑思想。我们中国常说的聪明，耳的听觉灵敏为聪，眼睛的视觉灵敏为明。所以人的耳目很重要，一般人只管看和听，由于常被外界的物质、人事环境蒙蔽，就只看到眼前的那些状况，又不再加思索，就变成近视、短视，只了解小处，没有远见。"心之官则思"，"心"不是指心脏，而是指管思想的功能。人如果没有思想，只靠反应，只顾暂时，只比动物高明一点点而已。人是有思想的，"思则得之"，不思，则永远不会得，不会高明。人之所以为万物之灵，就是因为有思想，这是上天给我们生命时，就给了我们的。"立乎其大者"，人之所以号称高于万物，就在此，其他没有思想，没有灵性的生物，是无法与人相比的。这也就是能为"大人"的道理。

孟子这里提出了"思"的重要。比孟子还早的管子，早就提出来："思之，思之，鬼神通之。"说明"思"的功能。孟子之后一千多年，禅宗极力主张"思"的重要，每一个问题，都要用思想用智慧去仔细研究，最后则豁然开朗。所以人没有思想不行，能思想再加研究，没有不通的。"思之，思之，鬼神通之"，搞通了以后，自己也不知道是如何想通的。

学佛的人，都说要除去妄想。一般人以为除妄想就是没有思想，这一点大家要搞清楚。如果"无念"、除妄想就是没有思想，何必学佛，学禅宗！干脆学死人多好！死人就根本用不着想了。再不然，用麻醉剂，把自己麻醉了，不会思想，多好！所以，怎么样叫作"无念"，怎么样叫作没有"妄想"？大家都不用脑筋，也不"思之，思之"，以为盘起腿来不要想就是道了，真是大错特错。

人之所以为人，唯一高明之处，就是因为有思想，学佛为什么礼拜佛？我们知道，佛陀在中文的解释，"佛者觉也"，佛是觉悟了的人，觉悟了就是清醒了。又说"悟道"，悟了就是不迷了。迷一定昏，所以叫"昏迷"，这要搞清楚。

学佛的人要注意，八识心存在的功能，唯识的五遍行——作意、触、受、想、思，最后就是思。"思"不是"想"，想是我们脑子里，这个，那个，看书，逛街，乱转乱想的是想。什么是"思"？这是值得研究的问题，心田就是"思"，心田非常清明，一点烦恼都没有，透剔明澈，非常清凉，没有杂念杂想的境界，那个心田就叫作"思"。平常"思想"是一个名词，实际上思是思，想是想，两者是分开的。所以宋儒程明道的诗说："道通天地有形外，思入风云变态中。"那是真的。又如佛家密宗的观想，念咒子，就是"思"的作用，思想精神的力量，超越了宇宙的功能。净土宗的西方极乐世界，念一句"南无阿弥陀佛"，一念之间可以往生西方极乐世界，也就是"思入风云变态中"，超越了宇宙的作用，心愿的力量就有这样大。

比孟子更早，中国上古时代，儒道尚未分家，这个"思"叫作"精思"，就是说学道的人，要想修成超凡入圣的神仙，他的工夫就是"精思入神"，进入"神化"的境界。现在打坐修道，作白骨观就是"思"，后世的禅宗叫参话头，这个"参"实实在在就是"思"，是"精思"，就可以"入神"。精神思想的伟大功能，就会有如此大的成就。

据我所了解，现代的青年，只是想而不思。不过，如果对一个年轻人说："你没有思想。"他一定很生气说：我怎么没有思想！我很聪明，我什么都想得通。那不是思想，那是为了考试硬记的，硬装进去的知识。学问的成就是"精思"来的，禅宗叫作"参"。

所以孟子说上天给我们一个头脑，给我们与众不同的伟大功能就是"思"，人不知道发挥自己的思想，求得大智慧，仅仅靠别人说，别人教，又有什么用？这就是"蔽于物，物交物，则引之而已矣"。怎么"引"？就是禅宗说的，像牛一样被人家牵着鼻子走而已。如果我们不想成为一头牛，就要自己透过自己的智慧去思，这是孟子所说做修养学问的道理。换言之，如果能够做到儒道两家不易的原始文化，精思入神，就是圣人境界了。不用心去求一门学问，就没效果；但是心不要用歪了，不要用小聪明，要用大智慧，这就是"大人"。

这一段由前面的"放心而已矣"，讲到做工夫，讲到"思"的重要，然后讲人格的修养。孟子的学问中心，全在身心两方面；而全部的重点，就在养气。养什么气？养天地浩然之气。孟子养心之道重点在哪里？"学问之道无他，求其放心而已矣。"在放心。

天爵　人爵

> 孟子曰："有天爵者，有人爵者。仁义忠信，乐善不倦，此天爵也；公卿大夫，此人爵也。古之人，修其天爵，而人爵从之。今之人修其天爵，以要人爵；既得人爵，而弃其天爵，则惑之甚者也，终亦必亡而已矣。"

这里孟子告诉我们人格的修养。我们人生的价值在哪里？现在的人，求的只是"人爵"中"公卿大夫"以外的第三样：钱。

"爵"是爵位，权威的位置。在宇宙间有两种大爵：一种是"天爵"，是形而上的位置；一种是人世间的位置"人爵"。一个人有高尚的学问道德修养，包括"仁、义、忠、信"等，随便哪一条，要坚信不移，不但人格修养要能做到，还要"乐善不倦"——这四个字很重要，只向好的方面做，不怕打击。做好事，有时候做得灰心，遇到打击就不再干，还是不行；要只问耕耘，不问收获，虽受了打击，还是毫不改变，毫不退缩地做下去，这是"天爵"。这种人，上天给他什么位置，就不知道了，因为上天的爵位，有很多等级。"公卿大夫"，是官做得大，以现代来说，当首相，当总理，当行政院长，或者是有钱，像世界航业巨子欧纳西斯，就是人间的爵位。

中国上古只以道德为做人的标准，"古之人修其天爵，而人爵从之"，古人的修养，是成就"天爵"，不问"人爵"如何，来也好，不来也好，听其自然。现在的人，连"人爵"也不修了，只求"钱爵"，认为学问有什么道理！有钱最好！所谓"有钱万事足"。几十年前，小孩读书的课本，先读：

　　天子重英豪　文章教尔曹
　　万般皆下品　唯有读书高

　　现在是"万般皆上品，唯有读书低"，因为时代变了。但是在我看来，还是读书高，因为读书求"天爵"的人，根本没有考虑现实环境的变化。环境变化无常，只是一个历史偶然过程，从历史上看，这种史实太多了，偶然遇上，算不了什么。这就是庄子说的"人之君子，天之小人"。在人群中看起来，得"人爵"的人了不起，但在形而上看起来，是小人一个；而形而上看来的圣人、菩萨，在人世间既穷又困，他们却是"天之君子，人之小人"。所以人生有两个大道理，一为得"天爵"，一为得"人爵"。

　　我们从历史上看，得"天爵"的人，释迦牟尼是一个，孔子是一个，孟子是一个，耶稣也是一个，这类都是得"天爵"的人。耶稣虽然被人定罪，把他钉死在十字架上，可是他流出来的血是红的，不像四果罗汉，流的血是白的，这表示他被钉死的痛苦，和我们人是一样的。可是他并没有难过，为了救世人，代世人赎罪。在佛教的观点上，他就是舍己为人，无论如何，他这个念头是非常伟大的。

　　又像孔子，想救世而救不了，他自己饭都吃不起，还在那里弹琴，人家骂他栖栖遑遑如丧家之犬，忙得野狗一样到处跑。可是他是万世师表，永远不倒的圣人，所谓"天爵"也。至于释迦牟尼，有现成皇帝不当，出来修行传道而当了教主，在当时他并不是为了当教主出来的，教主是后世捧他的。他的精神和教化，永远长存，这也就是"天爵"，是人生的价值。

所以一个人的人生，准备走向哪条路，事先要看清楚。青年朋友不要忘记，"钱爵"（前脚）固然重要，后脚更要留心，不要只顾"钱爵"（前脚）而后脚退不了啦，没有退路了。

孟子感叹：现今的人，"修其天爵"，满口仁义道德，并不是真的，只是一种手段，以求达到个人成功；等到个人的欲望满足了，也就不谈修养了。这种人属于昏瞆，不要只把他当小人看，他最后一定彻底失败，自取灭亡的。

孟子的感叹，是对齐宣王而发的，也成了预言。他说了这话后，不到一百年，战国结束了，所有当时的英雄人物，都成过去。孟子当时的那些王侯，包括齐宣王，那些威风的人物，对孟子不礼貌，看不起的那些人，而今何在哉？可是孟子仍然存在于人们的心中，所以他说"天爵"重要。人类的历史文化，逃不出这个法则，中国已经有五千年的历史，试问有谁能半小时内说出二十个皇帝、五十个宰相、状元的姓名？所以在"人爵"中的"公卿大夫"又有什么意义呢？

"天爵"与"人爵"的差别，究竟有多大？像孔子，连不读书的人都知道他。所以我们应该知道，学圣人之道，应该效法的是什么人。"天爵"和"人爵"二者，你该走什么路子？孟子都告诉你了。

人贵自立

孟子曰："欲贵者，人之同心也；人人有贵于己者，弗思耳。人之所贵者，非良贵也。赵孟之所贵，赵孟能贱之。

《诗》云：'既醉以酒，既饱以德。'言饱乎仁义也，所以不
愿人之膏粱之味也。令闻广誉施于身，所以不愿人之文
绣也。"

这是讲做人，有修己以俟天命的意思。在佛家讲做人是自利
然后利他，自己连做人的标准都达不到，站不起来，也就不必谈
利他了，因为任何利他的事都不可能做到。所以要先求"天
爵"，然后自利，再说利他。

一般人，先求富贵，靠人提拔。孟子说："欲贵者，人之同
心。"哪个人不想贵，不想地位高？现代许多人都喜欢上电视，
在电视上出名，这都是富贵功名。可是"人人有贵于己者，弗
思耳"，我们自己的本身之中，有一个最贵重的东西，没有去
找，因为不愿用自己的头脑，去建立自己的人格；只想靠别人帮
忙，升官、发财、出名，真是可怜。要知道"人之所贵者，非
良贵也"，一般人认为这人了不起，所贵重的只是他的"知名
度"罢了。只要"知名度"高就是好的，并不问他为什么有
"知名度"。

但是"赵孟之所贵，赵孟能贱之"，别人今日看重你，明日
亦可以轻视你，像赵孟这个晋国权威大臣，他给谁官做，谁就有
官做；给谁富贵，谁就能富贵。可是他一不高兴，也随时剥夺了
你的富贵，甚至把你关起来。把他当作靠山又有什么用？到底不
像人格、学问，那是自己建立的，不是求人求来的，这才是真的
贵。靠外面的因缘凑合起来的功名富贵，是不能算数的。

孟子再引用《诗经·大雅》章《既醉》篇中"既醉以酒，
既饱以德"的诗句说：有一种情分是请人吃饭，准备酒肉，当
然这是普通一般人；而了不起的人，则以道德、修养、学问，使
人能有所成就，所以不愿像普通人那样，贪图别人所给的酒肉口

腹享受，而没有仁义的修养。有了人格、道德、修养，在学问方面有了好的成就，大家都知道了，千秋后世都会崇敬。像诸葛亮七擒孟获于边疆之事，直到现代为止，那些地区对于中原过去的人，还是说"你是孔明那边的人"，而肃然起敬。这就是有了"令闻广誉施于身"，有了道德修养学问才是人格成就，那不是人家送的一件漂亮衣服；外面穿的衣服虽漂亮，这漂亮是假的，一时的，要内在真正的美丽才是真的，也是永恒的。

> 孟子曰："仁之胜不仁也，犹水胜火。今之为仁者，犹以一杯水救一车薪之火也；不熄，则谓之水不胜火。此又与于不仁之甚者也。亦终必亡而已矣。"

这一段，文字很简单，不必多作解释。就是说，在本质上，行仁道可以消弭不仁，就像水能灭火一样。又如个人学佛学道，学好了可以成圣人，在社会上仁道行通了，就不会有不仁的人。但是在个人修养上来讲，不能一蹴而就，像有人学佛打坐，一次就想入定，二次就想悟道，三次就想成佛了。这就是"犹以一杯水，救一车薪之火也"，这样救火，不但救不了火，反而使火更大。以这种态度、观念来做学问，讲修养，虽然想求仁，结果反而更不仁。以这样心理求道、修道，不如不求道不修道反而更好一些。人心贪多务得，求几天道就想成佛，这贪心多大！这种心理求道，非失败不可。至于社会上的人，行仁义的太少，不仁的人太多，就像用一杯水，想去浇熄一车子燃烧的烈火一样，也就是说，想把这不仁的社会，一下改变为仁义的社会，是不可能的。如果因此认为仁本来就胜不了不仁，那又是错误了，持这种观念的人，就是不仁之中最不仁的了，这种想法也终必灭亡。

孟子曰：“五谷者，种之美者也；苟为不熟，不如荑
稗。夫仁，亦在乎熟之而已矣。”

孟子接着说：稻子、麦子、高粱、粟米等五种谷类是好粮
食，如果种下去没有收获，又有何用？我国以农立国，几千年来
五谷为粮食的根本，最为重要。但是今天下种，就想明天收成，
后天就端到饭桌上食用，绝不可能，一定要等它成熟。不熟的五
谷，还不如那种相似谷类的荑草、稗草。其次是做饭，要看煮熟
没有，不可以米刚下锅，尚未蒸熟就吃。所谓的仁，也是一样，
重点是成熟没有。一般人修道、做学问也是如此，就像饭未熟就
拿来吃了，没有用的，一定要下工夫才行。

最后他做结论：

孟子曰：“羿之教人射，必志于彀；学者亦必志于彀。
大匠诲人，必以规矩；学者亦必以规矩。”

羿是上古三代以前有名的武将，他的太太，就是相传人类第
一个登陆月球的嫦娥。羿求得了长生不老的灵药，可是还差一样
药引子，要到天山以北的白玉江中找。于是，他叫妻子嫦娥守住
已得的药，自己去找药引。但在他回来时，发现嫦娥已经飞向月
球去了，因为她在附近找到了药引。当时羿的地位很高，权力很
大，武功也很高，尤擅于射箭，在百步之外，拉满了弓，可以射
断一根头发。那时，天上有十个太阳，大地上极热，遍地苦旱，
他射下了九个太阳。我们要注意，那是大禹治水以前的事，当时
中国的河川湖海形势，是不是现在这样，乃至于台湾是不是尚在
海底，或与大陆相连？他射下的九个太阳，是不是现在一样的太
阳，地球与太阳之间的距离，是不是和现在一样？这些中国古代

有关地球物理的资料，都值得研究，可惜我们没有好好运用。

羿这个人的确是有的，在几十年前，就曾有射箭高超的人，在第一箭射出后，第二箭追上去，射中第一箭的箭尾，破的而入；也有玩两支手枪的，第一枪发出，第二枪射中了先发的子弹。

孟子说，羿教人射箭，一定教人拉满弓，射中目标；跟他学的人，也一定要跟他学到拉满弓的本事，才能射中红心。做学生的，一定要学到和老师一样，但在禅宗而言，这还不够，禅宗祖师说："见齐于师，减师半德；见过于师，方堪传授。"学生的学问、道德，和老师一样，但是老师经验多了很多，学生还差一半。所以希望自己教的学生，超过了老师，这样文化才有进步。

一个工艺的匠人，在教导别人时，"必以规矩"，必定是按规矩教的，学习的人，也一定要照规矩，方的就是方的，圆的就是圆的。如果以为自己很聪明，不必依规矩，一定不会成功，也就是孟子所说的："亦终必亡而已矣。"所以要想成大功立大业的人，必须要走老实踏实的路子，基础上必须依照规矩，不可自作聪明。

《告子》的上篇，从人性的问题，讨论到这里。有人或者会问：人性是人性，谈到拉弓射箭，那和人性有什么关系？实际上，这正是人性问题。举例来说，普通人跟人学修行，想明心见性，在初学的时候，能依规矩去学，或者会有成功的希望，这就是结论。

下篇

圣人的笨学生

　　任人有问屋庐子曰："礼与食孰重？"曰："礼重。"
　　"色与礼孰重？"曰："礼重。"
　　曰："以礼食，则饥而死；不以礼食，则得食；必以礼乎？亲迎，则不得妻；不亲迎，则得妻；必亲迎乎？"屋庐子不能对，明日之邹，以告孟子。
　　孟子曰："于答是也，何有！不揣其本，而齐其末，方寸之木，可使高于岑楼。金重于羽者，岂谓一钩金与一舆羽之谓哉？取食之重者，与礼之轻者而比之，奚翅食重？取色之重者，与礼之轻者而比之，奚翅色重？往应之曰：'绐兄之臂，而夺之食，则得食；不绐，则不得食；则将绐之乎？踰东家墙而搂其处子，则得妻；不搂，则不得妻；则将搂之乎？'"

　　"任"是任国，在齐楚之间的一个小国家。某国的贤人屋庐子，名连，也是孟子的学生，曾著有一部书，谈《彭聃之法》。
　　任国那里的一个人，遇到屋庐子，听说他是孟子的学生，想来一定很高明，表示佩服，于是向屋庐子请教："礼"——守规矩，以及"食"，这两件事，哪一样重要？屋庐子说：礼重要，人一定要守规矩。
　　这人又问："色"与"礼"哪一样重要？"色"字在这里，

是指男女之间的事，就是现在说的"爱情"。这人就是问：爱情重要呢？还是守规矩重要？屋庐子说："当然礼重要。"

这个任国人说：好！那么我再问你，如果讲"礼"，守规矩，饭都给人抢光了，自己一定饿死；如果不守规矩，先抢来吃了再说，就不会饿死。难道一定守规矩，让自己饿死吗？如果要遵守"亲迎"的礼，照现代台湾的规矩，要付十万元聘金，还要三千礼饼，的确娶不起，就没有老婆了。如果去乱爱一个女的，或钓一个来，抢一个来，就马上得到老婆。难道一定要去赚十几万元，否则一辈子当光棍吗？

屋庐子被他问得答不出话来。然后他到孟子的家乡，报告孟子说：我们被人问倒了！他详细报告了孟子，向老师搬救兵。

孟子说：这个问题很好答复的，你为什么答不出来呢？你没有把主观的立场和客观的条件弄清楚，舍本而逐末；你把客观的环境当主观，你逻辑头绪不清楚，才会答不出来嘛！一块一方寸的木头，我可以使他比百层大厦还高，你信不信？你不信，我到百层大厦的楼顶，把这块木头举起来，是不是更高？我们说黄金比羽毛重，难道是说一个金戒子比一车子的羽毛重吗？一个客观的现象，就把你吓住了，你碰到逻辑问题就昏了。

讲礼义，要看重点在哪里。把重要和次要情况在礼上做比较，当然弄不清楚。例如剿匪，打进去了，发现土匪已逃，但刚做好的饭菜在那里，又正是吃饭的时候，难道还说，这是别人的饭菜，要讲礼，不能吃，还是去追土匪吧，结果饿死了。这对吗？强盗留下的饭，当然可以吃，不必讲礼了。

娶老婆也是一样的道理，要看轻重大小，是会有伸缩的。有许多青年谈恋爱，因为双方家长反对，不知道该怎么办。其实，年龄到了去公证结婚不就行了吗！一定要讲礼，等到父母同意，这就是孟子说的，"色"与"礼"的比较，要看孰重孰轻。孟子这时候，一定对这个学生生气，骂他这么笨！替我丢人，你赶快去答复他，对他说：假如你哥哥那里有钱，带一把刀去把哥哥绑起来，就拿得到钱，才有饭吃；如果不这样做，就会饿死；那么你要不要去绑他？你讨不到老婆，可是隔壁有个女孩子，跳过墙去把她抢来，就有老婆，你要不要跳过去把她抢来？

我现在发现，凡是圣人的学生，都是"笨"字号的人物，看看这屋庐子有多笨！

想当圣人的笨人

> 曹交问曰："人皆可以为尧舜，有诸？"孟子曰："然。"
> "交闻文王十尺，汤九尺；今交九尺四寸以长，食粟而已，如何则可？"

曹国原是周室制度下，属于"伯爵"等级的一个小国，在山东境内。曹交是曹国国君的弟弟，一个风气闭塞地区的小霸王。有一天他到了孟子的国家邹国，因为孔孟常说人人可以为圣人，那时公认大圣人皇帝就是尧舜，他于是跑来问孟子。一开头就这样问：你说的，每个人都可以做皇帝圣人，有这个道理吗？孟子说：对呀！是这样呀！

这等于佛说的，每一个众生都可以成佛。结果突然有一个人跑到佛殿里，问道：法师，你们说，一切众生都是佛，是不是？法师一定说：是。于是那个人就坐下来，对法师说：你叩头，我是佛，你得拜我。曹交似乎就有点这个味道。

这位老兄又问了，他说：我听说文王有十尺高，汤也身长九尺，而我身高九尺四寸，应该当皇帝；可是，我只会吃饭，是一个饭桶而已！请问，要怎么样才可以当圣人皇帝？

曰："奚有于是？亦为之而已矣。有人于此，力不能胜一匹雏，则为无力人矣；今曰举百钧，则为有力人矣。然则举乌获之任，是亦为乌获而已矣。夫人岂以不胜为患哉？弗为耳。徐行后长者，谓之弟；疾行先长者，谓之不弟。夫徐行者，岂人所不能哉？所不为也。尧舜之道，孝弟而已矣。子服尧之服，诵尧之言，行尧之行，是尧而已矣。子服桀之服，诵桀之言，行桀之行，是桀而已矣。"

孟子碰到这些问题，也是很讨厌的。他说：你问的这个问题真好玩，身材高就可以做圣人，哪有这个道理？你自己要去修啊！有人的力气，连一个小鸡也抓不住，读书人死啃书，身体太弱了，看见小东西都发抖，去抓鸡，鸡展翅一飞，再想追上去，就喘气跑不动了，那是因为他没有力气。有的人一手可以举起一百斤来，那么他是有力气的人，像秦国的勇士乌获一样，能举起千钧重鼎来。人并不怕没有力气，别人力气尽管大，你慢慢去练习，最后虽然举不起一百斤，也可以举八十斤。功夫是练出来的，所以圣人也不是立即可以做到的，需要慢慢修养，慢慢学习，细水长流，也可以做到。

孟子又说：我们和老前辈一同走路，让老前辈走在前面，自己就会走在老前辈的后面。虽然自己走路很快，还会跑步，但是和父母走路，一定要跟在父母后面走，不能说要父母跟在自己后面跑，这就是"弟"的意思。走在长辈的前面就是不礼貌，走慢一点，难道做不到吗？有的人不懂礼貌，走在长辈前面。

不过要注意，现在三楼四楼没有电梯，和年老的人一起下楼，遇到楼梯又窄时，青年人要走在前面，以策安全，预防老人家跌跤，可以挡住。礼仪是因时间、空间、环境的不同而有所变通的，原则是礼貌、谦恭、守规矩、爱护别人。又如陪前辈到一处陌生地方，也要先招呼一声，走在他的前面带路，这些都不是做不到的，只是不去做。

孟子又对他说：你说要做到尧舜，而尧舜也不过是讲"孝""弟"而已，这很简单，你这位先生只要做到穿尧的衣服，读尧的书，学尧的行为，换言之，只要穿圣人的衣服，读圣人的书，学圣人的行为，慢慢就可以变成圣人，这是潜移默化。假如你穿那个暴虐帝王桀的衣服，学桀的言行，你当然就变成桀了。

> 曰："交得见于邹君，可以假馆，愿留而受业于门。"
> 曰："夫道若大路然，岂难知哉？人病不求耳。子归而求之，有余师。"

曹交听了这一番话，心服了。原来的他，大概是挺胸突肚，两手抱胸很高傲的样子，现在改变过来了，对孟子躬身垂手地说道：是！是！你说的是。接着他又说：我要去看你们的国君，可以向他借一幢房子，我愿意留下来，当你的学生。

孟子并不想收这个学生，但是他毕竟是孟子，没有这样明白表示。他说：道是天下的公道，天下的大路，这没有什么难懂，你懂了就好，每个人都可以成道，就看自己肯不肯用功。你回去吧！世界上并不是我孟子一人才有道，世界上高明的老师很多，你去找吧，一定可以找到。

可见孟子的高明，他不愿曹交留在这里做学生，要他回去，这似乎是一件小事，但是关系很大。表面上是孟子不愿收这个学生，实际上是对他好，因为曹与邹这两个地方，交往有了问题，孟子眼光远大，看得清楚，他如果留此人在这里，两个地区之间一旦发生战争，曹交就成为流浪人了。但不便明告诉他，所以叫他赶快回去，把他送走了。

亲情之间

> 公孙丑问曰："高子曰：'《小弁》，小人之诗也。'"
>
> 孟子曰："何以言之？"曰："怨。"
>
> 曰："固哉，高叟之为《诗》也！有人于此，越人关弓
> 而射之，则己谈笑而道之；无他，疏之也。其兄关弓而射
> 之，则己垂涕泣而道之；无他，戚之也。《小弁》之怨，亲
> 亲也；亲亲，仁也。固矣夫，高叟之为《诗》也！"

公孙丑在这里，和老师孟子，讨论两首古诗——《小弁》
和《凯风》的怨亲有关问题。"弁"读音为"便"，如"弁目"
"马弁"。现在有许多字，国语的读音和原来的古音，相差很远。
音韵学又是一项专门学问，我们在这里不多做讨论了。

这是一首周朝有名的古诗。春秋时候，曾因晋国的太子申
生，被后娘逼害，发生了政治上的大问题。而周平王宜臼，在当
年被周幽王废掉太子之位时，他的师傅作了《小弁》一首诗。
现在公孙丑提出来问，他说：齐国的学者高子说，《小弁》这首
诗，是"小人之诗"。孟子说：这是怎么说的？公孙丑说：他说
因为这首诗，全篇都是埋怨之辞，都在发牢骚。

这样说起来，假如说是发牢骚，那么岳飞的《满江红》，文
天祥的《正气歌》，也是发牢骚！如果以发牢骚来看，没有任何
一篇好的文学作品不是发牢骚的，《孟子》全书也都是牢骚。

所以孟子说：这位高老先生好顽固，固执他的错误成见，他
对于诗的意义，诗的道理搞不懂，没有弄通。比方说吧，越国人
要拉弓射我，我们和朋友说起这件事来，一定是谈笑风生地讲，
因为问题隔得很远。又例如现在我们谈国际问题，说以色列和埃

及之间，闹得非常激烈，我们是在谈笑中去叙述，因为他们的争端，和我们毫不相干，不关痛痒。

孟子举相反的道理说：假如是自己的哥哥，要拉弓来射杀自己，那就不会用谈笑的轻松态度来说这件事了，而是痛哭流泪地说了，因为痛苦、悲伤之故。《小弁》这首诗，的确是埋怨，是牢骚。怎么会不牢骚？父母、兄弟，骨肉之间，闹成这个样子，心里有多痛苦！多悲伤！这种感情的流露，是合乎人性的，有什么错呢？因为他有这种真情的流露，就说他是牢骚埋怨，是小人，那么人就不能流露情感吗？如果流露了情感，就是小人吗？这位高老先生的头脑，未免是水泥做的，如此顽固，简直不通嘛。

曰："《凯风》何以不怨？"

曰："《凯风》，亲之过小者也；《小弁》，亲之过大者也。亲之过大而不怨，是愈疏也；亲之过小而怨，是不可矶也。愈疏，不孝也；不可矶，亦不孝也。孔子曰：'舜其至孝矣，五十而慕。'"

公孙丑又问：《凯风》这首诗，又"何以不怨"呢？

《凯风》这首诗是卫国的，是七个兄弟之间发生了问题而作的。

孟子说：《凯风》这首诗的写作，只是兄弟之间的小毛病。在家庭兄弟夫妇之间，随时会吵架，闹一点小意见，彼此之间要原谅，如不能原谅，今天结婚，明天就会离婚了。一个团体中，朋友相处，如果从小地方去挑毛病，一天也处不下去。而《小弁》这首诗的写作，是因为父母兄弟之间，问题太大了，如果不发牢骚，感情不表达出来，就是亲情已经完了，准备分手了，何必再发牢骚!

但父母、兄弟、夫妇、朋友之间,为了一点小毛病就怨恨,这种心理状况,"不可矶也",就像流水中的一块石头,激起愤怒的浪花,不可以让它扩张。否则小地方不合,就变成了怨恨,做人都成问题。亲属之间,如果心理上越疏远,不孝的心理就越大;如果小事情当大问题来解决,这个不孝也越大。所以孔子说舜是"至孝"的人,是第一个孝子,因为舜是被后娘赶出家门的,前后曾九次被赶出来,甚至到了五十岁,当了宰相回家,对后娘跪下来,还是被赶出去。最后,尧准备请他当皇帝了,陪他回来看父亲,尧还对舜的父亲瞽瞍说:你把儿子教得好,他非常贤能,这都是你的功劳,现在我打算把帝位让给他。瞽瞍听了这番话,眼泪掉下来了,舜看见很难过,抱着父亲为他舐眼泪,结果瞽瞍的眼睛复明。这一下,他对儿子好起来了。所以舜这才是第一大孝子,并不是从美国回来,给父亲一百美金,就算是大孝子。

> 宋牼将之楚,孟子遇于石丘。曰:"先生将何之?"
>
> 曰:"吾闻秦楚构兵,我将见楚王,说而罢之;楚王不悦,我将见秦王,说而罢之。二王我将有所遇焉。"
>
> 曰:"轲也,请无问其详,愿闻其指。说之将何如?"
>
> 曰:"我将言其不利也。"

"墨道"的侠义精神

这一段是叙述孟子和宋牼对话的一个历史故事,说明孟子处世的态度,也就是师道、臣道、做人处世的态度。

在孟子当时,处处都牵涉到诸侯国之间的政治关系,同时也牵涉到中国文化、思想、哲学，乃至于政治哲学的基本问题。

关于宋牼这个人，按照朱熹的批注，认为宋牼就是《庄子》中所说的宋钘。宋钘实际上是墨子学生中的领导人，勉强来比，就像现代大学中的代联会主席。

墨子的学问思想是特有的一派，而他所教育的人才，在当时是有组织的，也可以说在当时是和党派、帮派相似的，但是，我不认为与现在的党派、帮派一样。我曾经讲过一个关于社会学的题目，"中国五千年来的特殊社会"，这种特殊社会，在墨子以前就有，但是自从墨子开始，其形态更为具体而且更见明显。

墨子在孔子之后，孟子之前，关于他的学说也有专书，他的思想是"非战"——反对当时的战争，反对自己称帝称王，以武力侵略别人的土地。他主张"兼爱"，也就是绝对的博爱，爱自己的兄弟父母，亦要同样爱别人的父母兄弟；爱自己的儿女，也爱天下人的儿女；爱自己的国家，也爱别人的国家。兼爱的思想，实际上是孔子提出来的，孔子主张"仁"，那只是原则，而墨子讲的兼爱，则是具体的做法。

在政治方面，墨子是"尚贤"的，绝对主张贤人的政治，不可以私相授受，有道德、学问、人格的人，应该出来做事。"尚同"也是墨子的主张，可以说是大同思想的实施，所以他的学说，有很多长处。他本人学问渊博，学生很多，本事也大。他主张"摩顶放踵以利天下"，从头顶到脚尖，尽其所有，为了救社会、救国家、救世界、救人类，都可以毫无条件、毫无保留地彻底牺牲，奉献出来。

由上古文化流传下来的学派中，孔孟是尊崇尧舜的；墨子的精神，则是走大禹的路线，有功则是德，效法大禹治水的精神，真有功劳，就是道德的完成。大禹治水，九年在外，三过家门而不入，全国那么大的洪水，黄河、长江，九州的洪水，由他治理好，天天赤着脚到处跑，晒得又黑又瘦，腿毛磨光了，不成人形，辛苦得很。墨子走的就是这个路线。

墨子的得力学生，在当时称作"巨子"，当时各国都有巨子，势力非常大。他们并不直接参与政治或其他活动，但对任何国家的政治，都会提出善意的建议。

例如，当宋楚两国，正酝酿一次大战的时候，墨子就到楚国去，劝楚国不要打仗。当时楚国著名的公输般，就是后世我们工程师的鼻祖鲁班先师，已经发明了许多新的武器。墨子说：你这些武器全没有用，假使你不相信，你可以拿来和我的武器比一比。公输般把他的新武器拿出来，墨子一看就说，你这个是云梯，我有办法破掉你这项武器，于是以另一种武器克制了云梯的力量。公输般把他的全部武器拿出来，都被墨子破解了，公输般没有办法了，最后说：墨先生，你了不起，可是我最后一样东西还没有拿出来。墨子说：你不必拿出来，也不必说，我早已经知道了，你最后的一手，是把我杀掉。但是，我告诉你，我既然敢来，就不怕你杀了我；我现在只是一个人来，而我的许许多多学生，都是各国的巨子，他们的学问本领和我一样好，甚至比我更高明。你今天杀了我一个墨子，将来会有千千万万的墨子起来，对付你楚国，绝对不会容许你发动侵略战争。这一次的宋楚之战，于是无形中消弭了。

墨子的学生，经常做这一类的工作，中国文化中的侠义精神，就是所谓"路见不平，拔刀相助"的精神。这个侠义的义，和孟子所说仁义的义，有所不同，而是帮助困难的人、痛苦的人、弱小的人。认为这些是应该做的侠义，这也就是墨子的精神。

墨子与帮派

我研究中国几千年历史，认为墨子的思想，对后世的影响，超越了儒家、道家，中华民族的血液中，就有这种侠义精神的成分。后世的《三国演义》中的桃园三结义，就是墨子的精神，甚至于描写盗寇的《水浒传》，所谓的忠义堂，也是墨子的精神。现代写的武侠小说，乃至帮会组织，也都属于墨子的精神。

这种社会的形态，从战国以后，经秦汉以迄清朝末年，甚至到抗战胜利以前，这种精神，在今日海外的华侨社会，仍然存在。在汉高祖统一天下后，这种特殊的社会，就有南方、北方、东方、西方、中央等五方。例如项羽下面的名将季布，有一次在和汉高祖的战斗中，汉高祖落败，季布乘胜追击，季布的马头和汉高祖的马尾，已经相连，只差一点，就可以把汉高祖杀死，或者生擒过来。幸亏，汉高祖终于逃过了这次危险，但已恨季布入骨。汉高祖当了皇帝以后，知道季布并未战死，也没有被俘，于是通令天下，悬重赏，缉拿季布，如果有人捉到季布，可以封王；如果窝藏他的，则全家有罪。这时季布已经走投无路了，于是到山东的大侠"朱家"的家里做用人。过了三天，被朱家看到了，从举止仪态上看，知道他不是一个普通的奴役，晚上把他找来，问他究竟是谁？要他坦白说老实话。季布这时知道已经无法隐瞒，于是对朱家说：我就是季布，你把我绑送到刘邦那里，可以封王，又可以发财。朱家笑笑说：你这样逃亡不是办法，跟我去见刘邦。刘邦当亭长出身，还没有发迹时，和朱家这些人都是一起喝酒打牌的朋友，朱家当然能够以老朋友身份去见他。

于是，要季布化装成车夫，替朱家赶马车，直奔长安。当然，以朱家的名声，一路上通行无阻，还有人远迎远送的。过去在大陆的帮会领袖，并不是想象中的一脸横肉，动辄脸红脖子粗，伸出胳膊肌肉鼓鼓的那样的人物，也不像今日在社会上乱闹事的青年，他们都是生活非常朴素，非常讲道德，对人也是客客气气的。

他们到了长安，萧何、陈平，这些地位高的文官、武将，都是朱家的朋友，纷纷请他吃饭，问起他到长安的原因。朱家说，老实告诉你们，我是为季布而来的，季布是一个人才，为什么要缉拿他呢？招降他为自己用不是很好吗？现在还有些边远地方，没有完全平定，像季布这样的人才，如果他向南方投奔到越国，或向北方投向匈奴，岂不是培养了一个大敌人吗？何不取消通缉令，给他一个官位呢？这些文臣武将听了觉得很对，报告汉高祖，刘邦听说是朱家说的，就照办了。最后季布还是做了汉朝的大将。

从这些历史片断看到，在汉代初年，墨家精神仍然存在，不过并不称为帮会或帮派，而叫作"墨道"。到了汉武帝的时候，才收拾这种局面，由于当时有游侠郭解，经常拔刀相助而杀人，于是汉武帝就把他杀了，但以后的社会反而比较乱了。汉高祖是深懂安抚特殊社会人物的，汉武帝到底是职业帝王出身，不吃这一套，社会因而就成了问题。所以中国五千年历史中，对这个题目研究起来，很有意思。等于研究现在的美国历史，他们的民主自由思想是怎么来的？哥伦布发现新大陆以后，欧洲移民在这里的生活形态，以及独立之前的政治制度，都有什么关系？或者研究所谓"三 K 党""黑手党"等等，为什么依然存在。

墨子下面的巨子精神，来源如此久远，影响到后世的每一个时代，甚至中华儿女的血液中也存在这种精神。有时候墨子的精神就出来了，这是特有的精神，也是我们中华民族的特色。

例如，在孟子以前的时代，秦国有一个巨子，只有一个独生子，犯了国家的法令，依法非杀头不可。公文送到秦惠王面前时，宰相报告，这个犯人是某巨子的独生子。秦惠王便派人把这个巨子召来，告诉他依法本来非杀头不可，因为知道是独生子，特赦了他的罪，让巨子把他的独生子带回去管教。这巨子当面谢了秦惠王，可是，他把儿子带回去以后，还是把儿子杀了，送消息到秦惠王那里说：这孩子做的事，国法可以赦免他，可是墨家的家法，不能赦免，所以还是依家法处死。

所以老式的社会，几十年前的青、洪两帮中，完全是儒家、墨家的精神，讲究的是仁义道德，规矩比外面社会的法令还严格，不对的立即处理，家法绝对不能犯。这是说墨家巨子们的精神。

宋牼，就是墨家的巨子，所以他有墨家的精神。

有一天，宋牼准备前往楚国，半路上在河南、湖北之间的石丘这个地方，和孟子碰了面。孟子称他为先生，他的年纪比孟子大，是前辈，所以对他很恭敬。尤其墨家的巨子们，在社会上的声望很高，道德、学问也好，有一方影响之力。所以孟子就问他："先生将何之？"

对这个"之"字，大家要注意，"之者至也"，在这里是"至"的意思，就是到哪里去。但现在的青年往往只把它看作一个虚字。有一次，我的一个学生，已得了硕士学位，在教书，他的学生写了一篇论文，请他批改。这篇论文中有"卦之"一辞，我这个硕士学生，把它改成"之卦"，然后送来给我看。我看了以后，把这个硕士学生骂了一顿，因为"卦之"是对的，从这卦到那个卦，就名为"卦之"，而他反而改错了。这就是"之"字的运用。

像古诗中"之子欲何之？"现在年轻人读古文，读到这种句子，一定要大骂，一句话五个字，用了两个"之"字，开头

"之"，结尾也"之"，在说些什么？其实很简单，意思就是：你要到哪里去？在古文"子"是客气话，孔子、孟子，就是孔先生、孟先生，"之子"就是"你先生"，"之子欲何之？"就是你先生要到哪里去？所以读古文，不可把文章中的"之"字，全看作是虚字，那样就会卦之、之卦，弄不清了。

孟子问宋牼要到哪里去，宋牼说：我听说秦国和楚国在发动战争，又要打起来了。现在我准备到楚国去看楚王，想叫他不要打仗，因为打仗，老百姓死得多，国民的生命财产损失太大，受不了。如果楚王不高兴，我就到秦国去看秦王，说服他不要打仗。这两个国家，总有一个听我的意见。

用现代的眼光看这件事，会觉得很滑稽，以一个平民老百姓的身份，去看别国的君王，想叫他不要打仗，似乎是异想天开。所以要了解，在春秋战国时代，墨家的巨子们，就有这个力量，与现在的在野党派相似，相当厉害。他们去见那些国君，用不着登记，只要拿一张名片递进去，还非见他不可，不然他会发动整个社会反对。所以他要去劝他们不要发动战争，自有他的力量。但是这个力量，并不像现代的帮派那样乱搞的，他们的学问道德，都是在社会上起领导作用的，程度非常高。

这就看到我们中国社会，从上古时代开始，几千年来，有一个特殊的形态，一直存在。后来到汉朝，就是门第观念，是儒家和墨家结合起来的。在宗法社会里，对于一件事情，如有一族的人反对，就会成为很严重的问题。所以研究中国历史，包括文化、政治、哲学思想、社会、经济等等的历史，这是不可不知道的。否则写出来的书就是外行，因为缺了这一环，就错了。

孟子听了他的话，很客气地自称名字说：我孟轲，不想请教你关于这件事的详细情形，只想听听你劝他们这两个君王不打仗，用什么主旨，准备怎么说。

宋牼说：我将告诉他们，这两个国家打仗，损失都太大，没有一点利益，两败俱伤，以利害关系去劝说他们。

利益 仁义 文化

> 曰："先生之志则大矣；先生之号则不可。先生以利说秦楚之王，秦楚之王悦于利，以罢三军之师，是三军之士乐罢而悦于利也。为人臣者，怀利以事其君；为人子者，怀利以事其父；为人弟者，怀利以事其兄；是君臣、父子、兄弟，终去仁义，怀利以相接；然而不亡者，未之有也！先生以仁义说秦楚之王，秦楚之王悦于仁义，而罢三军之师；是三军之士乐罢而悦于仁义也。为人臣者，怀仁义以事其君；为人子者，怀仁义以事其父；为人弟者，怀仁义以事其兄；是君臣、父子、兄弟，去利，怀仁义以相接也；然而不王者，未之有也！何必曰利？"

孟子说：老先生，你的愿望了不起，想为人类社会消弭一场战争灾害。可是，你所提出的口号，你的主义错了。你以利害的关系去说动他们，即使说成功了，也会产生后遗症，因为你是以利为前提而说动他们的左、中、右三军之师，不打仗了，将士官兵都很高兴，退伍回家，可能还拿了奖金，因得利而高兴。

但是，你这一思想，会影响到政治和社会，凡事都以利为前提了。结果做人部下的，"怀利以事其君"，看上面给他的利益多少，才决定是否为老板做事。为人子女的，也"怀利以事其父"，看家庭有多少财产，或者只想读书出来，为自己做事，帮助家里多少钱。兄弟之间，也是如此。于是君臣、父子、兄弟、朋友之间，变成只有利害，没有仁义了；人与人之间，脑子里只有利害关系了。这一思想影响下去，整个时代都完了，国家也不可能不亡。所以，不能以利为前提。

我们看了孟子这前半段的话，想到《孟子》这本书的第一篇，《孟子见梁惠王》，梁惠王说：老头子，你那么远来看我，"亦将有以利吾国乎"？孟子立刻给他一个反驳，"亦有仁义而已矣"，动辄讲利害是不对的。不过后世三千年来的人，读了《孟子》，都说孟子太迂了，仁义值几毛钱啊！尤其到了今天的人类社会，只有价值观念，只讲利害关系。孟子叫了几千年，也没有人听他的；几千年前也一样，人人都是以利为目的，人的生活永远在价值的观念上打转。再看几千年文化的演变，不但中国历史如此，西洋的历史也是一样，始终在求利的观念中打转。

由于科学的发展，物质文明的发达，工商业的进步，现在人与人之间，求利的观念，比过去更加严重。这是什么道理？这是一个大问题，孔孟反对了几千年，叫唤了几千年，但是谁也没有被他叫醒。道家也有一首诗，在"名利"两字上加一个"浮"字，"浮名""浮利"，意思说名和利，是浮在表面的，随时可以流走的，不是自己的，只是在活着的时候，暂时所属，是"我之所属，非我之所有"。有首诗中的两句："浮名浮利浓于酒，醉得人间死不醒。"在思想观念上，我们把名利看得很淡，可是在现实上，名利像酒一样，喝醉了永远醒不了。

人类几千年的文化，说得好听一点，是文化，如果站在另外一个角度来看，当社会经济不安定，人民生活也不安定时，人类如何产生文化？只有饿肚子的文化，只有讨饭的文化。所以古今中外几千年的文明，始终是靠在经济的动力上，这几乎是无法变更的大原则。

但是话又说回来了，我们有幸而生在那个阶段，比目前的年轻人幸运多了，我们从两根灯草的青油灯下读书开始，下雨天穿钉鞋、打油纸伞的生活，到今天已经漫步太空了。这几十年的变动之快速，超过了过去一两千年的进步。

在如此快速的转变中，看出了什么呢？到今天为止，人类科学进步了，工商业发达了，文化却退步了，落后了，精神文明已衰败到极点。所以我经常说，这个二十世纪的末期，是文化思想、哲学文明空白的时代。物质文明进步得非常快，精神文化的文明，却是一个空白，对历史交不了卷的。几十年前的人，还有他的精神文明思想，现在我们这一代的人则没有。

前天有一个出版社的人，参加一个图书馆的会议后，才知道中国所有的图书馆都不买书的；出版界出书，可没人看。现在写文章，越短越浅，而且头尾不连贯的，越有人看；如果写一篇有内容、有分量的论文，没有人看。短短的笑话有人看，报纸副刊中的"趣谈"，风行一时；如果写一篇学术性的论文"谈趣"，就没有人要看了。日本东京的文化市场低落了，我们的文化市场也低落了，不要看见国际学舍经常开书展，这只限于台北市，离开台北，销售一本书可不容易。所以这一时段的精神文化交白卷了。

我们回过头来看孟老夫子的话："然而不亡者，未之有也！"文化落后的结果，就是人类头脑思想，生活习惯，只向图利这方面去，精神文明就丧失了。这情形，现在刚开始，有心的人，正在掉眼泪，想挽救这个时代。不过人类到底是人类，受了这种没有精神文明的痛苦以后，依我的看法，不出三五十年，人类将要重新追求精神文明，追求文化，而鄙视物质文明造成的烦恼。所以我一再鼓励年轻人，要想为孔子孟子的文化而努力，现在就要坐冷板凳，吃冷便当；能认真好好努力几十年，孔孟学术就时髦了。

以我为例子，小的时候念书，研究禅、研究佛学，当时被老一辈的人看见，先蹙起眉头，然后斥责：怎么搞这个东西！但我还是不放弃。有的人还委婉地说：你父亲怎么不说你呢？怎么去学这些东西？这是十分客气的话了。我年轻时就是倔强，我说这是我的兴趣，这是学问，不懂就不要批评，如懂就辩论一番，我是为自己的兴趣而学。

正如古人荀子的话："古之学者为己，今之学者为人。"古人求学，是为自己的学问而学问；现在的人求学问，是为别人，为家庭，为求职业。当年自己是这样为自己而求学，谁想到几十年后的今天，禅学、佛学，成为全世界风行的学问呢！

由这件事例就知道，应该如古之学者的"为己"，为学问而学问；不要学今之学者的"为人"，表演给别人看，或者为声望、名利而求学问。假如今日为中国文化，为人类文化而努力，在很快的未来，二十一世纪的开始，即会成为了不起的大师，只看今日的努力如何了。

现在回到《孟子》本文，继续看孟子和宋牼的谈话。后半段，我们不去做逐句解说，这是古文的写作技巧，孟子的文章喜欢用对称的形式，上下句子，形式上是排比的。孟子的这种文法，后来形成了八股文的"比"，这类文章，在文学上看，固然很流利，很优美；在现代的观念看来，就感到太啰唆。他的这一段话，以现代的文字技巧写起来，几个字就解决了，很简单的。

我们知道，孟子在这里和宋牼的谈话，在政治哲学、历史哲学方面，是始终反对以利害观点为出发点的，认为后遗症太大。他并且要大声疾呼，建立真理的目标，毫不妥协。这是一个重点所在。

至于宋牼当时，在听了孟子这一番理论以后，有没有接受，没有下文，在《孟子》这本书上，没有结论，在其他的历史书籍中，也没有结论。孟子说孟子的，墨家的巨子们仍然走墨家的路子。

如果深入的讨论，从后世的纵横家，现在所谓谋略学的立场来看，孟子的观点，不一定完全对；宋牼的主张，在诸子百家中，也不一定完全错。所以在历史的概念上，古文中有一句话说："先动之以利害，则诱导仁义。"想影响一个国家的领导人，想影响一个时代社会的思想，先用利害关系，使他同意了某一观念，然后以教育诱导的方法，使他慢慢的，转向到仁爱政治的道德路上。像孟子之道，始终就只是一个招牌，仁义就是仁义；至于达到仁义这一目的所用的方法，是不是正确，不失为一个应加研讨的问题。但是在人文文化的道德规范上，孟子之道是绝对的标准，方方正正，绝不妥协。

接着，下面说孟子做人处世的态度。这里，我们先不要忘记，这时孟子已经接近晚年了，他在国际间的声望已经很高，权威很大，同时也很穷。人越穷，气就越大。

行客拜坐客

孟子居邹，季任为任处守，以币交；受之而不报。处于平陆，储子为相，以币交；受之而不报。他日，由邹之任，见季子；由平陆之齐，不见储子。屋庐子喜曰："连得间矣！"问曰："夫子之任，见季子；之齐，不见储子——为其为相与？"

曰："非也。《书》曰：'享多仪，仪不及物曰不享；惟不役志于享。'为其不成享也。"

屋庐子悦。或问之，屋庐子曰："季子不得之邹，储子得之平陆。"

"孟子居邹",孟子回到他自己的国家了。

"任"是一个小国家,在周朝,天子分封的诸侯国,有数百之多,分为公、侯、伯、子、男五种,因为"子"与"男"是同一等级的,所以孟子在《万章》下篇曾说:"天子一位,公一位,侯一位,伯一位,子、男同一位,凡五等也。""任"是一个属于子位的诸侯小国,处于齐楚之间。季任是任国国君的弟弟,因为任国的国君,到邻国去访问了,由季任留守,代理国君主政。因为知道孟子的生活条件不好,就送钱给孟子。在这个时候,另有别人送钱给孟子,孟子不受,而季任送的钱他接受了。在中国的古礼是"礼尚往来",应该回礼的,但是孟子"不报",没有回礼。

有一次,孟子在齐国的平陆(在前面《公孙丑》篇中,就有"孟子之平陆"的故事),齐国的首相储子,送钱给孟子,孟子也没有回礼。

后来,孟子出国去了,到了任国,特别去看任季子,当面道谢。可是,孟子由平陆到齐国国都的时候,并没有去拜访储子。中国的礼貌,是"行客拜坐客",出去旅行,是行动中的人,要去拜访旅行所到之地的朋友,就是坐客。因为旅行在外的人,在到处行动忙碌之中,当地的人不便去打扰,这是合理的礼貌,现代的国际外交礼貌,亦是一样。不过行客拜了坐客,当行客离开的时候,除了有特殊原因,坐客应该送行客。

屋庐子看到老师对这两个人不同的待遇,高兴极了,心里想,这一下,我可抓到了老师的漏洞了,我可得问问他了。于是他去问孟子:老师,你平常教我们要讲道德,守规矩,你到了任国去看季子,因为他是任国国君的弟弟,而且正在代理国君当政。可是你到了齐国,没有去看储子,储子也送过礼给你啊!你只看国君,不看宰相吗?他这话的意思,好像说,老师你颇势利的嘛！

孟子说：不是这个道理，《书经》上记载，周公经营雒邑，告诉成王御诸侯之道的《洛诰》上说过，"享多仪，仪不及物曰不享；惟不役志于享"，赠送礼物给人，在礼貌上要周到，送的礼物再多，吃的、穿的、用的，还有钞票，但是如果礼貌不周到，不诚恳，就等于没有礼，因为礼物的价值不能代表礼的厚薄。假使一个穷人来拜候，因为他没有东西可以送，虽然没有带礼物，但致敬诚恳，这就是最重的礼了。储子的馈赠，不成其为"享"的，就是说不诚恳。

屋庐子听了孟子的话，不待再多解释，就懂得孟子不去看储子的道理了，很高兴。可是别的同学还是不懂，就问他，老师怎么说？屋庐子说：还是老师对，因为老师住在自己的家乡，与住在齐国的平陆不同。季子在自己的国家代理主政，不能亲自送礼来，只好派使节送来；齐国宰相储子，送礼给老师的时候，老师是住在齐国的平陆，储子真正尊敬老师，应该亲自送到，不应该派人送来。所以他虽然派人送礼，并不表示对老师十分尊敬，老师用不着回报，并不是老师失礼。

由这一点看到，古人的所谓臣道、友道，以及人与人之间交往的轻重，和礼仪之间的分寸，是有其道理的。古今中外，乃至于现在、未来，在国际礼貌上，自然形成了一种分寸，不可以草率。

就像卡特访苏联，访日本，为什么不到台湾来？因为没有邦交，这是他的为难处。乃至社会上，朋友的交往，在礼貌上，都有他的道理。什么叫作礼？我常说，礼是人类生活相处的一种艺术，就如同一幅很好的画，你不能在上面去乱涂一笔，那就破坏了整个画面。有人说礼貌是假的，试问哪一幅画不是假的！有谁把一座山、一泓水放到纸上去？可是画在纸上的山水，一看就是山水，而且比原来的山水面貌更美，如果再在上面乱涂一笔，整幅画就完了。

同时这也说明，孟子的立身处世，始终有他的分寸，不马虎，不随便。这一次屋庐子以为抓到了老师的差错，非去问难不可，想难倒老师，结果，还是没有把孟子难倒，因为他自己的学问不够。

两个高人过招

> 淳于髡曰："先名实者，为人也；后名实者，自为也。夫子在三卿之中，名实未加于上下而去之，仁者固如此乎？"
>
> 孟子曰："居下位，不以贤事不肖者，伯夷也。五就汤、五就桀者，伊尹也。不恶污君、不辞小官者，柳下惠也。三子者不同道，其趋一也。一者何也？曰：仁也。君子亦仁而已矣，何必同！"

首先我们了解一下古代的名人淳于髡，他是滑稽的祖师爷。滑稽古音念"骨"稽，后世则念滑稽，积非成是，大家念成习惯了，我们就依习惯念吧。现在又叫作幽默，滑稽与幽默，似乎没有距离。淳于髡是齐国的赘婿，连姓也改了，古代宗法社会里，对于入赘改姓，是非常严重的事，会被人轻视，可是他并不在乎。而他对于当时齐国的政治、时代、历史有相当影响。他也做过使节，做事无一不滑稽，其实滑稽是他的妙用。齐宣王，以当时国际间霸主的威风，要杀人时，只要他一个笑话，一个滑稽动作，齐宣王的怒气就没有了，别人的生命也保住了。后来汉代的东方朔也和他一样，汉武帝那么大的威风，不管多严重的问题，只要东方朔一到，汉武帝脸上紧张的肌肉就松弛下来了，一笑之下，问题自然烟消云散。甚而在汉武帝给臣子赐肉时，不等主事官到，就私自割了一块带回家给太太。汉武帝不但不生气，反而赐酒一石、肉百斤，给他和太太吃。

齐国三代的君王，对淳于髡都很重视，虽然他言行无一不滑稽，但为人正派，提出政治上的意见，也都很正派，常常左右君王的决定。

在孟子和齐宣王谈得不太融洽，准备卷铺盖走路时，大概淳于髡来看孟子，这一段是两个人的谈话。

淳于髡说：有些人并不一定好名，并不一定想先使自己知名度提高，但实际上，一定先要有知名度，才会有实际的事业可做。名和实两件事，有了名就有实，所以有些人，爱惜自己的名比生命还更重要，目的不是为自己，因为名誉好，然后才有权力，才可以为社会国家做事，目的还是为别人。

有些人对名不重视，做官也没有兴趣，发财也不要，只管自己有道德，表示我有我的真理，我有我的人格，你用官位、钞票诱惑不了我。这些人把名实放在后面，只是为他个人自己，还是很自私自利。

这一下，可狠狠地给了孟子一棒子。

他又说：你在我们齐国的地位不低啊！皇帝把你看作老师，是国师，而且把你排在三卿之间，是最高的顾问；朝廷知道你学问好、道德好，可是你的名气，老百姓实在不知道。齐宣王对你很恭敬，可是在政治上你还没有做出一些事来，而你老先生现在却准备走了。你的理想既是救世救人，难道救世救人是这样自私自利的吗？

由此也可看出淳于髡这个人，一方面为了自己的齐国，一方面也为了孟子，好像对孟子说，你应该做一番事，让大家得到益处才走。

这两位先生在一起很有意思的，两个人的嘴巴都够厉害的。

孟子回答他说：有一种人，不在乎地位高，自己宁可站在低等的位置上，但一定要有自己的道德，而在上面的人是没有道德的，所以他就离开，不愿为不道德的人做事，连下位也不要。像伯夷就是这种人格，周武王统一天下，他认为武王的革命是不合礼的，是不道德的，看不起武王，就义不食周粟——不吃周朝的饭，到山上去吃树皮树根，因营养不良而死，这是一种人格。

还有一种人格，像商汤时代的伊尹，只知道救世界、救社会、救人类，他不管那些臭规矩，五次去找汤，四次话不投机，最后还是当了汤的宰相，帮助汤治理好天下。那时，桀是一个非常暴虐的坏君王，他也曾数次去找桀，只要桀王肯用他，他可以把天下治理好；但桀没有用他，最后商汤用了伊尹，把桀打垮了，建立了商朝的天下六百年。这种人以救天下、救人类为目的，自己个人的人格、名誉，不作考虑。第三种人是不问领导人如何，污君也好，官小也好，只要你交给他一个位置，他就会把责任做好，上面尽管滥，全国尽管滥，但是自己管的地方保持好，至少保持了国家民族文化的元气，这是柳下惠。

孟子经常把这三个人，作为人格的典型。他说这三个行为不一样，方法不一样，态度不一样，走的路线不一样，而目的是一样，都是希望对社会、国家、人类有所贡献，都是实行仁道。一个大人君子，实行仁义之道，何必跟着他人典型的路线走呢？人家走过的路线，我何必也去走呢？

谁是关键人物

孟子还了淳于髡一拳，可是淳于髡也不是好缠的人物，他听孟子这样自我标榜，就露出一点他的看家本领，滑稽挖苦的味道来了。

> 曰："鲁缪公之时，公仪子为政，子柳、子思为臣，鲁之削也滋甚。若是乎，贤者之无益于国也！"
>
> 曰："虞不用百里奚而亡，秦穆公用之而霸。不用贤则亡；削，何可得与！"

他说：当年你们鲁国——文化的中心——周公的后代鲁缪公的时候，公仪子做宰相，有学问，有道德，旁边还有两位贤人，子柳和孔子的孙子子思。可是鲁国一天一天衰弱下去，领土被剥削，幅员逐渐缩小。由此看来，历史证明，他们这帮书呆子，讲道德学问，理论是高，实际上对国家政治，毫无用处。

他这些话，等于说这些贤人，都是饭桶。当然，他没有直接骂孟子，他骂人是转了十七八个弯，让听话的人听了去头痛。他指的是鲁缪公的时代，可是连孟子的老师子思都骂进去了。双方的对话都很尖锐。

孟子说：这个话很难讲，百里奚是虞国的人才，而虞国的诸侯，不知道用他，结果百里奚只好放牛。秦缪公知道这个名人，就把他从楚国的俘虏中弄来做宰相，结果秦国称霸。同样一个人，能否建立功业，还要看老板好不好才行。

孟子几句话就把问题推开了。可是他们两个，不正面讨论现实问题，不明讲孟子的去留，都讲历史，借历史的故事，来辩论目前的现实问题，所谓借题发挥。这有一个好处，就是大家只在研究历史，好像两个老太婆见面，只说张家长，李家短，不说你的儿子怎样，我的女儿又如何，这样可以免得在现实问题上闹僵，下不了台，但能知道对方的意向。

曰："昔者王豹处于淇，而河西善讴；绵驹处于高唐，而齐右善歌；华周、杞梁之妻，善哭其夫，而变国俗。有诸内，必形诸外；为其事而无其功者，髡未尝觌之也。是故无贤者也，有则髡必识之。"

淳于髡又说：从前卫国有位很懂得制乐谱、齐声合唱的王豹，当他在淇水为首长的时候，黄河以西一带的人，受他的影响，都很会齐唱。我们齐国还有一位很会吟诗的绵驹，他住在高唐的时候，我们齐国西边的人，受了他的影响，也都很会唱诗。我们齐国以前还有两位大夫华周和杞梁，他们在庄公伐莒的时候，同时战死，而他们的妻子，都哭得很哀痛。后世流传的民间故事，孟姜女哭倒万里长城，就是杞梁的妻子。此事影响后来全国的妇女，在丈夫死时，都哭得非常哀痛，改变了整个国家的风俗。这种风俗，一直流传至今，乃至于有的富贵人家，或因身体不支，或因年老体衰无能哀哀痛哭的，也要雇请善哭的女人，披麻戴孝，在死者的灵前，呼天抢地，代替她去号啕大哭，表达心中的悲痛。女性的职业哭丧，是唐朝以后才有的，这种哭丧者的风俗，自杞梁的妻子开始流传下来，也是中华文化的特点之一。

淳于髡举了这几个例子以后，说出一个道理来。他说：老先生，一个人内在有真正的本事、学问、修养，就会在外面表达出来，做得出来，是可以看见的。如果说一个人，有理想，出来做事却没有成果、功绩，对不住，我从来没有看见过这样的贤者。换言之，会吹牛的，亦要吹出一个成果来，你孟老夫子吹了半天，一声不响就卷铺盖跑掉。大概这个社会上没有一个有本领的人，如果有这样的人，我一定看得见。

淳于髡等于说，你孟子不是一个有本领的人，如果有本领，我一定看得见。他当面说孟子不是圣贤，没有本领，使孟子面子上很下不去，淳于髡这种话真厉害，讲得相当严重。

> 曰："孔子为鲁司寇，不用；从而祭，燔肉不至。不税
> 冕而行。不知者，以为为肉也；其知者，以为为无礼也。乃
> 孔子则欲以微罪行，不欲为苟去。君子之所为，众人固不
> 识也。"

孟子怎样答复他呢？他只有讲老实话，但还是讲当时的历史，不讲现实。他说：孔子当时在鲁国作司寇，只三个月就辞职不干了，但是还是住在国内。后来又为什么离开了鲁国？因为齐国的诸侯齐景公，认为如果鲁国再用孔子，不需要三年，鲁国将成为霸主，各国都无法与鲁国抗衡。于是和宰相晏婴商量，想办法离间鲁定公与孔子君臣的关系，送了一班女乐——漂亮的歌舞女郎到鲁国，把鲁定公迷住了。孔子当然反对，但天下最厉害的是美人计，这班美女一到，孔子再反对也没有用，而且又使鲁定公不高兴，所以孔子就要离开鲁国。

但他若在这个时候出国，在鲁国这个周公后裔的礼义之邦，就表明领导人鲁定公一定有重大的失德之处，将来历史上一定记载，孔子的去国，是鲁定公的大过错，而不是孔子的错。孔子为了这个原因，不能离开鲁国，而心里痛苦得很。刚好，此时国家举行祭祀大典，孔子也参加了祭礼，依照古礼，祭祀用过的肉，应该分送到与祭的大臣们家里。可是鲁定公被女乐们迷住了，没有把祭肉送到孔子的家里，于是孔子吩咐学生们准备行李，计划出国。他借这一件小事出去，为鲁定公保留面子，说是因为鲁定公觉得自己和学生们并不重要了，所以出去考察，周游列国，以免暴露了自己国君迷于女色的失德不仁。不知道的人，以为孔子只是为了分不到冷猪肉而出国；稍微明事理的人，也只是以为孔

子是为了礼仪上的问题出国而已。

孟子把这故事说给淳于髡听，等于说，不是我老孟想离齐国，是你们齐国的国君，对我已经没有礼貌了。有我不多，无我不少，冷板凳坐不了，只好走了。

所以他最后一句话，"君子之所为，众人固不识也。"一个大人君子，他做人处世的方法，不是你们一般人所能了解的，我有当年孔子一样的处境和心情啊！

当然这是个机密，淳于髡还不知道，听了孟子这些话，只好点头说"原来如此"了。

读书人的品格

孟子与淳于髡的谈话，指出了古代知识分子，在立身处世方面，所表现的人格行为的规范。

关于这一方面的理论，在中国文化五经的《礼记》中，有非常重要的《儒行篇》，是有关读书人做人做事遵循的行为标准，等于佛家菩萨道的入世标准。这是今日读书人，尤其是中国读书人，应该拿来一读，作为平日言行参考的。

孟子当时的这一作风，影响了中国后世三千多年来，读书人的高尚行为，后来的《高士传》一书，就是记载历代读书人的高风亮节行为。在中国的文学作品中，表现这种情操的诗词也很多。

例如唐朝末代的高越，他在二十岁多一点的时候，就已经很有才名。有一次他经过山西一带，当地有一位藩镇，就是所谓雄霸一方的封疆大吏，掌有地方的军政大权，实际上，每每自创制度，未必听中央政府的命令，有自立为王的味道。这位藩镇见到高越，非常高兴，有意留他下来为自己做事，并把女儿嫁给他，虽然没有明白说出，但是已经有了相当的暗示。刚好有一位名画家，画了一幅老鹰高飞在天空的《鹰扬图》，请高越在上面题诗。

中国画的画家，不论是画山水、翎毛、花卉、虫兽、鬼神、人物，不但要画得神肖，而且要有深邃的涵义，包含浓厚的哲理。画家多半同时又能够作诗、题字，即便短短两个字的画题，也有其深长的含意，所谓诗、书、画三绝。所以这样的画，是艺术作品，也是文学作品，更是表达思想、意境的哲学作品。最主要的是人人都看得懂，都有感受，都起共鸣。

绘这幅《鹰扬图》的人，大概没有在画上题诗，于是高越就题了一首诗，也表达了自己的意向。

雪爪星眸世所稀　摩天专待振毛衣
虞人莫谩张罗网　未肯平原浅草飞

他是以画上的老鹰自比，意思是说这画上的老鹰，雪白的爪子，明亮如星的眼睛，是世上少见的，它只是暂时栖息在此，随时准备振翅高飞。管理山林的人，不必去张罗网，想把它留住，因为它是不肯在草地上飞的。意思是说，我志向远大，不会留在这个浅草堆中。

再看孟子当时，淳于髡虽代表齐国那样地挽留他，孟子如果是用诗来表达，也同样会说："未肯平原浅草飞。"就算你齐国的君王来请我当宰相，我也不会在乎的。因此我们又想到陆放翁的两句诗："花经风雨人方惜，士在江湖道更尊。"这是中国的哲学。我经常说，中国的哲学史，研究起来非常难，诸子百家只是一小部分，表现在文学作品中的特别多。因为中国文学，不像西方文化。西方的诗人只是诗人，而中国的读书人，都会作诗，如果不会作诗，别说考不上最起码的秀才，连作贡生、廪生、童生的资格都没有。因此，文化的基础不同，读书人作文、作诗、作词、作赋乃至为歌，就会把许多人生道理、哲学思想，统统写在作品里面了。

陆放翁这两句诗，也是名句，他说，花虽然好看，可是人真正爱惜花的时候，是花经过风雨的摧残之后。在孟子而言，当时如果在齐国真的出来当政，以后是不是能在孔子之后，被称作亚圣，万代千秋在孔庙里享冷猪肉，就很难肯定了。因为他同孔子一样，一辈子没有从政做官，因立德立言才有后世的尊崇，这就是"士在江湖道更尊"了。

这也像青年人，在男未婚女未嫁的时候，身价就高，这位小姐，说不定会成为将来的第一夫人；如果一订婚约，价值就已经定了，连男朋友都没有了。这也就是"未肯平原浅草飞"的意思。

再看孟子在平陆，受了齐国宰相储子的礼，不去道谢；而在自己的家乡，受了任国季子的礼物，则去道谢。这个谢与不谢之间，就大有道理，表面上不易看出。世间事，如果不深懂这些道理，分寸之间就很难处理，或处理不当。这类事，在佛教中，尤其是禅宗之中，见得很多。像百丈禅师，被马祖扭一下鼻子，就开悟了；或问一声念佛是谁？被问的开悟了。这些是不管行为，不牵涉道德行为这一面，属于禅宗的顿悟法门。

其实，读书人的高品格，在禅宗中屡见不鲜，如唐代雪窦禅师，是禅宗很高的祖师，学问也高，声望也高，他的禅理哲理都表现在诗文中。当时皇帝的宗室王者，请他吃饭，但是，他素来不出门，如果有居士请他应供，他也绝对不去。请出家人吃饭，或送礼叫作"供应"，出家人接受叫作"应供"。有一次一位王者请他，十分恳切，无法推辞，只好虚与委蛇，说过几天再去。

但雪窦第二天派人送一首诗给这位王者：

> 居士门高谒未期　　且隈岩石最相宜
> 太湖三万六千顷　　月在波心说向谁

出家人对于在家学佛的人，不论他在人世间社会的地位如何，上自皇帝，下至平民，都称居士。这首诗是说：你的门第那么高，我一直未能去拜谒，像我这样一个穷和尚，在山上与岩石为伍比较合适。至于说你们想来问道，要我说法，佛法像太湖一样，汪洋浩瀚，深不可测，月亮照在太湖中，正是"千江有水千江月，万里无云万里天"，到处都是佛法，何必问我？我又能向谁去说呀。

由这些地方，我们回头再看孟子，当时有多少机会啊！只要他点头，要钱有钱来，要官有官做，可是他就是不点这个头。这就是中国文化的"儒行"，一个知识分子立身处世的精神。

做人的进退之道

可是，青年人要注意，不可错解这种精神，而变成了傲慢。如果没有孟子的风格、道德、学问而自鸣清高，官亦不要，钱也不要，老实说，你想要也没有人给你，你因此饿死也活该，没人同情你。所以一个真正的读书人，对于人家送上来的礼，绝对不贪图；合于道德的才要，不合道义的则不要。由此可以看到中国文化"儒行"的另一面。宋代的诗人李宗勉，有一首诗：

> 经行塔下几春秋　　每叹无缘到上头
> 今日登临方觉险　　不如归去卧林丘

李宗勉是南宋的诗人，文学修养高，人格也很高。他走过杭州的六和塔有感，作了这首诗。六和塔与雷峰塔齐名，大家都知道雷峰塔，因为小说或戏剧中的《白蛇传》，白蛇娘娘白素贞，与法海和尚斗法失败，被法海关到了雷峰塔。到了民国初年，北洋军阀孙传芳南侵，占领杭州的那一天，雷峰塔突然"轰隆"一声塌了，于是民间传说，孙传芳是白蛇的儿子，转世前来救母亲的。这个民间故事，至今并没有人写成小说。

再说六和塔，也是很有名的，塔侧是之江大学，基层的面积约有一两百坪，高七层，成六角形，每层塔檐的每一个飞檐，都悬有"铁马"，现在叫作风铃，终日叮当作响，别有风味。

李宗勉题六和塔的这首诗，意思是说：多年来我常在塔下经过，每次都恨自己太忙，没有办法到塔顶上去。过去到塔顶去是很费脚力的，不像现在有电梯，到了日本上东京塔，走进电梯，一按电钮就上去了，不过这并不好玩。上六和塔，硬是要一层一层爬上去，爬一层，浏览一层，经过了一番辛苦，到了顶层，四顾俯瞰，钱塘江滚滚东流，尽头处，水天一色，美不胜收。但李宗勉别有怀抱，他说今日我总算到了六和塔的塔顶，站在上面才知道，越高越危险，不如回家去吃老米饭，在小树林里摊张草席躺下，还更安稳自在。

这是他考取了功名，做了大官以后，感觉人生平淡才是好；正如没有发过财的人想发财，而真正发过大财的人，才知道钱财如粪土，有大钱的真痛苦。

宋代另有一个邵经国，原来也是做大官的，因为看透了官场中的得失成败而归隐的。也作了一首诗，劝好朋友退休：

闻道先生欲挂冠　　先生何日出长安

去时莫待淋头雨　　归日须防彻骨寒

> 已遂平生多少志　莫令末路去留难
> 二疏毕竟成何事　留取他年作画看

他说：我好几年都听说你不干了，你哪一天回去啊？一个人上台容易下台难，要在恰到好处时，下台一鞠躬，赶快走，不要等到下大雨的时候，淋成落汤鸡才回来。

以前香港有个电影女明星林黛，死后用铜棺装殓，上万的人前往凭吊。我说她死得正是时候，真是有福气，正是"去时莫待淋头雨"，年轻、漂亮，在演戏生涯的巅峰状态时走了，会长时间被人怀念。如果她活到八十岁，变成老太婆之后才死，古人说："美人自古如名将，不许人间见白头。"世界上没有人欣赏迟暮美人的，这就是人生哲学。

所以他劝朋友，现在该下来了，现在不下来，等到冬天才下来，那就太寒冷了。你平生的志愿已经实现了多少呢？不要等到最后，做也不是，不做也不是，落得进退两难。人生做事，不晓得自己的分寸，就很危险；做生意也是这样，如不及时改变，等到开始走下坡时，就来不及了，在末路上去留就难了。

最后两句，是指汉代的疏广、疏受两叔侄，二人官至太傅少傅，上朝时一先一后，做了五年，正在被人羡慕，荣誉达到最高峰的时候，辞职回家，善终天年。用这个故事，劝他的朋友及时引退。

还有个宋代的名臣裘万顷，他有一首诗，感慨更多了，讲到了人生哲学，这还是太平盛世中的感慨：

> 新筑书堂壁未干　马蹄催我上长安
> 儿时只道为官好　老去才知行路难
> 千里关山千里念　一番风雨一番寒

何如静坐茅斋下　　翠竹苍梧仔细看

他说，家里刚刚盖了一间书房，墙壁还没有干，就骑马到京城去赶考功名。年轻人，一脑子的前途无量、功名富贵、升官发财，样样都好，样样都要。人到老了，才知道人生路途艰难。少年考取功名，为官几十年，是什么味道呢？"千里关山千里念，一番风雨一番寒。"真是名诗名句！如果是现在，别说千里关山，纵然是万里关山，喷射机三两天就可以来回。可是在古代，一离开家出门，越走越远，那时邮政也不发达，越远就越惦念着家；而所经历的事，更是"一番风雨一番寒"，整个人生经验，无不在风雨寒冷之中。当然也就越做越怕，想来想去，还是卷铺盖回家吃老米饭好。农村社会中，回到家里，如乡下人说的"金窝银窝，不如家里的狗窝"，万事不管，没有责任，看看树，种种竹，多舒适！

了解了这些，再看到孟子答复淳于髡的话，就知道他的抱负，对人生的看法，在齐国是不可留的，也就是"千里关山千里念，一番风雨一番寒"。孟子要回家了，淳于髡责备他，道义上有救国家、救社会、救世界人类的思想，但是几十年来为什么没有做？没有结果？孟子最后答复，"君子之所为，众人固不识也"，一个君子大丈夫的所做所为，一般人是不会了解的。

孔子的秘密

下面这一段，是有关历史哲学的问题。中国文化的历史哲学，牵涉到中国政治哲学思想，几千年来，影响很大。

这一段话，也等于答复了淳于髡以后，对齐宣王做一个间接的批评。他这一段话很长，可以摘出来，成为一篇独立的文章，

433

我们还是分作几个小段来讨论。

> 孟子曰："五霸者，三王之罪人也；今之诸侯，五霸之
> 罪人也；今之大夫，今之诸侯之罪人也。"

这几句话妙不可言。

在我们中国历史上，有关政治哲学，始终是两个路线，互相消长，一个是王道，一个是霸道，这是几千年形成下来的原则。以后世的观点来看西洋文化的政治思想史，同样也可以归纳于王道与霸道两个范畴之中。所以也可以说，这是千古不移的定则。

我们中国的上古史，如果以尧舜时代为分界点，向上倒推到黄帝的这一阶段，太久远了。对于这一阶段的上古史，后来的历史学家，都不敢下一定论，连孔子也不敢下定论。孔子也有注重证据的科学精神，没有历史资料的，不作定论。所以他著《书经》是自尧开始，因为尧以前的历史，无法确定，所以《尧典》为《书经》之首。

称尧、舜、禹为三王，是孔、孟的历史哲学观点，而传统中所谓的三皇，就很古远了，为天皇氏、地皇氏、人皇氏。每一个皇，都代表中国的上古史，他们是几个兄弟，每个人都统治了十二万年。后来的统治者，至少也统治了八万年。他们的寿命，都是十几万年乃至几十万年，这种账就算不清了。所以最后只好把它删掉，归入神话中去。

真正研究哲学或科学，多半追溯到前一个冰河时期，等于现在美国有些书，说人类的祖先，是从地球的中心出来的。中国甘肃的崆峒山，黄帝陵寝的后面有一个洞，无人敢进，据说如果进去一直往前走，经过三四个月，可以从南京出来。据说地下都是相通的，连我们的老祖宗，伏羲氏、轩辕氏，都还活在那里。

在西藏，布达拉宫后面有一个洞，被封住的，谁也不敢进去，假如进去，可能连骨头也没有了。据说这个洞的出口在北极。

美国现在研究这一类事的书很多，而且以各种证据证明说，空中所发现的飞碟等飞行物体，就是地球中心的那些人，看到我们地球表层的人太不成话了，所以飞出来侦查。有的人失踪，就是被他们带去了；被带去的人可以长生不老，经他们训练了三个月，又飞回来侦查。他们觉得地球表层的人，如果再闹下去，将会不得了，他们就要出来干涉了。

这一类新书，大家读过没有？这种书多得很，假如没有看，就真的很落伍了。古书既不念，新书又不看；既不学古人，又不懂现代人，可叹！

不管如何，西方的这些说法，都是中国道家几千年前已经说过的话。中国道家素来就说地球下面是相通的，现在西方正想用科学方法求证。

像"桂林山水甲天下，阳朔山水甲桂林"，广西的桂林与阳朔县为邻，那里的山，都是从平地上突起奇峰的，水也是碧绿的，风景很美。著名的桂林七星山下的七星岩，由向导点着火炬在岩洞中游览，慢慢流连，差不多要一整天的时间才能走出来。就算走马看花地匆匆而过，也要花上半天时间。另外还有许多深不可测的岩洞，有人说，都可以通地下的那个世界。据说，曾经有人在鸭子的身上做一个记号，放到桂林的一个山洞中去，几天之后，这只鸭子，却游行在湖南的湘江之上。

这类中国神话，如果用英文写成小说，拿到美国去出版，一定是畅销书。现在的时代，越说鬼话，越有人听，也越赚钱！

我们讨论三王的问题，谈到中国上古的神话史，其实真正学科学的人看来，一点也不神话。我不是学科学的，但是我的兴趣是多方面的，科学也包括在内。在我看来，这些神话，绝对是合于科学的，而一般人没有看通这个道理。像道家的学说，在古代就曾经有人实验过，而且有的实验成功，获得证实。但是后人把它看成虚幻的神话，把它摒弃了，没有继承这份文化遗产，再进一步的研究，这是十分可惜的事。

现在回到本文。

尧、舜、禹这三王，孟子推崇他们，孔子也推崇他们。中国文化的目标，希望政治、经济、社会，都能够做到尧、舜、禹三代那样天下太平，这是一般的说法。但是，我们要特别注意，以中国文化而言，这种说法是不准确的。我这样一说，也许很多学者都要骂我罪大恶极，判我的罪。

为什么我要这样说呢？因为尧、舜、禹三代，仍然不是太平盛世。那么怎样才是太平盛世呢？这就要看《礼记》中的《礼运》篇了，这是孔子提出来的。三民主义所标榜的"大同世界"，只是《礼运》篇中的一小段，所以要研究大同世界的思想，必须读《礼运》篇的全文。

这篇书上说，有一天孔子靠在走廊的栏杆上，喟然一叹，身旁的子路等学生们，看见老师这样伤感，就关心地问老师，为什么悲叹，孔子说：我悲叹这个时代。我们引用一句文学的话来说，"江水东流，一去不回头"，历史是永远拉不回来的，物质文明越进步，人类的痛苦越大。

学生们听了孔子的感叹，感觉奇怪，就说，有这么严重吗？孔子说就有这么严重。学生们就问孔子，老师你认为怎样才是一个理想的社会？于是孔子就说到上古时代的太平盛世，人类是如何幸福地生活着。人类生活在那么美好的社会，也不会有什么经济问题，个人不必有发财等等欲望，于是孔子说出了大同世界的理想。其实，大同世界的境况，已经是退化一点了，但还是太平的。

再下来，到了尧舜的时代，文化越进步，思想越聪明，工业越发达，物质欲望越提高，人类痛苦也越大。这是《礼运》篇的整个精神。所以真正中国文化哲学的太平盛世，并不是指三王，因为三王之中的尧舜，是德治，以道德来治天下的，不用法律。

最早的法律，是自舜开始的，舜制定了象刑，象征性的刑罚。例如有人犯了罪，做一顶特殊的帽子给他戴上，使人知道他是犯过罪的。到了周文王时代，他看见老百姓犯罪，自己反而哭了，又不能不处罚，就在地上画一个圈，在若干时日内不许犯罪者超出圈外。像这样的时代，已经不能算是太平了。

在周文王以前的夏禹，时代就已经变了，所谓以功立德，有功就有德，人类开始崇尚功绩了；而这个"以功立德"只是招牌，招牌的反面，则是武功。

如果是真正的武功，也还不错，像汉高祖、唐太宗，都是以武功定天下；到了后世的帝王，连武功也没有了，只有"偷功""抢功"而已，这就完了。

因此，依照中国文化的历史哲学观点看来，人类的苦难，会越来越大，因为道德的规范不同了。过去的道德是宗教性的，东方、西方都是一样。譬如中国人怕因果、怕轮回、怕下地狱而不敢做不道德的事。现在没有这一套了，现在的道德是经济性的，以"有没有价值"来作为衡量道德的法码。有价值就道德，没有价值的就不道德，道德观念的标准已经变了，这一变易，本质上的差距就会很大。现在的道德以价值作标准，我预言一百年后，也许道德不再论价值，而问是否需要，需要的就是道德的，不需要的就是不道德的了。到了那个时代，就更糟了。

先了解到这些，就可以读懂《孟子》，知道他为什么说五霸是三王的罪人。

母教的影响

五霸是从春秋时代开始的，孔子著《春秋》这一部书，是一部法律哲学史的判决书，是对历史上五霸的判决书，指五霸犯了人类历史的罪，他们所作所为的影响，使社会风气变坏。所以《春秋》的第一篇，就是"郑伯克段于鄢"，郑伯是第一个提倡霸主政治的人，霸主政治的风气也从他开始。

这一篇是说郑伯使用手段，已经不是道德的政治了，连对自己的兄弟都使用手段。可是这一篇的精神，孔子指出来，政治的败坏，是由家庭教育，尤其是由母教的败坏开始的。

孔子曾经说过："知我者其惟《春秋》乎，罪我者其惟《春秋》乎？"意思是说，后世的人，是从《春秋》这部书中了解我；也会由《春秋》而责怪我。但是几千年以来，还没有看到，谁由《春秋》了解了孔子。今日我揭穿了孔子的秘密，虽然他在文字上，没有明白责备郑伯的母亲武姜，但谈到母教问题，他把"郑伯克段于鄢"，放在《春秋》第一篇的安排，就是指家庭教育的问题，尤其是母教最为重要。

有母教，才有家庭教育；家庭教育的败坏，影响了整个社会教育的败坏。春秋时代政治风气、社会风气的败坏，是由郑伯的母亲开始。对自己所生的儿女有偏爱，尤其女性对儿女有偏爱，无形中就影响了这个失爱的大儿子，对母亲用手段，对兄弟用手段，这个罪太大了。孔子把这篇放在最前面，真是妙极了，他的重点也就在这里，因为母教的败坏，家庭的失和，然后才有霸主思想的兴起。

讲到五霸是三王之罪人，想到清朝有一位秀才郑板桥，字写得好，独创一格，画竹子画得更好。他曾经批评三教的后世弟子说："和尚是释迦的罪人，道士是老子的罪人，秀才是孔子的罪人。"郑板桥的批评，就是由《孟子》这一段话引发而来的，话也说得不完全错，这是研究学术连带的话题。

孟子说："五霸者，三王之罪人也。"其中包括齐桓公、晋文公、秦穆公、宋襄公、楚庄王。这五霸是在春秋时代，到了孟子已经是战国时代了。春秋战国这两代四百多年间的战乱，是中国历史上最惨的一个阶段，所以孟子责备五霸是三王的罪人。

他又骂当代的诸侯："今之诸侯，五霸之罪人也。"不只是五霸，而是有七雄，包括秦、楚、齐、燕、韩、赵、魏等七个大国，是五霸的罪人，比五霸还不如。孟子尽管骂，是骂那些做君主的人，和我们不相干；下面就骂惨了，把当公教人员的知识分子读书人，都骂进去了："今之大夫，今之诸侯之罪人。""大夫"就是做官的，知识分子做官又称士大夫，古代的读书人，唯一的出路就是做官，不做官就不必读书。那时的教育，就注重在政途上，所以他说现在做官的知识分子，都是诸侯的罪人。下面是他说的理由。

什么是封建

天子适诸侯曰巡狩，诸侯朝于天子曰述职。春省耕而补不足，秋省敛而助不给。入其疆，土地辟，田野治，养老尊贤，俊杰在位，则有庆；庆以地。入其疆，土地荒芜，遗老失贤，掊克在位，则有让。一不朝，则贬其爵；再不朝，则削其地；三不朝，则六师移之。是故，天子讨而不伐，诸侯伐而不讨。五霸者，搂诸侯以伐诸侯者也；故曰：五霸者，三王之罪人也。

天子、诸侯，是古代的一个政治体制，名为封建制度。可是大家不要盲目地鄙视封建两个字，人云亦云地用这两个字骂人。

现代的大陆，每每骂人"封建"，其实只有民国初年少数几个人，勉强懂得一点封建体制是什么内涵。他们是借用这个名词，来形容西方的黑暗时期，于是就有了所谓"封建思想""封建势力"等等用词，用"封建"两字，乱去骂人而已。现代很多人，根本不知道封建体制是怎么一回事；后来一些青年们，也被搞迷糊了，盲目地跟着乱骂封建。

其实中国古代的封建体制，是真正的民主，详细说起来，又是一个专题，因为与现代一些学者的见解相反。别说年轻的一代，对封建制度的内涵、精神、哲理及其演变，不甚了然，即使现在八九十岁一辈的学者，也没有把书读透彻，只是以前人的意见为意见，前人错了，他跟着错，前人没有弄清楚的，他也不去弄清楚，任其糊涂下去。从孟子这里的话，就可以看到封建时的民主精神。

中国古代政治封建制度的精神，"天子适诸侯"，中央天子，这个大当家的并不好当。尧的时代，每十二年适诸侯，到各地方去拜访地方首长，当然地方首长要以特别的礼节欢迎。但是，天子绝对不接受招待，诸侯如果招待天子，天子要马上还礼的。尧十二年出来一巡，全天下各国走遍，这就是民主精神，在名称上叫作"巡狩"。

舜就是在巡狩途中死亡的，死在湖南。后来传说舜的两个太太，因为哭丈夫，血泪落在当地的竹子上，变成了湖南的一项特产——斑竹。其实这是误传，舜死的时候，已经一百多岁了，他的两个太太，就是尧的两个女儿，至少也有八九十岁了，两个老太太，纵然尚在，也无法去找丈夫了。实际上是舜的两个未婚女儿去哭的。史书上是说"舜之二女"，后人把"舜之二女"混淆了，认为是二妻，才把这件事扯到母亲身上。

到了舜的时候，改为五年一巡狩，禹的时候，则为三年一巡狩。至于各地的诸侯，两三年甚或每年，要到中央向天子"述职"，报告自己在国内所做的行政措施。现在报纸上，常有某某大使回国述职的新闻，"述职"一词，就是来自上古的政治制度。

当时是农业社会，主政的人，春天出门到各地视察，万一哪里出问题，像种子不够，耕牛不够，中央政府要帮助补贴；水利坏了，派人修建；秋天收成的时候，如果遇到灾荒，中央政府也要免税赋，还要拨粮拨款救济。

天子巡狩到了地方，看到荒地开垦出来了，农业发达；老年人有所归宿，过着悠闲舒适的晚年；有道德学问的人，受到尊重，生活安定；替国家办事的公务人员，聪明智慧超过万人的"俊"，超过千人的"杰"，都是第一流人才，在适当的位置上做事。古代的土地多，皇帝奖励，就将土地连人民，拨给这个诸侯。

近三十年来，大家在台湾，看不到地广人稀的情形，过去在大陆就常常看到这种现象。例如在东北，自清朝开始，设三个省治，叫作东三省；抗战胜利后，划分为九省，还是地广人稀，而且土地肥沃。山东人遇到凶年穷岁，无法生活下去时，就出关去了。年轻夫妇，背一个大包袱，出山海关，跑到东北平原，向远处一望，无垠无际，发现了未开垦的处女地。然后登门求见，地主知道是由关内出来开垦谋生的，就送一匹马、一条牛、够用的农具和粮食，甚至还有繁殖作种的家畜家禽。开垦的人领来，到荒地上搭一个茅棚住下，展开了垦荒的工作，九年以内，不必完粮纳税缴租谷。九年以后，地主也宽厚得很，要开垦的人，看收成能缴多少租谷，他就收多少，各凭良心，绝不会争执，互让互助，淳朴敦厚。在西北地区，尚未开发的土地也多得很。

所以我很感叹，今日台湾的青年，一旦回到大陆去，将如何面对？对大陆的情况，都不了解，都以台北市的头脑看世界，看全中国。现在二十多岁的人，差不多都是"台北头脑"，这是特制品，限台北使用，拿到外面，不一定通行。台湾的物质生活太享受了，"富岁子弟多赖"，赖皮的青年多，努力的少。

古代天子如果到了一个地方，看到土地荒芜；对年老的人没有照顾好；有才能的人没有工作做；头脑聪明，没有真道德、真学问的欺压老百姓的小人在位，那天子只有"让"。所谓"让"，等于我们对一个部下说，老兄，你太不行了，不是骂，是一种婉转而又严重的警告。如果定期的"述职"不到，第一次降级；如果再不到，土地、人民、权利就取消了；第三次还是不到，就派宪兵、警察的部队，把他抓起来了。

这是上古的时代，天子对诸侯，只是宣讨他的错误，并不用兵去攻打。三次不遵守命令，已经九年了，还不改过，才不得已抓起来。而诸侯与诸侯之间，彼此反对时，没有权力责罚对方，只有陈兵到边界，如不能协调，才打仗。

孟子说，五霸已经没有道德了，他们搂住有权力的诸侯，彼此成立联盟，发展个人侵略的欲望。所以五霸是三王的罪人，历史在退步了。

人们常说时代进步了，我认为要看以什么作标准。如果以物质文明作标准，时代是进步了；如果以人文文化的道德作标准，时代则退步了。像我个人，生活经验很多，曾经过原始生活，当年在西藏、西康边界，住的是山洞，蹲在地上，抽出腰刀，割生肉往嘴里送。好朋友选块肉给你，张开嘴就得吃，如果皱一下眉就算失礼。吃得满手的血就向衣服上擦，所以穿的衣服都发亮。手上沾着的油往脸上抹。从来不洗脸，如果脸洗干净了，雪山过来的风一吹，就变成老人，脸皱得像干的橘子皮。那种生活，到现在还使我怀念，精神上的自在，比现在物质文明的都市生活好得多。

五霸之罪人

孟子再说到当代的诸侯，是"五霸之罪人"的事证：

> 五霸，桓公为盛。葵丘之会，诸侯束牲载书而不歃血。初命曰："诛不孝，无易树子，无以妾为妻。"再命曰："尊贤育才，以彰有德。"三命曰："敬老慈幼，无忘宾旅。"四命曰："士无世官，官事无摄，取士必得，无专杀大夫。"五命曰："无曲防，无遏籴，无有封而不告。"曰："凡我同盟之人，既盟之后，言归于好。"今之诸侯，皆犯此五禁；故曰：今之诸侯，五霸之罪人也。

他说，春秋五霸，第一个成霸业的是齐桓公。齐桓公第一次与诸侯联盟，是历史上有名的"葵丘之会"，在葵丘这个地方大会诸侯。

这时齐桓公的威风，凌驾天下，周天子已经成了傀儡，天下诸侯，不听他的，只听齐桓公的。齐桓公之所以能成霸，是找到了好伙计管仲。管仲当了宰相，一匡天下，一下子就把齐桓公高举成了霸王，他的灵魂就是管仲。

在葵丘大会时的礼节，带有浓厚的宗教色彩，先杀牛、羊、猪，祭祀天地。写好联盟各国共同应该遵守的条约，但没有像后世一样的"歃血"为盟。葵丘之会，没有歃血，没有发誓，很礼貌，很文明，只约定五件事：

第一条：任何一个国家，除了不孝的人以外，不杀，这是不随便杀人；诸侯已经确定的继承人，不可以随便换；不可"以妾为妻"，元配不能随便废掉。

第二条：联盟以后，各国要尊敬贤人；有才能的子弟，要予以培养教育。这是提倡道德，以改善社会风气。

第三条：要尊敬老年人，使老有所养，要爱护小孩子，好好培养下一代；要爱护出门在旅途中的人，帮助他们解决困难。

第四条：官位不可以世袭，这种世袭的制度，是后来才有的，在上古文化中，没有这种制度的。大概在孟子时代以前，已经开始有了这种情形，而且出了毛病，所以管仲在草拟条约的时候，提出了这一条。关于一般行政，不能专权，要公开；同时公务员的长辈亲属，不能干预公事；用人要用人才，不能随便杀公务人员，要尊敬他们。

对于"无专杀大夫"，后世宋朝做得最好。赵匡胤创下的赵家三百年天下，最尊重大夫，所以宰相和皇帝，是坐下来谈话的，有时候意见不对，宰相可以把公文推回去，也只有宋朝如此。后来明朝和尚皇帝朱元璋，不管你宰相不宰相，与他意见不合时，当场就在朝廷上，拉下去鞭打。所以对士大夫最不客气的是明朝，有点蛮干。

第五条：不可以随便破坏水利，也不可以只顾自己，而将洪水排泄到与盟的邻国去；当盟国遇到荒年时，要开放谷仓去救济，让他来买米，不可以乘他国荒年而囤积居奇；国家做了重大的事情，如开辟土地，建立都市等等，都要向周天子报告，尊敬中央政府。

齐桓公成霸主后，约定这五项，等于汉高祖的约法三章，当时非常公平。在几千年以后看起来，除了妻、妾问题以外，还是非常公平合理的。

在这五项条款以外，同时宣言：这次国际大会以后，加入契约的国家，不准彼此侵略，大家都是好朋友，不要闹意见。

自从这次盟会以后，当时国际之间，就真正安定了几十年，没有发生战争。这也是管仲了不起的地方，以一个书生，捧了一个齐桓公，就做了这么大的功业。孟子骂五霸是三王的罪人，齐桓公是五霸中的第一个霸主，已经是三王的罪人了，还能够做到这样的功业，而且，五项条约，也都有道德的观念。

孟子说：现在各国的诸侯，对于以前齐桓公所订的那五项条约，一项都没有人做到，所以我说，今日的诸侯，又是五霸的罪人了。

战国的诸侯们为什么这么坏？孟子说，老板们之所以坏，是因为用的伙计太坏了。

秦桧逢君之恶

孟子说：

> 长君之恶，其罪小；逢君之恶，其罪大。今之大夫，皆逢君之恶；故曰：今之大夫，今之诸侯之罪人也。

"长君之恶"意思是说，现在那些做官的士大夫们，专门喜欢拍马屁，拍长官、领导人的马屁，因而增加了长官的罪恶，这罪还算小，有句俗话："千错万错，拍马屁没有错。"例如老板喜欢附庸风雅，搜求古董，买来些赝品，还自命行家，部下反而去称道他眼光好，是鉴赏家，这就是"长君之恶"，罪还算小；问题在"逢君之恶"，那就罪大了。所谓"逢君之恶"，是老板有那么一点犯罪败德的意思，还不敢做出来，而部下去满足他这个不正当的欲望。例如，一个首长，想以权势弄钱，可是又不敢弄，有聪明的部下，揣摩出他有这种心理，想办法替他弄到这笔钱，比他所希望的还多。甚至最初不给他知道，等他知道的时候，已经是既成事实了，更得上司的欢心。这就是"逢君之恶"，这种罪可就更大了。

大家都知道，秦桧害死了岳飞，实际上真是天大的冤枉，秦桧之害岳飞，只是"逢君之恶"而已。

希望岳飞不要打仗的，并不是秦桧，而是宋高宗。岳飞为国家对敌人打仗并没有错，而宋高宗身为皇帝，他虽有不打仗的心思，可是讲不出口，无法叫正在前线打胜仗的岳飞向后撤退。事实上，岳飞越是打胜仗，宋高宗的心里就越是着急。而秦桧揣摩到了宋高宗的这种心理，才对付岳飞的。

因为宋高宗的父亲和哥哥，两位老皇帝徽、钦二宗，被金国俘虏，羁留在北方。而岳飞打仗所用的口号是："直捣黄龙，迎归二圣。"这口号的确响亮，堂堂正正，义正辞严，很能鼓舞民心士气。可是，岳飞一旦成功，实现了这句口号，把徽、钦二宗两位老皇帝接了回来，目前已经安坐在皇帝位置上的高宗，又坐到哪里去呢？他不能说：老岳呀！你不要打了，你把我父亲和哥哥接回来，可把我摆到哪里去呢？岳飞对这个问题，没有想过答案。所以岳飞的口号喊错了，如果是"直捣黄龙，还我河山"，高宗心里还舒服一点，但"直捣黄龙，迎归二圣"，高宗听来，多么刺耳，心里的苦水又吐不出来，脸色却变了又变，难看极了。秦桧懂得了老板的这种心理，所以把岳飞杀了。岳飞精忠是精忠，可是政治头脑，似乎差一点。

秦桧的罪过在哪里？

我们再看一件事：徽、钦二宗，父子二人，原来是皇帝，那种生活多舒服，结果成了俘虏，囚禁在北方，这种日子是很不好过的。他们被俘北上时，一路上都作了诗，那种痛苦，比李后主还要痛苦万倍，生活在求生不得、求死不能的情况之下。

南宋末年，有一个头衔为昭仪的宫廷女官，等于皇帝的女秘书，名王清惠，当元朝大将伯颜打到临安的时候被俘了。解到北方的路上，填了一阕《满江红》词。大家都能背诵岳飞的《满江红》词，悲壮感人，认为了不起，可是这位昭仪的确文学修养相当好，她的这首《满江红》，更是了不起。原词是：

太液芙蓉，浑不似，旧时颜色。曾记得，承恩雨露，玉楼金阙。名播兰馨妃后里，晕潮莲脸君王侧。忽一声，鼙鼓揭天来，繁华歇！

龙虎散，风云灭，千古恨，凭谁说？对山河百二，泪盈襟血！驿馆夜惊尘土梦，宫车晓碾关山月。问嫦娥，于我肯从容，同圆缺。

后来这阕词，传到南方来，文天祥看到以后，喟叹说，这位昭仪填的这首词太好了，就是最后"同圆缺"三个字不好，可能她的意志不坚定，万一元朝的皇帝要她的时候，她会改嫁了。可是王清惠后来并没有投降，元朝的皇帝问她，究竟要什么？她说希望能给她一个完整的人格，允许她出家去当女道士，她会生生世世感激他的恩惠。后来果然如愿，道号冲华。所以后世有人说文天祥要求太苛了。

到了清朝，有一位诗人名舒位的，作了两首诗为她辩护，写得很好。原诗是：

其 一

边月分明绝调弹　　乐昌破镜不成圆

南来汉使蛾眉老　北去萧娘细马寒

识字早知忧患始　作人何止笑啼难

曲中会有湘灵瑟　那署冲华乞女冠

其二

荆棘铜驼梦又成　美人消息出倾城

两宫华发应怜妾　三日春潮解避兵

丞相黄冠挥手事　将军碧血断肠声

玉壶无恙金瓯缺　四壁青苔万古情

　　读了这两首诗，虽然作者舒位，后她千把年，仍然是这位王昭仪的知己。昭仪原本也是妃子，只因为学问好，而做了女官，兼为皇帝的女秘书。她的《满江红》词里，就有"承恩雨露，玉楼金阙。名播兰馨妃后里，晕潮莲脸君王侧"的自我描写。而舒位诗中"识字早知忧患始，作人何止笑啼难"确是名句，道出了人生大哲学，尤其是对王清惠的身世，一语道尽，全部说完了。对整个人生而言，不但女子无才便是德，男子也是无才便是德，一个人学问越好，知识越好，痛苦越大。他说你王清惠当初何必读书？假如不读书，只是一个普通女子的话，当俘虏、丫鬟都好，烧饭就烧饭，洗衣就洗衣，管他的。"识字早知忧患始"，有了知识，就开始有了痛苦，"作人何止笑啼难"，在这个国破家亡身被俘的时候，不止笑也笑不得，哭也哭不得，甚至求生不能，求死不得。

　　文天祥当初不满她《满江红》词中最后三个字"同圆缺"，认为她可能会变节，但后来证实她头上戴上羽冠，出家做女道士了——因为女道士头上要戴帽子，所以称作"女冠"——于是舒位咏道："曲中会有湘灵瑟，那署冲华乞女冠。"意思是指读她这首《满江红》词，这个女人会变节投降吗？以后出家去当女冠，已经退一万步了，可能有她不能死的理由。

他的第二首诗，更说到文天祥，"丞相黄冠挥手事"，据说文天祥被虏后，也曾向忽必烈提出两个条件，一个是把自己杀死，一个是让他出家去当道士。宋代是盛行道教的，不过后世的人为文天祥辩护，说他不曾提出当道士的要求。舒位的诗中则这样说，意思是，一个女人能够不投降，去出家当道士，已经很了不起，不像你文丞相，想当道士那么一挥手的容易，你不能要求一个女性太苛了。"将军碧血断肠声"，兵败如山倒，在失败的时候，就是男子汉也战死了。"玉壶无恙金瓯缺"，王昭仪到底还是保持了她的节操，可是国家还是败亡了，现在剩下的是"四壁青苔万古情"，王昭仪当年的道观，也许只是四壁的青苔，留给千秋万代的人去凭吊了，这种感慨真是太深了。

高宗的烦恼

再回溯到前面徽、钦二宗被俘的时候，金人要秦桧做地下工作，高宗在临安做了皇帝，最初也曾想设法把父亲和哥哥接回来。要知道，世界上权力是比金钱更迷人的，有金钱不一定会有权力；有了权力，似乎不怕没有金钱。所以高宗一当上皇帝，就被权力迷住了。但他在临安，还是怀念在北方的父兄，常常拿了一把徽宗所画的扇子，在手上把玩，平常这把扇子，由一名亲信的太监保管，不许别人碰。有一次秋天到了，太监偷偷把这把扇子带回家里去玩，他有一个好朋友康伯可，是一名才子，这天到太监家喝酒，看见了这把扇子，问清楚就是高宗经常把玩，徽宗所画的那一把，于是设法把这太监支开，在扇子上写了一大堆字。等太监回来看见，吓得变了脸色，但也只好偷偷送回宫里去。第二天宋高宗要来这把扇子一看，问是谁在上面写了字，太监只有跪下来，照实招供是康伯可写的。高宗仔细看去，是一首诗，上面写道：

> 玉辇宸游事已空　　尚余奎藻绘春风
> 年年花鸟无穷恨　　尽在苍梧夕照中

这是康伯可有意写来谏劝高宗，不可以这样不顾父兄危难地继续下去。高宗读了以后，不觉眼泪掉下来了，也没有杀康伯可或那个太监。

对于宋高宗的罪状，还有一项证据。明朝张和仲所著的《千百年眼》这部书中记载：

宋高宗恢复不坚者，忌徽、钦北归，势力轧己也。按《朝野遗记》云："宋和议成，显仁后（徽宗妃韦氏）将还，钦宗挽其裾曰：'汝归与九弟言之，吾南归，但为太乙宫主足矣，他无望于九哥也（高宗第九）。'后不能却，为之誓曰：'吾先归，苟不来迎，瞽吾目。'乃升车。既归朝，所见大异，不敢复言。不久，后失明，募医疗者莫效。有道士应募入宫，金针一拨，左翳脱然，复明。后喜，求终治其右。道士笑曰：'一目视物足矣，彼一目存誓言可也。'后惕然起，拜曰：'师，圣人也，知吾之隐。'设几而留谢之，皆不答，才啜茶，遽索去。后询其报德，谩曰：'太后不相忘，略修灵泉县朱仙观足矣。'拂衣出。时上方视朝，仗下，急迹访之，不得。"观此，可知高宗之猜忌矣。又考钦宗在虏，宋止遣巫阪一迎，而不终请。中间，帝与契丹耶律延禧，同拘管鸩翼府者三年，囚于左院者两年，卒为虏奴箭

死马足之下。哀哉！高宗忍于其亲，何太甚也！

这是高宗在临安——杭州建都，当了皇帝以后，民心志气为之大振，金人看了，当然恐惧顾忌，于是为了缓和紧张的局势，向南宋求和，先把徽宗的一个太太，也是高宗的养母，送回到南方来。钦宗告诉这位太后，带一个口信给九弟——高宗，想办法把我们父子两人接回去，而且告诉他，我们回去，不会对他有什么要求，退休下来，守一个庙宇——道教为宋朝的国教——到太乙宫这类道观中去当一个住持好了，除此之外，再没有其他的要求。换句话说，九弟还是做他的皇帝，只是要接我回去。这些话，就说得这样可怜。

这位皇后答应了钦宗的要求，对他说，我回去一定想办法要他接你们回去，你的话我一定带到，不然我的眼睛就会瞎掉。

可是这位皇后回到临安，看到当时的情形，完全出乎想象之外，大不相同，知道钦宗托她带的口信，说了也没有用，而且可能有害，不敢说出来。后来她的眼睛真的瞎了，皇后的御医治不好，于是公开向民间悬赏求医，也医不好。后来有个道士去应征，大概他和佛法的密宗一样，学了道家的法术，用根金针一挑，就在她左眼中挑出一层薄膜来，她的左眼马上复明，清楚地看得见一切东西。

这位皇太后要他再医右眼，道士说：太后，你曾经赌过的咒，不能不应的，这只右眼就让它看不见，来应你的咒言吧！

皇太后听了他的话，大吃一惊，这件事是一件大秘密，除了她自己和钦宗以外，没有人知道，可以想见这位道士的道行之高。太后心想，这个秘密将来传了出去，历史上写下来多难听！马上派人去追这个道士，已经找不到了。

这些数据，都说明了“逢君之恶”之所以罪更大的道理。

451

孟子在这里所提出来的，是中华文化历史哲学上，一个非常严正的问题。他指出五霸是三王的罪人，而当时战国时代的七雄等诸侯，又是五霸的罪人。再下来，当时诸侯各国中，在位做官的士大夫们，都在那里"逢君之恶"，为当代诸侯的罪人。所以孟子这些话，等于指摘当时社会上、中、下各阶层，都是历史的罪人。

在战国时代的社会，已经变成这种情况了，等而下之，在后世每一个动乱的时代，都和孟子这里所指摘的差不多。以孟子这一个观念，来看整个人类历史，以及任何国家的动乱，不应该只责备上面少数的领导人物；动乱之所以发生，多半是整个的社会风气发生了问题，也就是整个人类社会的道德崩溃所致。一个时代历史的演变，固然少数有力量的人，可以使它转移，但有时候亦非少数人转移得了。在转移不了时，后世以一个名词"劫数"来形容它，也就等于说，这种动乱的苦难，是由于全人类，或某一区域的全体成员的共同气运所致。这类大的气运所趋，并不是少数人可以挽回的。

师出无名

孟子根据这个观点，再举出一件事实，加以阐述：

> 鲁欲使慎子为将军。孟子曰："不教民而用之，谓之殃民；殃民者，不容于尧、舜之世。一战胜齐，遂有南阳，然且不可……。"
>
> 慎子勃然不悦曰："此则滑厘所不识也！"
>
> 曰："吾明告子：天子之地方千里，不千里不足以待诸侯；诸侯之地方百里，不百里不足以守宗庙之典籍。周公之

封于鲁，为方百里也；地非不足，而俭于百里。太公之封于
齐也，亦为方百里也；地非不足也，而俭于百里。今鲁方百
里者五，子以为有王者作，则鲁在所损乎？在所益乎？徒取
诸彼以与此，然且仁者不为；况于杀人以求之乎？君子之事
君也，务引其君以当道，志于仁而已。"

战国当时的鲁国，准备派军事家慎滑厘为将军，出兵打仗，
去侵略别国。

这个时候，孟子应该已是晚年，回到他的故乡——邹地了，
邹地是鲁国的附属地区。孟子对出兵这件事表示反对，他说：这
是不可以的，对方没有什么过错，就没有理由去攻击。对本国来
说，鲁国是一个文化深厚的国家，老百姓也没有受过严格的军事
训练，随便把他们送到战场上打仗，就是祸国殃民。而这样祸国
殃民的人，"不容于尧、舜之世"。

孟子特别提出来，中国上古文明，以尧舜时代的政治为标
榜，认为这样的侵略战是不可以的。有一句成语说"师出无
名"，没有理由而去发动一场战争，是不可以的。纵然是现代的
世界争霸国家，如美国与苏联之间，谁都不敢先发动战争，怕的
是"师出无名"，被世界人类唾骂与攻击。发动一次战争，必须
师出有名，要有一个堂堂正正、站得住的理由。

民国二十六年七月，"七七"事变，日本人在卢沟桥发动侵
略我们的战争，也编造了一个令人听来颇为堂皇的假理由，借口
他们的一个兵失踪了，武装搜索，侵入我们的领土来。然后提出
所谓"大东亚共荣圈""大东亚民族主义"，实质上都是胡说，
是不成其为理由的理由。

历史上有许多战争，像圣战、义战，都是师出有名，有其正
当理由的。尤其是中国文化，并不是反战，而是对于战争的事，

非常慎重，并不轻举妄动。只有为了自卫，或者救世、救人、救别的国家，才用这把刀，等于是医生手中的刀。绝不能为利己而去杀人，那是强盗手中的刀，所以中国军事哲学的道德，简单说是"武德"，而且这不仅是中国有，人类都信守武德。

孟子说：即使你能一战打败齐国，得到胜利，但想占领齐国的南阳，也是不可以的。

孟子在此时此地，的确可以站出来讲话，直言无讳地批评，因为鲁国是周朝式微以后，诸侯中文化最深厚的国家。孟子在齐国、魏国，讲话就比较委婉，态度客气一些，因为是看文化水平的高低，关系程度的深浅，说话的方式就有不同。这一段谈话，也许是在一次国家重要会议席上，面对面所说的。

慎子听了孟子这几句话，脸色一沉，很不高兴地说：你这个道理，我就不懂了。这就是民主政治中的一种精神，在会议席上，虽然发了脾气，心里很不高兴，甚而脸色都已经变了，可是讲话仍不能粗暴。慎子的这一措辞，口头上说不懂，实际上就是不同意孟子的说法。

孟子说：我坦率地告诉你，依照现在的政治制度，管辖土地的划分，规定中央周天子直接管辖的土地，方圆要一千平方里。因为开始分封时，四方的诸侯，有两三百个之多，有的等于现在的一县，也是一国诸侯。如果周天子没有这么大的土地，则没有办法来接待这许多诸侯。而诸侯直辖的土地，依规定是方圆一百平方里，如果不到一百平方里，就不足以保留他们的传统文化。那时的周朝，在政治上统一，在文化上还没有完全统一，各诸侯国的风俗习惯，并不相同。

直到现在，中国因幅员广阔，山川形势各异，气候冷暖晴雨也有很大的差距。而且各地资源的蕴藏，开发的程度，生产的方式，在在都有其特点。这些因素，对风俗、习惯、语言，都发生了影响。如台湾保持了闽南的文化，而在闽南的漳州与泉州的语言习惯，又有差别，闽南与闽北、闽东、闽西，也各不相同。这也是中华民族文化的特质，在全国统一的文化中，各地方仍然保持其特点。

孟子举出齐国与鲁国，这两个兄弟之国为例。

两国的第一代国君，都是了不起的人。鲁国的第一代国君伯禽，是周公旦的儿子，中国几千年文化，是周公奠定的基础。所以后世的孔子，常常做梦也梦到他。齐国的第一代国君姜太公望，是周武王的军师，他帮助武王统一中国，建立了周朝，被分封到齐国。当时的齐国还没有开发，属于滨海之区，地瘠民贫，是一个非常苦寒的地方。

姜太公的故事

历史上的人物，多被后世忘记，能被后代所知而又值得我们效法的，就有姜太公。实际上姜太公并不姓姜，姜只是他祖先的封邑，一个地名。他姓吕名望，有一部明代的神话小说《封神榜》，影响了我国民间的风气六七百年之久，内容是写周武王革命，推翻殷商纣王的战争，其中神话非常之多。也许在现代的青年看来，认为写得不够好，因为那还是明代的白话文体，民国早年的青年，都非常喜欢看。

例如说，周文王有一百个儿子，其实只有九十九个，最后一个是收养来的，名叫雷震子，也是战死的，成为天上的神，就是雷公。他有翅膀会飞的，专门做惩罚恶人的事。所以民间有传说，凡是被雷殛死的人，都是恶人，纵然今生不曾做恶，也是前生做过大恶。后来怕雷公打错了人，又派一个电母来，两手各拿一面镜子，一面发蓝光，一面发红光，当雷公要打死人之先，由她先照一照，看清楚才打，这就是闪电。也许女人比较细心，所以这项工作，由一个女性的电母来负责。

小说中描写，天上的神，都下凡来帮武王的忙。除了像关公这个后世汉代成的神没有份之外（现在有人说，关公当了玉皇大帝），道教的太上老君、元始天尊，乃至于佛教的准提、文殊、普贤、观音菩萨、孔雀明王等等，都出来帮武王。连儒家的也有来帮忙的，因为这是中华民族的一个劫数，所以都出来了。周武王革命成功以后，天下太平，凡是战死的人，包括三教的人，都来等姜太公封神。最后把所有的神都封完了，却忘了自己，等想到自己时，所有的位置都满了，没有办法，只好封自己为社稷坛的坛主，当土地公，做最小最小的神。所以民间有句歇后语：姜太公封神——好处都给了别人。

实际上，这部小说，说明了道家的精神，"功成，名遂，身退，天之道也"。这是道家的人生原则，功成了，也有名了，赶快退下来，这也是天地自然的法则。例如一棵木瓜树，长大以后，结出木瓜来，摘下来吃，味道很甜。树老了再也长不出木瓜，就成为枯木，砍下当柴烧，变成灰而四散，就是功成，名遂，身退的自然法则，万物也都离不开这个法则。姜太公封神，也是这个法则，功成而不居，一切佛、菩萨、神仙，都要靠他封，由他发一张文凭才能去当什么神，而他并没有为自己留一个好位置。

大家看这部小说，绝大多数的人，都没有看出它的精神。姜太公那么大的功劳，万古以来盖世功勋，比谁的功劳都大；可是，他只记下了别人的功劳，而忘记了自己，这就是姜太公的伟大处。

再看《封神榜》上叙述姜太公的坐骑，就是他专用的交通工具，很妙。在小说中，各人的坐骑都介绍了，如哪吒三太子，就是托塔天王李靖的三儿子，金咤、木咤，哪吒是老三，削肉还母，析骨还父后，用莲花把他的尸首拼起来，复活了不能走路，就脚踏风火轮，比谁都跑得快。好像上古时代，中国就发明了摩托车。

这些地方，如果仅把它当作神话看，意味就仅此而已。进一步看，就发现中国古代的科学幻想，非常之高明合理，许多幻想，都在千年之后，见诸实现。比起今日那些西方的科幻小说、科幻电影来，眼光远大得多。

再看姜太公的坐骑，叫作四不象，既不像老虎，又不像狮子，什么都不像，又什么都像，麒、麟、狮、象、豹各自的长处它都有。这又是哲学的意味，象征一个人的修养学问，要想做到四不象那样高明，是最难的，只有姜太公做到了。这也就是孔子说的"君子不器"，做什么就是什么。

假如说，倒霉的人要供奉一位"倒霉祖师"，那就是姜太公，他从出生直到七十九岁，都在倒霉之中。穷得没有饭吃，去卖面粉，突然来一阵龙卷风，把他的面粉吹得无影无踪。后来改卖豆豉，这是黄豆煮熟了用盐渍过的东西，却突然会长出嫩芽来。又卖咸鱼，也会变成臭腐的生鱼。以致老太婆守了他一辈子，挨了一辈子的饿，再也守不住了，只好跟他闹离婚，另谋生路去。他离婚以后，一个人孤苦伶仃，就到渭水河边去钓鱼了。人已经到了这个地步，仍然不改变他的作风，绝对不用歪歪曲曲的手段，仍然是讲道德，守直道，用的鱼钩是直的。所以后世也有一句歇后语：姜太公钓鱼——愿者上钩，不愿者回头走。这也是中国文化中，读书人的一种人生哲学。

他最后钓上了一个周文王，这时姜太公已经八十岁了，而周文王比他年纪更大，已经九十多岁了。周文王是由于祖宗托梦给他，所谓"飞熊入梦"，他醒后用卜卦详梦，卦中指出有姜太公这样一个圣人，找他帮助自己，天下可以得到太平。结果在渭水河边把姜太公找到了，请他当自己的老师，于是请姜太公坐上车子，周文王自己推车。九十多岁的人了，推车是相当辛苦吃力的。推了一阵以后，姜太公问他推了多远，周文王说八百零八步，姜太公说：你推了这样远，已很辛苦了，也就够了，才没有让文王再推下去。回去以后，周文王请他当军师，把三军部队、政治、经济、文化、教育，一切都归他管。于是他帮助周朝革命，把纣王打垮，建立了周朝八百零八年的天下。到孟子的时代，周朝已经有七百年的历史了。

这是虚构的小说，没有读过的人，不妨读一遍。它的文字，是明代的古老白话文，读起来也许文艺的评价不高，但是用智慧去读，就可以看透其中所涵蕴的科学与哲学的道理。每一件事物，都别有含意，真是意味深长。如果读出来其中的味道了，就会看了又想再看。

在正史的记载，周朝革命成功以后分封，姜太公封在齐国，是土地最贫瘠的地方，他走到半路上，一度不想前去就国，连这个诸侯都不想当了，住在旅馆里三天，没有继续往前走。可是高人上面有高人，姜太公已经很高明了，可是他所住的旅馆那位老板，已经一百多岁了，是一位比姜太公更高明的有道之士。这一天早上把姜太公叫起床来，对他说：我看你乖乖地就国去吧！姜太公说：我这么大的功劳，只给我这么一个烂地方，我将来怎么去养活老百姓？旅馆老板说：这是天子的命令，你辛苦了一辈子，最后怎么可以做违抗命令的事呢？于是骂了姜太公一顿。姜太公经他这一骂，悟了！立刻就国。以后用海水晒盐做商业，所以到孟子的时代，齐国仍然是天下第一的富强国家。

介绍了姜太公的故事，回来再讨论《孟子》本文。

慎子逢君之恶

孟子说，周公是皇帝的兄弟，封在鲁国当诸侯；姜太公盖世的功劳，封在齐国当诸侯。当时中国有的是土地，而这两个人功劳那么大，中央封给他一千里，也不怕没有土地，不封一千里，五百里也可以，但仍然守法，依照规定只封给百里。这就是民主法治的基本精神，不管功劳多大，人人要守法，诸侯封地规定百里，不问功劳多大，还是只能封给百里。而现在鲁国的土地，实际上已经有五百里，是受封当年的五倍了。

鲁国是周公的后代，周朝的文化，是周公建立起来的，所以在诸侯各国之中，鲁国的文化最为深厚，也是在春秋与战国时代，最不会发动侵略战争的国家。到了孟子这个时代，连鲁国的土地，都已扩充了四倍，却还是当时扩充最少的。由这一点可以知道，当时的风气败坏到什么程度了。

孟子说：鲁国是代表中国王道文化的中心，现在土地扩充到五百里了，请问你慎先生，假使有一天，中央政府又出了一位圣明天子，周朝又恢复到初年的制度，对于鲁国该怎么处理？是请求再增加土地呢？还是守法把四百里土地退回去，只保留百里？

孟子又说：没有理由地去侵占别人的土地，扩充自己的权利，这是一个讲仁义的人，推行仁政的国家，所不愿也不能做的事情；更何况你想出兵打仗，以杀人的手段，来侵略别人的土地，这样应该吗？

最后他提出积极的意见对慎滑厘说：作为一个了不起的大臣，一个高级干部，应该以仁道来辅助领袖，使他留万古仁圣之名；帮助老板去侵略别人，并不是一个大臣应该做的事。

这一段是孟子说明，慎子是"逢君之恶"，鲁国的诸侯并没有想要去侵略别人，而是慎子去怂恿起来的。等于几十年前的日本，发动侵略中国的战争之初，日本有许多学者、文臣，都极力反对，因为自幼学中国文化，思想观念，尚知仁义。日本的少壮派军人，发动这次战争，结果是害了自己，害了中国，害了全世界，直到现在。

在同样的原则下，历史的故事，现在仍然可以看到在重演。所以不要认为孔孟之道很迂腐，我们是身历其境的人，今日的青年，是不能了解的；我们则深知，日本当时是违反了孔孟的这个原则。当战争爆发之初，日本的一位哲学家，东京帝大的教授跳楼自杀了，他说不忍心看到将来自己的国家灭亡。最后他的预言真的说中了——日本是无条件投降，假如不是我们以德报怨，不是"先总统"在四强会议中主张保留天皇，并且不要求战争赔偿的话，今日何来日本？这位教授就是根据这一个原则而自杀的。

助桀为虐的人

　　孟子曰："今之事君者，皆曰：'我能为君辟土地、充府库。'今之所谓良臣，古之所谓民贼也。君不乡道，不志于仁，而求富之，是富桀也！'我能为君约与国，战必克。'今之所谓良臣，古之所谓民贼也。君不乡道，不志于仁，而求为之强战，是辅桀也！由今之道，无变今之俗，虽与之天下，不能一朝居也。"

　　孟子接着说：现在一般做大官，当高级干部的人，都是"逢君之恶"，用种种的手段，以各种借口，去扩充国君的欲望，去侵略别人的土地。等于说慎子，自认为会作战，有军事天才，挑拨鲁国的诸侯，实行军国主义的政策，口里说，为国君扩大领土，使财政经济发达，成为霸主。现在的人认为，这样是国家最好的大臣；以中国文化而言，这不是"良臣"，而是"民贼"。

所以后世说，孟子是站在帝制的民主政治立场，以民为中心的。

他说一个大臣，做高级干部的，对老板要有好的建议，不可以为了自己的私利，做违背天良的事。一个国家的领袖不"乡道"，不以实施仁政为目的，一味地只想富国强兵，而大臣去帮着他"辟土地，充府库"，这就是像助夏桀为虐一样。

他又说：有的大臣，认为自己能够像苏秦那样，替老板邀约许多诸侯来，建立自己的霸主地位，去侵略别人，一定打胜仗。现在人认为他是"良臣"，古代则认为他是"民贼"，因为这样，只是帮助暴虐的国君，造成领导的错误。

最后他说：现在时代的风气，大家都说不要落伍，应该跟着时代走，但是现代社会的败坏风气，如果不能改变过来，向良好的路上走，纵然有人说把这世界都交给我，全球的财产也给我，"不能一朝居也"，而我连一天也不能活在这个世界上，因为这样的世界，实在看不下去了。

孟子始终以人类的文化为重点，这些话，看来好像没有多大道理，等到经过一番人生历练，懂了事，尤其是研究历史以后，再拿出四书来读，那真是意味无穷。不过体会这种味道，付出的代价也很大，不知道要看过多少人的血泪辛酸，经历过多少变乱忧患，才会懂得历史，懂得古人所说的道理。

再看看历史，慎子这一型的思想，所造成的时代悲剧，南北朝时代的五胡乱华，各个政权的突起，都是违背了孔孟的原则，所以没有一个政权能够长久。后来南唐五代，几十年间，也经过了十个国家的兴衰起落，也无一不是违反了孔孟的这个原则。

再看汉、唐、宋，这几个延绵百年以上的大时代，虽然在政治上没有完全符合孔孟之道，但仍然部分符合了孔孟之道，而且以实行孔孟之道为标榜，所以能够持续政权达几百年。

其中宋朝天下，也称赵家天下三百年，实际上三百年当中，差不多一半时间只有半壁江山，黄河以北，辽、金、元，相替侵凌，西北还有夏，这是文人政治天下，那么可怜！所以一定说文人主政就怎么好，并不尽然，一定要文武并重。

北宋的徽、钦二帝都被金人俘虏，后来南宋联合元把金人打垮；元回过头来吃掉宋朝，这段历史很热闹。所以研究宋史，一定同时要研究辽、金、元史。今日的青年，欲了解未来的中国，需要研究春秋战国的历史和南北宋包括辽、金、元的历史。金朝的末代有一个了不起的人物，就是完颜亮，曾被封为海陵王。他气魄很大，根本不把南宋放在眼中，派人到临安偷偷绘下当地风景做屏风，并把自己立马雄姿，绘在吴山第一峰上，并题了一首诗说：

> 万里车书尽混同　江南岂有别疆封
> 提兵百万西湖上　立马吴山第一峰

就是说天下由他统一了，文字、语言都统一了。混同是东北有一条江，名混同江，天下都是他们混同江上人的了。在长江南岸，怎么还有一个宋朝呢？这是不可以的！我要提百万雄兵打到西湖来，站在吴山的最高峰上，俯视临安你南宋的京城，睥睨天下。真是好大的口气，也就是慎子这一型人物的口气。

后来他果然率领了六七十万大军，号称百万，南侵宋朝。这时岳飞已死，却被宋朝的一个文人虞允文，在采石矶，一战就把他打败了；在退到瓜洲的时候，被一个部下杀死。他在统兵南侵之前，他的太后再三劝阻他，他竟然杀死了自己的太后，并杀了几百宋朝的文武官员，然后南下。结果被一个部下杀死，也是因果报应。

历史上这一类的事例很多，希望青年们把"经"与"史"合起来研究，可以发现哲学思想和政治哲学的道理。

下面转到另一个主题。

了不起　起不了

白圭曰："吾欲二十而取一，何如？"

孟子曰："子之道，貉道也。万室之国，一人陶，则可乎？"

曰："不可，器不足用也。"

曰："夫貉，五谷不生，惟黍生之；无城郭宫室宗庙祭祀之礼，无诸侯币帛饔飧，无百官有司，故二十取一而足也。今居中国，去人伦，无君子，如之何其可也？陶以寡，且不可以为国，况无君子乎？欲轻之于尧、舜之道者，大貉、小貉也；欲重之于尧、舜之道者，大桀、小桀也。"

这是一件非常妙的事情。

白圭这个人，在司马迁《史记》的《货殖列传》中，曾经标榜过他。这个人赤手空拳，白手成家，发了大财。他做生意的原则是"人弃我取"，别人不要，跌价的东西，他就收买，到了这样东西涨价了，他就卖出去，大赚一笔，由此而发大财。而他的生活，省吃俭用，和现在乡下的土财主一样，一个馒头都不愿意多吃，要留到发酸才吃；一件衣服补了又补还是穿，就这样白手成家。

有一句俗语："白手而置千金，必有过人之长。"财富如此，学问也是如此。一个人没有读过书，后来绘画很好；或者从来没上过学校的人，后来学问也很好，都是"必有过人之长"。人有恒心，有毅力，一定成功，因为这种人一定有头脑，有思想。白圭就是这样一个人，因为他有一套经济哲学思想。

因此他对孟子说：我认为经济思想、财政政策要改，税捐由现行的十分抽一，改为二十分之一，就可以了。如果哪一个国家把财经交给我，我一定能够办到政府财税收入够用了。你以为如何？

孟子对他说，你这个思想，这种办法，是野蛮人的办法。我且问你，有万户以上人口的地区，只有一个人做陶器，可不可以？

白圭说，不可以，一个人做的陶器，数量太少，不够一万户人家用。

孟子说，像没有开化的"貊"地的野蛮民族，一切文明设施都没有，过着原始生活，也没有政府机构、公教人员，他们的酋长向部落抽取二十分之一的税，当然够用了。现在我们居住在中原地区的人，有国家，有文化，有政治制度；教育要教育的经费，办社会福利要有社会福利的经费，保卫国家要军费、治安经费，一个文明进步的社会，可不可以取消了这些，恢复为原始的社会呢？你刚才说了，一个一万户人的国家，只有一个人制陶器，就会不够用，难道要我们回到原始的社会中去吗？

某种主义的思想，认为要走"回复到原始社会去"的路线才对。尤其是像"人民公社"、"土法炼钢"、"人力代兽力耕田"、"挑灯夜战"等等，都是这个走回原始的想法，乃"貊道也"。可以说，历史为我们证明，这是走不通的。

孟子说，一个国家的财经政策，抽税的比率，轻于尧舜时代，比尧舜时代抽得更少的，社会不会进步，不过是小野蛮与大野蛮的分别而已。但是，如果重于尧舜之道，把税拼命加重，也是错误的，这等于夏朝最暴虐的亡国皇帝桀，个人为了纵欲、享受，而把税赋加重，造成了民不聊生。

非常有趣的，在共产思想刚输入中国的时候，当时的青年，竟然误认为这就是上古井田制度的精神。

讲到井田制度，中国历史上也有两个人，曾经想要改变当时的现成政制，而恢复井田制度，实行土地国有，财产公有，取消私有财产制的。一个是王莽，一个是王安石。

王莽要恢复古制，实行公田制度，他把孔孟的思想搞错了。宋朝的王安石，也是这个思想，实行青苗法，最后失败了，而且最惨。宋朝的理宗虽然是一个好皇帝，却是一个书呆子，他的谥号所以为"理"字，是因为他学问很好，讲道理，对于理学、二程、朱熹他们这一派的孔孟之道，非常相信，对宋代五大儒非常尊敬。他是好人一个，用的宰相是贾似道，是秦桧以后的第一奸相，比秦桧的威风还大。皇帝准许他一个月只须上三次朝，参加三次中央的会议，见到皇帝也可以不拜。

许多趋炎附势的人，对贾似道更是大拍马屁。有一则很著名的故事，他在杭州的葛岭，盖了一处田庄别墅，规模非常宏大，亭台楼阁，山水湖沼，找些羽士美人，在里面斗蟋蟀玩。落成的那天，他带了许多门客，都是朝廷的大官，包括六部部长之流，跟在他后面，到处参观浏览。他说，什么都好，就是不闻鸡犬之声。这时就突然有犬吠声，大家觉得奇怪，哪里突然跑出狗来，循声一看，原来是一位部长级的人，在那里学狗叫，向他讨好。拍马之道，就有这样厉害。

贾似道这个人，历史上骂他是奸臣，老实说，他有理想，有才具，可是书读坏了，在南宋那个战争的时代，还要恢复公田制度，收成政府得六成，人民得四成，调查普天下的土地和人口，重新分配。就在同时北方的敌人要打过来了，他还在搞这些事，这就是书读迂了。所以当时有人作了一首诗：

> 三分天下二分亡　又把山河寸寸量
> 纵使一丘添一亩　也应不似旧封疆

他说中国的天下，三分已经两分都被异族占领了，只剩下三分之一的版图，你还要一寸一寸地去量，想要合理分配。你这样去量，也不可能把领土量得多起来，你老兄上欺天子，下瞒老百姓，去秘密议和；你不设法收复土地，却在这局促的江南量来量去。纵然把一分土地量成了一亩地，也不是那些失去的旧河山，并且还可能把这最后的土地也送给人家。果然，后来送给元朝了，这是贾似道的糊涂。

《孟子》这一段，所讲白圭经济思想严重的错误，由此可以知道，历史上的错误事件，实在又多又严重。

所以我常劝年轻人多读历史，但不希望像现代史学家们那样的读法，抓一个题目，写一篇论文，说上一大堆，而且多半侧重考据，某人的年代如何，某事的真伪怎样。像这样研究历史，对今日及后世，没有多大补益。读历史，不要为了得学位，要从历史中吸取经验，接受教训，准备做人做事。即使去做一个小主管，一个校长，乃至一个寺庙的住持，也要懂得历史，知道依据历史的经验与教训，去处理人和事。

孟子固然指出了白圭经济思想的错误，但后来司马迁写《史记》，却很佩服这个人。司马迁也不是乱佩服他的，白圭的白手起家，赤手空拳而成巨富，并非一般人所能办到的。前面说过的，他"必有过人之长"，的确有了不起的地方，令人不能不佩服。

可是，一个人的了不起，还是有其限度的。所以，当一个人获得了不起的成功时，自己要忘记自己的了不起，要赶快谦卑下来。如果获得了不起的成功以后，不忘记自己的了不起，甚至由一件事情获得了不起的成功，便以为自己事事都了不起，那么就会成为"起不了"。可是人是最容易犯这种错误的，这是年轻人要特别注意的地方，千万不可因一事之成功，便自满傲慢，这样必终归失败。切切记住这几句话：人到达"了不起"的时候，要忘记自己的"了不起"；如果不忘记自己的"了不起"，就会"起不了"。

这位白圭老兄，就犯了这个不忘记自己了不起的错误。他是了不起，成功了，可是成功以后，以为自己很伟大，好像什么都懂！所以对国家的财政，也大提其意见，其实他的意见错了。

十多年前，一个朋友劝告学经济的青年，毕业以后，不要到银行做事。他说，年轻到银行，为他人数钞票的结果，是圈圈越画越多，房子越住越大，车子越坐越新，心脏越来越狭。意思是说，看惯了金钱数字的人，心量就越来越窄小了。他的这几句话，一时视为名言。再看贾似道的"又把山河寸寸量"，也正如数钱，几角几分几厘，都在那里计算，心量非常狭窄，所以当时有些人，被他整得很惨。白圭也是这样，白手成家，心量一小，也就小看了天下事，小看了他人。当他的经济思想被批驳了以后，他又提出另一个问题来。

禹王的神话

白圭曰："丹之治水也，愈于禹。"

孟子曰："子过矣！禹之治水，水之道也。是故禹以四

> 海为壑。今吾子以邻国为壑。水逆行，谓之洚水——洚水
> 者，洪水也——仁人之所恶也。吾子过矣！"

从这段话看来，白圭好像是孟子的朋友。这位有钱人，能和孟子交上朋友，还是很了不起的。

他对孟子说：如果由我来改革国家的水利工程，我比禹王还要做得好。他这个牛皮可吹得大了，人只要成功到了那种地步，不管什么出身，都会昏了头，变成"起不了"啦。从这句话，可知他发财以后，拥有许多土地，为了开垦，可能也兴修了一些灌溉的水利工程，筑了些堤岸渠圳塘堰之类的设施。由于他自己也是生活刻苦，又能与僮仆同苦乐，大概工程进行得相当顺利迅速，于是他就认为自己能够治理全国的水利，比禹王更好。

今日的青年人要注意，将来一旦回到大陆去，水利是一个大问题，中国几千年来，一直到今天为止，还没有解决。大陆的水利，不像台湾，即以黄河一条河流的水患来说，就烦透了人，三年五年就出一次问题。渐渐的，长江的淤沙已多，河床上升，也要出问题。中国过去的读书人，为民族国家利益最留心的，就是农田、水利两件事。中国是农业立国的文化，农田水利，对国家仍有深远重大的贡献，还是要留意。工商业的发达，固然重要，但还在其次，先要将农业立国的基础打稳，才谈得上工商业，至少也得齐头并进。

大禹治水，禹的父亲鲧，就是因治水而牺牲。因为鲧治水九年没有成功，自请处分。但他劳碌九年，非常辛苦，仍有部分小功，皇帝不忍心处分，他便投水自尽；可仍于心不甘，变成一个水里的怪兽——黄熊。注意，不是熊字，这字的下面只有三点，是只有三只足的龟。所以禹王永远不提这个名字，这是他最伤心的。而禹王治水的本事，是从他父亲那里传来的；当他父亲鲧治

水时,大禹是反对父亲的治水计划的。古人讲孝道,向父亲提出建议后被斥责,他只有暗暗地哭,不敢再讲了。鲧是绝顶聪明的人,他的治水办法,和现代有些人的办法一样,北水南调,南水北调,这里筑堤,那里筑坝。禹认为不行,水是防堵不了的,要顺着水性治理,要阻挡也挡不住的,所以不能用筑堤防的方法,只能疏导,让它流走。但鲧用防堵的方法,九年之中,全国水利还是给他做成功一半;但最后仍然是垮了。

白圭说他来治理国家的水利,会比大禹还好,倒不是存心吹牛,而是犯了一个错误,以自己一点农村水利的眼光,来看大禹的治水问题。

所以孟子对他说:老兄,你不要随便讲话,你错了!禹王的治水,是顺水之道,他到处开山,把几条大河,疏导入海,真是奇迹。尤其黄河长江的工程,后世的水利专家们,到实地去研究,认为简直不可想象。上古时代的人口并不多,即使以几千万的壮丁,用十三年的时间,恐怕未必能够做到。

只有从中国上古的科学神话上看,可以做到。神话上的说法,又是女性的伟大,禹王治水,主要是得了瑶池圣母——王母娘娘的帮助,还有伏羲氏、轩辕氏帮忙。给了他两个宝圭,比现代的X光、红外线、紫外线还厉害,只要用这两个圭一照,地心都为之照穿。后来华山的龙门峡,如果以现代的技术去开山,要动员一百万人用炸药去炸,才可能炸开。禹王没有办法,只好去请王母娘娘帮忙,把各路神仙都请来了,结果由"巨灵之神"帮忙。大禹请求舜下命令,自龙门峡起,一直到海口为止,所有下游的老百姓,在若干天以内,统统搬到高地上去,然后由巨灵之神,站在那里,两脚跨开站稳,用两手将一座山用力撑开,只费了半个时辰,就开了龙门峡。

现在有一本书出版,叫作《上古神话演义》,完全是说三代的神话故事。这本书的作者，是有学问的，完全根据《山海经》等书写的。

不过开龙门峡这件事，的确是一件疑案。禹王自己，后来也用了神通，他开衡山的时候，觉得麻烦王母娘娘这些神仙们太多了，这次不好意思再麻烦他们，这次他要自己开，到衡山去施工。他的两个太太，是九尾玄狐成仙后生的女儿，他治水十三年，三过家门而不入，只有四天的婚姻生活。这时两个太太去看他，并且要告诉他，第二个太太已经怀孕了。可是他忙于工作，没有时间谈话，叫两个太太在山下等他，在开好山以后再谈。于是他一个人跑到山上去，并吩咐两个太太闭上眼睛，不可以向山上去看他。上山后他摇身一变，变回他的本命元神——一个大熊，用尾巴打鼓开山。他的二太太年纪轻，不相信丈夫能够打鼓开山，姐姐告诉他，听丈夫的话不要去看，不知道就不要去知道。可是这个年轻人硬是睁开眼睛去看，没有看见丈夫，只见一只大熊，用尾巴打鼓，两手执斧开山。她想我的丈夫原来是一只大狗熊，一气之下，站在那里化成石头了。大禹开了山下来，看见大太太在哭，问起原因，原来二太太已经变成了石头，知道她看见了自己的元神。于是说：好！你既然不愿看见我，那么你走你的，把儿子还我。所以弄开石头，把儿子抱出来。因此禹的儿子名启，是开启石头得的。

中国的上古史，就是神话史。上古史上说我们的祖宗是从天上下来的，不是像达尔文所说是猴子变的；猴子只是达尔文的祖宗，我们的祖宗是天神变的。

现在再看孟子对白圭说的话。

他说，你老兄治水，把自己的水利筑好，把水放到邻国去，邻国遭水灾了，你这样叫作懂得水利吗？水利是为天下的老百姓利益而开发的。所以孔子对大禹的治水，也无话可说，大禹治水，不但是为天下万民，也是为千秋万代谋了福利。

今日中国人有饭吃，也是受了大禹治水的恩惠，甚至包括台湾。据《山海经》的说法，大禹不但到过台湾，甚至南美、北美、欧洲、北极他都去过。因为王母娘娘派给他十六名大将，天上七名，地下九名，他的部下有一个人会养龙，他有两条龙为坐骑，要到哪里，骑上龙背就去了。所以治天下的水利，能够十三年成功，如果没有那么多人才，是办不到的。换言之，在他那个时候，就已经有了自然科学。例如有一种科学的交通工具，是真实的，在《史记》中就有记载，现代西方人用来到山上滑雪的雪橇，我们中国，远在禹王时代就发明了。他若到泥沼地带，就用泥橇，一滑就如飞行一样，滑出去了。这不能不承认他的科学头脑。

孟子到这里，从人君之道，说到人臣之道，再说到社会的进步繁荣以后，再说到人心思想的问题，战争的问题，经济思想的问题，种种问题都来了。下面加一句孟子平常所说的话，作为转接。

孟子曰："君子不亮，恶乎执！"

他这句话，只短短的七个字，但问题来了。

这个"亮"字，古人的批注，与"谅"字同，就是胸襟宽大，原谅别人，能容人。但下面"恶乎执"，一个真有学问道德的人，绝不执着，不固执。这解释也有道理，真聪明的人绝对不固执；固执的人，不但不聪明，还是笨蛋中的笨蛋。

不过我的解释，因为下面有"恶乎执"，上面这个"亮"字，不必去解释与"谅"字同，"亮"字就是"亮"字，如果"亮"解释成"谅"，那么"亮"就变成"不亮"了。

有一个笑话，清代名臣左宗棠，喜欢自比为诸葛亮，而号称小诸葛。他以一介书生出身，平回疆以后，威震西北，出将入相。一次和一位老朋友谈话，谈到得意处，他摇头晃脑地说："此诸葛之所以为亮也。"含义是我就是诸葛亮一样，有那么聪明。虽是自吹，倒也高明而含蓄。不过因为左宗棠脾气不大好，怨他的人也不少，他的这位老朋友学问也很好，但并不全部赞同他，听了左宗棠这句话后，就故意讲到一件左宗棠办得很笨的事。左宗棠听后拉长了脸，闷声不响，于是这位朋友说："此诸葛之所以为猪也。"

所以孟子这句话，"亮"就是"亮"的意思，以"谅"字来脚注，是多余的。如果硬如是解释，那也是"诸葛之所以为猪"了。

"君子不亮"的意思是，一个真聪明的人，并不认为自己是聪明人，"恶乎执"，因此不固执成见。

徒善亦足以为政

> 鲁欲使乐正子为政。孟子曰："吾闻之，喜而不寐。"
>
> 公孙丑曰："乐正子强乎？"
>
> 曰："否。"
>
> "有知虑乎？"
>
> 曰："否。"
>
> "多闻识乎？"
>
> 曰："否。"
>
> "然则奚为喜而不寐？"
>
> 曰："其为人也好善。"
>
> "好善足乎？"

曰："好善优于天下，而况鲁国乎？夫苟好善，则四海之内，皆将轻千里而来告之以善；夫苟不好善，则人将曰訑訑，'予既已知之矣'！訑訑之声音颜色，距人于千里之外。士止于千里之外，则谗谄面谀之人至矣。与谗谄面谀之人居，国欲治，可得乎？"

有一天，马路新闻说，鲁国准备请乐正子出来当政做宰相。消息传到了孟子的耳朵里，他就说：我听到这消息，如果是真的，那我要高兴得睡不着觉了。

大家还记得，乐正子是孟子的学生，曾经挨了孟子好几次骂。如今大家听见孟子这样说，心想你这位孟老夫子，原来私心如此之重，听见你的学生要出来当宰相了，会高兴得失眠。大家心中虽这样想，但不好意思说。可是，公孙丑是孟子自己的学生，就问起来了。

他说：老师！你把我们那位老同学乐正子，看得那么强啊！他那么棒吗？孟子说：他并不算强！

公孙丑说：那么他的智慧很高啰？孟子说：他智慧也不算高。

公孙丑说：那么是因为他学问很渊博，书读得多，什么都很懂吧？孟子说：什么都没有。

公孙丑似乎有点吃瘪了，他说：老师！你老人家说，听到他出来当政的消息，会高兴得失眠，一夜都睡不着，这是为了什么？孟子说：我告诉你，这些长处他都没有，乐正子的才具是中下，他就是品德好，节操好，善良的本性好。

公孙丑又提出问题来了，他说：老师！做一个国家的政治领导人，仅仅是个好人，道德好，没有本事行吗？

孟子说：我告诉你，人只要品行好，道德好，就是治天下第一流的人才，更何况去治理鲁国这样一个小小的国家。

老实说，孟子这几句话，其中有很大的感慨。我们看到春秋战国，乃至于后世任何一代，在战乱的时候，一般人所希望的人物，都是要有道德，不希望有本事。这个时候，社会上所需要的也是道德，有本事而无道德的人，只有危害社会，危害国家，危害世界人类。

在现代，我们这几十年的教育，训练出来的青年，每个人的本领都很高明，可是我经常教青年们，宁可作为一个老实人。将来社会上成功的人，一定是老实人，因为人人的手段都很高明，自己能不耍手段，老老实实，最后就成功了。因为老实人喜欢老实人，好人喜欢好人，玩手段的人亦喜欢老实人，坏人亦喜欢好人。大家都在玩手段，有一天尔虞我诈到了极点的时候，老实的好人就成功了。

所以孟子对公孙丑也是说：你要知道，在这个时代，人心大乱大变，如果有一个国家的政治领导人，真正是行仁政，讲人道，讲民主，讲自由，好善的，天下人将"轻千里而来"，都不嫌路远，而向这个道德仁政的地方来。相反的，在这个时代，人人都耍手段，玩本事，如果再来一个不好善的人当政，不但自己的国家，没有办法治好，即使是别的人，也会"訑訑"。这两个字，现代在球场上还可以常常看得到，就是当对方的球员打得粗鲁的时候，或者裁判执法不公时，在观众席上，就会有人发出"嘘嘘"之声，所谓"开汽水"。这种类似开汽水瓶时，大量气体迅速自瓶口喷出的声音，包含了责备、攻讦、厌恶、鄙弃许许多多不友善的意义。

孟子说：一个人如果落到这个地步，人家根本不屑下评语，只会发几声"嘘"，摇头一叹，你就完蛋了。一般人都离开了你，走得远远的，好像在千里之外；而这个时候，那些没有道德的人，一般喜欢说小话，挑拨是非，或吹牛拍马，恭维奉承的小人就来了。这样一来，下面都是一批这样的坏人，国家就难以治好。国家不能治好，那怎么行！所以我听见你们的同学乐正子能够出来领导，虽然没有才能，但他的道德，足以转移时代的风气，时代风气一转移，则国家太平，天下太平。所谓风气就包括了教育的，政治的，社会的，经济的，乃至宗教的等等各方面的风气。

打丫鬟骂小姐

下面两段文字，等于是《告子》上下篇的结论。孟子指出中国文化中《礼记·儒行》篇的精神，说明一个知识分子，受教育的目的是人格的养成，尤其对于立身出处的认识，更为重要。

所谓立身，就是长大成人以后，在世间做怎样的人？站在一个什么立场上？建立一个什么样的人格？

所谓出处，等于走出大门，第一步跨出去的时候，就要好好选择方向，往什么地方走，怎样走。也可叫作出身。

所谓"品格"，品与格是有分别的。每个人都有他自己的规格，纵然是爱笑、爱哭的人，也是他的一格，笑为笑格，哭为哭格。杞梁妻善哭，哭就是她人格中的一部分。有的人方正，有的人随和，这都是"格"。人品则不同，例如有人视富贵如浮云，看到功名富贵来到，并没有什么高兴，反而讨厌；如果请他尽义务帮忙一件事，他却很高兴，这就是人品。

出身与出处也有连带的关系。例如现在社会上很喜欢谈到青少年的出路问题。也许有的人抱持一个"有路就出"的态度，俗语所谓"有奶便是娘"，只要有钱可赚，叫别人爷爷都可以，甚至鲜廉寡耻、违背良心的事都去干。有的人则不计较待遇，只求有学习的机会，增加人生的历练，能进德修业的事才做，这就是出处的问题。孟子这里所说的出处，是一种影射。

所谓影射，以前有句俗语说"打丫鬟骂小姐"，本来是骂小姐的，但不方便直接指着主人身份的小姐骂，于是就把仆人身份的丫鬟拉来揍一顿，一边打，一边责备这个丫鬟的错误。但事实上，这些错误都是小姐造成的，所以这些责骂的话，便从丫鬟的身上，投射到小姐的身上，小姐同样有挨骂、受责备的感受，间接收到教训小姐的效果。挨打的丫鬟，实际上只是小姐的替身而已。

戏剧中有一出《打龙袍》的戏，是根据小说编出来的。剧中叙述包拯执法如山，宋仁宗的生母，由于后宫后妃之间的争风吃醋，互相倾轧，而被撵出了皇宫流落在民间，连眼睛也哭瞎了。仁宗当了皇帝以后，却没有下命令去把生母找回来。有一次包拯出去办案，坐在轿子里，突然吹来一阵龙卷风，把包拯戴的官帽吹跑了。在古代，官帽吹掉了是不吉利的，像丢了大印一样，可能构成犯罪，要丢官的。于是随行的衙役们拼命去追，发现官帽落在一间民房的屋顶上，丝毫无损。包公觉得很奇怪，于是亲到民房去查，才发现了仁宗的生母，也就是当今的皇太后。

于是先接回去奉养，因为不方便突然去报告，而且怕仁宗不相信。等到元宵节，皇帝招待文武百官赏花灯的时候，他也带了这位双眼失明的老太太去观灯。最初，仁宗和一些官员，觉得瞎子怎么看得见嘛，好奇怪。因为仁宗相当慈悲，所以也有人在猜想，也许是一桩大罪案里被告的母亲，包老黑故意把她弄来，以便请仁宗发悲心特赦的。到了观灯的时候，这个瞎眼老太太，就详细数说她当年陪老皇帝赏花灯的情形。仁宗听见觉得奇怪，就把她找来问话，她流着眼泪，说出当年被迫害的一段秘密，并道出了仁宗身上的特征。这时仁宗"噗"的一声跪下来，认了母亲。

包拯老臣，认为仁宗有不孝之罪，跪下来请求皇帝接受国法的制裁，以示范天下。一番大道理，说得仁宗无话可说，只好接受国法的处罚。包拯判决，应该揍他一顿，但是皇帝是打不得的，于是想出变通的办法，让皇帝脱下平常所穿的龙袍来，由包拯在这件衣服上抽几鞭，以代替皇帝挨打。这也就是龙袍影射了皇帝的意思。

这个故事，同时也影射了国法超越一切之上。一个国家，上自帝王，下至百姓，必须要守法，否则国家社会就会纷乱。

现在下面讲的这一段，就是孟子的影射。

> 陈子曰："古之君子，何如则仕？"
>
> 孟子曰："所就三，所去三。迎之致敬以有礼，言将行其言也，则就之；礼貌未衰，言弗行也，则去之。其次，虽未行其言也，迎之致敬以有礼，则就之；礼貌衰，则去之。其下，朝不食，夕不食，饥饿不能出门户，君闻之，曰：'吾大者不能行其道，又不能从其言也，使饥饿于我土地，吾耻之。'周之，亦可受也；免死而已矣！"

君子的进退

孟子的学生陈子，提出一个问题，请教老师。他问，一个知识分子，在什么情况之下，才肯出来做官？

中国古代，由十人之中，选一个优秀的人出来，给予他文武兼修的教育，叫作"士"。等他学成之后，给他一个官位，出来为国家做事，就叫作出"仕"。

　　孟子说：中国古代文化，一个士，就是一个知识分子，在三种情形之下，可以出来做公教人员，为国家社会服务；另有三种情形，是古代传统文化的知识分子，绝对不会干的。可接受出仕的三种情形是"迎之、致敬、以有礼"。

　　这些都是三代以上，尧舜的时代的情形。尤其是舜，当老百姓时，还在种田的时候，交了许多朋友，都是第一流人才，第一流道德。等舜当了皇帝，这些人都溜掉了，隐去了，到处找不到。在中国文化中，这一类人为隐士，高尚之士，功名富贵不为所动。现代的人，如果好朋友当了皇帝，心里想：正好，他当了皇帝了，明天一定来找我，于是坐在客厅里等。如果不来，至少要诅咒他一顿。古人不是如此，反而隐开了。

　　如果要请一个人出来，为国家社会服务，领导人一定是亲自去请，一直到民国初年，也还保持了这种良好的传统。例如一所学校的校长，要聘请一位老师来学校任教，先准备好聘书，由校长亲自携带，穿了礼服，到这位老师家中拜候，代表学校全体师生和学生家长，恳请他来教育学校里的子弟。请来了以后，在行政事务上，校长做校长的事，老师教老师的书，校长见到老师，还是客客气气，恭恭敬敬的，口称某老师，互相为礼。这是中国文化尊师重道的精神，校长只是一个家长而已，一如家庭中的家长主妇一样。

　　中国的家庭主妇，好像永远低一辈，丈夫的同辈友人来了，总是跟着自己孩子的口气，叫伯伯叔叔，就是那么谦虚有礼；所以校长也是跟着学生的口气客气地称老师。不过，现在又不同了，家庭主妇对丈夫的朋友，照样叫老张、老李的。中国这几十年来，这些地方的演变，很多、很快也很大，如果把这些数据搜集起来，可以写成一本厚厚的书。而从这些演变中，也可以看出这个时代的可悲之处，因为失去了礼仪，失去了道德，失去了人类品格的标准，甚至于失去了人性。而且现在还在继续往下演变，一些年轻人讲的"隐语""黑语"，我们就听不懂了。而现在的校长，自认为是长官，视老师为部下，认为部下应该听我这个长官的。这种观念一形成，不只是师道无存，教育的效果，也受到严重的不良影响。

所以古代，对一个知识分子，不但"有礼"，还要敬之，出于内心的恭敬。大家都看过《三国演义》，其中刘备三顾茅庐的故事，就是"迎之、致敬、以有礼"。小说上写的，刘备到了诸葛亮的茅棚前，诸葛亮还在睡觉，刘备就站在门口等。左右的人要去叫醒诸葛亮，刘备阻止他们，不可去打扰他的睡眠。等了半天，诸葛亮还没醒来，张飞在旁边气大了，认为诸葛亮太藐视人了，有什么了不起，要进去一刀把诸葛亮杀了，也被刘备骂了一顿。

"有礼"的形态很多，但是，现代大学聘请教授，花一元新台币，寄一张聘书出去，聘书后面还有一张小条子，是要受聘的教授盖上图章寄回去，叫作"应聘"。好像我给了你一碗饭吃，对你是皇恩浩荡，你得谢恩似的。这叫什么"有礼"啊？我也曾接过这样的聘书，把它搁在一旁不予理会。之后来了一个职员，再三说好话，我告诉他，我是中国人，是落后的，顽固的，但我还保留一点传统文化。最后，为了免得这个职员为难，无法交差，才签收了。后来上课的时候，训导处派人来教室点名，我就硬把他轰出去。我说我讲课，如果要靠你点名压迫学生来听，可见我教得不好，那我不要教下去了；如果我教得好，学生自然会来，用不着压迫他来。

我自小读书以来，从没见过需要用点名来逼学生上课的，如果老师教不好，自己会卷铺盖走路的。那时的大学，学生水平都很高，同学们穿件长袍，两手在西装裤袋中一插，腋下夹一本

479

书，就晃来听课了。老师在上面讲课，可以不翻书本，背得出来；下面的学生也照样背得出来。虽然他们不一定满腹经纶，起码也是一肚子鬼主意。如果老师在上面一句书背错了，学生马上在下面指出来：老师！这一句好像不对。那时候用不着讲概论，上课是在那里彼此讨论，内容记录下来，就是概论。现在真奇怪，研究院的博士班还要上课，尤其是中文系，现在博士班的课，就是我们几十年前，十二三岁时读的书，而且当时已经背得滚瓜烂熟了。没想到现在成为博士班的课程，教育竟退落到这个地步。

如果要请一个知识分子，一个正人君子出来，为国家社会做事，必须要"有礼"。"礼"的型态很多，不一定要照古礼，依照现在的礼也可以。就是西方国家，如英国、美国等等，他们也各有他们自己的礼，用他们的礼也可以。

孟子说：做到了"迎之、致敬、以有礼"这三点，就表示，将依照被请人的意见，去办天下的事，社会的事，或这个机构的事。因为这个领导人，了解这位知识分子学问好，意见很高明，所以能配合这种意见。

就如刘备三顾茅庐，那不是诸葛亮摆架子，而是试试刘备是不是能做到"迎之、致敬、以有礼"。结果刘备做到了，于是见了面，坐下来谈论天下大事。诸葛亮告诉他，天下三分的大势已定，你只可得其中之一，所以应该走什么路线，如何如何……刘备说，一切照办，听你的。小说上写刘备对诸葛亮是"言听计从"，什么话都听他的，什么意见都照办。

但在正史上面记载，刘备用诸葛亮，三顾茅庐有之，刘备谦虚亦有之；但并不如小说上写的，诸葛亮居然腿翘得那么高，刘备谦虚到"言听计从"。假如刘备真谦虚到如此程度，这一页历史就不会三分天下了。

孟子说第二种情形："礼貌未衰，言弗行也，则去之。"一个士大夫，知识分子，出来做事以后，那个领导人在礼的方面，表面还是做得很好，并没有怠慢不周的样子；可是你所讲的话，他不听，不采纳你的意见去付诸实行，那么他那种礼上的周到，也只是表面的敷衍，内心并没有诚恳恭敬之意了。如果这样的话，就只有辞职不干，这是中国知识分子的人格。像这类事情太多了，例如太平天国洪秀全，在开始时有一位军师名钱江，据说也是清朝中叶的诸葛亮，上通天文，下懂地理，练达人情，这种人物每代都有。太平天国起义之初，都是他的计划，后来看到情形不对，在洪秀全"礼貌未衰，言弗行也"的情形下，就辞职走了。后来到朝廷这一边，帮助曾国藩。清代的一种税捐制度——厘金，就是他创制出来的。

当时清朝政府，要打太平天国，国库空虚，财政支绌，经费不足，曾国藩练湘军，李鸿章练淮军，都没有钱。于是钱江提出计划，开征厘金税，以千分之几的税率，在水陆码头，向行商起征。这种制度，一直实施到民国初年，抗战以前，易名为"统税"，当然税法上也有若干修正，直到直接税的实施，才完全取消。

一个读书人，本来有他的抱负，如果抱负不能开展，理想不能实现，就不必当这个伙计，当然就走了，这是第一等人。

次一等情形，虽然是没有采纳他的意见，但是领导人仍然对他"迎之，致敬，以有礼"，做到了这三点，心理上还是有诚意的，也有恭敬之心，此时则可留下来待机，但这已经有偏重情感的味道了。如果说，礼貌上已经有慢待的迹象了，那么就赶紧卷铺盖走路吧。

最差的一种情况是，尽管学问一肚子，可是早晚两顿饭都没得吃，想离开也没有钱，走不了。这情形被上面的领导人知道了，认为虽然他有一肚子学问，他的那一套思想观念也很有道理，可是客观形势的影响，没有办法走他那个路子，实行他的理想。不过让他在我们这里挨饿就不好了，传出去也不光彩。于是叫办总务的每月送些钱去，给他一个名义。像这种救济性质的钱，也将就接受下来，这是"免死而已"。

三种不同的人

这是孟子大体上，对于去就问题，对知识分子所做的人格分类，共有三种情形，也是三个等级的人。这也和我以前说过的，上海闻人杜月笙所说的话相似。认为世界上有三等人，第一等人是有本领，没脾气；第二等人是有本领，有脾气；末等人是没本领，可是脾气来得大。

孟子从自己生活经验中体会的结果，所说的这三等人，第一等人有学问有气节，不是你给我官大钞票多，我就会出卖自己，我就是我，顶天立地大丈夫，我来跟你做事，是为了实行一个理想，不合理想，"则去之"，宁可当和尚去。历史上这种人很多，唐宋许多高僧，都是这样出家而成道的。唐代的诗僧贯休，诗作得好，学问好，最初很受南越王钱镠的尊敬。一次请贯休作诗，他当场一挥而就：

> 贵逼身来不自由　几年辛苦踏林丘
> 满堂花醉三千客　一剑光寒十四州
> 菜子衣裳宫锦窄　谢公篇咏绮霞羞
> 他年名上凌云阁　岂美当时万户侯

这是贯休的名诗，"一剑光寒十四州"，因为江浙两省十四州，都是钱镠所统辖。他看了非常高兴，可是这位盐贩出身的南越王，还要求贯休把十四州改为四十州，他野心勃勃，还想侵略他人，扩充领土。可是贯休听了以后说"死也不能改"，拂袖而去，他的脾气就这样大，真是有本领，有脾气。也只有贯休能够如此，因为他是和尚。在古代，出家人是世外高人，对皇帝也只是合十为礼，不必跪拜，官府也不能给出家人过重的罪刑。而且他的诗并没有错，钱镠的权力所及，的确只有十四州，诗不能改，州也不能添，就预言他只有这么大的权力，想再大也大不起来了。

后来贯休又到四川去了，当时四川也是一个国家，四川王王建，和李后主一样，也是一位风流才子，诗也作得好。贯休画的十六罗汉，就是在四川画的。贯休见王建，也有两句名诗："一瓶一钵垂垂老，千水千山得得来。"全诗为下：

河北河南处处灾　　惟闻全蜀少尘埃
一瓶一钵垂垂老　　千水千山得得来
秦苑幽栖多胜景　　巴渝陈贡愧非才
自惭林薮龙钟者　　亦得亲登郭隗台

后来中国文学界，根据这两句名诗，对贯休和尚叫出了一个"得得和尚"的外号。这是说他远自东南，几千里外，竹杖芒鞋，一步一步，跨过云贵高原，进入四川盆地。只这"得得"两字，便道尽了跋涉的辛苦，也描写出了那高人飘逸的风致。可是现在就不是这样了，穿的是皮鞋，该写成"橐橐来"，如果是坐车或乘飞机，则是"隆隆来"或"呼呼来"了。这就是说，中国古代的知识分子，有学问、有才能、有人格，也有他的脾气，不对的时候，拂袖而去。不过现代的衣服是窄袖、短袖，尤其夏服，无袖可拂，就只好甩手而去了。现在一般人也有一句俗话，就是"拍拍屁股就走路"。这句话的意思也就是说：你这地方脏兮兮的，我坐了这段时间，把我的裤子都坐脏了，算了吧，为了保持自己的清白，起来拍去所沾的脏东西，走我自己的路吧！

陈子问孟子"古之君子，何如则仕"这段话，前面说到是一种影射，是谁影射谁呢？老实说，陈子提出这个问题来，也就是对老师的一种试探，看看孟老夫子，在什么条件下，才肯出来做官。陈子也许是受了梁惠王或齐宣王的请托而来，也许是陈子自己的意思，觉得老师你何必如此坚持己见，他能每月送几万块钱给你用用，也就马马虎虎算了。

孟子因此才对他说出这些道理，也就等于告诉他，我孟子不是为了吃饭或升官发财，来向这些君王求工作的；我是为了救社会，救世界，救人类，所以想帮忙一下。可见孟子周游列国，只想教育人，其他什么也不想干。

动心忍性

> 孟子曰："舜发于畎亩之中，傅说举于版筑之间，胶鬲举于鱼盐之中，管夷吾举于士，孙叔敖举于海，百里奚举于市。故天将降大任于是人也，必先苦其心志，劳其筋骨，饿其体肤，空乏其身，行拂乱其所为；所以动心忍性，曾益其所不能。"

有一天，孟子大概跟学生们说话，举出一些从艰困中长大，而有成就的圣贤来。

首先谈到圣王舜，是种田出身。在中国历史上，耕田出身的帝王有好几个，现在提到的是上古的舜。在上古的宗法社会中，非常重视世系观念，虽不像古代印度有严格的阶级观念，但对于家世是分得很清楚的。舜在四五十岁以前，原来在乡下做稼穑之事。不过他的人格、学问，名满天下，因此尧很有礼貌的，亲自把他找来，不但两个女儿嫁给他，并且把九个儿子都交给他，做他的部下，跟他学习。同时也把政治交给他管理，增加他的政治经验。几十年以后，才把政权交给他。

"傅说举于版筑之间，胶鬲举于鱼盐之中"，商朝的傅说，是历史上的名相，在他没有得志的时候，是做水泥工的。周朝的大臣胶鬲，遭逢殷纣的乱世，他本是贩卖盐鱼出身。"管夷吾举于士"，管仲——管夷吾，虽是读书人，却是齐桓公的俘虏，而且是齐桓公的冤家。被俘以后，幸有鲍叔牙的保举，而得为齐国的宰相。

"孙叔敖举于海"，孙叔敖这个人，小时候遇见两头的蛇，在当时的传说，凡是看见两头蛇的人，必定很快死亡。他看见了两头蛇后，把蛇打死了，不是因为恨这蛇而打死，他心中的想法是，我看见了，固然会死，但如果再被别人看见，也会死亡，这个蛇岂不是一个祸害，将来不知要死多少人。所以下手把这蛇打死，而且把蛇尸也掩埋掉，免得被另外的人看见而受害。只因这一善念，他得不死，而且慢慢贤名远播，消息传到楚庄王那里，就派人到贫苦的海边把他找出来做事。"百里奚举于市"，另有一个百里奚，是秦国的名相，原为虞国人，被楚人俘虏了，把他当奴隶买卖，秦穆公以五张羊皮，把他赎回来，请他当宰相。

这些都是划时代的人物，是改变历史的人物。他们是从青年开始直到中年，都是吃尽了苦头的人，贫穷、走投无路，乃至做了犯人、俘虏、奴隶，终于能贡献才能，改变了历史。孟子举出这些人来，说明一个道理，也成为现在众所周知的千古名言了。

　　凡是人才，大则对于人类、国家、社会有贡献，小则是一个好的校长、单位主管乃至于家庭中的家长，他们大概的出身、经历，都离不开这个原则。上天要给他担负一个重大责任的话，一定先使他经过一段非常艰难困苦的磨炼。

　　第一是"苦其心志"，这四个字，我们就受不了，所以一般人改变不了时代，甚至改变不了自己，只有做"阿"字号，阿斗一类的人物。"苦其心志"就是自己的理想办不到，也就是事事不如理想，随时碰钉子。尽管现在是科学时代，连机器好像也会跟你为难，有急事要打电话，不是对方的电话机故障，就是一直占线，你放下电话亲自赶去，对方的人又离开了。

　　明代的开国皇帝朱元璋，幼年时穷到没有饭吃，去当和尚，又遇上大荒年，化缘也化不到，于是远离故乡，在南方各省到处流浪。有一天，躺在一个小土地庙中，准备自杀了，饿得昏昏沉沉睡去，做了一个梦，梦中有人劝他不必自杀，去当兵。醒来想想，不去当兵也是饿死，反正只有这么一条命，去当兵纵然战死，也一样是死，至少有饭可吃，死了不会成饿死鬼。于是投军当兵，就一路上升，终于做了皇帝。

　　朱元璋在登基当了皇帝之初，对孟子很不佩服，连孟子在孔庙的亚圣牌位，都下令取消，不给孟子供冷猪肉。后来他再读《孟子》，读到现在这一段的时候，才改变态度，承认孟子的确是圣人，恢复了孔庙中亚圣的牌位，给他继续供冷猪肉。孟子如果没有写这一段的话，至少明朝三百年中，他就不能享受祭奠了。

　　所以一个人身体上的苦，也许还忍受得了，但那种思想、情感上的苦，一般人实在承受不了。

　　第二是"劳其筋骨"，这一点还比较好受。但是要特别注意，一个人一定要"劳其筋骨"。例如三国后晋朝的陶侃，这位出将入相的大儒，是长江以南的军事首长，威震江西、湖南、两广、闽浙。他每天早上，搬一百块砖头到房子外面，晚上又把这一百块砖头搬回屋子里，这就是"陶侃运甓"的典故。当时有人问他为了什么，他说不敢放纵自己。这表现了他的高度修养，因为他知道，在平常的时候，也要随时有应付战争的准备，防止社会的变乱。一旦有事，如果体能不够，遇到战乱，唯有死亡。

在抗战期间的流亡途中，曾经亲眼看到体能差的人，尤其是生长在江浙一带，所谓鱼米之乡长大的人，自清朝三百年来，安定优裕的生活，养得弱不禁风，跑不动走不快，多半死在途中。凡是看到那种斯斯文文，白皮细肉，少爷小姐型的人物，就知道是上海、苏杭这一带来的人，可能连米长在哪棵"树"上他也不知道，真是十分可怜。所以人要"劳其筋骨"。

"饿其体肤"，虽然饱一餐，饿一餐，也能无所谓。现在五十岁以上的人，大部分经过这种挨饿的日子，几天不吃饭，算不了什么，那只好把裤带紧一紧，挺过去算了。

"空乏其身"，有时饿到只剩一把骨头，没有营养，所谓"叫花子命"，可又不至于死；现在台湾的青年，反而都是营养过剩。

"行拂乱其所为"，凡是所做的事，所有的行动行为，不管大事小事，样样都被客观的外来因素，搅得乱七八糟，不能成事，样样失败。甚而，你走在路上，看见一个孩子跌跤，你好心去把他扶起来，孩子的母亲却从门里跳出来，一把抓住你领口，给你两记耳光，说你踢倒了她的孩子，说不定还扭你上派出所，要你赔偿医药费。像姜太公未遇文王之前，卖面粉会遇台风，把面吹散；卖盐巴会突来一阵大雨，盐都被淋化流失，就是如此倒霉。

这就是说，一个有大志、做大事，能担当的人，"动心忍性”之难。心念动处，受不了的横逆之来，发一下脾气也不可以。等于唐太宗，相貌非常威严，当了皇帝以后，那些大臣们和他讲话，头也不敢抬起来，有威严的人脾气也大。但是唐太宗知道这是毛病，他就问魏征，这些人为什么老是低着头，魏征告诉他，因为陛下太威严了，他们看见你，心里就恐惧。于是唐太宗开始对着镜子学笑，以后和大臣见面时，就半闭起他闪灿着神光的眼睛，微笑温语和他们说话。这就是“动心忍性”，修养改过来，忍不住的也要忍，这就是佛学中所讲的菩萨道——“忍人之所不能忍，行人之所不能行”。天下人所忍受不了的事，要能忍得下；天下人所不能做、不敢做、不肯做，所吃不了的苦，要能做得到，吃得下，这就是菩萨道。地藏王菩萨下地狱就是这个精神，下到地狱中去救人，要等到地狱空了，那时才出地狱追求成佛。

把自己坏的行为、脾气，统统改得过来，这是“动心忍性”。

所以孟子说，历史上舜、傅说等等，这些人物，因为受过那么大的艰难困苦，才能够担当那么大的责任。研究历史可以发现，凡少年得志，如楚霸王项羽之类，公子哥儿出身的，几乎没有不失败的；成功者只有百分之五，失败的占百分之九十五。越是艰难困苦中出来的，成功的可能性越大，艰难困苦是一种最大的、最好的教育。所以“动心忍性”四个字，成为后世中国文化讲修养最重要的中心思想之一。人要在得意时“动心忍性”，对得意之事，看得很平淡；在失意时，也要“动心忍性”，无所谓失意，看得很平凡。

我在《论语别裁》中曾经指出，一般人“得意忘形”是要不得的，但有些人还可以做到得意而不忘形；最难修养到的是失意不忘形。有许多人平常修养很好，一到失意时，人的样子都变了，自卑感等等心理上的毛病都来了。所以要做到"贫贱不能移，失意不忘形"，那就是"动心忍性"，是"儒行"。所以，一个知识分子的修养，成功不过如此，失败也不过如此，我还是我。

古人的名言："惟大英雄能本色，是真名士自风流。"大英雄总是老样子，从乡下种田出来的，事业成功了，还是农夫的样子，这是本色。如果是一个真的名士，他自然潇洒，不是靠外型，而是内在修养的一种自然流露，这是"动心忍性"之间，应该如此。

为什么历史上这些划时代的人物，都吃过很大的苦头？似乎是上天有一种力量，故意在磨炼他，使他本来做不到的，要磨炼得能做到；使他本来不够、不能的地方，得以够，得以能；给他最坏的环境，造就他将来做最伟大的事业。

其实圣人、宗教家，如释迦牟尼佛，也是走过这个路子。他十几岁开始，自己走这条路，十二年的苦行，在雪山六年，吃的草菓，饿得肚皮贴着脊骨了，这就叫作"空乏其身"，空到这个地步，没有营养，三十一岁就满头白发了；后来下山，才重新恢复营养。现在的年轻人修道，又说营养不良了，又怨空气不好了，这还能修得成道吗？

察言观色 多难兴邦

> 人恒过，然后能改；困于心，衡于虑，而后作；征于色，发于声，而后喻。入则无法家拂士，出则无敌国外患者，国恒亡。然后知生于忧患，而死于安乐也。

孟子再说："人恒过"，这三个字，一般解释是"人常常容易犯错误”，不过和上面的文义连贯起来，可以作另一种解释为："人往往容易做过分的事。"过分当然也是一种过错，就是说人在优裕的环境中，优裕了更想优裕。有一部黑白电视机看看也很好，又想要彩色的；有了十六时彩色的，又想二十四时大型的；有了大型的，还想挂在墙上银幕型的。人就有这种劣根性，常有过分的要求。

上天给人类吃许多苦，目的在使他改过自新；在人生的路程上，吃尽了苦头的人，就知道不可以做过分的事。

"困于心，衡于虑"，外在环境的困难，使人不能如意，在心理上处于痛苦、烦恼之中，逼着他去考虑，用思想去衡量，应该怎样做人，怎样做事。运用智慧去克服困难，选择最适当、最合道德的方法去做，才不会冒昧、莽撞，才会谨慎而行。年轻人每说"拿破仑字典中无难字"，天下哪有不难的事？我们的古谚说："用心计较般般易，退步思量事事难。"对于一件事情，如果用心去考虑周详以后再做，才不会出岔子，容易做成功；不过，对任何事情，都要退一步想，对万一失败做准备。人生在这两种不同情况中，都经历过了，才能成功。一切都计较好了，认为考虑周到了，可以成功，这还不够，还要做退一步想，在万无一失中，如果有个万一的意料之外的差错发生，又当如何？有了事先的准备，才勉强可以立于不败之地。

只有天生的大圣人，可以不经过教育，不须经验而知道，这是天才。但是自古以来，只有"天才的专家"，没有"天才的圣人"。"征于色"，看了别人的态度，看够了人家的脸色，受够了气；"发于声"，再听听他的口气，就知道是怎么回事了。譬如你去应征一份工作，那位接见你的人，听了你的话以后，口里说"好好，有机会通知你"，而眼皮也不抬起来看你一眼，又去翻阅别人的资料了。这时你就该知道，已经没有希望，可以走路了。他的所谓有机会通知你，那只是一句客气话罢了。

有了人生经验的人，从别人的声容笑貌，小动作，微言之间，不待明白表示，就了彻事情的究竟。如禅宗的话："东面冒烟，西面着火。"看见东面冒烟，就知道西面在烧火了。所谓见微知机，就是要有这样高的智慧；而一般人，一定要等到别人鼓大了眼睛骂他，他才知道别人在生气了。像这一类的人，世界上多的是。

我们读了这一段书，就深切感到世界上的人，有太多已被淘汰了。当"苦其心志，劳其筋骨，饿其体肤，空乏其身，行拂乱其所为"，其中之一临到身上时，不能"动心忍性"，经不起磨练，没有坚强的意志站起来，而自杀的，精神分裂的，消沉的，都下去了。千千万万的人，能够成功的，能够创造划时代事业的，没有几个，其余的都是渣子。我常劝人不必算命，在我们这一代的人，已经注定了八个字："生于忧患，死于忧患。"我们这一代的人，有如建房子时下面的土地，为了历史的承先启后，靠我们来奠基。屋基墙柱下的泥土很难为，要坚硬、牢固，才能承受上面的重量，松了软了就不行，后代的文化要背起来，否则就被压下去了。

孟子接着说："入则无法家拂士，出则无敌国外患者，国恒亡。"这是政治哲学中千古不移的铁定道理。他前面的一段话，虽然是对学生说的，也是故意讲给齐宣王、梁惠王这些当时的诸侯们听的。在孟子的眼中，这些诸侯们，只不过是时代的渣滓，一下子就会成为过去的；认为他们不懂得人生，只是时代的宠儿，是时势所造成的英雄，并不是创造时代的英雄。孟子这样对他们讲，只是讲出人生的大道理，然后说出治国的政治哲学的定理。

"法家"本是诸子百家中的一大家，是伟大的学问家；在孟子以后七百年，"法家"才成为专门名词。对于专门研究法律的，主张以法律来治国的人才称为"法家"。孟子这里所讲的，以及现代仍沿用的这个"法家"，是指有大学问、大修养的人。例如请人家写一副对联，一定说"请赐法书"；例如诸葛亮、姜太公，他们有头脑、有智慧、有学问、有修养，就是"法家"。并不是说他会画符念咒有法术，也不是说他有佛法、道法才算是"法家"。

"拂士"就是看到当老板的，有不对之处，或错误的意见，敢于拂逆老板的意见，纠正老板的错误，提出相反意见来的人。如果老板不改变的话，便拂袖而去。

我常告诉外国朋友，中国过去的帝王制度，是真民主，假独裁；现代西方的民主制度，是假民主，真独裁。例如今日美式的民主，事实上是大资本家在幕后左右一切，是真的独裁。所以讲到历史文化，对不起，美国只有几百年，而我们已经五千年了，他做我们的孙子都还差得远。历史文化是由经验来的，经验是不可泯灭的，五千年人事上的纷争，给我们留下来太多的经验了，这就叫作学问。

一个国家，想要治理得好，要有大学问、大修养、大智慧的"法家"，同时要有敢说话的"拂士"。古代有许多好的大臣，遇到皇帝下了有问题的命令，便"留中不发"，那真是为国家，为皇帝，也为自己。例如皇帝在发怒的时候，凭一时情绪上的冲动，未经过理智上的考虑，要重罚某人，而此人本不该受重罚的。于是当宰相的，就把这道命令往抽屉里一搁，不发出去。等到皇帝气平了，问起这件事，再说明理由退回去。有时皇帝对他也没有办法，尤以英明的皇帝为然。像德国的铁血宰相俾斯麦，常顶得威廉二世回到内宫去摔玻璃杯，皇后问起来，威廉二世说，俾斯麦身为首相，要受满朝文武、全国人民的气，他只有到我头上出气；而我就只有在玻璃杯上出气了。这就是"拂士"，亦叫作拂逆之士。

一个国家如此，一个团体，一家商店也是如此。例如说一个老板，在外面忙了半天回来，肚子饿了，叫人去买烧饼回来充饥，此人跑出去半天，空手回来，答说没有烧饼了。问他面包有没有？他这才再出去，又是空手回来说面包也没有了。老板已饥火中烧，对他说，我说过已经饿了，你另外买点饼干或馒头回来也行啊。所以只听话的人是不行的，要有拂逆之士，提出好意见来；不过领导人必须有宽宏的度量，这就要有真智慧了。

孟子说，一个国家，在内部，如果没有大智慧、大学问、有修养的人，提相反意见的拂逆之士，对外也没有敌人，没有战争的威胁，这样的国家，很容易败亡。换言之，防人之心不可无，即使与邻国和睦相处，如果没有假想敌，没有想到友邦可能随时反脸成敌国的话，那就危险了。

翻开我们五千年的历史来看，这一类的事证很多。以最近的来说，清朝三百年天下，在百年左右的太平以后，龚定盦在嘉庆年间写的文章就指出，社会太过富庶安定了，天下可能发生重大的变乱，因为优裕的生活过下来，没有人才了。他文章中大胆地说，国无才相，阃无才将，甚至说巷无才偷，举国上下缺乏有才的人，社会完了，天下快大乱了。果然他说了这话以后，不到几十年，太平天国起来了。

龚定盦并不是有预知的神通，只是读懂了历史，深知《孟子》这一段话的道理。所以多难兴邦，忧患兴家，贫苦家庭的子弟，大部分都有出息，不到三十年渐渐站起来。在台湾三十年，就看到这样的人发大财，也看到不少有钱人家子弟的失败。所以为人父母的，对孩子不可太优容骄宠，该给他们多些磨炼，否则是害了孩子。

孟子最后讲一句话："然后知生于忧患，而死于安乐也。"不管国家、社会、家庭、个人，离不开这个原则。人越在艰难困苦中，越有希望，会奋斗，能站起来。尤其青年们，环境越舒服，生活越优裕，前途越有限，越暗淡。所以有大专刚毕业的同学来问我，他将来的前途如何，我告诉他，前途有限，后患无穷。因为他们几十年来，太舒服太安乐了，连天有多高，历史有多长，钞票是什么纸印的，都不知道，还不满意这里，不满意那里，这里埋怨，那里生气。这样的修养，这样的见解，这样的学识，那还不构成前途有限，后患无穷吗？

孟子的教育方法

> 孟子曰："教亦多术矣！予不屑之教诲也者，是亦教诲之而已矣。"

这是孟子为前面所有的文章做了一个结论，说明他周游列国，和几个君主见面，又不出来做事，所走的是师道，是推行教育而已。

这里"不屑"的"屑"字，古人解释为洁，是干净的意思，又解释为细小的意思。在这里是轻易、随便的意思，"不屑"就是不随便、不轻易。例如一个人的品德不大好，对于这种人，根本不愿随便和他谈话做朋友，就说"不屑与言"，也就是懒得理他的意思。

孟子说：教育的方法有很多种，你们说我脾气大，有些诸侯，我看他们不起，根本懒得教他们，也不愿随便跟他谈，甚至连见面也不要。可是你们要知道，我看不起他们，也是一种教育，是另一种形式的教育方法而已；这种不理会他，就是给他一种打击，打击他也是一种教育方法。如果是一个聪明人，不必等到和他说话，不等到正面教训他，只要遭遇到我这种不屑理他的态度，他就应该懂得去反省，找出自己的过错，努力去改正。所以这种对他的"懒得理"，也正是一种教育。如果不反省，也不会教得好，那就毫无办法了。

这就像禅宗的"打即不打，不打即打"，不愿意就是愿意，因为已经用这种"不愿意"的态度施教了，给了他一个刺激。假如这一刺激还不懂，那就是禅宗祖师的一句话："此人皮下无血。"就是冷血动物，骂得再厉害，他也不会脸红。人之所以在惭愧时会脸红，因为心脏的跳动，受了情绪的影响而加速，压迫血液，充沛到脸上的血管中，脸变红了。挨骂而不会脸红，岂不是皮下无血！

附录　历代学者对《孟子》研究书籍目录

　　《孟子》一书，历来研究的学者很多，意见不一。有推崇者，如：扬雄、赵岐、韩愈、孙奭、施德操等。有反对者，如：荀子、王开祖、司马光、李觏、晁说之、郑厚叔、叶适、李贽（卓吾）、朱元璋等。有居中另立评论者，如：王充、程颢、王安石、苏轼、朱熹等。立论纷纭，举证不一，随所思见，别成流派。理愈辩则愈明，何妨并存以待来哲之思辩。今将西汉刘向以来，以至清末康、梁为止（民国部分约百种略），有关《孟子》的著作目录，依朝代先后条例如次，俾便学者参考研究之用（又，有关研究《孟子》之书籍及论文目录，陈训章先生所著《孟子管窥》一书收集较为充分，欲广查阅，请另参考之）。

西　汉

　　一、《孟子注》，刘向撰。

　　此书可能是《孟子》最早的注本，其书今已不传，今只有王仁俊的辑本。

东　汉

　　一、《孟子章句》，高诱撰。

　　高氏之书不传，今有马国翰辑本《孟子高氏章句》一卷，俞樾博采高诱所注的《战国策》、《吕氏春秋》和《淮南子》的话，辑成《孟子高氏学》一种。

二、《孟子章句》，程曾撰。

程氏之书今不传，今有马国翰辑本《孟子程氏章句》一卷。

三、《复孟子》，刘陶撰。

东汉刘陶《七曜论》中有《复孟子》一篇，其所复者不传，而郑康成注《礼》笺《诗》及许慎之《说文解字》，皆曾引之。

四、《孟子注》，郑玄撰。

郑氏之书已佚，今有马国翰、王仁俊辑本《孟子郑氏注》一卷。

五、《刺孟》一卷，王充撰。

六、《孟子注》一卷，刘熙撰。

刘氏之书已佚，今有宋翔凤、马国翰、黄奭、王仁俊、叶德辉诸家辑本。

七、《孟子注》十四卷，赵岐注。

赵岐，长陵人，字邠卿，初仕州郡，以廉直疾恶见惮，嗣辟司空掾，因得罪中常侍唐衡，避祸变姓名，卖饼北海市，衡死乃出，徵拜议郎，擢太常，年九十余。著有《孟子题辞》及《章句》。岐之师承何人，无从考证。自汉到唐为《孟子》作注的共有十家，其中九家皆亡，只有赵岐《章句》一种，流传到现在。

《四库总目提要》云："汉儒注经，多明训诂名物，惟此注笺释文句仍似后世之口义。盖《论语》《孟子》词旨显明，惟阐其义理而止，所谓言各有常也。"

阮元于《十三经注疏校勘记》中说："赵岐之学较马（融）、郑（玄）、许（慎）、服（虔）诸儒，稍为固陋，然属书离辞，指事类情，于训诂无所戾，七篇之微言大义，藉是可推。且章别为指，今学者可分章寻求，于汉传注，别开一例，功亦勤矣。"

晋

一、《孟子注》九卷，綦母邃撰。

綦母氏之书亡佚，今有马国翰辑本《孟子綦母氏注》一卷。

唐

一、《孟子注》七卷，陆善经撰。

陆氏之书已佚，今有马国翰辑本《孟子陆氏注》一卷。

二、《孟子手音》二卷，丁公著撰。

丁氏之书已佚，今有马国翰辑本《孟子丁氏手音》一卷。

三、《孟子音义》二卷，张镒撰。

张氏之书已佚，今有马国翰辑本《孟子张氏音义》一卷。

四、《翼孟》三卷，刘轲撰。

刘氏之书已佚，朱彝尊《经义考》云："刘御史轲上京师，白乐天以书介绍于所知，若庾补缺，杜拾遗、元员外、朱侍御、萧正字、杨主簿兄弟，谓其开卷慕孟轲为人，所著《翼孟》三卷，于圣人之旨，作者之风，往往而得也。惜乎所著书，散佚无存也。"

五、《续孟子》二卷，林慎思撰。

《崇文总目》云："《续孟》二卷，唐林慎思撰。慎思以为《孟子》七篇，非轲自著书，而弟子所记其言，不能尽轲意，因传其说，演而续之。"

宋

一、《疑孟》一卷，司马光撰。

二、《常语》，李觏撰。

三、《删孟》二卷，冯休撰。

四、《苏批孟子》，苏洵批注。

一九五五年，台湾远东图书公司有重印本，并附赵大院之增补。

五、《苏子辨孟》，苏轼撰。

此书为苏轼引《论语》之说与《孟子》辨，文见于余充文《尊孟续辨》卷下。

六、《孟子解》一卷，苏辙撰。

七、《孟子节解》，司马康撰。佚。

八、《孟子讲义》五卷，王令撰。佚。

九、《孟子解》十卷，陈禾撰。佚。

一〇、《孟子解》十四卷，程颐撰。未见。

一一、《孟子解》二十四卷，张载撰。

一二、《孟子解》六卷，蒋之奇撰。佚。

一三、《诋孟》，晁说之撰。佚。

一四、《评孟》，黄次伋撰。佚。

一五、《孟子解》，龚原撰。佚。

一六、《孟子解义》，邹浩撰。佚。

一七、《孟子解义》，周谓谞撰。佚。

一八、《孟子解义》十四卷，陈旸撰。佚。

一九、《嗣孟》一篇，徐积撰。

二〇、《孟子新义》十四卷，许允成撰。佚。

二一、《点注孟子》，张简撰。佚。

二二、《孟子解义》，章甫撰。佚。

二三、《孟子广义》，蔡参撰。佚。

二四、《孟子余义》，黄敏撰。佚。

二五、《孟子音义》二卷，孙奭撰。

是书乃孙奭于真宗大中祥符间奉敕校定赵岐注，根据陆善经的《孟子注》、张镒的《孟子音义》、丁公著的《孟子手音》三书所纂成的。孙奭自称："推究本文，参考旧注，采诸儒之善，削异说之烦，证以字书，质诸经训，疏其疑滞，备其阙疑，成《音义》二卷。"

二六、《孟子正义》十四卷，孙奭撰。

其序文云："臣奭前奉敕与同判国子监王旭、国子监直讲马龟符、国子学说书吴易直、冯元等作《音义》二卷已经进呈，今辄罄浅闻，随赵氏之说，仰效先儒释经，为之《正义》。"《朱子语类》则谓："今《孟子疏》，乃邵武一士人假作，蔡季通识其人，其书全不似疏体，不曾解出名物制度，以缠绕赵岐之说耳。"

二七、《孟子传》二十九卷，张九成撰。

《四库总目提要》云："原本佚《尽心》上下二篇，今存者二十九卷。九成以冯休诸人多诋斥孟子，因著此书明尊王贱霸有大功，拨乱反正有大用。每一章为解一篇，发挥大意，而不笺诂。其文曲折明畅，全如论体。又辨治法者多辨心法者少，故亦不涉于禅说。九成著作，当以此为最醇。"

二八、《尊孟辨》三卷、《续辨》二卷、《别录》一卷，余允文撰。

《四库简明目录》云："原本残阙，今从《永乐大典》补完。是书取司马光、李觏、郑厚叔驳诘孟子之词，一一与辨。又辨王充《刺孟》及苏轼论说者为《续辨》二卷。其《别录》一卷则允文所作《原孟》三篇也。"

二九、《孟子拾遗》一卷，张九成撰。未见。

三〇、《四注孟子》，扬雄、韩愈、李翱、熙时子撰。佚。

据《中兴艺文志》云："旨意浅近，盖依托者。"

三一、《五臣解孟子》十四卷，范祖禹、孔武仲、吴安诗、丰稷、吕希哲撰。佚。

三二、《百家解孟子》十二卷，佚。

集古今诸儒，自唐皮日休至宋人强至、贾同百余家的说解而为一编。

三三、《癸巳孟子说》七卷，张栻撰。

《四库简明目录》云："是书成于乾道九年，于王霸之辨，义利之分，剖析最明。其中交邻国章，盖为南渡时势发。臧仓、王驩二章亦似为张说事发。然皆经义之所有，非横生枝节也。"

三四、《孟子详说》十七卷，张栻撰。

三五、《孟子解》，沈括撰。

三六、《孟子讲义》，吕大临撰。佚。

三七、《孟子杂解》，游酢撰。佚。

三八、《孟子解》二卷，旧题宋尹焞撰。

《四库简明目录》云："每章之末，略赘数语，评论大意，多者三四行，皆词义肤浅，或类坊刻史评，或时文批语，无一语之发明。"

三九、《孟子注》，赵汝谈撰。佚。

四〇、《孟子纪蒙》十四卷，陈寿老撰。佚。

四一、《孟子要义》，魏了翁撰。未见。

四二、《孟子会编》，马廷鸾撰。佚。

四三、《孟子集注笺义》，赵悳撰。

四四、《孟子集编》，真德秀撰。

四五、《孟子旁通》，桂瑛撰。佚。

四六、《孟子讲义》四篇，程俱撰。佚。

四七、《孟子通义》十卷，叶梦得撰。佚。

四八、《孟子略解》，上官愔撰。佚。

四九、《孟子说》五卷，汪琦撰。佚。

五〇、《孟子疑难》，王居正撰。佚。

五一、《孟子讲义》十四卷，李撰撰。佚。

五二、《广孟子说养气论》三篇，李撰撰。佚。

五三、《孟子师说》，罗从彦撰。未见。

五四、《孟子解》三卷，郑刚中撰。佚。

五五、《癸巳孟子说》，郑刚中撰。

五六、《孟子训释》，郑耕老撰。佚。

五七、《孟子章句》，程迥撰。

五八、《孟子解》，赵敦临撰。佚。

五九、《孟子辨志》，黄开撰。佚。

六〇、《孟子发题》一卷，施德操撰。

《四库简明目录》云："此书所述《孟子》七篇之旨，大意谓孟子有大功四：一曰道性善，二曰明浩然之气，三曰辟杨墨，四曰黜王霸而尊三王。皆圣人心术之要，而孟子直指以示人者，其前后反覆，不外此意。"

六一、《经筵孟子讲义》，二篇，陈傅良撰。

六二、《翼孟音解》，陆筠撰。佚。

六三、《孟子问答》十二卷，倪思撰。佚。

六四、《孟子讲义》一卷，黄幹撰。佚。

六五、《孟子口义》，陈淳撰。佚。

六六、《救性》七篇，章望之撰。佚。

六七、《孟子说》，许升撰。佚。

六八、《孟子注》，晨渊撰。佚。

六九、《孟子注》，邹补之撰。佚。

七〇、《孟子图》，冯椅撰。佚。

七一、《孟子问答》，张显父撰。佚。

七二、《孟子注解》，刘砥撰。佚。

七三、《孟子解》，徐存撰。佚。

七四、《孟子解》三卷，章服撰。佚。

七五、《孟子讲义》，李彖撰。佚。

七六、《孟子解》，徐珦撰。佚。

七七、《孟子说》，潘好古撰。佚。

七八、《孟子解》，袁甫撰。佚。

七九、《孟子解》，陈易撰。佚。

八〇、《孟子笔义》，陈骏撰。佚。

八一、《孟子旨义》，王自申撰。佚。

八二、《孟子解》，陈藻撰。佚。

八三、《孟子解》，陈曛撰。佚。

八四、《孟子记蒙》，陈耆卿撰。佚。

八五、《孟子解》十四卷，赵善湘撰。佚。

八六、《孟子解》，夏良规撰。佚。

八七、《孟子指义》，傅子云撰。佚。

八八、《孟子赘说》，时少章撰。佚。

八九、《孟子解》，黄宙撰。佚。

九〇、《翼孟》，李惟正撰。佚。

九一、《孟子说》，魏天佑撰。佚。

九二、《石鼓孟子答问》三卷，载溪撰。佚。

九三、《孟子传赞》十四卷，钱文子撰。佚。

九四、《孟子说》，王万撰。佚。

九五、《孟子通旨》七卷，王栢撰。佚。

九六、《孟子旨义》，谯仲午撰。佚。

九七、《孟子说》，王奕撰。佚。

九八、《孟子辨疑》十四卷，王汝猷撰。佚。

九九、《孟子记闻》，饶鲁撰。佚。

一〇〇、《孟子演义》，刘元刚撰。佚。

一〇一、《孟子笺》，朱申撰。佚。

一〇二、《读孟子日抄》一卷，黄震撰。佚。

一〇三、《孟子纂要》，陈普撰。佚。

一〇四、《孟子辨惑》一卷，王若虚撰。

一〇五、《孟子集注》七卷，朱熹撰。

《四库总目提要》云："自是始有四书之名，而章句、集注亦遂为说四书者之所祖，先儒旧解，不复能与之争席矣。"

盖朱熹初于孝宗乾道八年，采辑二程、张载及范祖禹、吕希哲、吕大临、谢良佐、游酢、杨时、侯仲良、尹焞、周孚先等十二家之说，而撰《论语精义》，时朱子年四十三，阅十七载，至淳熙十六年再撰《孟子集注》与《论语集注》、《大学》、《中庸》章句合成《四书集注》，于上列十二家中除去侯仲良、周孚先外又益以赵岐、韩愈、欧阳修、太史公、李郁、孔文仲、苏辙、董仲舒、张敬天、王勉、林之奇、邹浩、郑玄、周敦颐、陈旸、何叔京、胡安国、王安石、徐度、李侗、潘兴嗣、范浚、丁公著、丰稷等共征引三十四家之说，于七篇义理时有发明，而训诂章旨，大多仍采用赵岐之注。其书堪谓集宋儒以性理说经之大成。

自是以后，制艺命题，以朱注为据，而朱注又遍国家藏而户诵了。周广业《孟子古注考》云："北宋制科以《孟子章句》为命题，金制亦遵赵注；自元延祐设科，孟子题专用朱子《集注》，而赵注日益微矣。"于此可见朱注影响力之一斑了。

一〇六、《孟子要略》五卷，朱熹撰。

一〇七、《孟子精义》十四卷，朱熹撰。

是书为朱子《孟子集注》之张本。

一〇八、《孟子或问》十四卷，朱熹撰。

是书说明其于诸家之说所以去取之故。

一〇九、《孟子集疏》十四卷，蔡模撰。

《四库总目提要》云："模字仲觉，号觉轩，建安人，蔡沈之子，蔡亢之兄也。赵顺孙《四书纂疏》载模所著有《大学演说》《论语集疏》《孟子集疏》，今惟此书存。据卷末抗后序沈书以《论语》《孟子》集注气象涵蓄，语意精密，至引而不发，尤未易读。欲取《集注》《或问》及张、吕诸贤门人高弟往复问答语。如朱子所谓搜辑条流，附益诸说者，类聚缕析，期于语脉分明，宗旨端的，未及编次而卒。模乃与抗商榷而成此书。皆备列朱子《集注》原文而发明其义，故曰《集疏》，言如注之有疏也。大抵于诸说有所去取，而罕所辨订，简汰不苟，故所取其约，而大义皆已赅括，迥异后来钞异朱子之说务以繁富相尚者。"

一一〇、《孟子问问》，辅广撰。未见。

广为朱子学生，另著有《四书纂疏》。

一一一、《孟子集注考证》七卷，金履祥撰。

一一二、《孟子纂疏》，赵顺孙撰。

其书备引朱子之说，以羽翼《章句》、《集注》。

一一三、《读余氏尊孟辨说》，朱熹撰。

一一四、《孟子解》四十二卷，王安石、王雱、许允成撰。佚。

晁氏曰："介甫素喜孟子，自为之解，其子雱与其门人许允成皆有注释，崇观间，场屋举之宗之。"

一一五、《孟子解》五卷，王逢原撰。佚。

一一六、《尹氏孟子解》十四卷，尹彦明撰。佚。

一一七、《孟子解》十四卷，张无垢撰。佚。

一一八、《东渊孟子讲义》，王遇撰。佚。

一一九、《孟子俗解》，李兴宗撰。佚。

一二〇、《孟子遗藁》，李郁撰。佚。

金

一、《删节孟子解》十卷，赵秉文撰。佚。

二、《刺刺孟》一卷，刘章撰。佚。

元

一、《孟子年谱》一卷，程复心撰。

二、《孟子权衡遗说》五卷，李昶撰。佚。

三、《孟子旁通》八卷，杜瑛撰。佚。

四、《孟子旁注》七卷，李恕撰。佚。

五、《孟子集注附录》，吴迁撰。未见。

六、《孟子年谱》一卷，吴迁撰。佚。

七、《读孟子法》一卷，吴迁撰。佚。

八、《孟子冢记》一卷，吴迁撰。佚。

九、《原孟》，夏侯尚玄撰。未见。

十〇、《孟子通解》十四卷，无名氏撰。佚。

一一、《孟子衍义》十四卷。佚。

一二、《孟子思问录》一卷。佚。

一三、《孟子旁解》七卷。未见。

一四、《孟子弟子列传》三卷，吴莱撰。佚。

明

一、《孟子说解》十四卷，郝敬撰。残。

今台湾研究院史语所藏有卷九至十二。

二、《孟子解》二卷，李颙撰。佚。

三、《孟子节文》，刘三吾撰。

今台北"中央图书馆"藏有此书，此即明太祖所割裂过的《孟子》。

四、《孟子杂记》四卷，陈士元撰。

《四库总目提要》云："第一卷叙孟子事迹。后三卷发明孟子之言，名以传记，实则经解居多，其所援引亦皆谨严有礼，不为泛滥卮言，若赵岐注义以尾生抱柱不去，证不虞之誉，以陈不瞻失气而死，证求全之毁，概为删薙。"今商务印书馆《丛书集成简编》收有此书。

五、《孟子说》，李承恩撰。未见。

六、《孟子编类》，童品撰。未见。

七、《孟子因问》三卷，吕枏撰。未见。

八、《孟子私钞》七卷，杨守陈撰。未见。

九、《孟子古今四体文》七卷，杨时乔撰。

一〇、《孟子道性善编》一卷，李栻撰。未见。

一一、《孟子诂》一卷，李鼎撰。未见。

一二、《孟子摘义》，万表撰。未见。

一三、《孟子订释》七卷，管志道撰。

一四、《孟子衍义》，林士元撰。未见。

一五、《孟子疑问》七卷，姚舜牧撰。

一六、《孟子尊周辨》一卷，王豫撰。未见。

一七、《孟子贯义》二卷，陈懿典撰。

一八、《读孟私笺》二卷，顾起元撰。未见。

一九、《性善绎》一卷，方学渐撰。

二〇、《绘孟》七卷，戴君恩撰。

二一、《孟子大全纂》五卷，陈一经撰。

二二、《孟子师说》一卷，黄宗羲撰。

《四库简明目录》云："宗羲以其师刘宗周常释《大学》、《中庸》、《论语》，惟《孟子》无所论著，乃述其平日所闻以作是书，犹赵汸述黄泽之学为春秋师说也。"今艺文印书馆《百部丛书集成》中有此书。

二三、《孟子稗疏》，王船山撰。

二四、《孟子集说启蒙》，景星撰。

明初伍诚刊本，今台北图书馆藏有此书。

二五、《孟子解义》，张洪撰。

明初刊四书解义本，今台北图书馆藏有此书之卷三、四。

二六、《孔孟事迹图谱》四卷，季本等撰。

二七、《孟子年表》一卷，吕兆祥、吕逢时撰。

二八、《孟子编年略》一卷，谭贞默撰。

二九、《孟子注疏大全合纂》十四卷，张溥撰。

是书汇录《孟子注疏》、朱子《集注》并择取《四书大全》，分诸家之说。《四库总目》未著录，明崇祯九年原刊本，今藏普林斯顿大学葛斯德东方图书馆，计八册一函。

清

一、《孟子正义》三十卷，焦循撰。

清代考据之学兴，治经者又反宋儒之空谈义理，复尊汉儒之讲究训诂，凡一字一义一物之微，务博引古籍，详加推证。乾隆间甘泉焦循荟萃清儒顾炎武以下六十余家之说，名曰《孟子正义》，《孟子》注疏之翔实无逾此矣。

二、《释孟子》一卷，金啨撰。

三、《七篇指略》七卷，王训撰。

四、《标孟》七卷，汪有光撰。

五、《删补孟子约说》二卷，孙肇兴撰。

六、《孟子札记》一卷，范尔梅撰。

七、《读孟子》十五卷，王文朴撰。

八、《孟子文评》，赵承谟撰。

九、《孟子附记》二卷，翁方纲撰。

一〇、《孟子时事略》一卷，任兆麟撰。

一一、《孟子四考》四卷，周广业撰。

一二、《孟子字义疏证》三卷，戴震撰。

休宁戴震所撰《孟子字义疏证》，规模宏伟，几与焦氏《正义》相颉颃，惟该书乃戴氏发表自己哲学意见之作，并非专为解释《孟子》，研究孟子哲学中自有其参考之价值。

一三、《原善》三卷，戴震撰。

一四、《孟子读法附记》十四卷，周人麒撰。

一五、《孟子七篇诸国年表》二卷，张宗泰撰。

一六、《孟子年谱》二卷，曹之升撰。

一七、《孟子编年略》一卷，臧庸撰。

一八、《孟子文说》七卷，康濬撰。

一九、《读孟偶记》一卷，邱叡撰。

二〇、《孟子赵注补正》六卷，宋翔凤撰。

二一、《孟子篇叙》七卷，姜兆翀撰。

二二、《孟子时事考徵》四卷，陈宝泉撰。

二三、《疑疑孟》一卷，黄本骥撰。

二四、《读孟质疑》二卷，施彦士撰。

二五、《孟子外书集证》五卷，施彦士撰。

二六、《孟子外书补证》一卷，林春溥撰。

二七、《逸孟子》一卷，李调元辑。

二八、《逸孟子》一卷，马国翰辑。

二九、《孟子外书》一卷、《逸文》一卷，孟经国辑。

三〇、《孟子讲义》四卷，丁大椿撰。

三一、《孟子集注指要》，董锡嘏撰。

三二、《孟子述义》二卷，单为总撰。

三三、《答疑孟》一卷，陈钟英撰。

三四、《孟子章句考年》五卷，蒋一鉴撰。

三五、《孟子微》八卷，康有为撰。商务印书馆有印。

三六、《孟子赵注考证》一卷，桂文灿撰。

三七、《孟子辨证》二卷，谭沄撰。

三八、《孟子音义考证》二卷，蒋仁荣撰。

三九、《孟子论文》七卷，牛运震撰。

四〇、《孟子学》一卷，沈梦兰撰。

四一、《读孟子劄记》二卷，罗泽南撰。

四二、《读孟子随笔》二卷，王祖畬撰。

四三、《孟子说》七卷，姜郁嵩撰。

四四、《孟子弟子考》，朱彝尊撰。

四五、《孟子弟子考补正》一卷，陈矩撰。

四六、《孟子外书补注》一卷，陈矩撰。

四七、《孟子性善备万物图解》，刘光蒉撰。

四八、《孟子劄记》四卷，翟师彝撰。

四九、《孟子补义》十四卷，凌江辑。

五〇、《孟子读本》二卷，王汝谦辑。

五一、《孟子章指》二卷，余萧客辑。

五二、《赵氏孟子章指复编》一卷，萨玉衡辑。

五三、《孟子说春秋二章口义》，陈学受撰。

五四、《增补苏批孟子》，赵大浣撰。

五五、《读孟劄记》二卷，李光地撰。

五六、《读孟劄记》一卷，崔纪撰。

五七、《读孟集说》，沈保靖撰。

五八、《孟子古注择从》，俞樾撰。

五九、《孟子缵义》，俞樾撰。

六〇、《孟子平议》，俞樾撰。

六一、《孟子高（诱）氏义》，俞樾撰。

六二、《孟子校勘记》，阮元撰。

六三、《孟子私淑录》三卷，戴震撰。

今台湾研究院史语所藏有此书旧钞本。

六四、《孟子要略》，刘传莹辑。

六五、《孟子札记》，朱亦栋撰。

六六、《孟子事实录》，崔述撰。

六七、《孟子类纂》三卷，曹廷杰撰。

六八、《孟子七篇约讲》七卷，郑晓如撰。

今台北图书馆藏有此书之原稿本。

六九、《孟子文法读本》，高步瀛撰。

七〇、《孟子文翼》七卷，宋焞撰。

今台北图书馆藏有此书之旧钞本。

七一、《孟子生卒年月考》，阎若璩撰。

七二、《孟子生卒年月辨》，万斯同撰。

见《群书疑辨》卷第五。

七三、《孟子编年》，狄之奇撰。

七四、《孟子年谱》二卷，不著撰人。

今图台北书馆藏有清稿本。

七五、《孟子年谱》一卷，黄本骥撰。

七六、《孟子年谱》一卷，黄玉瞻撰。

七七、《孟子年表》一卷，孟广钧撰。

七八、《孟子年表》一卷，王特选、孟衍泰编。

七九、《孟子年表》，魏源撰。

八〇、《读狄氏孟子编年质疑》，黄式三撰。

八一、《孟子编年考》一卷，何秋涛撰。

八二、《孟子时事年表》一卷，林春溥撰。

八三、《孟子编略》六卷，孙葆田撰。

八四、《孟子年谱》一卷，冯云鹓撰。

东方出版社南怀瑾作品